U0617897

中华传世藏书

【图文珍藏版】

欽定古今圖書集成

精华本

[清] 陈梦雷 蒋廷锡 ⊙ 原著

刘宇庚 ⊙ 主编

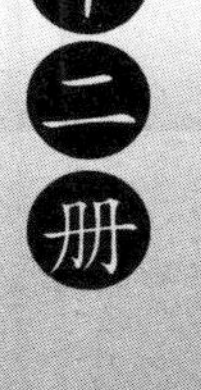

第十二册

线装书局

第十九章　卜筮名流列传一

周

郭　偃

按《左传·僖公二年》，虢公败戎于桑田，晋卜偃曰："虢必亡矣。亡下阳不惧，而又有功，是天夺之鉴，而益其疾也。必易晋而不抚其民矣。不可以五稔。"

僖公五年，晋侯围上阳，问于卜偃曰："吾其济乎？"对曰："克之。"公曰："何时？"对曰："童谣云：'丙之晨，龙尾伏辰；均服振振，取虢之旂。鹑之贲贲，天策焞焞，火中成军，虢公其奔。'其九月十月之交乎？丙子旦，日在尾，月在策，鹑火中，必是时也。"冬十二月。丙子，朔，晋灭虢。虢公丑奔京师。

按《国语》，惠公人而背外。内之赂，舆人诵之曰："佞之见佞，果丧其田，诈之见诈，果丧其赂。得国而狃，终逢其咎。丧田不惩，祸乱其兴。"既里、丕死祸，公陨于韩。郭偃曰："善哉！夫众口，祸福之门也。是以君子省众而动，监戒而谋，谋度而行，故无不济。内谋外度，考省不倦，日考而习，戒备毕矣。"惠公即位，出共世子而改葬之，臭达于外。国人诵之曰："贞之无报也。孰是人斯，而有是臭也。贞为不听，信为不诚，国斯无刑，婾居幸生。不更厥贞，大命其倾。威兮怀兮，各聚尔有，以待所归兮。猗兮违兮，心之哀兮。岁之二七，其靡有微兮。若狄公子，吾是之依兮。镇抚国家，为王妃兮。"郭偃曰："甚哉！善之难也。君改葬共，君以为荣也，而恶滋章。夫人美于中，必播于外，而越于民，民实戴之。恶亦如之。故行不可不慎也。必或知之，十四年，君之冢嗣其替乎？其数告于民矣。公子重耳其人乎？其魄兆于民矣。若人，必霸诸侯以见天子，其光耿于民矣。数，言之纪也。魄，意之术也。光明之燿也。纪言以叙之，述意以导之，明燿以照之。

不至何待？欲先导者行乎，将至矣。”惠公既杀里克而悔之，曰：“芮也，使寡人过杀我社稷之镇。”郭偃闻之，曰：“不谋而谏者，冀芮也。不图而杀者，君也。不谋而谏，不忠。不图而杀，不祥。不忠，受君之罚。不祥，罹天之祸。受君之罚，死戮。罹天之祸，无后。志道者勿忘，将及矣。”及文公入，秦人杀冀芮而施之。

按《左传·僖公十四年》，秋八月辛卯，沙鹿崩。晋卜偃曰：“期年将有大咎，几亡国。”

僖公二十三年九月，晋惠公卒。怀公命无从亡人，期期而不至，无赦。狐突之子毛及偃从重耳在秦，弗召。冬，怀公执狐突曰：“子来则免。”对曰：“子之能仕，父教之忠，古之制也。策名、委质，贰乃辟也。今臣之子，名在重耳，有年数矣。若又召之，教之贰也。父教子贰，何以事君？刑之不滥，君之明也，臣之愿也。淫刑以逞，谁则无罪？臣闻命矣。”乃杀之。卜偃称疾不出，曰：“《周书》有之：‘乃大明服’。己则不明，而杀人以逞，不亦难乎？民不见德，而唯戮是闻，其何后之有？”

《僖公二十五年》：春，秦伯师于河上，将纳王。狐偃言于晋侯曰：“求诸侯莫如勤王，诸侯信之，且大义也。继文之业，而信宣于诸侯，今为可矣。”使卜偃卜之，曰：“吉。遇黄帝战于阪泉之兆。”公曰：“吾不堪也。”对曰：“周礼未改，今之王，古之帝也。”公曰：“筮之。”筮之，遇大有之睽曰：“吉。遇‘公用享于天子’之卦也。战克而王飨，吉孰大焉？且是卦也，天为泽以当日，天子降心以逆公，不亦可乎？大有去睽而复，亦其所也。”晋侯辞秦师而下。三月甲辰，次于阳樊，右师围温，左师逆王。夏四月丁巳，王入于王城。取太叔于温，杀之于隰城。戊午，晋侯朝王。王飨醴，命之宥。

《僖公三十二年》：冬，晋文公卒。庚辰，将殡于曲沃。出绛，柩有声如牛。卜偃使大夫拜，曰：“君命大事：将有西师过轶我，击之必大捷焉。”三十三年夏四月，辛巳，晋人及姜戎败秦师于殽。

史　苏

按《国语》，献公卜伐骊戎，史苏占之，曰：‘胜而不吉。’公曰：“何谓也？”对曰：“遇兆，挟以衔骨，齿牙为猾，戎夏交捽。交捽，是交胜也，臣故云。且惧有口，㩁民，国移心焉。”公曰：“何口之有！口在寡人，寡人弗受，谁敢与之？”

对曰："苟可以攜，其入也必甘受，逞而不知，胡可壅也？"公不听，遂伐骊戎，克之。获骊姬以归，有宠，立以为夫人。公饮大夫酒，令司正实爵与史苏，曰："饮而无肴。夫骊戎之役，女曰'胜而不吉'，故赏女以爵，罚女以无肴。克国得妃，其有吉孰大焉！"史苏卒爵，再拜稽首曰："兆有之，臣不敢蔽。蔽兆之纪，失臣之官，有二罪焉，何以事君？大罚将及，不唯无肴。抑君亦乐其吉而备其凶，凶之无有，备之何害？若其有凶，备之为瘳，臣之不信，国之福也，何敢惮罚。"饮酒出，史苏告大夫曰："夫有男戎必有女戎。若晋以男戎胜戎，而戎亦必以女戎胜晋，其若之何！"里克曰："何如？"史苏曰："昔夏桀伐有施，有施人以妺喜女焉，妺喜有宠，于是乎与伊尹比而亡夏。殷辛伐有苏，有苏氏以妲己女焉，妲己有宠，于是乎与胶鬲比而亡殷。周幽王伐有褒，有褒人以褒姒女焉，褒姒有宠，生伯服，于是乎与虢石甫比，逐太子宜臼而立伯服。太子出奔申，申人、缯人召西戎以伐周，周于是乎亡。今晋寡德而安俘女，又增其宠，虽当三季之王，不亦可乎？且其兆云：'挟以衔骨，齿牙为猾。'我卜伐骊，龟往离散以应我。夫若是，贼之兆也；非吾宅也，离则有之。不跨其国，可谓挟乎？不得其君，能衔骨乎？若跨其国而得其君，虽逢齿牙，以猾其中，其谁云弗从？诸夏从戎，非败而何？从政者不可以不戒，亡无日矣。"郭偃曰："夫三季王之亡也宜。民之主也，纵惑不疚，肆侈不违，流志而行，无所不疚，是以及亡而不获追鉴。今晋国之方，偏侯也。其土又小，大国在侧，虽欲纵惑，未获专也。大家、邻国将师保之，多而骤立，不其集亡。虽骤立，不过五矣。且夫口，三五之门也。是以谗口之乱，不过三五。且夫挟，小鲠也。可以小戕，而不能丧国。当之者戕焉，于晋何害？虽谓之挟，而猾以齿牙，口弗堪也，其与几何？晋国惧则甚矣，亡犹未也。商之衰也，其铭有之曰：'嗛嗛之德，不足就也，不可以矜，而祗取忧也。嗛嗛之食，不足狃也，不能为膏，而祗离咎也。'虽骊之乱，其离咎而已，其何能服？吾闻以乱得聚者，非谋不卒时，非人不免难，非礼不终年，非义不尽齿，非德不及世，非天不离数。今不据其安，不可谓能谋；行之以齿牙，不可谓得人；废国而向己，不可谓礼；不度而迂求，不可谓义；以宠贾怨，不可谓德；少族而多敌，不可谓天。德义不行，礼义不则，弃人失谋，天亦不赞。吾观君夫人也，若为乱，其犹隶农也。虽获沃田而勤易之，将弗克飨，为人而已。"士芳曰："戒莫如豫，豫而后给，夫子戒也。抑二大夫之言其皆有焉。"既，骊姬不克，晋正于秦五立而后平。

献公伐骊戎，克之，灭骊子，获骊姬以归，立以为夫人，生奚齐。其娣生卓子。骊姬请使申生处曲沃以速县，重耳处蒲城，夷吾处屈，奚齐处绛，以儆无辱之故。公许之。史苏朝，告大夫曰："二三大夫其戒之乎！乱本生矣。日君以骊姬为夫人，民之疾心固皆至矣。昔者之伐也，起百姓以为百姓也，是以民能欣之，故莫不尽忠极劳以致死。今君起百姓以自封也，民外不得其利，而内恶其贪，则上下既有判矣；然而又生男，其天道也？天强其毒，民疾其态，其乱生哉！吾闻君子好好而恶恶，乐乐而安安，是以能有常。伐木不自其本，必复生；塞水不自其源，必复流；灭祸不自其基，必复乱。今君灭其父而畜其子，祸之基也。畜其子，又从其欲，子思报父之耻而信其欲，虽好色，必恶心，不可谓好。好其色，必授之情。彼得其情以厚其欲，从其恶心，必败国且深乱。乱必自女戎，三代皆然。"骊姬果作难，杀太子而逐二公子。君子曰："知难本矣。"

前汉

司马季主

按《史记·司马季主传》：季主者，楚人也。卜于长安东市。宋忠为中大夫，贾谊为博士，同日俱出洗沐，相从论议，诵易先王圣人之道术，究徧人情，相视而叹。贾谊曰："吾闻古之圣人，不居朝廷，必在卜医之中，今吾已见三公九卿，朝士大夫，皆可知矣。试之卜数中以观采。"二人即同舆而之市，游于卜肆中。天新雨，道少人，司马季主闲坐，弟子三四人侍，方辩天地之道，日月之运，阴阳吉凶之本。二大夫再拜谒。司马季主视其状貌，如类有知者，即礼之，使弟子延之坐。坐定，司马季主复理前语，分别天地之终始，日月星辰之纪，差次仁义之际，列吉凶之符，语数千言，莫不顺理。宋忠、贾谊翟然而悟，猎缨正襟危坐，曰："吾望先生之状，听先生之辞，小子窃观于世，未尝见也。今何居之卑，何行之汙？"司马季主捧腹大笑曰："观大夫类有道术者，今何言之陋也，何辞之野也！今夫子所贤者何也？所高者谁也？今何以卑汙长者？"二君曰："尊官厚禄，世之所高也，贤才处之。今所处非其地，故谓之卑。言不信，行不验，取不当，故谓之汙。夫卜筮者，世俗之所贱简也。世皆言曰：夫卜者多言夸严以得人情，虚高人禄命以说人志，擅言祸灾以伤人心，矫言鬼神以尽人财，厚求拜谢以私于己。此吾之所耻，故谓之卑汗也。”司马季主曰：“公且安坐。公见夫被发童子乎？日月照之则行，不照则止，问之日月疵瑕吉凶，则不能理。由是观之，能知别贤与不肖者寡矣。贤之行也，直道以正谏，三谏不听则退。其誉人也不望其报，恶人也不顾其怨，以便国家利众为务。故官非其任不处也，禄非其功不受也；见人不正，虽贵不敬也；见人有汗，虽尊不下也；得不为喜，去不为恨；非其罪也，虽累辱而不愧也。今公所谓贤者，皆可为羞矣。卑疵而前，孅趋而言，相引以势，相导以利；比周宾正，以求尊誉，以受公奉；事私利，枉主法，猎农民；以官为威，以法为机，求利逆暴，譬无异于操白刃劫人者也。初试官时，倍力为巧诈，饰虚功执空文以诬主上，用居上为右；试官不让贤陈功，见伪增实，以无为有，以少为多，以求便势尊位；食饮驱驰，从姬歌儿；不顾于亲，犯法害民，虚公家，此夫为盗不操矛弧者也，攻而不用弦刃者也，欺父母未有罪而弑君未伐者也。何以为高贤才乎？盗贼发不能禁，夷貊不服不能摄，奸邪起不能塞，官牦乱不能治，四时不和不能调，岁谷不熟不能适。才贤不为，是不忠也；才不贤而托官位，利上奉，妨贤者处，是窃位也；有人者进，有财者礼，是伪也。子独不见鸱枭之与凤皇翔乎？兰芷芎䓖弃于广野，蒿萧成林，使君子退而不显众，公等是也。述而不作，君子义也。今夫卜者，必法天地，象四时，顺于仁义，分策定卦，旋式正棊，然后言天地之利害，事之成败。昔先王之定国家，必先龟策日月，而后乃敢代；正时日，乃后入家；产子必先占吉凶，后乃有之。自伏羲作八卦，周文王演三百八十四爻而天下治。越王勾践仿文王八卦以破敌国，霸天下。由是言之，卜筮有何负哉！且夫卜筮者，扫除设坐，正其冠带，然后乃言事，此有礼也。言而鬼神或以飨，忠臣以事其上，孝子以养其亲，慈父以畜其子，此有德者也。而以义置数十百钱，病者或以愈，且死或以生，患或以免，事或以成，嫁子娶妇或以养生，此之为德，岂直数十百钱哉！此夫老子所谓‘上德不德，是以有德’。今夫卜筮者利大而谢小，老子之云岂异于是乎？庄子曰：‘君子内无饥寒之患，外无劫夺之忧，居上而敬，居下不为害，君子之道也。’今夫卜筮者之为业也，积之无委聚，藏之不用府库，徙之不用辎车，负装之不重，止而用之无尽索之时。持不尽索之物，游于无穷之世，虽庄氏之行，未能增于是也，子何故而云不可卜哉？天不足西北，星辰西北移；地不足东南，以海为池；日中必移，月满必亏；先王之道，乍存乍亡。公责卜者言必信，不亦惑乎！公见夫谈士辩人乎？

虑事定计，必是人也，然不能以一言说人主意，故言必称先王，语必道上古；虑事定计，饰先王之成功，语其败害，以恐喜人主之志，以求其欲。多言夸严，莫大于此矣。然欲强国成功，尽忠于上，非此不立。今夫卜者，导惑教愚也。夫愚惑之人，岂能以一言而知之哉！言不厌多。故骐骥不能与罢驴为驷，而凤凰不与燕雀为群，而贤者亦不与不肖者同列。故君子处卑隐以辟众，自匿以辟伦，微见德顺以除群害，以明天性，助上养下，多其功利，不求尊誉。公之等喁喁者也，何知长者之道乎?"宋忠、贾谊忽而自失，芒乎无色，怅然噤口不能言。于是摄衣而起，再拜而辞。行洋洋也，出市门仅能自上车，伏轼低头，卒不能出气。居三日，宋忠见贾谊于殿门外，乃相引屏语相谓自叹曰："道高益安，势高益危。居赫赫之势，失身且有日矣。夫卜而有不审，不见夺糈；为人主计而不审，身无所处。此相去远矣，犹天冠地屦也。此老子之所谓'无名者万物之始'也。天地旷旷，物之熙熙，或安或危，莫知居之。我与若，何足预彼哉！彼久而愈安，虽曾氏之义，未有以异也。"久之，宋忠使匈奴，不至而还，抵罪。而贾谊为梁怀王傅，王堕马薨，谊不食，毒恨而死。此务华绝根者也。太史公曰：古者卜人所以不载者，多不见于篇。及至司马季主，余志而著之。

梁丘贺

按《汉书·梁丘贺传》：贺字长翁，琅邪诸人也。以能心计，为武骑，从大中大夫京房受《易》。房者，淄川杨何弟子也。房出为齐郡太守，贺更事田王孙。宣帝时，闻京房为易明，求其门人得贺。贺时为都司空令，坐事，论免为庶人。待沼黄门数人说教侍中，以召贺。贺人说，上善之，以贺为郎。会八月饮酎，行祠孝昭庙，先敺旄头剑挺堕坠，首垂泥中，刃向乘舆车，马惊。于是召贺筮之，有兵谋，不吉。上还，使有司侍祠。是时霍氏外孙代郡太守任宣坐谋反诛，宣子章为公车丞，亡在渭城界中，夜元服入庙，居郎间，执戟立庙门，待上至，欲为逆。发觉，伏诛，故事，上常夜入庙，其后待明而入，自此始也。贺以筮有应，由是近幸，为大中大夫，给事中，至少府。

费　直

按《汉书·费直传》：直字长翁，东莱人也。治《易》为郎，至单父令。长于卦筮，亡章句，徒以《彖》《象》《系辞》十篇、《文言》解说上下经。琅邪王璜平中能传之，璜又传《古文尚书》。

张　禹

按《汉书·张禹传》：禹字子文，河内轵人也，至禹父徙家莲勺。禹为儿，数随家至市，喜观于卜相者前。久之，颇晓其别蓍布卦意，时从旁言。卜者爱之，又奇其面貌，谓禹父："是儿多知，可令学经。"及禹壮，至长安学，从沛郡施雠受《易》，举为郡文学。初元中，迁光禄大夫。成帝即位，征禹，赐爵关内侯，食邑六百户，拜为诸吏光禄大夫，秩中二千石，给事中，领尚书事。鸿嘉元年，以老病乞骸骨，上加优再三，迺听许。赐安车驷马，黄金百斤，罢就第，以列侯朝朔望，位特进，见礼如丞相。置从事史五人，益封四百户。天子数加赏赐，愈益敬厚。禹见时有变异，若上体不安，择日洁斋露蓍，正衣冠立筮，得吉卦则献其占，如有不吉，禹为感动忧色。及事哀帝，建平二年薨，谥曰节侯。

严　遵

按《高士传》：严遵，字君平，蜀人也。隐居不仕，常卖卜于成都市，日得百钱以自给。卜讫，则闭肆下帘，以著书为事。扬雄少从之游，屡称其德。李强为益州牧，喜曰："吾得君平为从事，足矣。"雄曰："君可备礼与相见，其人不可屈也。"王凤请交，不许。蜀有富人罗冲者，问君平曰："君何以不仕?"君平曰："无以自发。"冲为君平具车马衣粮。君平曰："吾病耳，非不足也。我有余，而子不足，奈何以不足奉有余?"冲曰："吾有万金，子无担石。乃云有余，不亦谬乎?"君平曰："不然，吾前宿子家，人定而役未息。昼夜汲汲，未尝有足。今我以卜为业，不下床而钱自至。有余数百，尘埃厚寸，不知所用。此非我有余而子不足耶?"冲大惭。君平叹曰："益吾货者，损吾神；生吾名者，杀吾身。故不仕也。"时人服之。

吴　泰

按《苏州府志》：汉吴泰能筮，会稽庐氏失博山香垆，使筮之。泰曰："此物质虽为金，其象宝山。有树非林，有孔非泉。阖闾晨兴，见发青烟。此香垆也。"

语其处，求得之。

后汉

许　曼

按《后汉书·许曼传》：曼，汝南平舆人也。祖父峻，字季山，善卜占之术，多有显验，时人方之前世京房。自云少尝笃病，三年不愈，乃谒太山请命，行遇道士张巨君，授以方术。所著《易林》，至今行于世。曼少传峻学。桓帝时，陇西太守冯绲始拜郡，开绶笥，有两赤蛇分南北走。绲令曼筮之。卦成曼曰："三岁之后，君当为边，官有东名，当东北行三千里。复五年，更为大将军，南征。"延熹元年，绲出为辽东太守，讨鲜卑，至五年，复拜车骑将军，击武陵蛮贼，皆如占。其余多类此云。

魏

管　辂

按《魏志·管辂传》：辂字公明，平原人也。容貌粗丑无威仪而嗜酒，饮食言戏，不择非类，故人多爱之而不敬也。父为利漕，利漕民郭恩兄弟三人，皆得躄疾，使辂筮其所由。辂曰："卦中有君本墓，墓中有女鬼，非君伯母，当叔母也。昔饥荒之世，当有利其数升米者，排著井中，啧啧有声，推一大石，下破其头，孤魂冤痛，自诉于天。"于是恩涕泣服罪。广平刘奉林妇病困，已买棺器。时正月也，使辂占，曰："命在八月辛卯日日中之时。"林谓必不然，而妇渐差，至秋发动，一如辂言。辂往见安平太守王基，基令作卦，辂曰："当有贱妇人，生一男儿，堕地便走入灶中死。又床上当有一大蛇衔笔，小大共视，须臾去之也。又乌来入室中，与燕共斗，燕死，乌去。有此三怪。"基大惊，问其吉凶。辂曰："直官舍久远，魑魅魍魉为怪耳。儿生便走，非能自走，直宋无忌之妖将其入灶也。大蛇衔笔，直老书佐耳。乌与燕斗，直老铃下耳。今卦中见象而不见其凶，知非妖咎之征，自无所忧也。”后卒无患。时信都令家妇女惊恐，更互疾病，使辂筮之。辂曰：“君此堂西头，有两死男子，一男持矛，一男持弓箭，头在壁内，脚在壁外。持矛者主刺头，故头重痛不得举也。持弓箭者主射胸腹，故心中县痛不得饮食也。昼则浮游，夜来病人，故使惊恐也。”于是掘徙骸骨，家中皆愈。清河王经去官还家，辂与相见。经曰：“近有一怪，大不喜之，欲烦作卦。”卦成，辂曰：“爻吉，不为怪也。君夜在堂户前，有一流光如燕爵者，入居怀中，殷殷有声，内神不安，解衣彷徉，招呼妇人，觅索余光。”经大笑曰：“实如君言。”辂曰：“吉，迁官之征也，其应行至。”顷之，经为江夏太守。辂又至郭恩家，有飞鸠来在梁头，鸣甚悲。辂曰：“当有老公从东方来，携豚一头，酒一壶。主人虽喜，当有小故。”明日果有客，如所占。恩使客节酒，戒肉，慎火，而射鸡作食，箭从树间激中数岁女子手，流血惊怖。辂至安德令刘长仁家，有鸣鹊来在阁屋上，其声甚急。辂曰：“鹊言东北有妇昨杀夫，牵引西家人夫离娄，候不过日在虞渊之际，告者至矣。”到时，果有东北同伍民来告，邻妇手杀其夫，诈言西家人与夫有嫌，来杀我婿。辂至列人典农王弘直许，有飘风高三尺余，从申上来，在庭中幢幢回转，息以复起，良久乃止。直以问辂，辂曰：“东方当有马吏至，恐父哭子，如何！”明日胶东吏到，直子果亡。直问其故，辂曰：“其日乙卯，则长子之候也。木落于申，斗建申，申破寅，死丧之候也。日加午而风发，则马之候也。离为文章，则吏之候也。申未为虎，虎为大人，则父之候也。”有雄雉飞来，登直内铃柱头，直大以不安，令辂作卦，辂曰：“到五月必迁。”时三月也，至期，直果为渤海太守。馆陶令诸葛原迁新兴太守，辂往祖饯之，宾客并会。原自起取燕卵、蜂窠、蜘蛛著器中，使射覆。卦成，辂曰：“第一物：含气须变，依乎宇堂。雄雌以形，翅翼舒张。此燕卵也。第二物：家室倒县，门户众多。藏精育毒，得秋乃化。此蜂案也。第三物：觳觫长足，吐丝成罗。寻网求食，利在昏夜。此蜘蛛也。”举坐惊喜。辂族兄孝国居在斥丘，辂往从之，与二客会。客去后，辂谓孝国曰：“此二人天庭及口耳之间同有凶气，异变俱起，双魂无宅，流魂于海，骨归于家，少许时当并死也。”复数十日，二人饮酒醉，夜共载车，牛惊下道人漳河中，皆即溺死也。当此之时，辂之邻里，外户不闭，无相偷窃者。清河太守华表，召辂为文学掾。安平赵孔曜荐辂于冀州刺史裴徽曰：“略雅性宽大，与世无忌，仰观天文则同妙甘公、石申，俯览《周易》则齐思季主。今明使君方垂神幽薮，留精九皋，辂宜蒙阴和之应，得及羽仪之时。”徽于是辟为文学从事，引与相见，大善友之。徙部巨鹿，迁治中别驾。初应州召，与弟季儒共载，至武城西，自卦吉凶，语儒云："当在故城中见三狸，尔者乃显。"前到河西故城角，正见三狸共踞城侧，兄弟并喜。正始九年举秀才。十二月二十八日，吏部尚书何晏请之，邓飏在晏许。晏谓辂曰："闻君著爻神妙，试为作一卦，知位当至三公不？"又问："连梦见青蝇数十头，来在鼻上，驱之不肯去，有何意故？"辂曰："夫飞鸮，天下贱鸟，及其在林食椹，则怀我好音，况辂心非草木，敢不尽忠？昔元、凯之弼重华，宜慈惠和，周公之翼成王，坐而待旦，故能流光六合，万国咸宁。此乃履道休应，非卜筮之所明也。今君侯位重山岳，势若雷电，而怀德者鲜，畏威者众，殆非小心翼翼多福之仁。又鼻者艮，此天中之山，高而不危，所以长守贵。今青蝇臭恶，而集之焉。位峻者颠，轻豪者亡，不可不思害盈之数，盛衰之期，是故山在地中曰谦，雷在天上曰壮，谦则裒多益寡，壮则非礼不履。未有损已而不光大，行非而不伤败。愿君侯上追文王六爻之旨，下思尼父彖象之义，然后三公可决，青蝇可驱也。"飏曰："此老生之常谈。"辂答曰："夫老生者见不生，常谈者见不谈。"晏曰："过岁更当相见。"辂远邑舍，具以此言语舅氏，舅氏责辂言太切至。辂曰："与死人语，何所畏邪？"舅大怒，谓辂狂悖。岁朝，西北风大，尘埃蔽天，十余日，闻晏、飏皆诛，然后舅氏乃服。始辂过魏郡太守钟毓，共论《易》义，辂因言："卜可知君生死之日。"毓使筮其生日月，如言无蹉跌。毓大愕然，曰："君可畏也。死以付天，不以付君。"遂不复筮。毓问辂："天下当太平否？"辂曰："方今四九天，飞利见大人，神武升建，王道大明，何忧不平？"毓未解辂言，无几，曹爽等诛，乃觉寤云。平原太守刘邠取印囊及山鸡毛著器中，使筮。辂曰："内外方圆，五色成文，含宝守信，出则有章，此印囊也。高岳严严，有鸟朱身，羽翼元黄，鸣不失晨，此山鸡毛也。"邠曰："此郡官舍，连有变怪，使人恐怖，其理何由？"辂曰："或因汉末之乱，兵马扰攘，军尸流血，汙染丘山，故因昏夕，多有怪形也。明府道德高妙，自天祐之，愿安百禄，以光休宠。"清河令徐季龙使人行猎，令辂筮其所得。辂曰："当获小兽，复非食禽，虽有爪牙，微而不强，虽有文章，蔚而不明，非虎非雉，其名曰狸。"猎人暮归，果如辂言。季龙取十三种物，著大箧中，使辂射。云："器中藉藉有十三种物。"先说鸡子，后道蚕蛹，遂一一名之，惟以梳为批耳。辂随军西行，过毌丘俭墓下，倚树哀吟，精神不乐。人问其故，辂曰："林木虽茂，无形可久；碑诔虽美，无后可守。无武藏头，

苍龙无足，白虎衔尸，朱雀悲哭，四危以备，法当灭族。不过二载，其应至矣。”卒如其言。后得休，过清河倪太守。时天旱，倪问辂雨期，辂曰：“今夕当雨。”是日旸燥，昼无形似，府丞及令在坐，咸谓不然。到鼓一中，星月皆没，风云并起，竟成快雨。于是倪盛修主人礼，共为欢乐。正元二年，弟辰谓辂曰：“大将军待君意厚，冀当富贵乎？”辂长叹曰：“吾自知有分直耳，然天与我才，明不与我年寿，恐四十七八间，不见女嫁儿娶妇也。若得免此，欲作洛阳令，可使路不拾遗，枹鼓不鸣。但恐至太山治鬼，不得治生人，如何？”辰问其故，辂曰：“吾额上无生骨，眼中无守睛，鼻无梁柱，脚无天根，背无三甲，腹无三壬，此皆不寿之验。又吾本命在寅，加月食夜生。天有常数，不可得讳，但人不知耳。吾前后相当死者过百人，略无错也。”是岁八月，为少府丞。明年二月卒，年四十八。

按《辂别传》曰：辂年八九岁，便喜仰视星辰，得人辄问其名，夜不肯寐。父母常禁之，犹不可止。自言：“我年虽小，然眼中喜视天文。”常云：“家鸡野鹄，犹尚知时，况于人乎？”与邻比儿共戏土壤中，辄画地作天文及日月星辰。每答言说事，语皆不常，宿学耆人不能折之，皆知其当有大异之才。及成人，果明周易，仰观、风角、占、相之道，无不精微。体性宽大，多所含受；憎己不仇，爱己不褒，每欲以德报怨。常谓：“忠孝信义，人之根本，不可不厚；廉介细直，士之浮饰，不足为务也。”自言：“知我者稀，则我贵矣，安能断江、汉之流，为激石之清？乐与季主论道，不欲与渔父同舟，此吾志也。”其事父母孝，笃兄弟，顺爱士友，皆仁和发中，终无所阙。臧否之士，晚亦服焉。父为琅邪即丘长，时年十五，来至官舍读书。始读《诗》《论语》及《易》本，便开渊布笔，辞义斐然。于时黉上有远方及国内诸生四百余人，皆服其才也。琅邪太守单子春雅有才度，闻辂一黉之隽，欲得见，辂父即遣辂造之。大会宾客百余人，坐上有能言之士，辂问子春：“府君名士，加有雄贵之资，辂既年少，胆未坚刚，若欲相观，惧失精神，请先饮三升清酒，然后而言之。”子春大喜，便酌三升清酒，独使饮之。酒尽之后，问子春：“今欲与辂为对者，若府君四座之士邪？”子春曰：“吾欲自与卿旗鼓相当。”辂言：“始读《诗》《论》《易》本，学问微浅，未能上引圣人之道，陈秦、汉之事，但欲论金木水火土鬼神之情耳。”子春言：“此最难者，而卿以为易邪？”于是唱大论之端，遂经于阴阳，文采葩流，枝叶横生，少引圣籍，多发天然。子春及众士互共攻劫，论难锋起，而辂人人答对，言皆有余。至日向暮，酒食不行。子春语

众人曰："此年少，盛有才气，听其言论，正似司马犬子游猎之赋，何其磊落雄壮，英神以茂，必能明天文地理变化之数，不徒有言也。"于是发声徐州，号之神童。

利漕民郭恩，字义博，有才学，善《周易》《春秋》，又能仰观。辂就义博读《易》，数十日中，意便开发，言难逾师。于此分蓍下卦，用思精妙，占黉上诸生疾病死亡贫富丧衰，初无差错，莫不惊怪，谓之神人也。又从义博学仰观，三十日中通夜不卧，语义博："君但相语墟落处所耳，至于推运会，论灾异，自当出吾天分。"学未一年，义博反从辂问《易》及天文事要。义博每听辂语，未尝不推几慷慨。自言："登闻君至论之时，忘我笃疾，明闇之不相逮，何其远也。"义博设主人，独请辂，具告辛苦，自说："兄弟三人俱得躄疾，不知何故？试相为作卦，知其所由。若有咎殃者，天道赦人，当为吾祈福于神明，勿有所爱。兄弟俱行，此为更生。"辂便作卦，思之未详。会日夕，因留宿至中夜，语义博曰："吾以此得之。"既言其事，义博悲涕沾衣，曰："皇汉之末，实有斯事。君不名主，讳也。我不得言，礼也。兄弟躄来三十余载，脚如棘子，不可复治，但愿不及子孙耳。"辂言火形不绝，水形无余，不及后也。

鲍子春为列人令，有明思才理，与辂相见，曰："闻君为刘奉林卜妇死亡日，何其详妙！试为论其意义。"辂论爻象之旨，说变化之义，若规圆矩方，无不合也。子春自言："吾少好谈《易》，又喜分蓍，可谓盲者欲视白黑，聋者欲听清浊，苦而无功也。听君语后，自视体中真为愦愦者也。"

王基与辂共论《易》，数日中，大以为喜乐，语辂言："俱相闻善卜，定共清论。君一时异才，当上竹帛也。"辂为基出卦，知其无咎，因谓基曰："昔高宗之鼎，非雉所鸲，殷之阶庭，非木所生，而野鸟一鸲，武丁为高宗，桑谷暂生，太戊以兴焉。知三事不为吉祥，原府君安身养德，从容光大，勿以知神奸汗累天真。"

王基因辂言，即遣信都令还掘其室中，入地八尺，果得二棺，一棺中有矛，一棺中有角弓及箭，箭久远，木皆消烂，但有铁及角完耳。及徙骸骨，去城一十里埋之，无复疾病。基曰："吾少好读《易》，玩之已久，不谓神明之数，其妙如此。"便从辂学《易》，推论天文。辂每开变化之象，演吉凶之兆，未尝不纤微委曲，尽其精神。基曰："始闻君言，如何可得，终以皆乱，此自天授，非人力也。"于是藏《周易》，绝思虑，不复学卜筮之事。辂乡里乃太原问辂："君往者为王府君论怪，云老书佐为蛇，老铃下为乌，此本皆人，何化之微贱乎？为见于爻象，出君意乎？"

辂言："苟非性与天道，何由背爻象而任胸心者乎？夫万物之化，无有常形，人之变异，无有常体，或大为小，或小为大，固无优劣。夫万物之化，一例之道也。是以夏鲧天子之父，赵王如意，汉祖之子，而鲧为黄熊，如意为苍狗，斯亦至尊之位而为黔喙之类也。况蛇者协辰巳之位，乌者栖太阳之精，此乃腾黑之明象，白日之流景，如书佐、铃下，各以微躯化为蛇、乌，不亦过乎？"

王经欲使辂卜，而有疑难之言。辂笑而答之曰："君备州里达，人何言之鄙！昔司马季主有言，夫卜者必法天地，象四时，顺仁义。伏羲作八卦，周文王三百八十四爻，而天下治。病者或以愈。且死或以生，患或以免，事或以成，嫁女娶妻，或以生长，岂直数千钱哉？以此推之，急务也。苟道之明，圣贤不让，况吾小人，敢以为难。"彦纬敛手谢辂："前言戏之耳。"于是辂为作卦，其言皆验。经每论辂，以为得龙云之精，能养和通幽者，非徒合会之才也。

义博从辂学鸟鸣之候，辂言君虽好道，天才既少，又不解音律，恐难为师也。辂为说八风之变，五音之数，以律吕为众鸟之商，六甲为时日之端，反复遣曲，出入无穷。义博静然沉思，驰精数日，卒无所得。义博言："才不出位，难以追征于此。"遂止。

渤海刘长仁有辩才，初虽闻辂能晓鸟鸣，后每见难辂曰："夫生民之音曰言，鸟兽之音曰鸣，故言者则有知之贵灵，鸣者则知之贱名，何由以鸟鸣为语，乱神明之所异也？孔子曰：'吾不与鸟兽同群'，明其贱也。"辂答曰："夫天虽有大象而不能言，故运星精于上，流神明于下，验风云以表异，役鸟兽以通灵。表异者必有浮沉之候，通灵者必有宫商之应。是以宋襄失德，六鹢并退；伯姬将焚，鸟唱其灾；四国未火，融风已发；赤鸟夹日，殃在荆楚。此乃上天之所使，自然之明符。考之律吕则音声有本，求之人事则吉凶不失。昔在秦祖，以功受封，葛卢听音，著在春秋，斯皆典谟之实，非圣贤之虚名也。商之将兴，由一燕卵也。文王受命，丹鸟衔书。此乃圣人之灵祥，周室之休祚，何贱之有乎？夫鸣鸟之听，精在鹑火，妙在入神，自非斯伦，犹子路之于死生也。"长仁言："君辞虽茂，华而不实，未敢之信。"须臾有鸣鹊之验，长仁乃服。

辂又曰："夫风以时动，爻以象应。时者神之驱使，象者时之形表。一时其道，不足为难。"王弘直亦大学问，有道术，皆不能精。问辂："风之推变，乃可尔乎？"辂言："此但风之毛发，何足为异？若夫列宿不守，众神乱行；八风横起，怒

气电飞；山崩石飞，树木摧倾；扬尘万里，仰不见天；鸟兽藏窜，兆民骇惊。于是使梓慎之徒，登高台，望风气，分灾异，刻期日。然后知神思遐幽，灵风可惧。"诸葛原字景春，亦学士。好卜筮，数与辂共射覆，不能穷之。景春与辂有荣辱之分，因辂饯之，大有高谈之客。知人多闻其善卜、仰观，不知其有大异之才，于是先与辂共论圣人著作之源，又叙五帝、三王受命之符。辂解景春微旨，遂开张战地，示以不固，藏匿孤虚，以待来攻。景春奔北，军师摧衄，自言吾覩卿旌旗，城池已坏也。其欲战之士，于此鸣鼓角，举云梯，弓弩大起，牙旗雨集。然后登城曜威，开门受敌。上论五帝，如江如汉。下论三王，如翮如翰。其英者若春华之俱发，其攻者若秋风之落叶。听者眩惑，不达其义。言者收声，莫不心服。虽白起之坑赵卒，项羽之塞濉水，无以尚之。于时客皆欲面缚衔璧，求束手于军鼓之下。辂犹总干山立，未便许之。至明日，离别之际，然后有腹心始终。一时海内俊士，八九人矣。蔡元才在朋友中最有清才，在众人中言："本闻卿作狗，何意为龙？"辂言："潜阳未变，非卿所知。焉有狗耳，得闻龙声乎！"景春言："今当远别，后会何期？且复共一射覆。"辂占既皆中。景春大笑，"卿为我论此卦意，纾我心怀。"辂为开爻散理，分赋形象，言徵辞合，妙不可述。景春及众客莫不言听后论之美，胜于射覆之乐。景春与辂别，戒以二事，言："卿性乐酒，量虽温克，然不可保，宁当节之。卿有水镜之才，所见者妙，仰观虽神，祸如膏火，不可不慎。持卿睿才，游于云汉之间，不忧不富贵也。"辂言："酒不可极，才不可尽，吾欲持酒以礼，持才以愚，何患之有也？"辂为华清河所召，为北黉文学，一时士友无不叹慕。安平赵孔曜，明敏有思识，与辂有管、鲍之分，故从发干来，就郡黉上与辂相见，言："卿腹中汪汪，故时死人半，今生人无双，当去俗腾飞，翱翔昊苍，云何在此？闻卿消息，使吾食不甘味也。冀州裴使君才理清明，能释元虚，每论《易》及老、庄之道，未尝不注精于严、瞿之徒也。又眷吾意重，能相明信者。今当故往，为卿陈感虎开石之诚。"辂言："吾非四渊之龙，安能使白日昼阴？卿若能动东风，兴朝云，吾志所不让也。"于是遂至冀州见裴使君。使君言："君颜色何以消减于故邪？"孔曜言："体中无药石之疾，然见清河郡内有一骐骥，拘絷后厩历年，去王良伯乐百八十里，不得骋天骨，起风尘，以此憔悴耳。"使君言："骐骥今何在也？"孔曜言："平原管辂字公明，年三十六，雅性宽大，与世无忌，可谓士雄。仰观天文则能同妙甘公、石申，俯览《周易》，则能思齐季主，游步道术，开神无穷，可

为士英。抱荆山之璞，怀夜光之宝，而为清河郡所录北黉文学，可为痛心疾首也。使君方欲流精九皋，垂神幽薮，欲令明主不独治，逸才不久滞，高风通被，莫不草靡，宜使辂特蒙阴和之应，得及羽仪之时，必能翼宣隆化，扬声九围也。”裴使君闻言，则慷慨曰：“何乃尔邪，虽在大州，未见异才可用释人郁闷者，思还京师，得共论道耳，况草间自有清妙之才乎？如此便相为取之，莫使骐骥更为凡马，荆山反成凡石。”即檄召辂为文学从事。一相见，清论终日，不觉罢倦。天时大热，移床在庭前树下，乃至鸡向晨，然后出。再相见，便转为巨鹿从事。三见转治中，四见转为别驾。至十月，举为秀才。辂辞裴使君，使君言：“丁、邓二尚书，有经国才略，于物无不精也。何尚书神明精微，言皆巧妙，巧妙之志，殆破秋毫，君当慎之！自言不解《易》九事，必当以相问。此至洛，宜善精其理也。”辂言：“何若巧妙，以攻难之才，游形之表，未入于神。夫人神者，当步天元，推阴阳，探元虚，极幽明，然后览道无穷，未暇细言。若欲差次老、庄而参爻、象，爱微辩而兴浮藻，可谓射侯之巧，非能破秋毫之妙也。若九事皆至义者，不足劳思也。若阴阳者，精之以久。辂去之后，岁朝当有时刑大风，风必摧破树木。若发于乾者，必有天威，不足共清谈者。”

辂为何晏所请，果共论《易》九事，九事皆明。晏曰：“君论阴阳，此世无双。”时邓飏与晏共坐，飏言：“君见谓善《易》，而语初不及易中辞义，何故也？”辂寻声答之曰：“夫善《易》者不论《易》也。”晏含笑而赞之；“可谓要言不烦也。”因请辂为卦。辂既称引鉴诫，晏谢之曰：“知几其神乎，古人以为难；交疏而吐其诚，今人以为难。君今一面而尽二难之道，可谓明德惟馨。诗不云乎，中心藏之，何日忘之！”

舅夏大夫问辂：“前见何、邓之日，为已有凶气未也？”辂言：“与祸人共会，然后知神明交错；与吉人相近，又知圣贤求精之妙。夫邓之行步，则筋不束骨，脉不制肉，起立倾倚，若无手足，谓之鬼躁。何之视候，则魂不守宅，血不华色，精爽烟浮，容若槁木，谓乏鬼幽。故鬼躁者为风所收，鬼幽者为火所烧，自然之符，不可以蔽也。”辂后因得休，裴使君问：“何平叔一代才名，其实何如？”辂曰：“其才若盆盎之水，所见者清，不见者浊。神在广博，志不务学，弗能成才。欲以盆盎之水，求一山之形，形不可得，则智由此惑。故说《老》《庄》则巧而多华，说《易》生义则美而多伪；华则道浮，伪则神虚；得上才则浅而流绝，得中才则游

精而独出，辂以为少功之才也。”裴使君曰：“诚如来论。吾数与平叔共说《老》《庄》及《易》，常觉其辞妙于理，不能折之。又时人吸习，皆归服之焉，益令不了。相见得清言，然后灼灼耳。”

魏郡太守钟毓，清逸有才，难辂《易》二十余事，自以为难之至精也。辂寻声投响，言无留滞，分张爻象，义皆殊妙。毓即谢辂。辂卜知毓生日月，毓愕然曰：“圣人运神通化，连属事物，何聪明乃尔！”辂言：“幽明同化，死生一道。悠悠太极。终而复始。文王损命，不以为忧。仲尼曳杖，不以为惧。绪烦蓍筮，宜尽其意。”毓曰：“生者好事，死者恶事。哀乐之分，吾所不能齐。且以付天，不以付君也。”石苞为邺典农，与辂相见，问曰：“闻君乡里翟文耀能隐形，其事可信乎？”辂言：“此但阴阳蔽匿之数，苟得其数，则四岳可藏，河海可逃。况以七尺之形，游变化之内，散云雾以幽身，布金水以灭迹。术足数成，不足为难。”苞曰：“欲闻其妙，君且善论其数也。”辂言：“夫物不精不为神，数不妙不为术。故精者神之所合，妙者智之所遇，合之几微，可以性通，难以言论。是故鲁班不能说其手，离朱不能说其目，非言之难。孔子曰：‘书不尽言’，言之细也，‘言不尽意’，意之微也。斯皆神妙之谓也，请举其大体以验之。夫白日登天，运景万里，无物不照，及其人地，一炭之光，不可得见。三五盈月，清耀烛夜，可以远望，及其在昼，明不如镜。今逃日月者必阴阳之数，阴阳之数通于万类，鸟兽犹化，况于人乎！夫得数者妙，得神者灵，非徒生者有验，死亦有徵。是以杜伯乘火气以流精，彭生托水变以立形。是故生者能出亦能人，死者能显亦能幽，此物之精气，化之游魂，人鬼相感，数使之然也。”苞曰：“目见阴阳之理，不过于君，君何以不隐？”洛曰：“夫陵虚之鸟，爱其清高，不愿江、汉之鱼；渊沼之鱼，乐其濡湿，不易腾风之鸟；由性异而分不同也。仆自欲正身以明道，直己以亲义，见数不以为异，知术不以为奇，夙夜研机，孳孳温故，而素隐行怪，未暇斯务也。”

故郡将刘邠，字令元，清和有思理，好《易》而不能精。与辂相见，意甚喜欢，自说注《易》向讫也。辂言：“今明府欲劳不世之神，经纬大道，诚富美之秋。然辂以为注《易》之急，急于水火，水火之难，登弊之验，《易》之清浊，延于万代，不可不先定其神而后垂明思也。自旦至今听采圣论，未有《易》之一分，《易》安可注也！辂不解古之圣人，何以处乾位于西北，坤位于西南。夫乾坤者天地之象，然天地至大，为神明君父，覆载万物，生长无首，何以安处二位与六卦同列？乾之《象》《彖》曰：‘大哉乾元，万物资始，乃统天。’夫统者，属也，尊莫大焉，何由有别位也？”邻依《易·系辞》诸为之理以为注，不得其要。辂寻声下难，事皆穷析。曰：“夫乾坤者，易之祖宗，变化之根源。今明府论清浊者有疑，疑则无神，恐非注《易》之符也。”辂于此为论八卦，八卦之道及爻象之精，大论开廓，众化相连。邠所解者，皆以为妙。所不解者，皆以为神。自说：“欲注《易》八年，用思勤苦，历载靡宁，定相得至论，此才不及《易》，不爱久劳，喜成雅言，如此相为高枕偃息矣。”欲从辂学射覆，辂言：“今明府以虚神于注《易》，亦宜绝思于灵蓍。灵蓍者，二仪之明数，阴阳之幽契，施之于道，则定天下吉凶，用之于术，则收天下毫纤。纤微，未可以为《易》也。”邠曰：“以为术者《易》之近数，欲求其端耳。若如来论，何事于斯？”留辂五日，不遑恤官，但共清谈。邠自言：“数与何平叔论《易》及老、庄之道，至于精神遐流，与化周旋，清若金水，郁若山林，非君侣也。”邠又曰：“此郡官舍，连有变怪，变怪多形，使人怖恐，君似当达此数者，其理何由也？”辂言：“此郡所以名平原者，本有原，山无木石，与地自然，含阴不能吐云，含阳不能激风，阴阳虽弱，犹有微神；微神不真，多聚凶奸，以类相求，魍魉成群。或因汉末兵马扰攘，军尸流血，污染丘岳，强魂相感，变化无常，故因昏夕之时，多有怪形也。昔夏禹文明，不怪于黄龙，周武信时，不惑于暴风，今明府道德高妙，神不惧妖，自天祐之，吉无不利，愿安百禄以光休宠也。”邠曰：“听雅论为近其理，每有变怪，辄闻鼓角声音，或见弓剑形象。夫以土山之精，伯有之魂，实能合会，干犯明灵也。”邠问辂：“《易》言‘刚健笃实，辉光日新’，斯为同不也。”辂曰：“不同之名，朝旦为辉，日中为光。”晋诸公赞曰：“邠本名炎，犯晋太子讳，改为邠。位至太子仆。子粹，字纯嘏，侍中。次宏，字终嘏，太常。次汉，字仲嘏，光禄大夫。汉清冲有贵识，名亚乐广。宏子咸，徐州刺史。次耽，晋陵内史，耽子恢，字真长，尹丹阳，为中兴名士也。”

清河令徐季龙，字开明，有才机。与辂相见，共论龙动则景云起，虎啸则谷风至，以为火星者龙，参星者虎，火出则云应，参出则风到，此乃阴阳之感化，非龙虎之所致也。辂言：“夫论难当先审其本，然后求其理，理失则机谬，机谬则荣辱之主。若以参星为虎，则谷风更为寒霜之风，寒霜之风非东风之名。是以龙者阳精，以潜为阴，幽灵上通，和气感神，二物相扶，故能兴云。夫虎者，阴精而居于阳，依木长啸，动于巽林，二气相感，故能运风。若磁石之取铁，不见其神而金自

来，有微应以相感也。况龙有潜飞之化，虎有文明之变。招云召风；何足为疑?”季龙言：“夫龙之在渊，不过一井之底；虎之悲啸，不过百步之中。形象浅弱，所通者近，何能灖景云而驰东风?”辂言：“君不见阴阳燧在掌握之中，形不出手，乃上引太阳之火，下引太阴之水。嘘吸之间，烟景以集。苟精气相感，县象应乎二燧；苟不相感，则二女同居，志不相得。自然之道，无有远近。”季龙言：“世有军事，则感鸡雉先鸣，其道何由?复有他占，惟在鸡雉而已?”辂言：“贵人有事，其应在天，在天则日月星辰也。兵动民忧，其应在物，在物则山林鸟兽也。夫鸡者兑之畜，金者兵之精，雉者离之鸟，兽者武之神，故太白扬辉则鸡鸣，荧惑流行则准惊，各感数而动。又兵之神道，布在六甲，六甲推移，其占无常。是以晋柩牛响，果有西军，鸿嘉石鼓，鸣则有兵，不专近在于鸡雉也。”季龙言：“鲁昭公八年，有石言于晋，师旷以为作事不时，怨讟动于民，则有非言之物而言，于理为合不?”辂言：“晋平奢泰，崇饰宫室，斩伐林木，残破金石，民力既尽，怨及山泽，神痛人感，二精并作，金石同气，则兑为口舌，口舌之妖，动于灵石。《传》曰轻百姓，饰城郭，则金不从革，此之谓也。”季龙钦嘉，留辂经数日。辂占猎既验，季龙曰：“君虽神妙，但不多藏物耳，何能皆得之?”辂言：“吾与天地参神，蓍龟通灵，抱日月而游杳冥，极变化而览未然，况兹近物，能蔽聪明。”季龙大笑：“君既不谦，又念穷在近矣。”辂言：“君尚未识谦言，焉能论道?夫天地者则乾坤之卦，蓍龟者则卜筮之数，日月者离坎之象，变化者阴阳之爻，杳冥者神化之源，未然者则幽冥之先。此皆《周易》之纪纲，何仆之不谦?”季龙于是取十三种物，欲以穷之，辂射之皆中。季龙乃叹曰：“作者之谓圣，述者之谓明，岂此之谓乎!”辂与倪清河相见，既刻雨期，倪犹未信。辂曰：“夫造化之所以为神，不疾而速，不行而至。十六日壬子，直满，毕星中已有水汽，水汽之发，动于卯辰，此必至之应也。又天昨檄召五星，宣布星符，刺下东井，告命南箕，使召雷公、电父、风伯、雨师，群岳吐阴，众川激精，云汉垂泽，蛟龙含灵，曅曅朱电，吐咀杳冥，殷殷雷声，嘘吸雨灵，习习谷风，六合皆同，欻唾之间，品物流形。天有常期，道有自然，不足为难也。”倪曰：“谈高信寡，相为忧之。”于是便留辂，往请府丞及清河令。若夜雨者，当为啖二百斤犊肉，若不雨，当住十日。辂曰：“言念费损!”至日向暮，了无云气，众人并嗤辂。辂言：“树上已有少女微风，树间又有阴鸟和鸣，又少男风起，众鸟和翔，其应至矣。”须臾果有艮风鸣鸟。日未入，东南有山云楼起。黄昏之后，

雷声动天。到鼓一中，星月皆没，风云并兴，元气四合，大雨河倾。倪调辂言：“误中耳，不为神也。”辂曰：“误中与天期，不亦工乎！”

辂既有明才，遭朱阳之运，于时名势赫奕，若火猛风疾。当涂之士，莫不枝附叶连。宾客如云，无多少皆为设食。宾无贵贱，候之以礼。京城纷纷，非徒归其名势而已，然亦怀其德焉。向不夭命。辂之荣华，非世所测也。弟辰尝欲从辂学卜及仰观事，辂言：“卿不可教耳。夫卜非至精不能见其数，非至妙不能视其道，《孝经》《诗》《论》，足为三公，无用知之也。”于是遂止。子弟无能传其术者。辰叙曰：夫晋、魏之士，见辂道术神妙，占候无错，以为有隐书及象甲之数。辰每观辂书传，惟有《易林》《风角》及《鸟鸣》、仰观星书三十余卷，世所共有。然辂独在少府官舍，无家人子弟随之，其亡没之际，好奇不哀丧者，盗辂书，惟余《易林》《风角》及《鸟鸣》书还耳。夫术数有百数十家，其书有数千卷，书不少也。然而世鲜名人，皆由无才，不由无书也。裴冀州何、邓二尚书及乡里刘太常、颍川兄弟，以辂禀受天才，明阴阳之道，吉凶之情，一得其源，遂涉其流，亦不为难，常归服之。辂自言与此五君共语，使人精神清发，昏不暇寐。自此以下，殆白日欲寝矣。又自言当世无所愿，欲得与鲁梓慎、郑裨灶、晋卜偃、宋子韦、楚甘公、魏石申共登灵台，披神图，步三光，明灾异，运蓍龟，决狐疑，无所复恨也。辰不以阘浅，得因孔怀之亲，数与辂有所咨论。至于辩人物，析臧否，说近义，弹曲直，拙而不工也。若敷皇、羲之典，扬文孔之辞，周流五曜，轻纬三度，口满声溢，微言风集，若仰眺飞鸿，漂漂兮景没，若俯临深溪，杳杳兮精绝；偪以攻难而失其端，欲受学求道，寻以迷昏，无不扼腕椎指，追响长叹也。昔京房虽善卜及风律之占，卒不免祸，而辂自知四十八当亡，可谓明哲相殊。又京房目见遘谗之党，耳听青蝇之声，面谏不从，而犹道路纷纭。辂处魏、晋之际，藏智以朴，卷舒有时，妙不见求，愚不见遗，可谓知机相邈也。京房上不量万乘之主，下不避佞谄之徒，欲以天文、洪范，利国利身，困不能用，卒陷大刑，可谓枯听之余智，膏烛之末景，岂不哀哉！世人多以辂畴之京房，辰不敢许也。至于仰察星辰，俯定吉凶，远期不失年岁，近期不失日月，辰以甘、石之妙不先也。射覆名物，见术流速，东方朔不过也。观骨形而审贵贱，览形色而知生死，许负、唐举不超也。若夫疏风气而探微候，听鸟鸣而识神机，亦一代之奇也。向使辂官达，为宰相大臣，膏腴流于明世，华曜列乎竹帛，使幽验皆举，秘言不遗，千载之后，有道者必信而贵之，无道者必

疑而怪之。信者以妙过真，夫妙与神合者，得神则无所惑也。恨辂才长命短，道贵时贱，亲贤遐潜，不宣于良史，而为鄙弟所见追述，既自暗浊，又从来久远，所载卜占事，虽不识本卦，捃拾残余，十得二焉。至于仰观灵曜，说魏、晋兴衰，及五运浮沉，兵甲灾异，十不收一。无源何以成河？无根何以垂荣？虽秋菊可采，不及春英，临文慷慨，伏甲哀惄。将来君子，幸以高明求其义焉。往孟荆州为列人典农，常问亡兄，昔东方朔射覆得何卦，正知守宫，蜥蜴二物者。亡兄于此为安卦生象，辞喻交错，微义豪起，变化相推，会于辰巳，分别龙蛇，各使有理。言绝之后，孟荆州长叹息曰："吾闻君论，精神腾跃，殆欲飞散，何其汪汪乃至于斯邪！"

臣松之案：辰所称乡里刘太常者，为刘寔也。辰撰《辂传》，寔时为太常，颍川则寔弟智也。寔、智并以儒学为名，无能言之。世语称寔博辩，犹不足以并裴、何之流也。又案辂自说，云"本命在寅"，则建安十五年生也。至正始九年，应三十九，而《传》云三十六，以正元三年卒，应四十七，《传》云四十八，皆为不相应也。近有阎续伯者，名缵，该微通物，有良史风。为天下补缀遗脱，敢以所闻列于篇左，皆从受之于大人先哲，足以取信者，冀免虚诬之讥云尔。尝受辰传所谓刘太常者曰："辂始见闻，由于为邻妇卜亡牛，云当在西面穷墙中，县头上向。教妇人令视诸丘冢中，果得牛。妇人因以为藏己牛，告官案验，乃知以术知，故裴冀州遂闻焉。"又云："路中小人失妻者，辂为卜，教使明旦于东阳城门中伺担豚人牵与共斗。具如其言，豚逸走，即共追之。豚入人舍，突破主人瓮，妇从瓮中出。"刘侯云甚多此类，辰所载才十一二耳，刘侯云："辰孝廉才也。"中书令史纪元龙，辂乡里人，云："辂在田舍，尝候远邻，主人患数失火。辂卜，教使明日于南陌上伺，当有一角巾诸生，驾黑牛故车，必引留，为设宾主，此能消之。即从辂戒。诸生有急求去，不听，遂留当宿，意大不安，以为图己。主人罢入，生乃把刀出门，倚两薪积间，侧立假寐。欻有一小物直来过前，如兽，手中持火，以口吹之。生惊，举刀斫，正断腰，视之则狐。自此主人不复有灾。"前长广太守陈承祐口受城门校尉华长骏语云："昔其父为清河太守时，召辂作吏，骏与少小，后以乡里，遂加恩意，常与同载周旋，具知其事。云诸要验，三倍于传。辰既短才，又年县小，又多在田舍，故益不详。辰仕宦至州主簿、部从事，太康之初物故。"骏又云："辂卜亦不悉中，十得七八，骏问其故，辂云：理无差错，来卜者或言不足以宣事实，故使尔。"华城门夫人者，魏故司空涿郡卢公女也，得疾，连年不差。华家时居西城下南缠里中，马厩在其东南。辂卜当有师从东方来，自言能治，便听使之，必得其力。后无何，有南征厩驺，当充甲卒，来诣卢公，占能治女郎。公即表请留之，专使其子将诣华氏疗疾，初用散药，后复用丸治，寻有效，即奏除驺名，以补太医。又云：“随辂父在利漕时，有治下屯民捕鹿者，其晨行还，见毛血，人取鹿处来诣厩告辂，辂为卦云：‘此盗者，是汝东巷中第三家也。汝径往门前，伺无人时，取一瓦子，密发其碓屋东头第七椽，以瓦著下，不过明日食时，自送还汝。’其夜，盗者父病头痛，壮热烦疼；亦来诣辂卜。辂为发祟，盗者具服。辂令担皮肉藏还著故处，病当自愈。乃密教鹿主往取。又语使复往如前，举椽弃瓦盗父亦差。又都尉治内史有失物者，辂使明晨于寺门外看，当逢一人，指天画地，举手四向，自当得之。暮果获于故处矣。”

第二十章　卜筮名流列传二

吴

刘　惇

按《吴志·刘惇传》：惇，字子仁，平原人也。遭乱避地，客游卢陵，事孙辅。以明天官达占数显于南土。每有水旱寇贼，皆先时处期，无不中者。辅异焉，以为军师，军中咸敬事之，号曰神明。建安中，孙权在豫章，时有星变，以问惇，惇曰："灾在丹阳。"权曰："何如？"曰："客胜主人，到某日当得闻。"是时边鸿作乱，卒如惇言。惇于诸术皆善，尤明太乙，皆能推演其事，穷尽要妙，著书百余篇，名儒刁元称以为奇。惇亦宝爱其术，不以告人，故世莫得而明也。

赵　达

按《吴志·赵达传》：达，河南人。少从汉侍中单甫学九宫术，能应机立成，问对若神，至计飞蝗，射隐伏，无不中。或难曰："飞者固不可较，此妄耳。"达使取小豆数斗，播之席上，立知其数。尝遇故知，为之具食。且曰："仓卒乏酒，又无佳肴。"达取盘中双箸，再三纵横之，乃言："乡东壁下有美酒一斛，鹿肉三斤，何以辞无？"主人惭曰："以卿善射，欲相试耳。"又书简上作千万数，著空仓中令达算之。达处如数，云："但有名无实。"其精微若是。

按《苏州府志》：赵达，吴人。太平二年，长沙大饥，杀人不可胜数。孙权使达占之，曰："天地川泽相通，如人四体，鼻衄炙脚而愈。今余干水口暴起一洲，形如鳖，食彼郡风气可祠而掘之。"权乃遣人祭以太牢，断其背，长沙饥遂止。达死，权求其术，秘不出。发棺求之，竟无所得。

晋

郭　璞

按《晋书·郭璞传》：璞字景纯，河东闻喜人也。父瑗，尚书都令史。时尚书杜预有所增损，瑗多驳正之。以公方著称，终于建平太守。璞好经术，博学有高才，而讷于言论，词赋为中兴之冠。好古文奇字，妙于阴阳算历。有郭公者，客居河东，精于卜筮，璞从之受业。公以青囊中书九卷与之，由是遂洞五行、天文、卜筮之术，禳灾转祸，通致无方、虽京房、管辂不能过也。璞门人赵载尝窃青囊书，未及读，而为火所焚。惠怀之际，河东先扰，璞筮之，投策而叹曰："嗟乎！黔黎将湮于异类，桑梓其翦为龙荒乎！"于是潜结姻昵及交游数十家，欲避地东南。抵将军赵固，会固所乘良马死，固惜之，不接宾客。璞至，门吏不为通。璞曰："吾能活马。"吏惊入白固。固趋出，曰："君能活吾马乎？"璞曰："得健夫二三十人，皆持长竿，东行三十里，有丘林社庙者，便以竿打拍，当得一物，宜急持归，则此马活矣。"固如其言，果得一物，似猴，持归。此物见马死，便嘘吸其鼻。顷之马起，奋迅嘶鸣，食如常，不复见向。物固奇之，厚加资给。行至卢江，太守胡孟康被丞相召为军谘祭酒。时江淮清宴，孟康安之，无心南渡。璞为占曰："败。"康不之信。璞将促装去之，爱主人婢，无由而得，乃取小豆三斗，绕主人宅散之。主人晨见赤衣人数千围其家，就视则灭，甚恶之，请璞为卦。璞曰："君家不宜畜此婢，可于东南二十里卖之，慎勿争价，则此妖可除也。"主人从之。璞阴令人贱买此婢。复为符投于井中，数千赤衣人皆反缚，一一自投于井，主人大悦。璞携婢去，后数旬而庐江陷。璞既过江，宣城太守殷祐引为参军。时有物大如水牛，灰色卑脚，脚类象，胸前尾上皆白，大力而迟钝，来到城下，众咸异焉。祐使人伏而取之，令璞作卦，遇遯之蛊，其卦曰："艮体连乾，其物壮巨。山潜之畜，匪兕匪虎。身与鬼并，精见二午。法当为禽，两翼不许。遂被一创，迁其本墅。按卦名之，是为驴鼠。"卜适了，伏者以戟刺之，深尺余，遂去不复见。郡纲纪上祠，请杀之。巫云："庙神不悦，曰：此是郏亭驴山君鼠，使诣荆山，暂来过我，不须触之。"其精妙如此。祐迁石头督护，璞复随之。时有鼯鼠出延陵，璞占之曰："此郡东当有妖人欲

称制者，寻亦自死矣。后当有妖树生，然若瑞而非瑞，辛螫之木也。倘有此者，东南数百里必有作逆者，期明年矣。”无锡县欻有茱萸四株交枝而生，若连理者，其年盗杀吴兴太守袁琇。或以问璞，璞曰：“卯爻发而沴金，此木不曲直而成灾也。”王导深重之，引参已军事。尝令作卦，璞言：“公有震厄，可命驾西出数十里，得一柏树，截断如身长，置常寝处，灾当可消矣。”导从其言。数日果震，柏树粉碎。时元帝初镇建邺，导令璞筮之，遇咸之井，璞曰：“东北郡县有‘武’名者，当出铎，以著受命之符。西南郡县有‘阳’名者，井当沸。”其后晋陵武进县人于田中得铜铎五枚，历阳县中井沸，经日乃止。及帝为晋王，又使璞筮，遇豫之睽，璞曰：“会稽当出钟，以告成功，上有勒铭，应在人家井泥中得之。繇辞所谓‘先王以作乐崇德，殷荐之上帝者也。”及帝即位，太兴初，会稽剡县人果于井中得一钟，长七寸二分，口径四寸半，上有古文奇书十八字，云“会稽岳命”，余字时人莫识之。璞曰：“盖王去者之作，必有灵符，塞天人之心，与神物合契，然后可以言受命矣。观五铎启号于晋陵，栈钟告成于会稽，瑞不失类，出皆以方，岂不伟哉！若夫铎发其响，钟徵其象，器以数臻，事以实应，天人之际不可不察。”帝甚重之。璞著《江赋》，其辞甚伟，为世所称。后复作《南郊赋》，帝见而嘉之，以为著作佐郎。于时阴阳错缪，而刑狱繁兴。璞上疏曰：“臣闻《春秋》之义，贵元慎始，故分至启闭，以观云物。所以显天人之统，存休咎之征。臣不揆浅见，辄依岁首，粗有所占，卦得解之即济。按爻论思，方涉春木王龙德之时，而为废水之气来见乘，加升阳未布，隆阴仍积，坎为法象，刑狱所丽，变坎加离，厥象不烛。以义推之，皆为刑狱殷繁，理者有壅滥。又去年十二月二十九日，太白蚀月，月者属坎，群阴之府，所以照察幽情，以佐太阳精者也。太白，金行之星，而来犯之，天意若曰刑理失中，自坏其所以为法者也。臣术学庸近，不练内事，卦理所及，敢不尽言。又去秋以来，沉雨跨年，虽为金家涉火之祥，然亦是刑狱充溢，怨叹之气所致。往建兴四年十二月中，行丞相令史淳于伯刑于市，而血逆流长标。伯者小人，虽罪在未允，何足感动灵变，致若斯之怪邪！明皇天所以保祐金家，子爱陛下，屡见灾异，殷勤无已。陛下宜侧身思惧，以应灵谴。皇极之谪，事不虚降。不然，恐将来必有愆阳苦雨之灾，崩震薄蚀之变，狂狡蠢戾之妖，以益陛下旰食之劳也。臣谨寻按旧经，《尚书》有五事供御之术，《京房易传》有消复之救，所以缘咎而致庆，因异而迈政。故木不生庭，太戊无以隆；雉不鸣鼎，武丁不为宗。夫寅畏者所以馘福，怠傲者所以招患，此自然之符应，不可不察也。按解卦繇云：‘君子以赦过宥罪。’既济云：‘思患而豫防之。’臣愚以为宜发哀矜之诏，引在予之责，荡除瑕衅，赞阳布惠，使幽毙之人应苍生以悦育，否滞之气随谷风而纾散。此亦寄时事以制用，藉开塞而曲成者也。臣窃观陛下贞明仁恕，体之自然，天假其祚，奄有区夏，启重光于已昧，廓四祖之遐武，祥灵表瑞，人鬼献谋，应天顺时，殆不尚此。然陛下即位以来，中兴之化未阐，虽躬综万机，劳逾日昃，元泽未加于群生，声教未被乎宇宙，臣主未宁于上，黔细未辑于下，鸿雁之衢不兴，康衢之歌不作者，何也？杖道之情未著，而任刑之风先彰，经国之略未震，而轨物之迹屡迁。夫法令不一则人情惑，职次数改则觊觎生，官方不审则秕政作，惩劝不明则善恶浑，此有国者之所慎也。臣窃为陛下惜之。夫以区区之曹参，犹能遵盖公之一言，倚清靖以镇俗，寄市狱以容非，德音不忘，流咏于今。汉之中宗，聪悟独断，可谓令主，然厉意刑名，用亏纯德。老子以礼为忠信之薄，况刑又是礼之糟粕者乎夫！无为而为之，不宰以宰之，固陛下之所体者也。耻其君不为尧舜者，亦岂惟古人！是以敢肆狂瞽，不隐其怀。若臣言可采，或所以为尘露之益；若不足采，所以广听纳之门。愿陛下少留神鉴，赐察臣言。”疏奏，优诏报之。其后日有黑气，璞复上疏曰：“臣以顽昧，近者冒陈所见，陛下不遗狂言，事蒙御省。伏读圣诏，欢惧交战。臣前云升阳未布，隆阴仍积，坎为法象，刑狱所丽，变坎加离，厥象不烛，疑将来必有薄蚀之变也。此月四日，日出山六七丈，精光暂昧，而色都赤，中有异物大如鸡子，又有青黑之气共相搏击，良久方解。按时在岁首纯阳之月，日在癸亥全阴之位，而有此异，殆元首供御之义不显，消复之理不著之所致也。计去微臣所陈，未及一月，而便有此变，益明皇天留情陛下恳恳之至也。往年岁末，太白蚀月，今在岁始，日有咎谪。曾未数旬，大眚再见。日月告衅，见惧诗人，无曰天高，其鉴不远。故宋景言善，荧惑退次；光武宁乱，滹沱结泳。此明天人之悬符，有若形影之相应。应之以德，则休祥臻；酬之以怠，则咎徵作。陛下宜恭承灵谴，敬天之怒，施沛然之恩，谐元同之化，上所以允塞天意，下所以弭息群谤。臣闻人之多幸，国之不幸。赦不宜数，实如圣旨。臣愚以为子产知铸刑书，非政事之善，然不得不作者，须以救弊故也。今之宜赦，理亦如之。随时之宜，亦圣人所善者。此国家大信之要，诚非微臣所得干豫。今圣朝明哲，思弘谋猷，方辟四门以亮采，访舆诵于群小，况臣蒙珥笔朝末，而可不竭诚尽规哉！”顷之，迁尚书郎。数言便宜，多所匡

益。明帝之在东宫，与温峤、庚亮并有布衣之好，璞亦以才学见重，埒于峤、亮，论者美之。然性轻易，不修威仪，嗜酒好色，时或过度。著作郎干宝常诫之曰："此非适性之道也。"璞曰："吾所受有本限，用之恒恐不得尽，卿乃忧酒色之为患乎！"璞既好卜筮，缙绅多笑之。又自以才高位卑，乃著《客傲》。其辞曰：客傲郭生曰：'玉以兼城为宝，士以知名为贤。明月不妄映，兰葩岂虚鲜。今足下既以拔文秀于丛荟，阴弱根于庆云，陵扶摇而竦翮，挥清澜以濯鳞，而响不彻于一皋，价不登乎千金。傲岸荣悴之际，颉颃龙鱼之间，进不为谐隐，退不为放言，无沉冥之韵，而希风乎严先，徒费思于钻味，摹洞林乎连山，尚何名乎！夫攀骊龙之髯，抚翠禽之毛者，而不得绝霞。肆跨天津者，未之前闻也。'郭生粲然笑曰：'鷦鷯不可与论云翼，井蛙难与量海鳌。虽然，将祛子之惑，讯以未悟，其可乎？乃者地维中绝，乾光坠采，皇运暂回，廓祚淮海。龙德时乘，群才云骇，蔼若邓林之会逸翰，烂若溟海之纳奔涛，不烦咨嗟之访，不假蒲帛之招，羁九有之奇骏，咸总之于一朝，岂惟丰沛之英，南阳之豪！昆吾挺锋，骕骦轩髦，杞梓竞敷，兰荑争翘，嘤声冠于伐木，援类繁乎拔茅。是以水无浪士，严无幽人，刈兰不暇，爨桂不给，安事错薪乎？且夫窟泉之潜不思云翚，熙冰之采不羡旭晞，混光耀于埃蔼者，亦曷愿沧浪之深，秋阳之映乎！登降纷于九五，沦涌悬乎龙津。蚓蛾以不才陆槁，蟒蛇以腾骛暴鳞。连城之宝藏于褐里，三秀虽黯，縻于丽采。香恶乎芬？贾恶乎在？是以不尘不冥，不骊不骍，支离其神，萧悴其形。形废则神王，迹粗而名生。体全者为牲，至独者不孤，傲俗者不得以自得，默觉者不足以涉无。故不恢心而形遗，不外累而智丧，无岩穴而冥寂，无江湖而放浪。元悟不以应机，洞鉴不以昭旷。不物物我我，不是是非非。忘意非我意，意得非我怀。寄群籁乎无象，域万殊于一归。不寿殇子，不夭彭涓，不壮秋豪，不小太山，蚊泪与天地齐流，蜉蝣与大椿齿年。然一阖一开，两仪之迹，一冲一溢，悬象之节，涣沍期于寒暑，调蔚要乎春秋。青阳之翠秀，龙豹之委颖，骏狼之长晖，元陆之短景。故皋壤为悲欣之府，胡蝶为化物之器矣。夫欣黎黄之音者，不颦蟪蛄之吟；豁云台之观者，必闳带索之欢。纵蹈而咏采芨，拥璧而叹抱关。战机心以外物，不能得意于一弦。悟往复于嗟叹，安可与言乐天者乎！若乃庄周偃蹇于漆园，老莱婆娑于林窟，严平澄漠于尘肆，梅真隐沦乎市卒，梁生吟啸而矫迹，焦先混沌而槁杌，阮公昏酣而卖傲，翟叟遁形以倏忽。吾不能几韵于数贤，故寂然玩此员策与智骨。'永昌元年，皇孙生，璞上疏曰："有

道之君，未尝不以危自持，乱世之主未尝不以安自居。故存而不忘亡者，三代之所以兴；亡而自以为存者，三季之所以废也。是以古之令主开纳忠谠，以弼其违；标显切直，用攻其失。至乃闻一善则拜，见规诫则惧。何者？盖不私其身，处天下以至公也。臣窃惟陛下符运至著，勋业至大，而中兴之祚不隆、圣敬之风未跻者，殆由法令太明，刑教太峻。故水至清则无鱼，政至察则众乖，此自然之势也。臣去春启事，以囹圄充斥，阴阳不和，推之卦理，宜因郊祀作赦，以荡涤瑕秽。不然，将来必有愆阳苦雨之灾，崩震薄蚀之变，狂狡蠢戾之妖。其后月余，日果薄斗。去秋以来，诸郡并有暴雨，水皆洪潦，岁用无年。适闻吴兴复欲有构妄者，咎徵渐成，臣甚恶之。顷者以来，役赋转重，狱犴日结，百姓困扰，甘乱者多，小人愚崄，共相扇惑。虽势无所至，然不可不虞。按洪范传，君道亏则日蚀，人愤怨则水涌溢，阴气积则下代上。此微理潜应已著实于事者也。假令臣遂不幸谬中，必贻陛下侧席之忧。今皇孙载育，天固灵基，黔首颙颙，寔望惠润。又岁涉午位，金家所忌。宜于此对崇恩布泽，则火气潜消，灾谴不生矣。陛下上筹天意，下顺物情，可因皇孙之庆大赦天下。然后明罚敕法，以肃理官，克厌天心，慰塞人事，兆庶幸甚，祯祥必臻矣。臣今所陈，暂而省之，或未允圣旨；久而寻之，终亮臣诚。若所启上合，愿陛下勿以臣身废臣之言。臣言无隐，而陛下纳之，适所以显君明臣直之义耳。”疏奏，纳焉，即大赦改年。时暨阳人任谷因耕息于树下，忽有一个著羽衣就淫之，既而不知所在，谷遂有娠。积月将产，羽衣人复来，以刀穿其阴下，出一蛇子便去。谷遂成宦者。后诣阙上书，自云有道术。帝留谷于宫中。璞复上疏曰：“任谷所为妖异，无有因由。陛下元鉴广览，欲知其情状，引之禁内，供给安处。臣闻为国以礼正，不闻以奇邪。所听惟人，故神降之吉。陛下简默居正，动遵典刑。按周礼，奇服怪人不入宫，况谷妖诡怪人之甚者，而登讲肆之堂，密迩殿省之侧，尘点日月，秽乱天听，臣之私情窃所以不取也。陛下若以谷信为神灵所凭者，则应敬而远之。夫神，聪明正直接以人事。若以谷为妖蛊诈妄者，则当投畀裔土，不宜令亵近紫闱。若以谷或是神祇告谴，为国作眚者，则当克己修礼以弭其妖，不宜令谷安然自容，肆其邪变也。臣愚以为阴阳陶蒸，变化万端，亦是狐狸魍魉凭陵作慝。愿陛下采臣愚怀，特遣谷出，臣以人乏，忝荷史任，敢忘直笔，惟义是规。”其后元帝崩，谷因亡走。璞以母忧去职，卜葬地于暨阳，去水百步许。人以近水为言，璞曰：“当即为陆矣。”其后沙涨，去墓数十里皆为桑田。未期，王敦起璞为记室参

军。是时颍川陈迹为大将军掾，有美名，为敦所重，未几而没。璞哭之哀甚，呼曰："嗣祖，嗣祖，焉知非福！"未几而敦作难。时明帝即位逾年，未改号，而荧惑守房。璞时休归，帝乃遣使赍手诏问璞。会暨阳县复上言曰赤鸟见。璞乃上疏请改年肆赦，文多不载。璞尝为人葬，帝微服往观之，因问主人何以葬龙角，此法当灭族。主人曰："郭璞云此葬龙耳，不出三年当致天子也。"帝曰："出天子耶？"答曰："能致天子问耳。"帝甚异之。璞素与桓彝友善，彝每造之，或值璞在妇间便入。璞曰："卿来，他处自可径前，但不可厕上相寻耳。必客主有殃。"彝后因醉，诣璞，正逢在厕，掩而观之，见璞裸身被发，御刀设醊。璞见彝，抚心大惊曰："吾每属卿勿来，反更如是！非但祸吾，卿亦不免矣。天实为之，将以谁咎！"璞终婴王敦之祸，彝亦死苏峻之难。王敦之谋逆也，温峤、庾亮使璞筮之，璞对不决。峤、亮复令占己之吉凶，璞曰："大吉。"峤等退，相谓曰："璞对不了，是不敢有言，或天夺敦魄。今吾等与国家共举大事，而璞云大吉，是为举事。"有姓崇者构璞于敦，敦将举兵，又使璞筮。璞曰："无成。"敦固疑璞之劝峤、亮，又闻卦凶，乃问璞曰："卿更筮吾寿几何？"答曰："思向卦，明公起事，必祸不久。若住武昌，寿不可测。"敦大怒，曰："卿寿几何？"曰："命尽今日日中。"敦怒，收璞，诣南冈斩之。璞临出，谓行刑者欲何之。曰："南冈头。"璞曰："必在双柏树下。"既至，果然。复云："此树应有大鹊巢。"众索之不得。璞更令寻觅，果于枝间得一大鹊巢，密叶蔽之。初，璞中兴初行经越城，间遇一人，呼其姓名，因以袴褶遗之。其人辞不受，璞曰："但取，后自当知。"其人遂受而去。至是，果此人行刑，时年四十九。及王敦平，追赠弘农太守。初，庾翼幼时，尝令璞筮公家及身，卦成，曰："建元之末丘山倾，长顺之初子凋零。"及康帝即位，将改元为建元，或谓庾冰曰："子忘郭生之言？邪丘山上名，此号不宜用。"冰抚心叹恨，及帝崩，何充改元为永和，庾翼叹曰："天道精微，乃当如是。长顺者，永和也，吾庸得免乎！"其年翼卒。冰又令筮其后嗣，卦成，曰："卿诸子并当贵盛，然有白龙者，凶徵至矣。若墓碑生金，庾氏之大忌也。"后冰子蕴为广州刺史，妾房内忽有一新生白狗子，莫知所由来，其妾秘爱之，不令蕴知。狗转长大。蕴入，见狗眉眼分明，又身至长而弱，异于常狗，蕴甚怪之。将出，共视在众人前，忽失所在。蕴慨然曰："殆白龙乎！庾氏祸至矣。"又墓碑生金。俄而为桓温所灭，终如其言。璞之占验，皆如此类也。璞撰前后筮验六十余事，名为《洞林》。又抄京、费诸家要最，更撰

《新林》十篇、《卜韵》一篇。注释《尔雅》，别为音义、图谱。又注《三苍》《方言》《穆天子》、传《山海经》及《楚辞》《子虚》《上林赋》数十万言，皆传于世。所作诗赋诔颂亦数万言。子骜，官至临贺太守。

按《洞林》占：郭璞避难至新息，有人以茱萸令璞射之。璞曰："子如小铃含元珠，拘支言之是茱萸。"

曲阿令赵元瞻儿，字虎舒，从吾学卜，自求蓍作卦，见吾有盛艾小陵龟，欲得之，不与，语之曰："当作卦相为致，此物合自来。"复数日，果有一龟入厩，虎舒后见吾言："偶有一物，试可占之。若得，当再拜输一好角弓。"即便作卦曰："案卦之是为龟。"虎舒奉弓起再拜。

郭璞为左尉周恭卜云："君堕马伤头。"尉后乘马行黄昏坂下，有犊车触马，马惊，头打石上，流血殆死。

按《庾希传》：希客于晋陵之暨阳。初郭璞筮冰，云："子孙必有大祸，唯用三阳，可以有后。"故希求镇山阳，友为东阳，家于暨阳。及海西公废桓温，陷倩及柔，以武陵王党杀之。希闻难，便与弟邈及子攸之逃于海陵陂泽中，蕴于广州饮鸩而死。及友当伏诛，友子妇桓秘女也，请温故得免。故青州刺史武沉，希之从母兄也，潜饷给希经年，温后知之，遣兵捕希。武沉之子遵与希聚众于海滨，略渔人舡，夜入京口城平北司马卞眈，逾城奔曲阿吏，士皆散走。希放城内囚徒数百人，配以器仗。遵于外聚众，宣令云："逆贼桓温，废帝杀王。"称海西公密旨除凶逆，京都震扰，内外戒严，屯备六门。平北参军刘奭与高平太守郄逸之、游军督护郭龙等集众距之。卞眈又与曲阿人弘戎发诸县兵二千，并力屯新城以击希。希战败，闭城自守。温遣东海太守周少孙讨之。城陷，被擒。希邈及子侄五人斩于建康市。遵及党与并伏诛。唯友及蕴诸子获全。友子叔宣右卫将军蕴子廓之东阳太守。

按《桓彝传》：彝与璞善，尝令璞筮，卦成，璞以手坏之。彝问其故，曰："卦与吾同丈夫当此非命，如何竟如其言？"按《许迈传》：迈字叔元，一名映，丹阳句容人。家世士族。迈少恬静，不慕仕进，未弱冠，尝造郭璞。璞为之筮，遇泰之上六爻发，璞谓曰："君元吉自天，宜学升遐之道。"按《褚裒传》：裒总角，诣庚亮。亮使璞筮之，卦成，璞骇然，亮曰："有不祥乎？"璞曰："此非人臣，卦不知此。年少何以，乃表斯祥。二十年外，吾言方验。"及此二十九年，而康献皇太后临朝，有司以褒皇太后，父议加不臣之礼，拜侍中卫将军，录尚书事，持节都督

刺史如故。

按《恭帝本纪》：始元帝丁丑岁称晋王，置宗庙，使郭璞筮之，云：“享二百年，自丁丑至禅代之岁年，在庚申为一百四岁，然丁丑始，系西晋庚申终，入宋年，所余惟一百有二岁耳。”璞盖以百二之期促，故婉而倒之为二百也。

按《搜神记》：扬州别驾顾球姊生十年便病，至年五十余。令郭璞筮，得大过之升。其辞曰：“大过卦者义不嘉，冢墓枯杨无英华。振动游魂见龙车，身被重累婴妖邪。法由斩祀杀灵蛇，非己之咎先人瑕。案卦论之可奈何?”球乃迹访其家事，先世曾伐大树，得大蛇杀之，女便病，病后，有群鸟数千回翔屋上，人皆怪之，不知何故。有县农行过舍边，仰视，见龙牵车，五色晄烂，其大非常，有顷遂灭。

义兴方叔保得伤寒，垂死，令璞占之，不吉，令求白牛。厌之，求之不得。唯羊子元有一白牛，不肯借。璞为致之，即日有大白牛，从西来，径往临叔保，惊惶，病即愈。

卜　珝

按《晋书·卜珝传》：珝字子玉，匈奴后部人也。少好读《易》。郭璞见而叹曰：“吾所弗如也，奈何不免兵厄!”珝曰：“然。吾大厄在四十一，位为卿将，当受祸耳。不尔者，亦为猛兽所害。吾亦未见子之令终也。”璞曰：“吾祸在江南，甚营之，未见免兆。虽然，在南犹可延期，住此不过时月。”珝曰：“子勿为公吏，可以免诸。”璞曰：“吾不能免公吏，犹子之不能免卿相也。”珝曰：“吾此虽当有帝王子，终不复奉二京矣。琅邪可奉，卿谨奉之，主晋祀者必此人也。”珝遂隐于龙门山。刘元海僭号，征为大司农、侍中，固以疾辞。元海曰：“人各有心，卜珝之不欲在吾朝，何异高祖四公哉！可遂其高志。”后复征为光禄大夫，珝谓使者曰：“非吾死所也。”及刘聪嗣伪位，征为太常。时刘琨据并州，聪问何时可平，珝答曰：“并州陛下之分，今兹克之必矣。”聪戏曰：“朕欲劳先生一行可乎?”珝曰：“臣所以来不及装者，正为是行也。”聪大悦，署珝使持节、平北将军。将行，谓其妹曰：“此行也，死自吾分，后慎勿纷纭。”及攻晋阳，为琨所败，珝卒先奔，为其元帅所杀。

韩　友

按《晋书·韩友传》：友字景先，庐江舒人也。为书生，受《易》于会稽伍振。善占卜，能图宅相冢，亦行京、费厌胜之术。龙舒长邓林妇病积年，垂死，医巫皆息意。友为筮之，使画作野猪着卧处屏风上，一宿觉佳，于是遂差。舒县廷掾王睦病死，已复魄。友为筮之，令以丹画版作日月置床头，又以豹皮马鄣泥卧上，立愈。刘世则女病魅积年，巫为攻祷，伐空冢故城间，得狸鼍数十，病犹不差。友筮之，命作布囊，依女发时，张囊著窗牖间，友闭户作气，若有所驱。斯须之间，见囊大胀如吹，因决败之，女仍大发。友乃更作皮囊二枚，沓张之，施张如前，囊复胀满，因急缚囊口，悬著树二十许日，渐消，开视有二斤狐毛，女遂差。宣城边洪以四月中就友卜家中安否，友曰："卿家有兵殃，其祸甚重。可伐七十束柴，积于庚地，至七月丁酉放火烧之，咎可消也。不尔，其凶难言。"洪即聚柴。至日，大风，不敢发火。洪后为广阳领校，遭母丧归家，友来投之，时日已暮，出告从者，速束装，吾当夜去。从者曰："今日已暝，数十里草行，何急复去?"友曰："非汝所知也。此间血覆地，宁可复住!"苦留之，不待食而去。其夜洪欻发狂，绞杀两子，并杀妇，又砍父妾二人，皆被创，因出亡走。明日其宗族往收殡亡者，寻索洪数日，于宅前林中得之，已自经死。宣城太守殷祐有病，友筮之，曰："七月晦日，将有大鹳鸟来集厅事上，宜勤伺取，若获者为善，不获将成祸。"祐乃谨为其备。至日，果有大鹳垂尾九尺，来集厅事上，掩捕得之，祐乃迁石头督护，后为吴郡太守。友卜占神效甚多，而消殃转祸，无不皆验。干宝问其故，友曰："筮卦用五行相生杀，如按方投药治病，以冷热相救，其差与不差，不可必也。"友以元康六年举贤良，元帝渡江，以为广武将军，永嘉末卒。

淳于智

按《晋书·淳于智传》：淳于智，字叔平，济北卢人也。能《易》筮，善厌胜之术。高平刘柔夜卧，鼠啮其左手中指，以问智。智曰："是欲杀君而不能，当为君使其反死。"乃以朱书手腕横文后三寸作田字，辟方一寸二分，使露手以卧。明旦，有大鼠伏死手前。谯人夏侯藻母病困，诣智卜，忽有一狐当门向之嗥，藻怖愕，驰见智。智曰："其祸甚急，君速归，在狐嗥处拊心啼哭，令家人惊怪，大小必出，一人勿出，哭勿止，然后其祸可救也。"藻还，如其言，母亦扶病而出。家人既集，堂屋五间拉然而崩。护军张劭母病笃，智筮之，使西出市沐猴，系母臂，令傍人捶拍，恒使作声，三日放去。劭从之。其猴出门即为犬所咋死，母病遂差。

上党鲍瑗家多丧病贫苦，或谓之曰："淳于叔平神人也，君何不试就卜，知祸所在？"瑗性质直，不信卜筮，曰："人生有命，岂卜筮所移！"会智来，应詹谓曰："此君寒士，每多屯虞，君有通灵之思，可为一卦。"智乃为卦，卦成，谓瑗曰："君安宅失宜，故令君困。君舍东北有大桑树，君径至市，入门数十步，当有一人持荆马鞭者，便就买以悬此树，三年当暴得财。"瑗承言，诣市，果得马鞭，悬之三年，浚井，得钱数十万，铜铁器复二十余万，于是致赡，疾者亦愈。其消灾转祸，不可胜纪，而卜筮所古，千百皆中。应詹少亦多病，智乃为符使詹佩之，诵其文，既而皆验，莫能学也。性深沉，常自言短命，曰："辛亥岁天下有事，当有巫医挟道术者死。吾守易义以行之，犹当不应此乎！"太元末，为司马督，有宠于杨骏，故见杀。

步熊

按《晋书·步熊传》：步熊字叔罴，阳平发干人也。少好卜筮数术，门徒甚盛。熊学舍侧有一人烧死，吏持熊诸生，谓为失火。熊曰："已为卿卜得其人矣。使从道南行，当有一人来问得火主来者，便缚之。"吏如熊言，果是耕人，自言草恶难耕，故烧之，忽风起延烧远近，实不知草中有人。又邻人儿远行，或告以死，其父母号哭制伏，熊为之卜，克日当还，如期果至。赵王伦闻其名，召之，熊谓诸生曰："伦死不久，不足应也。"伦怒，遣兵围之数重。熊乃使诸生著其裘南走，伦兵悉赴捉之，熊密从北出，得脱。后为成都三颖所辟，颖使熊射覆，物无所失。后颖奔关中，平昌公模镇邺，以熊颖党诛之。

杜不愆

按《晋书·杜不愆传》：杜不愆，庐江人也。少就外祖郭璞学易卜，屡有验。高平郗超年二十余，得重疾，试令筮之。不愆曰："按卦言之，卿所苦寻除，然宜于东北三十里上官姓家索其所养雄雉，笼盛置东檐下，却后九日景午日午时，必当有雌雉飞来与交，既而双去。若如此，不出二十日病都除，又是休应，年将八十，位极人臣。若但雌逝雄留者，病一周方差，年半八十，名位亦失。"超时正羸笃，虑命在旦夕，笑而答曰："若保八十之半，便有余矣。一周病差，何足为淹！"然未之信，或劝依其言，索雉果得。至景午日，超卧南轩之下观之，至日晏，果有雌雉飞入笼，与雄雉交而去，雄雉不动。超叹息曰："虽管郭之奇，何以尚此！"超病弥年乃起，至四十，卒于中书郎。不慜后占筮转疏，无复此类。后为桓嗣建威参军。

严　卿

按《晋书·严卿传》：严卿，会稽人也。善卜筮。乡人魏序欲暂东行，荒年多抄盗，令卿筮之。卿筮曰："君慎不可东行，必遭暴害之气，而非劫也。"序不之信。卿曰："既必不停，宜以禳之，可索西郭外独母家白雄狗系著船前。"求索止得驳狗，无白者。卿曰："驳者亦足，然犹恨其色不纯，当余小毒，正及六畜辈耳，无所复忧。"序行半路，狗忽然作声甚急，如有人打之者。比视，已死，吐黑血斗余。其夕，序墅上白鹅数头无故自死，而序家无恙。

隗　炤

按《晋书·隗炤传》：隗炤，汝阴人也。善于《易》，临终，书版授其妻曰："吾亡后当大荒穷，虽尔，慎莫卖宅也。却后五年春，当有诏来顿此亭。姓龚，此人负吾金，即以此版往责之，勿违言也。"炤亡后，其家大困乏，欲卖宅，忆夫言辄止。期日，有龚使者止亭中，妻遂赍版往责之。使者执版惘然，不知所以。妻曰："夫临亡，手书版见命如此，不敢妄也。"使者沉吟良久而悟，谓曰："贤夫何善？"妻曰："夫善于《易》，而未曾为人卜也。"使者曰："噫，可知矣！"乃命取蓍筮之，卦成，抚掌而叹曰："妙哉隗生！含明隐迹，可谓镜穷达而洞吉凶者也。"于是告炤妻曰："吾不相负金也，贤夫自有金耳。知亡后当暂穷，故藏金以待太平。所以不告儿妇者，恐金尽而困无已也。知吾善《易》，故书版以寄意耳。金有五百，盛以青瓮，覆以铜柈，埋在堂屋东头，去壁一丈，入地九尺。"妻还掘之，皆如卜焉。

郭　麐

按《晋书·郭麐传》：郭麐，西平人也。少明式易，仕郡主簿。张天锡末年，苻氏每有西伐之问，太守赵凝使麐筮之，麐曰："若郡内二月十五日失囚者，东军当至，凉祚必终。"凝乃申约属县。至十五日，鲜卑折掘送马于凝，凝怒其非骏，幽之内厩，鲜卑惧而夜遁。凝以告麐，麐曰："是也。国家将亡，不可复振。"苻坚

末，当阳门震，刺史梁熙问麐曰："其祥安在？"麐曰："为四夷之事也。当有外国二王来朝主上，一当反国，一死此城。"岁余而鄯善又前部王朝于苻坚，西归，鄯善王死于姑臧。吕光之王河西也，西海太守王桢叛，麐劝光袭之。光之左丞吕宝曰："千里袭人，自昔所难，况王者之师天下所闻，何可侥倖以邀成功！麐不可从，误人大事。"麐曰："若其不捷，麐自伏铁钺之诛。如其克也，左丞为无谋矣。"光从而克之。光比之京管，常参帏幄密谋。光将伐乞伏乾归，麐谏曰："今太白未出，不宜行师，往必无功，终当覆败。"太史令贾曜以为必有秦陇之地。及克金城，光使曜诘麐，麐密谓光曰："昨有流星东坠，当有伏尸死将，虽得此城，忧在不守。正月上旬，河冰将解，若不早渡，恐有大变。"后二日而败问至，光引军渡河讫，冰泮。时人服其神验。光以麐为散骑常侍、太常。麐后以光年老，知其将败，遂与光仆射王祥起兵作乱。百姓闻磨起兵，咸以圣人起事，事无不成，故相率从之如不及。麐以为代吕者王，乃推王乞基为主。后吕隆降姚兴，兴以王尚为凉州刺史，终如麐言。麐之与光相持也，逃人称吕统病死，麐曰："未也，光、统之命尽在一时。"后统死三日而光死。麐尝曰："凉州谦光殿后当有索头鲜卑居之。"终于秃发傉檀、沮渠蒙逊迭据姑臧。麐性褊酷，不为士庶所附。战败，奔乞伏乾归。乾归败，入姚兴。麐以灭姚者晋，遂将妻子南奔，为追兵所杀也。

费孝先

按《搜神记》：西川费孝先，善轨革，世皆知名。有大贾人王旻因货殖，至成都，求为卦。孝先曰："教住莫住，教洗莫洗，一石谷捣得三斗米。遇明即活，遇暗即死。再三戒之，令诵此言。足矣。"旻志之。及行途中，遇大雨，憩一屋下，路人盈塞，乃思曰："教住莫住，得非此耶？"遂冒雨行。未几屋遂颠覆，独得免焉。曼之妻已私邻，比欲媾终身之好，俟旋归，将致毒谋。旻既至，妻约其私人曰："今夕新沐者，乃夫也。"将晡，呼旻洗沐，重易巾栉。曼悟曰："教洗莫洗，得非此耶？"坚不从。妻怒，不省，自沐，夜半反被害。既觉，惊呼邻里，共视，皆莫测其由，遂被囚系，拷讯狱就，不能自辨。郡守录状，曼泣言："死即死矣。但孝先所言，终无验耳。"左右以是语上达，郡守命未得行法，呼旻问曰："汝邻比何人也？"曰："康七。"遂遣人捕之。"杀汝妻者必此人也。"已而，果然，因谓僚佐曰："一石谷捣得三斗米，非康七乎？"由是辨雪，诚遇明即活之效。按《安陆府志》：李璋太尉罢郢州至襄阳，疾病止驿舍。璋初命费孝先作轨革革卦影，先画一凤，止于林下，有关焉。又画一凤，立于台。又画衣紫而哭者五人。盖襄阳。有凤林关驿名凤台。始，璋止二子侍行，三子守官于外，闻璋病甚，悉来奔视。至之翼日，璋乃卒，果临其丧者五人。

扈　谦

按《江宁府志》：扈谦精易卦，尝在建康筮，一卦百钱，日限钱五百。以三百供母，二百饮酒，并施贫乏。五百足一卦，千钱不为也。晋海西公旦出，见赤蛇蟠御床，俄尔失蛇，诏谦筮卦。谦曰："晋室有磐石之固，陛下有出亡之象。"海西曰："可消伏否？"曰："后年有大将北征失利，应损三万人，此灾可消。"后桓温北征，败绩，还石头城，乃废海西立简文。桓温妾产，桓元时至艰，谦筮曰："公第六间马埒坏，竟便产，当是男儿声气，雄烈震动四海。"温赠钱三十万，夫人亦赠三十万。谦辞无容钱处，温不听，后仍筮卦养母。温钱日以醉客，不问识与不识。一日母亡，谦辞酒家许氏云："因缘尽矣。"安葬而去，不知所之。数日，许氏家人于落星路边见谦卧地，始谓其醉，捉手引牵，惟空衣无尸，云谦居金陵摄山寺，碑云："北望荒村，扈谦卜筮之宅是也。"

庚嘉德

按《异苑》：庚嘉德，颍川人，善于筮蔡之事。有人失一婢，庚卦云："君可出东陵口伺候，有姓曹乘车者，无问识否，但乘其载。得与不得，殆一理也。"旦出，郭果有曹郎上墓，径便升车。曹大骇，呼牛惊奔，人草，刺一死尸，下视乃婢也。

宋

颜　敬

按《宋书·蔡兴宗传》：颜敬，彭城人，初兴宗为郢州府参军，敬以式卜曰："亥年，当作公官，有大字者，不可受也。"及有开府之授，而太岁在亥，果薨于光

禄大夫之号。

蔡　铁

按《湖广通志》：蔡铁，善卜，为南郡王义宣府史。王镇武昌，于内斋见一白鼠缘屋梁上，命左右射得之，内函中，命铁卜之。铁曰："白色之鼠，背明而户。弯弧射之，绝其左股。腹孕五子，三雄二雌。若不见信，剖腹而知。"王命剖之，如铁言。赐钱万贯。

第二十一章　卜筮名流列传三

北　魏

耿　元

按《魏书·耿元传》：元，巨鹿宋子人也。善卜占。坐室内，有客扣门，元已知其姓字，并所赍持，及来问之意。其所卜筮，十中八九。别有《林占》，世或传之。而性不和俗，时有王公欲求其筮者，元则拒而不许。每云："今既贵矣，更何所求？而复卜也，欲望意外乎？"代京法禁严切，王公闻之，莫不惊悚而退。故元多见憎忿，不为贵胜所亲。官至巨鹿太守。显祖、高祖时，有渤海高道埏、清河赵法湜，并有名于世。世宗、肃宗时，奉车都尉清河魏道虔、奉车都尉周恃、魏郡太守章武高月光、月光弟明月、任元智、雍州人潘捺，并长于阴阳卜筮。故元于日者之中最为优洽。冠军将军、濮阳贾元绍、章武吕肫、济北冯道安、河内冯怀、海东郡李文殊并工于法术，而道虔、月光、文殊为优，其余不及。浮阳孟刚、饶安王领郡善铨录风角，章武颜恶头善卜筮，亦用耿元林占，当时最知名。范阳人刘弁，亦有名于世。

刘灵助

按《魏书·刘灵助传》：灵助，燕郡人。师事刘弁，好阴阳占卜，而粗疏无赖，常去来燕恒之界，或时负贩，或复劫盗，卖术于市。后自代至秀容，因事尒朱荣。荣性信卜筮，灵助所占屡中，遂被亲待，为荣府功曹参军。建义初，荣于河阴王公卿士悉见屠害。时奉车都尉卢道虔兄弟亦相率朝于行宫，灵助以其州里，卫护之，由是朝士与诸卢相随免害者数十人。荣入京师，超拜光禄大夫，封长子县开国伯，

食邑七百户，寻进爵为公，增邑通前千户。后从荣讨擒葛荣，特除散骑常侍、抚军将军、幽州刺史。又从大将军、上党王天穆讨邢杲。时幽州流民卢城人最为凶悍，遂令灵助兼尚书，军前慰劳之，事平而元颢入洛，天穆渡河。灵助先会尒朱荣于太行，及将攻河内，令灵助筮之。灵助曰："未时必克。"时已向中，士众疲怠，灵助曰："时至矣。"荣鼓之，将士腾跃，即便克陷。及至北中，荣攻城不获，以时盛暑，议欲且还，以待秋凉。庄帝诏灵助筮之。灵助曰："必当破贼。"诏曰："何日。"灵助曰："十八、十九间。"果如其言。车驾还宫，领幽州大中正，寻加征东将军，增邑五百户，进爵为燕郡公，诏赠其父僧安为幽州刺史。寻兼尚书左仆射，慰劳幽州流民于濮阳、顿丘，因率民北还。与都督侯渊等讨葛荣余党韩娄，灭之于蓟。仍厘州务，加车骑将军，又为幽、并、营、安四州行台。及尒朱荣死，庄帝幽崩。灵助本寒微，一朝至此，自谓方术堪能动众。又尒朱有诛灭之兆，灵助遂自号燕王、车骑大将军、开府仪同三司、大行台，为庄帝举义兵。灵助驯养大鸟，称为己瑞，妄说图谶，言刘氏当王，又云"欲知避世入鸟村。"遂刻毡为人象，画桃木为符书，作诡道厌祝之法。民多信之。于时河西人纥豆陵步藩举兵逼晋阳，尒朱兆频战不力，故灵助唱言："尒朱自然当灭，不须我兵。"由是幽、瀛、沧、冀之民悉从之。从之者夜悉举火为号，不举火者诸村共屠之。以普泰元年三月，率众至博陵之安国城，与叱列延庆、侯渊、尒朱羽生等战，战败被擒，斩于定州，传首洛阳，支分其体。初，灵助每云："三月末，我必入定州，尒朱亦必灭。"及将战，灵助自筮之，卦成不吉，以手折蓍，弃之于地，云："此何知也。"寻见擒，果以三月入定州，而齐献武王以明年闰二月破西胡于韩陵山，遂灭兆等。永熙二年，赠使持节、散骑常侍、都督幽瀛冀三州诸军事、骠骑大将军、尚书左仆射、开府仪同三司、幽州刺史。谥曰恭。

北　齐

解法选

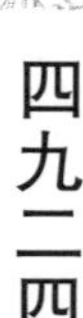

按《北齐书·解法选传》：法选，河内人。少明相术。鉴照人物，皆如其言。频为和士开相中，士开牒为府参军。按北史解法选传，法选，河内人，少明相术，又受易于权会，筮亦颇工，陈郡袁叔德以太子行博陵太守。不愿之官，以亲老言于执政杨愔，愔语云："既非正除，寻当遣代叔德意，欲留尊累在京。"令法选占，云："不逾三年，得代终不还也。"劝其尽家而行。又为叔德相云："公邑。邑终，为吏部尚书。"鉴照人物，后皆如言。

吴遵世

按《北齐书·吴遵世传》：遵世，字季绪，渤海人。少学《易》，入恒山从隐居道士游处。数年，忽见一老翁谓之云："授君开心符。"遵世跪取吞之，遂明占候。后出游京洛，以《易》筮知名。魏武帝之将即位也，使遵世筮之，遇明夷之贲曰："初登于天，后人于地。"帝曰："何谓也？"遵世曰："初登于天，当做天子。后入于地，不得久也。"终如其言。世祖以丞相在京师居守，自致猜疑，甚怀忧惧，谋将起兵，每宿辄令遵世筮之。遵世云："不须起动，自有大庆。"俄而赵郡王奉太后令以遗诏追世祖。及即祚，授其中书舍人，固辞疾。

按《北史·吴遵世传》：魏孝武帝之将即位，使之筮，遇否之萃，曰："先否后喜。"帝曰："喜在何时？"遵世曰："刚决柔，则春末夏初也。"又筮，遇明夷之贲，曰："初登于天，后入于地。若能敬始慎终，不失法度，无忧入地矣。"终如其言。后齐文襄引为大将军府墨曹参军，从游东山，有云起，恐雨废射。戏使筮。遇剥，李业兴云："坤上艮下，剥。艮为山，山出云，故知有雨。"遵世云："坤为地，土制水，故知无雨。"文襄使崔暹书之云："遵世若著，赏绢十匹；不著，罚杖十。业兴若著，无赏；不著，罚杖十。"业兴曰："同是著，何独无赏？"文襄曰："遵世著，会我意，故赏也。"须臾云散。二人各受赏罚。和士开封王，妻元氏无子，以侧室长孙为妃，令遵世筮。遵世云："此卦偶与占同。"乃出其占书云："元氏无子，长孙为妃。"士开喜于妙中，于是起叫而舞。遵世著《易林杂占》百余卷。后预尉迟迥乱，死焉。

许　遵

按《北齐书·许遵传》：遵高阳人。明《易》，善筮，兼晓天文、风角、占相，逆刺，其验若神。高祖引为馆客，自言禄命不富贵，不横死。是以任性疏诞，多所犯忤，高祖常容惜之。邙阴之役，遵谓李业兴曰："彼为火阵，我为木阵，火胜木，

我必败。”果如其言。清河王岳以遵为开府田曹记室。岳封王，以告遵，遵曰：“蜜蜂亦做王。”岳后将救江陵，遵曰：“此行必致后凶，宜辞疾勿去。”岳曰：“势不免去，正当与君同行。”遵曰：“好与生人相随，不欲共死人同路”。还。岳至京寻丧。显祖无道日甚，遵语人曰：“多折算来，吾筮此狂夫何时当死。”遂布算满床，大言曰：“不出冬初，我乃不见。”显祖以十月崩，遵果以九月死。

按《北史·许遵传》：三台初成，文宣宴会尚书以上，三日不出。遵妻季氏忧之，以问遵。遵曰：“明日当得三百匹绢。”季氏曰：“若然，当奉三束。”遵曰：“不满十匹。”既而皆如言。

按《开封府志》：许遵，雍丘高阳人，明《易》，善筮。邙阴之役，谓李业兴曰：“贼为水阵，我为火阵，水胜火，我必败。”果如其言。

许　晖

按《北史·许遵传》：遵子晖亦学术数。遵谓曰：“汝聪明不及我。不劳多学。”唯授以妇人产法，预言男女及产日，无不中。武成时，以此数获赏焉。

王　春

按《北史·王春传》：春，河东安邑人也。少精《易》占，明阴阳风角，齐神引为馆客。韩陵之战，四面受敌，从寅至午，三合三离，将士皆惧。神武将退军，春叩马谏曰：“比至未时，必当大捷。”遽缚其子诣军门为质，若不胜，请斩之。贼果大败。后从征讨，恒令占卜，其言多中。位东徐州刺史，赐爵安夷县公。卒赠秦州刺史。

张子信

按《北史·张子信传》：子信，河内人也。颇涉文学，又善《易》筮及风角之术。武卫奚永洛与子信对坐，有鹊鸣庭树，斗而堕焉。子信曰：“不善，向夕，当有风从西南来，历此树，拂堂角。则有口舌事。今夜有人唤，必不可往，虽敕亦以病辞。”子信去后，果有风如其言。是夜，琅讶王五使切召永洛，且云：“敕唤。”永洛欲起，其妻苦留之，称坠马腰折，不堪动。诘朝而难作。子信，齐亡卒。

赵辅和

按《北齐书·赵辅和传》：辅和，清都人。少以明《易》善筮为馆客。高祖崩于晋阳，葬有日矣，世宗书令显祖亲卜宅兆，相于邺西北漳水北原。显祖与吴遵世择地，频卜不吉。又至一所，命遵世筮之，遇革，遵世等数十人咸云不可用。辅和少年，在众人之后，进云："革卦于天下人皆凶，唯王家用之大吉。"《革·彖》辞云："汤武革命，应天顺民。"显祖遂登车，顾云："即以此地为定。"即义平陵也。有一人父疾，是人诣馆别托相知者筮之，遇泰，筮者云："此卦甚吉，疾愈。"是人喜。出后，和谓筮者云："泰卦乾下坤上，然则父入土矣，岂得言吉？"果以凶闻至。和太宁、武平中筮后宫诞男女及时日多中，遂授通直常侍。

按《北史·赵辅和传》：有人父疾托辅和筮，遇乾之晋，慰谕令去。后告人云："乾之游魂，乾为天，为父，父变为魂，而升于天，能无死乎？"后如其言。

颜恶头

按《北史·颜恶头传》：恶头，章武郡人。善《易》筮，游州市观卜，有妇人负囊粟来卜，历七人，皆不中而强索其粟，恶头尤之。卜者曰："君若能中，何不为卜？"恶头因筮之，曰："登高临下水洞洞，唯闻人声不见形。"妇人曰："妊身已七月矣，向井上汲水，忽闻胎声，故卜。"恶头曰："吉，十月三十日有一男子。"诣卜者乃惊服曰："是颜生邪！"相与具羊酒谢焉。有人以三月十三日诣恶头求卜，遇兑之履。恶头占曰："君卜父，父已亡。当上天，闻哭声。忽复苏，而有言。"其人曰："父卧疾三年矣，昨日鸡鸣时气尽，举家大哭。父忽惊悟云：'我死，有三尺人来迎，欲升天，闻哭声，遂堕地。'"恶头曰："更三日，当永去。"果如言。人问其故，恶头曰："兑上天下土，是今日庚辛，本宫火，故知卜父。今三月，土入墓，又见宗庙爻发，故知死。变见生气，故知苏。兑为口，主音声，故知哭。兑变为乾，乾天也，故升天，兑为言，故父言，故知有言。未化入戌为土，三月土墓，戌又是本宫鬼墓，未后三日至戌，故知三日复死。"恶头又语人曰："长乐王某年某月某日当为天子。"有人姓张，闻其言，数以实物献之，预乞东益州刺史。及期，果为天子，擢张用之。恶头自言厄在彭城。后游东都，逢彭城王尒朱仲远将伐齐神武于邺，召恶头令筮。恶头野生，不知避忌，高声言："大恶。"仲远怒

其沮众，斩之。

麴　绍

按《北史·许遵传》：荥阳麴绍者，亦善占，候景欲试之，使与郭生俱卜二伏牛何者先起。卜得火兆，郭生曰：“赤牛先起。”绍曰：“青牛先起。”景问其故，郭生曰：“火色赤，故知赤牛先起。”绍曰：“火将然，烟先起。烟上色青，故知青牛先起。”既而如绍言。

隋

杨伯丑

按《隋书·杨伯丑传》：伯丑，冯翊武乡人也。好读《易》，隐于华山。开皇初，被征入朝，见公卿不为礼，无贵贱皆汝之。人不能测也。高祖召与语，竟无所答。上赐之衣服，至朝堂舍之而去。于是被发佯狂，游行市里，形体垢秽，未尝栉沐。尝有张永乐者，卖卜京师，伯丑每从之游。永乐为卦有不能决者，伯丑辄为分析爻象，寻幽入微，永乐嗟服，自以为非所及也。伯丑亦开肆卖卜。有人尝失子，就伯丑筮者。卦成，伯丑曰：“汝子在怀远坊南门道东北壁上，有青裙女子抱之，可往取也。”如言果得。或者有金数两，夫妻共藏之。于后失金，其夫意妻有异志，将逐之。其妻称冤，以诣伯丑，为筮之曰：“金在矣。”悉呼其家人，指一人曰：“可取金来！”其人赧然，应声而取之。道士韦知常诣伯丑问吉凶，伯丑曰：“汝勿东北行，必不得已，当早还。不然者，杨素斩汝头。”未几，上令知常事汉王谅，俄而上崩。谅举兵反，知常逃归京师。知常先与杨素有隙，及素平并州，先访知常，将斩之，赖此获免。又有人失马，诣伯丑卜者。时伯丑为皇太子所召，在途遇之，立为作卦，卦成，曰：“我不遑为卿占之，卿且向西市东壁门南第三店，为我买鱼做脍，当得马矣。”其人如此言，须臾，有一人牵所失马而至，遂擒之。崖州尝献径寸珠，其使者阴易之，上心疑焉，召伯丑令筮。伯丑曰：“有物出自水中，质圆而色光，是大珠也。今为人所隐。”具言隐者姓名容状。上如言簿责之，果得本珠。上奇之，赐帛二十匹。国子祭酒何妥尝诣之论易，闻妥之言，倏然而笑曰：

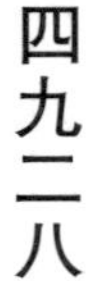

"何用郑元、王弼之言乎！"久之，微有辩答，所说辞义，皆异先儒之旨，而思理元妙，故论者以为天然独得，非常人所及也。竟以寿终。

唐

杜　生

按《唐书·杜生传》：杜生者，许州人。善《易》占。有亡奴者，问所从追戒，曰："自北行，逢使者，恳丐其鞭，若不可，则以情告其人。"果值使者于道，如生语。使者异之，曰："去鞭，吾无以进马，可折道傍蒉代之。"乃往折蒉，见亡奴伏其下，获之。他日又有亡奴者，生戒持钱五百伺于道，见进鹞使者，可市其一，必得奴。俄而使至，其人以情告使者，以一与之。忽飞集灌莽上，往取之，而得亡奴。众以为神。

暨　生

按《武进县志》：唐，暨生者，常州人，善占事，有汝州刺史桓臣范尝入考道过常，适得东京缑氏庄奴婢初到，桓问以庄上事。暨云："此庄姓卢不姓桓。"见一奴，又云："此奴即走，仍偷两贯钱。"桓问："今去改得何官？"暨又曰："东北一千里外做刺史，须慎马厄。"及行至扬州府，其奴果偷两千而去。至东京，改瀛州刺史，方始信之。常慎马厄，至郡因拜跪左足，忽痛艰于行，有一人解针，针讫，其痛转剧，遂请告，经一百日停官，其针人乃姓马。归至东都，于伊阙住，其缑氏庄卖与卢从愿，方知诸事无不应者。桓自此信命，不复营求。

钱知微

按《酉阳杂俎》：天宝末，术士钱知微尝至洛，遂榜天津桥表柱卖卜，一卦帛十匹。历旬，人皆不诣之。一日有贵公子，意其必异，命取帛如数卜焉。钱命蓍，布卦成，曰："予筮可期一生，君何戏焉？"其人曰："卜事甚切，先生岂误乎？"钱云请为韵语："两头点土，中心虚悬。人足踏跋，不肯下钱。"其人本意卖天津桥，绐之，其精如此。

王　生

按《前定录》：李相国揆，以进士调集在京师，闻宣平坊王生善易筮，往问之。王生每以五百文决一局，而来者云集，自辰至酉，不得次而有空反者。揆时持一缣晨往。生为之开卦，曰："君非文字之选乎？当得河南道一尉。"揆负才华，不宜为此，色悒忿而去。王生曰："君无怏怏，自此数月，当为左拾遗。前事固不可涯也。"揆怒未解。生曰："若果然，幸一枉驾。"揆以书判不中，第补汴州陈留尉，始以王生之言有征。后诣之生，于几下取一缄书，可十数纸以授之曰："君除拾遗，可发此缄，不尔当大咎。"揆藏之。既至陈留，时采访使倪若冰，以揆才华族望，留假府职，会郡有事，须上请，择与中朝通者无如揆，乃请行。开元中，郡府上书姓李者，皆先谒。宗正时李璆为宗长，适遇上尊号，揆既谒璆，璆素闻其才，请为表三通以次上之。上召璆曰："百官上表无如卿者，朕甚佳之。"璆顿首谢曰："此非臣所为，是臣从子陈留尉揆所为。"乃下诏召揆。时揆寓宿于怀远坊卢氏姑之舍，子弟闻诏，且未敢出，及知上意，欲以推择，遂出。既见。乃宣命宰臣试文辞。时陈黄门为题目，三篇其一曰《紫丝盛露囊赋》，二曰《答吐蕃书》，三曰《代南越献白孔雀表》。揆自午及酉而成，既封，请曰："前二首无所遗恨，后一首或有所疑，愿得详之。"乃许拆其缄，涂八字，旁注两句。既进，翌日授左拾遗。旬余乃发王生之缄，视之三篇皆在其中，而涂注者亦如之，遽命驾往宣平坊访王生，则竟不复见矣。

韩凝礼

按《山西通志》：韩凝礼，上党人，明易学，揲蓍奇中。元宗命揲一蓍，翅立三起三偃，凝礼曰："此龙飞之象，本占有孚，应在仲冬，一阳动，当登大位。"后果验。凝礼起家五品。

沈　七

按浙江通志，沈七，越州人也。善卜。李丹员外谓之曰："闻消息李侍郎知政事，某又得给事中，如何？"沈七云："李侍郎即被追，不得社日肉吃，后此无禄，公亦未改，不得给事中。"其时去社才十四日，果有敕追李侍郎至汴，卒。李亦不得给事中。

王栖霞

按《荆州府志》：王栖霞者，字湘川，寓江陵白鹭湖，善治《易》，所居手植桃行成数十列，四藩其宇，时比之董奉。栖霞笑曰：“吾独利其花核，祛风导气耳。”每清旦布蓍，为人决事，取赀足一日生计。大历中，老父持百钱来筮，卦成，栖霞惊曰：“家去几何？老父往矣，不然将仆于道。”老父出，栖霞顾百钱，乃纸也，因悟其所验之辰，则栖霞甲子。乃叹曰：“吾虽少而学《易》，不自意能幽入鬼鉴，死复何恨？”至期即沐浴，更新衣而终。

朱　邯

按《江西通志》：朱邯，豫章人，精于《周易》，得京、管之遗法。唐建中初游楚，卖卜。楚青山董元范母患奇病，至夜即发。邯为筮之，得解之，上六曰：“君今日昃且衫服于道侧，伺有执弓挟矢而过者，君向求之。”时邑人李楚宾喜猎，其时果至。元范邀之至家，设酒馔留宿。是夜月明如昼，楚宾出户徘徊，见一大鸟飞集舍上，引喙啄屋，即闻堂内叫痛苦声。楚宾引弓射之，两发皆中，其鸟飞去，痛声亦止。明日与元范四索于败屋中，得碓捏古址，两箭著其上，皆有血光，遂取焚之。母患果平。

胡卢生

按《剧谈录》：宝应年中员外郎，窦庭芝分司洛邑，常敬事卜者。胡卢生每言：“吉凶无不必中。”如此者，往来甚频，长幼莫不倾盖。一旦凌晨入门，颇甚嗟惋，庭芝问之，良久乃言：“君家大祸将成，举族恐无遗类，即未在旦夕，所期亦甚不远。”既而举家涕泣，请问求生之路。云：“非遇黄中君鬼谷子，不能相救，然黄中君造次难见，但见鬼谷子，当无患矣。”具述形貌服饰，仍约浃旬求之。于是窦与兄弟群从，洎妻子奴仆晓夕求访于洛下。时李邺侯有艰居于河清县，因省觐亲友，策蹇驴入洛，至中桥南，遇大尹，避道，所乘驴忽惊逸而走，径入庭芝所居。与仆者共造其门，值庭芝车马罗列将出，忽见邺侯，皆惊眙而退。俄有人出来云：“此是分司窦员外宅所，失驴收在马厩，请客入座，员外当修谒。”如此者数四，邺侯不获已，就其厅事。庭芝既出，降阶而拜，延接殷勤，遂至信宿。至如妻孥、孩稚咸备家人之礼，数日告去，赠送殊厚。但云："贵达之辰，愿以一家为托。"邺侯居于河清信宿，旁午于道。及朱泚拘逆，庭芝方廉察陕服，车驾出幸奉天，遂陷于贼庭。及銮舆返正，德宗首命诛之。邺侯自南岳征回至行在，便为宰相，因第臣僚罪状，遂请庭芝减死。圣意不解云："卿以为宁王懿亲乎？以此论之，尤不可然，莫有他事，俾其全活否？卿但言之。"于是具以前事。上闻，由是特原其罪。邺侯始奏，上密使中官夜乘传陕州问之。窦奏其事。德宗曰："曩言黄中君，盖指于朕，未知呼卿为鬼谷子何也？"

后　唐

胡　恬

按《德安府志》：胡恬，安州人，有仙术。马处谦者，学鬻筮以自给，尝至安州。恬谓处谦曰："子之筮未臻其妙，能从我学乎？"尝至陶仙观受星算之诀，凡十七行。又语谦曰："子有官禄，终于五十二。"自是筮事多奇中。后从赵匡明入蜀，官至中金紫，果五十二卒。

马处谦

按《安陆府志》：马处谦病瞽，父使学《易》，以赡衣食，常于安陆鬻筮自给。有一人谒筮谓马生曰："子之筮未臻其妙，我有秘法，子能从我学之乎？"马生乃随往。郡境有陶仙观，受星算之诀，凡一十七行，因请其爵里，乃云："胡其姓而恬其名。"诫之曰："子有官禄，终至五十二岁，慎勿道我，行止于王侯之门。"马生能决筮事甚验。赵匡明弃荆入蜀，因随至成都，王先主令杜光庭，密问马生享寿几何。对曰："主上受元阳之气，四斤八两。"果七十二而崩。四斤八两，即七十二两也。马生官至中郎金紫，亦五十二而卒。

马重绩

按《五代史·马重绩传》：重绩字洞微，其先出于北狄，而世事军中。重绩少学数术，明太一、五纪、八象、三统大历，居于太原。唐庄宗镇太原，每用兵征伐，必以问之，重绩所言无不中，拜大理司直。明宗时，废不用。晋高祖以太原拒命，废帝遣兵围之，势甚危急，命重绩筮之，遇同人曰："天火之象，乾健而离明。健者君之德也，明者南面而向之，所以治天下也。同人者人所同也，必有同我者焉。《易》曰：'战乎乾。'乾，西北也。又曰：'相见乎离。'离，南方也。其同我者自北而南乎？乾，西北也，战而胜，其九月十月之交乎？"是岁九月，契丹助晋击败唐军，晋遂有天下。拜重绩太子右赞善大夫，迁司天监。明年，张从宾反，命重绩筮之，遇随，曰："南瞻析木，木不自续，虚而动之，动随其覆。岁将秋矣，无能为也！"七月而从宾败。高祖大喜，赐以良马、器币。天福三年，重绩上言："历象，王者所以正一气之元，宣万邦之命。而古今所纪，考审多差，宣明气朔正而星度不验，崇元五星得而岁差一日，以宣明之气朔，合崇元之五星，二历相参，然后符合。自前世诸历，皆起天正十一月为岁首，用太古甲子为上元，积岁愈多，差阔愈甚。臣辄合二历，创为新法，以唐天宝十四载乙未为上元，雨水正月中气为气首。沼下司天监赵仁琦、张文皓等考覆得失。"仁琦等言："明年庚子正月朔。用重绩历考之，皆合无舛。"乃下诏班行之，号调元历。行之数岁辄差，遂不用。重绩又言："漏刻之法，以中星考昼夜为一百刻，八刻六十分刻之二十为一时，时以四刻卜分为正，此自古所用也。今失其传，以午正为时始，下侵未四刻十分而为午。由是昼夜昏晓，皆失其正，请依古改正。"从之，重绩卒年六十四。

辽

王　白

按《辽史·王白传》：白，冀州人，明天文，善卜筮，晋司天少监，太宗入汴得之。应历十九年，王子只没以事下狱，其母求卜，白曰："此人当王，未能杀也，毋过忧！"景宗即位，释其罪，封宁王，竟如其言。凡决祸福多此类。保宁中，历章武、兴国二军节度使。撰《百中歌》行于世。

魏　璘

按《辽史·魏璘传》：璘，不知何郡人，以卜名世，太宗得于汴。天禄元年，

上命驰马较迟疾，以为胜负。问王白及璘孰胜？白奏曰：“赤者胜。”璘曰：“臣所见，骢马当胜。”既驰，尽如璘言。上异而问之，白曰：“今日火旺，故知赤者胜。”璘曰：“不然，火虽旺，而上有烟。以烟察之，青者必胜。”上嘉之。五年，察割谋逆，私卜于璘。璘始卜，谓曰：“大王之数，得一日矣，宜慎之！”及乱，果败。应历中，周兵犯燕，上以胜败问璘。璘曰：“周姓柴也，燕分火也。柴人火，必焚。”其言果验。璘尝为太平王罨撒葛卜僭立事，上闻之，免死，流乌古部。一日，节度使召璘，适有献双鲤者，戏曰：“君卜此鱼何时得食？”璘良久答曰：“公与仆不出今日，有不测祸，奚暇食鱼？”急命烹之。未及食，寇至，俱遇害。

耶律乙不哥

按《辽史·耶律乙不哥传》：耶律乙不哥，字习捻，六院郎君褭古直之后。幼好学，尤长于卜筮，不乐仕进。尝为人择葬地曰：“后三日，有牛乘人逐牛过者，即启土。”至期，果一人负乳犊，引牸牛而过。其人曰：“所谓‘牛乘人’者，此也。”遂启土。既葬，吉凶尽如其言。又为失鹰者占曰：“鹰在汝家东北三十里泺西榆上。”往求之，果得。当时占候无不验。

宋

叶　简

按《闻奇录》：叶简，剡人，善卜筮，凡有盗贼，皆知其姓名。有乡夫失牛，卜之，曰：“占失牛已被家边载上州。欲知贼姓一斤求，欲知贼名十干头。”乃邻人丘甲耳。又有将橘子合之，令占，曰：“圆似珠，色如丹。倘能擘破同分吃，争不惭愧洞庭山。”又将巾子射覆云：“近来好裹束，各自竞尖新。秤无三五两，因何号一斤？”又将鸡子二个占云：“此物不难知，一雄兼一雌。请将打破看，方明混沌时。”他皆类此。

按《杭州府志》：叶简善卜筮，武肃当衙，忽旋风南来，绕案，简曰：“此淮帅杨渥薨，当遣吊祭。”王曰：“贺生辰使方去，奈何？”简曰：“但语以贵国动静，皆预知之。”王遣吊，渥果死。一军皆惊。时又有李咸者，筮类与简同。

徐　复

按《避暑录话》：徐复，所谓冲晦处士者，建州人。初亦举进士。《京房易》世久无通其术者，复尝遇隐士得之，而杂以六壬遁甲自筮，终身无禄，遂罢举。范文正公知苏州，尝疑外夷当有变，使复占之。复为言，西方用师，起某年月，盛某年月，天下当骚然。故文正益论边事，及元昊叛，无一不验者。仁宗闻而召见，问以兵事，曰："今岁直小过，刚失位而不中，唯强君德，乃可济耳。"命以大理评事，不就赐号，而归杭州万松岭，其故庐也。时林和靖尚无恙，杭州称二处士，而和靖卒，乃得谥。与复同时者，又有郭京，亦通术数，好言兵而任侠不伦，故不显。

按《福建通志》：徐复浦城人，学《易》博，综谶纬。皇祐中帝召见，问天时人事。复对以京房易卦，皆验。帝称善之。按《浙江通志》：徐复，字希颜，本莆田人，久游吴中，因家杭州。精《易》，通流衍卦气之法，遁甲、占射诸家之说。宋康定中元昊叛，诏求有文武材可用者，宋绶林瑀以复荐。召见，问以天时人事，复举京房易卦推所配年月日，谓时当小过刚失位而不中，宜在强君德。问："西方用兵如何?"复对："太乙守中宫兵，宜内不宜外。"帝善其言，欲官之，固辞，留值，登闻鼓院与林瑀同修《周易会元》。纪岁余，归礼以束帛，赐号冲晦处士。

俞　直

按《江西通志》：俞直，玉山人。于河洛易象之旨，无不求其义而为说。秦桧谷馆置直，谢不就。绍兴辛巳，金人乱淮，用事者遣使问敌退之期，言皆切中。卒不以术自炫。

廖应淮

按《江西通志》：廖应淮，南城人。字学海，性奇敏，无书不读。一日入杭叩阍，疏丁大全误国状，遂配汉阳。忽遇蜀人杜可久于江干，呼曰："子非盱江廖应淮耶?"淮愕然，久之，杜曰："予待子久矣。康节以易数授王豫，豫死埋其书以殉。吴曦叛时，有掘其冢得之者，余贿归而学之五十年矣，数当授子。"于是由声音起数，淮一问辄了。逸去著书，自号溟涬生。后入杭，僦临街楼以居，昼卖卜，夜痛饮，醉中忽大呼曰："始谓天非宋天，今地且非宋地矣。"语闻，贾似道使人问之，曰："地发遍白，浙水西流，是其祥也。"又执熊希望手曰："余闻空中戎马百万来人，鬼做哭泣声，公留此为何？"又曰："杀气并入闽广去矣，人皆掩耳走。"吴浚彭复愿从之学，大骂曰："大莫大乎范围，精莫精乎曲成，若黄口儿可语此，则人皆邵子矣。"浚遂辞去，复执礼不衰，卒授以其学。淮年五十二，携一青衣自随，死。先三日，谓之曰："一月后有山姓鸟名人来召我及传立，立当过我，可出，所藏书付之汝，可得官田养老。"皆如其言，所谓召使，则崔鹏飞云。

卢　鸿

按《金华府志》：卢鸿，字硕父，举进士，善仙卜，乡人。周师锐既中，省问之曰："当魁多士。"且曰："熟读《程易》师卦。"已而廷对，问"师律"之旨，遂为武举第一人。又善驱邪，有条桑者堕地，呕血而死。鸿曰："行持可也，宜静听之。"顷四山皆鬼叫病者，忽呻吟呕血数升而苏。

夏巨源

按《杭州府志》：夏巨源，精卜筮，居临安、绍兴间。有自赣造朝而遗其文劄者，卜之。夏曰："护在女口，守以鸳鸯，无虞也。"其人莫识所谓，既而仆从饶州持所遗至，盖其妾福安收藏鸯字策也，始服其神术。

范　畴

按《金华府志》：范畴，字复初，金华人。宋建绍间，尝为洞霄宫道士，得江西张九牛蓍易之占，神妙莫测。杭有无藉子胡婆寿负罪而逃，官督责严捕者，即畴求筮爻成。畴曰："可于北方树木中得之。"如言迹至，果获于空杨柳树中，遂系狱。后会赦出，欲报畴，持刀晨扣畴门，给以卜欲杀之。畴决以占，知其将不利于己，隔门问之曰："欲卜可掷下手中刀。"胡闻之骇服，犹以刀画其门而去。畴由是避居于苏。设肆，疑者来问，莫不神异。

白羊先生

按《浙江通志》：白羊先生，莫详其姓氏，卖卜临安市中。绍兴甲寅，孝宗升遐，光宗疾不能丧，中外人情恟恟。襄阳官兵陈应详，归正人也，欲乘此为变。结约已定，其间一卒，买卜于先生，询之，曰：“此卜将何用？观此占非止杀身，且将危及父母矣，慎勿为。”其人色动。时都统冯湛帐前适有一人在旁，知见，遂潜迹至一茶肆，与之语，乃实告，但深以卜不吉为疑。其人曰：“若疑不吉，当与汝出首，可转祸为福。”卒然之，其人与卒急诣湛告变。时张定叟做帅，湛携首状告定叟。定叟与湛密议，令具酒肴与客饮，遣数人请陈，及其一二官兵同来，面以首状诘之。陈辞屈，乃集众于教场射杀之。二人及自羊先生皆补官。

叶子仁

按《广信府志》：叶子仁，上饶人。推算筮占，往往如破的。岁乙酉，真文忠方在班，子仁以书劝补外甚力，未几果去国。子仁每推论五行，辄以善道勉人，如孝弟忠信，清心寡欲等语，未尝不恳切。言之真文忠以为君平之风，赠以绝句云：“易象推占妙入神，劝人忠孝更谆谆。只今谁似君平术，唯有南阳卖卜人。”见《真文忠集》。

徐仲坚

按《仪真县志》：徐仲坚者，忠信笃实，遇人至谨。家贫寓于卜，虽疾病召筮，不正衣巾不见日，得百数十钱则止。能为诗，亦好属文。有集若干卷。

第二十二章　卜筮名流列传四

金

武　祯

按《金史·武祯传》：祯，宿州临涣人。祖官太史，靖康后业农，后画界属金。祯深数学。贞祐间，行枢密院仆散安贞闻其名，召至徐州，以上客礼之，每出师必咨焉，其占如响。正大初，徵至汴京，待诏东华门。其友王铉问祯曰："朝廷若问国祚修短，子何以对?"祯曰："当以实告之，但更言周过其历，秦不及期，亦在修德尔。"时久旱祈祷不应，朝廷为忧，祯忽谓铉曰："足下今日早归，恐为雨阻。"铉曰："万里无云，赤日如此，安得有雨。"祯笑曰："若是则天不诚也。天何尝不诚?"既而东南有云气，须臾蔽天，平地雨注二尺，众皆惊叹。寻除司天台管勾。

武　亢

按《金史·武祯传》：祯子亢，寡言笑，不妄交。尝与一学生终日相对，握筹布画，目炯炯若有所营，见者莫测也。哀宗至蔡州，右丞完颜仲德荐其术。召至，屏人与语，大悦，除司天长行，赏赉甚厚。上书曰："比者有星变于周、楚之分，彗星起于大角西，扫轸之左轴，盖除旧布新之象。"又言："郑、楚、周三分野当赤地千里，兵凶大起，王者不可居也。"又曰："蔡城有兵荒之兆，楚有亡国之征，三军苦战于西垣前后有日矣。城壁倾颓，内无见粮，外无应兵，君臣数尽之年也。"闻者悚然夺气，哀宗唯嗟叹良久，不以为罪。性颇倨傲，朝士以此非之。天兴二年九月，蔡州被围，亢奏曰："十二月三日必攻城。"及期果然。末帝问曰："解围当在何日"对曰："明年正月十三日，城下无一人一骑矣。"帝不知其由，乃喜解围有期。日但密计粮草，使可给至其日不阙者。明年甲午正月十日，蔡州破。十三日，大元兵退。是日，亢赴水死云。

元

田忠良

按《元史·田忠良传》：忠良，字正卿。其先平阳赵城人，金亡，徙中山。忠良好学，通儒家、杂家言。尝识太保刘秉忠于微时，秉忠荐于世祖。遣使召至，帝视其状貌步趋，顾谓侍臣曰："是虽以阴阳家进，必将为国用。"俄指西序第二人谓忠良曰："彼手中握何物？"忠良对曰："鸡卵也。"果然。帝喜，又曰："朕有事萦心，汝试占之。"对曰："以臣术推之，当是一名僧病耳。"帝曰："然，国师也。"遂遣左侍仪奉御也先乃送忠良司天台，给笔札，令秉忠试星历、遁甲诸书。秉忠奏曰："所试皆通，司天诸生鲜有及者。"诏官之司天。帝曰："朕用兵江南，困于襄樊，累年不决，奈何？"忠良对曰："在酉年矣。"至元十一年，阿里海牙奏请率十万众渡江，朝议难之，帝密问曰："汝试筮之，济否？"忠良对曰："济。"帝猎于柳林，御幄殿，侍臣甚众，顾忠良曰："今拜一大将取江南，朕心已定，果何人耶？"忠良环视左右，目一人，对曰："是伟丈夫，可属大事。"帝笑曰："此伯颜也，为西王旭烈兀使，朕以其才留用之，汝识朕心。"赐钞五百贯、衣一袭。七月十五日夜，白气贯三台，帝问何祥，忠良对曰："三公其死乎？"未几，太保刘秉忠卒。八月，帝出猎，驻辇，召忠良曰："朕有所遗，汝知何物，还可复得否？"对曰："其数珠乎？明日二十里外，人当有得而来献者。"已而果然，帝喜，赐以貂裘。十月，有旨问忠良："南征将士能渡江否？劳师费财，朕甚忧之。"忠良奏曰："明年正月当奏捷矣。"十二年正月，师取鄂州，丞相伯颜遣使来献宋宝，有玉香炉，辍以赐忠良，及金织文十疋。二月，帝不豫，召忠良谓曰："或言联今岁不嘉，汝术云何？"忠良对曰："圣体行自安矣。"三月，帝疾愈，赐银五百两、衣材三十疋。五月，车驾清暑上都，遣使来召曰："叛者浸入山陵，久而不去，汝与和礼霍孙率众往视之。"既至，山陵如故，俄而叛兵大至，围之三匝，三日不解。忠良引众夜归，敌殊不觉，和礼霍孙以为神，白其事于帝，赐黄金十两。八月，以海都为

边患，遣皇子北平王那木罕、丞相安童征之，忠良奏曰："不吉，将有叛者。"帝不悦。十二月，诸王昔里吉劫皇子、丞相以入海都，帝召忠良曰："朕几信谗言罪汝，今如汝言，汝祀神致祷，虽黄金朕所不吝。"忠良对曰："无事于神，皇子未年当还。"后果然。十八年，特命为太常丞。少府迁太常少卿，二十九年，迁太常卿。大德元年，迁昭文馆大学士、中奉大夫，兼太常太卿。武宗即位，进荣禄大夫，大司徒，赐银印。仁宗即位，又进光禄大夫，领太常礼仪院事。延祐四年正月卒，年七十五。赠推忠守正佐运功臣、太师、开府仪同三司、上柱国，追封赵国公，谥忠献。

傅　立

按《辍耕录》：传初庵先生，立以占筮，起东南，时杭州初内附世皇，以故都之地，生聚浩繁，赀力殷盛，得无有再兴者，命占其将来如何。卦既成，对曰："其地六七十年后，会见城市生荆棘，不如今多也。今杭连厄于火。"自至正壬辰以来，又数毁于兵。昔时歌舞之地，悉为草莽之墟。军旅填门，畜豕载道，乃知立之占亦神矣。按《浙江通志》：元初有傅初庵者，善卜筮，时钱塘初附世祖，以故都殷盛怀南顾之忧，召初庵筮之。卦成，而初庵犹未知也。世祖曰："以此占临安何如?"对曰："不过五六十年，生聚萧条，满城荆棘，其后杭州连有火厄，兼以墨吏横敛，闾阎十室九空矣。"

陈梅湖

按《江宁府志》：梅湖善皇极数，受知于元世祖。凡遇推卜，多以易数讽谏，朝臣咸敬之。官至江西宣慰副使，或问何不为诸子计。曰："吾数非其所当传，且命贫贱。令其粗知农事足矣。"

史春谷

按《江宁府志》：有史春谷者，善推人休咎。大德间，客死当涂，旅馆遗书曰："溧阳史春谷，数当尽于此。三日后遇孔君，仁人也，愿求棺殓归。"果有孔文升至，感其言，为之棺殓以归。

操贵持

按《饶州府志》：操贵持，浮梁人也，字子敬，官教授。卜筮多奇中，耻以术名，故不传。

蔡福缘

按《饶州府志》：福缘，鄱阳人。少补郡学生。早失怙，以母疾，不复肄儒去，学康节大定数。有问穷达算，无不验。能博览强记诸书，至老诵一字不遗。

闵　观

按《饶州府志》：观精梅花数，又能以人事占。有人倚伞于桑，问母病。观曰："五人扶丧，不治矣。"归，果然。邻有出而占酒食者，观曰："得食有雉无首。"邻果有留饮者，久而曰："汝雉可出。"主人惊曰："果烹。雉以无首不献也。"乃出焉，因告之数，共嗟叹久之。

吴　豹

按《饶州府志》：吴豹，邑诸生，善占数，尝有雀斗而占曰："吾儿堕楼矣。"归，果然。会疾革，曰："死后，吾妻当适一官而无禄者。"后果适范姓者，为义官。

西渚子

按《饶州府志》：西渚子，鄱阳人，不知姓名，或谓其本举孝廉，以卜隐。遇物起数，甚验。有姓某仪宾，持象牙笏问，曰："簪笏之贵，却缘骨肉。"后优人亦以簪往，曰："虽近簪缨，奈体轻微居。"鄱久著名，寻游四方，各变名号，以显其术。

路　生

按《陕西通志》：路生，长安人，卖卜于市，有赵自强来选长安卜，路云：

"公之官若非重日，即是重口。"后又卜，路云："官九日不出，十二日出，至九日宰相。"果索吏部，由历至十二日敕出，为左拾遗，拾遗字各有一口。又补阙。王冕访卜，路云："九月当人省官，有礼字。"时礼部员外陶翰在座，乃曰："公即替人。"九月陶病请假，敕除王礼部员外。后又令卜，云："必出当为仓字官。"果贬温州司仓。既而路生以二子托冕，冕问："毕竟何如?"路云："所以令儿托公，其意可知。"

杨守业

按《合肥县志》：杨守业，字君爱，合肥人。少遇异人，授以占筮之学，言事辄验。世居枣香村，率其子弟，耕凿自安。不入城市而户履常满，子朝元能传其业，王公大人多往招之，谈言微中，其应如响，一时名士赠诗盈帙。寓公王蒙斋，有赠枣香居士四首云："高人卜筑爱林泉，鸡犬桑麻日晏然。闲坐藜床读《周易》，知君原是大罗仙。""庭盖成阴屐破苔，人人尽问枣香来。乡庄不比成都市，只为先生姓似雷。""纬缅心情费评量，每将爻象卜行藏。自从一睹灵氛后，龟筮何须论短长。""乡关迢递信音乖，每望云山辄挂怀。两字平安君说与，始知天道不安排。"观此足见其生平矣。

刘侃

按《瑞州府志》：刘侃，字豫甫，上高人。元季任瑞州路学士，正与高安丞刘基奉新胡泰为友，精于易卜，世乱弃官，家居悬棹为识，号银河棹。与人言吉凶，无不立验，凡上高业阴阳术者，悉祖之洪武。初以荐举，复任本学训导，至今人称为豫甫先生。

张梦庚

按《处州府志》：张梦庚，松阳人，遇异人，授《易》。元末召居将幕，推步有验，后复悬壶于市卖卜。一日有叶姓者无子，多娶妾，求卜。庚以诗二句授之曰："不是桃花贪结子，更教人恨五更蜂。"持归，谓此老风字且不识，何谈理数乎。其人养蜂数十柜，一旦蜂出，冒雨收之，忽集其面螫而死。人以为神。

明

冯　渊

按《镇江府志》：冯渊，字济川，銮江人。避地京口，精于占筮。洪武初，浙省赍白金解京，经郡境为盗劫。明太祖震怒，捕甚急，府卫官巾服待罪诣渊，请卜。渊示所得易繇曰："犬吠月，满地血，廿八人扶棺来，便是此时节。"使捕者共伏京岘山松林中以俟。夜半月色满江村，犬皆吠，俄闻山巅有哭声，时盛暑村氓乘夜凉，染绛色帛，闻哭，意为窃葬人也，急趋入户避凶煞，偶触绛，盆覆地，赤水横流，如血。逻卒往视，其异棺者果二十八人，遂悉就擒。斧其棺，白金见。所著有《海底眼索隐》。顾少圣有诗赠云："卖卜生涯薄，轻身远市朝。欲归盘谷隐，不受小山招。"

曾义山

按《江西通志》：曾义山，一名法兴，上高人。善占术。青田刘基丞高安，法兴过之语曰："相公聪明绝世而器宏远，当为一代伟人，吾书尽以相赠。"基遂领其要。基见世事日非常，即兴家借观乾象诸书，法兴以原本畀之曰："吾不欲留此以为家祸也。"暨明太祖常问基而知所授受，乃令有司为法兴营居室，表其坟墓。

黎福荣

按《荆州府志》：黎福荣，善风角。洪武初年，召见，卜事屡验。上顾谓曰："汝可方袁天纲矣。"遂赐名天纲，授官，宠异之。复官其子楚章，为鸿胪寺序班。

陈君佐

按《扬州府志》：陈君佐，明江都人，善方脉。洪武初为御医，永乐间弃官，著黄冠，市药武当山中，以易卜人吉凶，多奇中，卒葬山中石穴。

毛　童

按《饶州府志》：毛童，鄱阳人，容貌鄙猥，衣褴褛，每匿术，托为佣，卜则占吉凶无爽。永乐壬辰，常以事逮至棠阴巡检夏斌，俾占其子亨往乡归期。童曰："子已溺水。逾午获山豚，重百余斤。"果然。县吏聂文政役满，问童。童曰："未有衙门可安落，百日外得矣。"文政到京，三阅月卒。

邓　权

按《荆州府志》：邓权，善风角，尝戍武昌，随楚王入朝。时永乐在燕，亦来朝同宿邸第，以物命之卜，果验，因大书"明鉴"二字赐焉。

翟　祥

按《苏州府志》：翟祥，字君瑞，嘉定人，避讳，以字行。少通易学，为明高祖占候，皆验，赐以敕命，为训术。所著《希微子简易录》。宋濂有传，尝汇邑人所为诗，并记其人之性行名位，刻之为练音。

胡　奫

按浙江通志，胡奫，初名浚，字元海，陶庄人。徙居魏塘，卖卜于市，言多奇中。与同邑袁杞山相约游金陵，寓神乐观。提点姚一山偶失金杯，酷责其徒。二人怜之，占得剥之颐曰："金在土中未亡也。汝第从居西南隅，掘下五寸，则得矣。"如其言，果得杯。永乐八年。一山荐二人于上，袁称疾不行，胡至京卜，无不验，赐今名，授钦天监漏刻博士。上新作殿，命之卜。布算讫，跪曰："某月某日午时，当毁。"上怒，因之以待。至期遣狱卒觇视，返报曰："午过矣，无火，胡服毒。"午时正三刻，殿果焚。上急召，胡死矣，甚惜之，赐驰驿归葬。子四人，昱昂皆弃占筮而学画，曾孙㬊遂以画名。

按《嘉兴府志》：先是召命初下，袁为胡卜得乾之五爻。袁曰："五为君升，阳在四子，命又午也，其有锡命之庆乎？"胡曰："吾直壬午壬为水，而午者子之衡也，果赐名，必不离水。"袁曰："非徒然也。四为渊，又值升阳，而五居渊上，渊而大者乎？以草莽之臣践五位，终非吉兆。五为火丁者，壬之合也，遇火则危矣。”后闻赐名𤆬，袁大笑曰：“验矣，死不远矣。”果因殿焚而卒。

沈晟

按《苏州府志》：沈晟，字景旸，吴中卜者。永乐末驿取至京命午门。上布卦，问英国公征交南事。占曰：“明日正午，当得捷音。”至期，果飞骑报捷，生擒黎贼。上大悦，赐钞币遣旋。

仝寅

按《明外史·仝寅传》：寅，字景，明安邑人。生十二岁而瞽，乃从师学京房术，为人占祸福，多奇中。父清游大同，携之行，塞上石亨为参将，酷信之，每事咨焉。英宗北狩，遣使问还期，筮得乾之初寅，曰：“大吉。四为初之应，初潜四跃，明年岁在午，其干庚。午跃候也，庚更新也。龙岁一跃，秋潜秋跃。明年仲秋，驾必复。但繇勿用，应在渊还而复，必失位。然象龙也，数九也。四近五，跃近飞龙，在丑。丑曰赤奋，若复在午，午色赤。午奋于丑。若顺也，天顺之也。其于丁，象大明也。位于南方，火也。寅其生，午其，王壬其合也。至岁丁丑月寅日午，合于壬，帝其复辟乎？”已而悉验。石亨入督京营。挟与偕及也，先逼都城。城中人恟惧，或请筮之。寅曰：“彼骄我盛，战必胜。”寇果败去。明年也，先请遣使迎，上皇廷臣疑其诈，寅力言于亨曰：“彼顺天仗义，我中国反失奉迎礼，宁不贻笑外蕃？”亨乃与于谦决计，上皇果还。景泰三年，锦衣指挥卢忠告变，外议汹汹。忠一日屏人请筮，寅叱之曰：“是兆大凶，死不足赎。”忠惧而佯狂，事得不竟，已而忠果伏诛。英宗复辟，将官寅，寅固辞，命赐金钱金卮诸物。其父官指挥佥事，将赴徐州，英宗虑寅偕行，乃授锦衣百户留京师。寅见石亨势盛，每因筮戒以持满之道，亨不能用，卒及于祸。寅以筮游公卿贵人间，莫不信重之，然无一语及私，年几九十乃卒。按《山西通志》：寅，安邑人，少瞽而性聪警，学京房易，占断多奇中，名闻四方。明英皇北狩，阴遣太监裴当问之。寅筮得乾之初九附奏曰：“龙君象也，四初之应也，龙潜跃，必以秋应，以壬午浃岁而更。龙变化之物也，庚者更也；庚午秋，车驾其还乎？则必幽，或跃应焉。后七八年必复辟。午火德之正也。丁者，午之合也，其岁丁丑月壬寅日壬午乎？”既而也先复入寇。石亨

召问休咎。寅筮之曰："无能为也。且彼气已骄，战之必克。"果败去。及英皇还居南宫，指挥卢忠上变妄言，请寅筮之，叱以大义。后英皇复位，授锦衣卫百户。

胡　宏

按《异林》：胡宏，字任之，宁波人，少读《易》，遇一道人，与语曰："我有秘术，子可受之，但不营仕，乃可免祸耳。"宏曰："谨奉教。"遂以卜筮授之，发无不中。有卜者每闻宏作卦，辄从邻壁中听之，其说皆按《易》，占无诡辞。后知之，遂不说《易》，但言贞咎而已。有一人家暴富，心疑之，宏为设卦曰："家有狸奴走入室，是其祥也。"曰："然。"曰："狸形必大，可称之得几斤。"曰："七斤许。"曰："富及七载。狸奴当去，何能久乎？"及期，狸果去不见，家贫如初。一人家夜有尸撑于门，莫知为谁，主人惧不敢启扃，逾垣而逃，卜于宏。宏曰："有府胥姓某者，往求之，讼可解矣。"主人往索，果得其人，恳乞再三，曰："诚不敢讳，是予某亲，非有宿嫌，求棺耳。"召其子，遗以金帛，祸乃解。尝经吴阊门都彦容家将戒舟，有唐贡士者，偕其友三人来。宏曰："公等何为？"曰："行藏未卜，幸先生教之。"曰："草草不暇，行当总筮之。"卦成，宏拆而论之曰："某君勿行，当有疾厄。某君中乙科，唐君后必为御史。"后悉如其言。平生占验甚多，每筮一卦，则受金半两，以寿终于家。按《宁波府志》：宏善易筮。天顺间，太守陆阜邀至官舍，适阜出，阜子衰为父怒其学不进，惧不敢见。闻宏至，急请筮之。宏曰："尊君侯未占，公子不可先。"曰："事急矣。"曰："宜随意出示一物。"衰出一钱曰："占家庭口舌何日可解。"曰："即日解。"已而，阜归，夫人迎，言宏果灵，及衰占故，呼问其详，遂忘所怒。翌日，为阜筮，得丰之明夷，断曰："逢刘则滞，遇冯则止。"顷之，同知刘文显至，与阜大忤，屡欲攘臂奋击。明年，海道副史冯靖劾阜仓粮不给军饷，谪戍广西。其神验类如此。著筮书曰《黄金策》。

王　坡

按《宁波府志》：王坡病瞽，善六壬兼释易。游至武林，有驿傍人占家宅。坡云："今年四月十三日，当雷震堂栋，不伤人。"后果然鄞断。塘有一祠，初塑神像成，乡人托以人名占之。坡曰："此人如木偶，难逃水火。"越期，果为恶少投于江，随潮上下，后复碎而毁之。佥事黄誉性严重，人莫敢近。招坡筮之，坡曰：

“似得鬼责，公前归时失展，先大夫墓有阴谴。”黄下泪曰：“然。”坡曰：“明年当转。官在本省藩职。”后果然，寻卒。

王 奇

按《江宁府志》：王奇，其先台州人。为诸生，通天文卜筮星数之学，后以事被褫，乃以术游四方。成化中，来金陵三原，王公在兵部，方为权贵所厄，属奇筮之。奇曰：“公归矣，越三载其起，当铨衡乎？”已而，果然吏都欲升二御史。问其命。奇曰：“命岂宜问哉？公进退人材，固有不在命者。”不对而出。刑部逸重囚。主者属奇筮之遇恒之大过，奇曰：“五为囹圄，贼入矣，其焉逃之。”计其获日与时皆不爽。陈指挥妻死，将殓，其女病，问命于奇，奇曰：“女固无恙，母亦未死。后当生二子，即欲殓，其必越午。”午时，妻复生，后果生二子。王郎中应奎问命，奇曰：“是火气太盛，若官之南，所至必有火灾。”后守台州，既上任，三月，郡中灾，十室九烬，王以疾去。其他奇中多类此。

按《天台县志》：王奇，字世英，性介直。初为邑庠生，不偶，去而游京师，遍历江湖，以星命占筮之术称于人，言祸福辄应，自以数奇不娶室，以侄宗元为嗣，年八十而终于京师。时馆人以事坐诬系狱，倚为直之。其妻招夜饮，闭门不赴，明日徙去，人以为难。无锡邵尚书二泉司深爱重之，为志其墓。

屈 亨

按《安陆府志》：屈亨，京山人，解康节梅花数。为诸生时，以此著名。正德中，山东大盗刘六、刘七、齐彦辈自北方来，已达应山，逼近县境，有就亨叩者。词毕，倚柱而立。亨曰：“无忧。以人倚木，休字也。”后贼果败去。他事多类此。

汪 龙

按《休宁县志》：汪龙，字潜夫，隐充人也。少颖悟，父客死，问母状，时时号泣，目遂盲。年十五，遇道人善射覆，以卜筮授潜夫。时倭患起，督府急潜夫甚，聘至中军。潜夫恻然曰：“急矣，为强起。”每出兵，克时日胜败，多所赞画。顾尚书可学，以潜夫名上闻，即命有司趣入朝，尚书躬为劝驾，卒谢之。华亭徐文贞高其节五十时病剧，仲女刲股以进，寻愈。潜夫自筮其大期，更有七年。郡东鄗

中倭患，是为龙蛇之岁智士死，我乃当之。竟卒。如其言。

张　岺

按《杭州府志》：张岺，字景嵩，仁和人。五岁以疾丧明，十三受《易》。凡卜筮星历诸书，入耳即了大义，终身不忘。每论人禄命天寿、穷通利钝，历有奇验，远近异之，称曰如鉴。缙绅道杭者，必造访焉。宸濠拘逆，浙镇守太监毕真谋内应，人情汹汹，方伯何天衢稽疑于岺，筮得解之象。宸敛椟贺曰："无虞也。渠魁将授首矣，何内应之有？"不旬日，江西捷音果至。武宗南巡，将及浙，有司急敛诸供方伯。徐公蕃命筮焉，得同人之离。徐曰："同人亲也，应南面急，当祗迎。"岺曰："不然，卦体属乾，西北其位也，兹应反矣。君至尊也，岂夫人可同且爻？"曰："先号咷后笑兆之矣，其在纯乾之日乎？"后悉如其言。

赵　良

按《浙江通志》：赵良，宋礼部尚书赵汝谈之后，好学，游京师，士大夫多客礼之，久之知其深沉有谋，即机事亦与闻焉。嘉靖中，内阁徐与都御史邹持正议除权族，良往来二门有密语，虽至亲不得与闻者。间呼良决之。良善卜，所言悉验，于是二人重良能决疑，又厚重，可与语，欲荐用贵显之。良辞不就。以例授江南巡检，又不肯久居，曰："吾历都门，为他人谋多矣，乃不能自为谋乎？"归之日，著有《松泉诗集》，藏于家。曾孙最、昕，皆成进士。

程山人

按《浙江通志》：程山人，自玉泉山来，寓褚堂，精太乙六壬之术。万历辛巳，有问岁事者，山人曰："明年五福在燕，太子生建德，大将冲文昌，主将相失位，女主宠，奄官去，主水灾。"是年，生皇储，而张居正冯保俱罢。岁又逢潦，其术悉验。后归隐，不知所终。

味元子

按《江南通志》：有黄冠卖卜于市，自称味元子。丹阳蒋晓从之游。

从 任

按江南通志，从任，字子重，少以诸生入太学，负奇气，兼嗜异书，于太乙、奇门、遁甲、六壬、皆探得其要。尝与太史焦竑同舟至浔阳，暮有傍舟相尾，知为盗也，一舟皆惧，任占之曰：“漏下三刻，盗且去。”顷之，果如其占。在黄州，诸生薄试，期占者十七人，任独占方民昭耿子健得隽是科，果登贤书。焦竑叹曰：“子重之技，嵩真隗照，不能称绝矣。”

陈世胄

按《福建通志》：陈世胄，同安诸生，少得异人传授六壬，尤精易数，凡所占验，其中如神，预知死日，其术亦不轻传。

程良玉

按《杭州府志》：程良玉，字元奴，新安人。五龄以痘瞽目，父惜其慧，令习医，耳听心受，遂悉其要。十岁告父母曰：“医主望闻问切望，不能望。术讵得神?”遂去而学卜，从苕上张星元受业，尽得秘奥。然卒本于《易》，若田何、丁宽、京氏之学，莫不洞见本源。每占一卦，即爻象贞悔阴阳动静，而人之吉凶悔吝瞭然矣。其说一准于用爻，如老奴占幼主必用父母，少主占衰仆用妻财。词讼凭官后世应，寿命凭用后父母，科目先文，廷试先官，辨空破绝散之真伪，明飞伏互变之轻重。若晋外伏艮内伏乾，己酉世爻，以丙戌为飞伏；需外伏兑内伏，坤戊申世爻，以丁亥为飞伏。盖参之枯匏老人之说，一时占验，遂为星元所未及。卖卜武林，车马填接街陌。日已晡，帘犹不得下，如是二十年。性强记，曾从良玉卜者，虽十余年后，一闻其声，辄能呼其姓氏。贤士大夫争相引重，咸以为管辂、郭璞云。至四十，虑术不传，键户著书，三年《易冒》成，遂卒。

李星井

按《怀庆府志》：李星井，字聚东，温县人。善六壬奇门梅花诸数，为人占，往往奇中。尝卖卜河阳。一日晨起，立郭门之下，启关，而一人来，揖之曰：“我

欲以有请也。”井即曰：“失驴乎？”其人愕然，井曰：“归矣，驴已系门内。”及归家，果然，则大喜，复来谢，因问：“君何以知我失驴耶？”曰：“汝问时，适有牵马驰门扇而过者，是非驴乎？”“然则何以知在门内也？”曰：“子方问而马已入门，故知之。”闻者皆大笑，其捷慧多此类。

柳华岳

按《苏州府志》：柳华岳，号山樵，吴县人。善卜，家贫，依姊以居。姊曰：“人生定有发迹之日，尔盍卜之？”岳曰：“卜之矣，我来春正月当以此起家。”至元旦，有问卜者仓皇而来。课成，问：“何事？”曰：“为失物耳。”岳曰：“失物当在行舟，然物犹未失也，只在舟中觅之，申酉时可得。”其人喜曰：“幸如君言，当以五十金奉酬。”是晚，果于灶穴得之，其人相赠如约，自此倾动一时，而决疑奇中，多类此。

倪　光

按《浙江通志》：倪光，字应，金鄞人。少授《易》，时时沉玩，先天辄能前知，遨游两京。一日在杨文懿所，忽中贵使至，光见一雀自庭树集于地，已复还集树，即谓使曰：“汝来得非失马乎？六日当复。”使大惊，因复问马色。光曰：“黄而近于黑。”皆悉验。都宪王应鹏问得庄字。光曰：“《庄子》开卷说鲲化其应鹏，必九万里乎？”以杨氏甥妻之。平生不殖产，所获即散之人，日偕士大夫为社赋诗，年八十生而举殡，拟渊明自祭、杜牧志墓事。所著有《味易诗集》。

徐体乾

按《江南通志》：徐体乾，字六合，巢县人。精于易占，用左、邵筮法与焦延寿筮，皆相符契。并注易解，焦澹园竑为之序。

白　鸥

按《江南通志》：白鸥，颍川卫人，质直有古侠士风，精数学，能断人生死，时刻不爽。

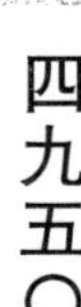

高　凤

按《福建通志》：高风，闽县人。善卜，以意推，不专《周易》。傅鼎未登第时，求占。凤曰："君第一人也。"既而果然。或问其故。凤曰："吾适剖椰子而傅君至，其象解元，故占为解元。"后闽县林士元亦举第一。先数日，有内臣欲豫知其人，书一兴字令占。凤曰："尊意得毋在兴化乎？不然也。今兴字乃从俗省书，其人在中，而八府俱下，必闽城矣。"奇中多类此。凤尝语人，卜若可信，凤直儒学吏耳，当至五品京职，不知何从得之。弘治间，召入宫占验，恩授工部郎中。

霍　昂

按《开封府志》：霍昂，字时举，杞县人。由明经授盱眙县簿，寻弃归。好读书，精研字学，妙达卜筮之理。时大盗师尚诏寇归。声言取杞邑。令惧，召昂卜之。开柜，蓍散堕地，喜曰：卜者主也，蓍者敌也，主敌兵溃散之象。蓍成果吉，寇寻灭，令大奇之。又著《字学正传》一书。

吕　申

按《畿辅通志》：吕申，字文甫，清苑人。原名牙兴，才姿雄颖，少即淹博，弱冠食饩邑，庠试辄冠。其曹督学使者姜元衡为更名申，曰岳降也。屡试不售，遂辍举子业。博求天官舆地及壬奇太乙、孤虚风角诸书，手录成卷，悉能背诵。占玩卜筮，什不失一，尤精堪舆家畜。王公大人及名公卿竞延致之，岁无虚旬，动赴千里约，所至人相倾倒。为文奇肆，不屑屑绳墨。裁答启札语多古竦，为人遗书谈休咎，质奥不易解，久之乃验。从之游者，或儒或艺，无虑百十人。分其一长即可名世，远近呼为吕先生，或曰吕仙而不字。年五十五卒，闻者悼惜。所著书甚多，藏其家。

江　晓

按《婺源县志》：江晓，字东白，旃源人。精先天易数之学，屡著奇验，卜吉凶者其门如市。

刑元恺

按《绍兴府志》：刑元恺，嵊县人。瞽目课卜，奇中。

皇甫焯

按《苏州府志》：皇甫焯，字文含，吴江人。精史学，旁及六壬八阵。崇祯丁丑游长安，有试其术者诣邸中，叩休咎。焯袖占之曰："本日主马惊。"其人笑曰："吾此马服之二十年，骋高凌阻，如履康庄，何以泛驾为哉？"将归，谓御者曰："善控之，毋令皇甫先生笑也。"行未二里，马遇驼，骇而奔，其人愕然，服其奇中。

僧三休

按《湖广通志》：僧三休，常居灵岩僧室。善内外丹术，亦能诗，善卜人贵贱夭寿如响。

第二十三章　卜筮艺文

卜筮艺文（一）

卜　居

（周）屈　原

屈原既放，三年不得复见。竭知尽忠，而蔽障于谗；心烦虑乱，不知所从。乃往见太卜郑詹尹曰："余有所疑，愿因先生决之。"詹尹乃端策拂龟，曰："君将何以教之？"屈原曰："吾将悃悃款款朴以忠乎？将送往劳来斯无穷乎？宁诛锄草茅以力耕乎？将游大人以成名乎？宁正言不讳以危身乎？将从俗富贵以偷生乎？宁超然高举以保真乎？将哫訾栗斯，喔咿嚅唲以事妇人乎？宁廉洁正直以自清乎？将突梯滑稽、如脂如韦以絜楹乎？宁昂昂若千里之驹乎？将汜汜若水中之凫，与波上下偷以全吾躯乎？宁与骐骥亢轭乎？将随驽马之迹乎？宁与黄鹄比翼乎？将与鸡鹜争食乎？此孰吉孰凶？何去何从？世溷浊而不清，蝉翼为重，千钧为轻；黄钟毁弃，瓦釜雷鸣；谗人高张，贤士无名。吁嗟默默兮，谁知吾之廉贞！"詹尹乃释策而谢曰："夫尺有所短，寸有所长，物有所不足，智有所不明，数有所不逮，神有所不通。用君之心，行君之意，龟策诚不能知此事。"

田敬仲世家赞

（汉）司马迁

太史公曰：盖孔子晚而喜《易》，《易》之为术，幽明远矣，非通人达才孰能注意焉？故周太史之卦田敬仲完，占至十世之后；及完奔齐，懿仲卜之亦云。田乞及常所以比犯二君，专齐国之政，非必事势之渐然也，盖若遵厌兆祥云。

日者列传后论

褚少孙

褚先生曰：臣为郎时，游观长安中，见卜筮之贤大夫，观其起居行步坐起，自动誓正其衣冠。而当乡人也，有君子之风，见性好解妇来卜，对之颜色严振，未尝见齿而笑也。从古以来，贤者避世，有居止舞泽者，有居民间闭口不言者，有隐居卜筮间以全身者。夫司马季主者，楚贤大夫。游学长安，通《易经》术，黄帝老子，博闻远见。观其对二大夫贵人之谈，言称引古明王圣人，道固非浅。闻小数之能及卜筮、立名声千里者，各往往而在传，曰：富为上，贵次之。既贵，各各学一技能立其身。黄直，丈夫也，陈君夫，妇人也，以相马立名天下；齐张仲曲成侯，以善击刺学，用剑立名天下；留长孺，以相彘立名；荥阳褚氏，以相牛立名。能以技能立名者甚多，皆有高世绝人之风，何可胜言？故曰：非其地，树之不生；非其意，教之不成。夫家之教子孙，当视其所以好好含苟，生活之道因而成之。故曰：制宅命子，足以观士。子有处所，可谓贤人。臣为郎时，与太卜待诏为郎者同署，言曰孝武帝时，聚会占家，问之某日可取妇乎？五行家曰可，堪舆家曰不可，建除家曰不吉，丛辰家曰大凶，历家曰小凶，天人家曰小吉，太乙家曰大吉，辩讼不决，以状闻。制曰避诸死忌，以五行为主，人取于五行者也。

卜筮篇

（后汉）王　充

俗信卜筮，谓卜者问天，筮者问地，蓍神龟灵，兆数报应，故舍人议而就卜筮，违可否而信吉凶。其意谓天地审告报，蓍龟真神灵也。如实论之，卜筮不问天地，蓍龟未必神灵。有神灵，问天地，俗儒所言也。何以明之？子路问孔子曰："猪肩羊膊可以得兆，雚苇藁芼可以得数，何必以蓍龟？"孔子曰："不然！盖取其名也。夫蓍之为言耆也，龟之为言旧也，明狐疑之事当问耆旧也。"由此言之，蓍不神，龟不灵，盖取其名，未必有实也。无其实则知其无神灵，无神灵则知不问天地也。且天地口耳何在，而得问之？天与人同道，欲知天，以人事。相问，不自对见其人，亲问其意，意不可知。欲问天，天高耳。与人相远。如天无耳，非形体也。非形体则气也，气若云雾，何能告人？蓍以问地，地有形体，与人无异。问人，不近耳则人不闻，人不闻则口不告人。夫言问天，则天为气，不能为兆；问地，则地耳远，不闻人言。信谓天地告报人者，何据见哉？人在天地之间。犹虮虱之著人身也。如虮虱欲知人意，鸣人耳傍，人犹不闻。何则？小大不均，音语不通也。今以微小之人，问巨大天地，安能通其声音？天地安能知其旨意？或曰："人怀天地之气。天地之气，在形体之中，神明是矣。人将卜筮，告令蓍龟，则神以耳闻口言。若己思念，神明从胸腹之中闻知其旨。故钻龟揲蓍，兆见数著。"夫人用神思虑，思虑不决，故问蓍龟，蓍龟兆数，与意相应，则是神可谓明告之矣。时或意以为可，兆数不吉；或兆数则吉，意以为凶。夫思虑者己之神也，为兆数者亦己之神也。一身之神，在胸中为思虑，在胸外为兆数，犹人入户而坐，出门而行也。行坐不异意，出入不易情。如神明为兆数，不宜与思虑异。天地有体，故能摇动。摇动，有生之类也；生则与人同矣。问生人者须以生人，乃能相报。如使死人问生人，则必不能相答。今天地生而蓍龟死，以死问生，安能得报？枯龟之骨。死蓍之茎，问生之天地，世人谓之天地报应，误矣。如蓍龟为若版牍，兆数为若书字，象类人君出教令乎，则天地口耳何在，而有教令？孔子曰："天何言哉？四时行焉，百物生焉。"天不言，则亦不听人之言。天道称自然无为，今人问天地？天地报应，是自然之有为以应人也。按《易》之文，观揲蓍之法，二分以象天地，四揲以象四时，归奇于扐以象闰月。以象类相法，以立卦数耳，岂云天地合报人哉？人道，相问则对，不问不应。无求，空扣人之门；无问，虚辨人之前：则主人笑而不应，或怒而不对。试使卜筮之人钻龟而卜，虚揲蓍而筮，戏弄天地，亦得兆数，天地妄应乎？又试使人骂天而卜，驱地而筮，无道至甚，亦得兆数。苟谓兆数天地之神，何不灭其火，灼其手，振其指，而乱其数，使之身体疾痛，血气凑涌，而犹为之见兆出数，何天地之不惮劳，用心不恶也？由此言之，卜筮不问天地，兆数非天地之报，明矣。然则卜筮亦必有吉凶。论者或谓随人善恶之行也，犹瑞应应，善而至灾，异随恶而到。治之善恶，善恶所致也，疑非天地故应之也。吉人钻龟，辄从善兆；凶人揲蓍，辄得逆数。何以明之？纣至恶之君也。当时灾异繁多，七十卜而皆凶，故祖伊曰："格人元龟，罔敢知吉。"贤者不举，大龟不兆，灾变亟至。周武受命，高祖龙兴，天人并祐，奇怪既多，丰沛子弟，卜之又吉。故吉人之体。所致无不良；凶人之起，所招无不丑。卫石骀卒，无适子，有庶子六人，卜所以为后者，曰："沐浴佩玉则兆。"五人皆沐浴佩玉。石祁子曰："焉有执亲之丧而沐浴佩玉。"

不沐浴佩玉，石祁子兆。卫人卜，以龟为有知也。龟非有知，石祁子自知也。祁子行善政，有嘉言，言嘉政善，故有明瑞。使时不卜，谋之于众，亦犹称善。何则？人心神意同吉凶也。此言若然，然非卜筮之实也。夫钻龟揲蓍，自有兆数，兆数之见，自有吉凶，而吉凶之人，适与相逢。吉人与善兆合，凶人与恶兆遇，犹吉人行道逢吉事，顾睨见祥物，非吉事祥物为吉人瑞应也。凶人遭遇凶恶，于道亦如之。夫见善恶非天应答，适与善恶相逢遇也。钻龟揲蓍有吉凶之兆者，逢吉遭凶之类也。何以明之？周武王不豫，周公卜三龟，公曰："乃逢是吉。"鲁卿庄叔生子穆叔，以《周易》筮之，遇明夷之谦夫卜曰逢，筮曰遇，实遭遇所得，非善恶所致也。善则逢吉，恶则遇凶，天道自然，非为人也。推此以论，人君治有吉凶之应，亦犹此也。君德遭贤，时适当平，嘉物奇瑞偶至。不肖之君，亦反此焉。世人言卜筮者多，得实诚者寡。或谓蓍龟可以参事，不可纯用。夫钻龟揲蓍，兆数辄见，见无常占，占者生意。吉兆而占谓之凶，凶数而占谓之吉，吉凶不效，则谓卜筮不可信。周武王伐纣，卜筮之逆；占曰：大凶。太公推蓍蹈龟而曰："枯骨死草，何知而凶！"夫卜筮兆数，非吉凶误也，占之不审吉凶，吉凶变乱，变乱，故太公黜之。夫蓍筮龟卜，犹圣王治世，卜筮兆数，犹王治瑞应。瑞应无常，兆数诡异。诡异则占者惑，无常则议者疑。疑则谓平未治，惑则谓吉不良。何以明之？夫吉兆数，吉人可遭也；治遇符瑞，圣德之验也。周王伐纣，遇乌鱼之瑞；其卜曷为逢不吉之兆？使武王不当起，出不宜逢瑞；使武王命当兴，卜不宜得凶。由此言之，武王之卜，不得凶占，谓之凶者，失其实也。鲁将伐越，筮之，得鼎折足，子贡占之以为凶。何则？鼎而折足，行用足，故谓之凶。孔子占之以为吉，曰："越人水居，行用舟不用足，故谓之吉。"鲁伐越，果克之。夫子贡占鼎折足以为凶，犹周之占卜者谓之逆矣，逆中必有吉，犹鼎折足之占宜以伐越矣。周多子贡直占之知，寡若孔子诡论之材，故睹非常之兆，不能审也。世因武王卜无非而得凶，故谓卜筮不可纯用，略以助政，示有鬼神，明己不得专。著书记者，采掇行事，若韩非《饰邪》之篇，明已效之验，毁卜訾筮，非世信用。夫卜筮非不可用，卜筮之人占之误也。《洪范》稽疑，卜筮之变，必问天子卿士，或时审是。夫不能审占，兆数不验，则谓卜筮不可信用。晋文公与楚子战，梦与成王搏，成王在上而盬其脑，占曰："凶。"咎犯曰："吉。君得天，楚伏其罪。盬君之脑者，柔之也。"以战果胜，如咎犯占。夫占梦与占龟同。晋占梦者不见象指，犹周占龟者不见兆者为也。象无不

然，兆无不审。人之知暗，论之失实也。传或言武王伐纣，卜之而龟熸，占者曰：“凶。”太公曰：“龟熸，以祭则凶，以战则胜。”武王从之，卒克纣焉。审若此传，亦复孔子论卦，咎犯占梦之类也。盖兆数无不然，而吉凶失实者，占不巧工也。

卜列

王符

天地开辟有神民，民神异业积气通。行有招召，命有遭随，吉凶之期，天难谌斯。圣贤虽察不自专，故立卜筮以质神灵。孔子称蓍之德圆而神，卦之德方以智。又曰君子将有行也问焉，而以言其受命如响。是以禹之得皋陶、文王之取吕尚，皆兆告其象，卜底其思，以成其吉。夫君子闻善则劝乐而进，闻恶则循省而改尤，故安静而多福；小人闻善即慑惧而妄为，故狂躁而多祸。是故凡卜筮者，盖所问吉凶之情，言兴衰之期，令人修身慎行以迎福也。且圣王之立卜筮也，不违民以为吉，不专任以断事。故《洪范》之占大同是。《尚书》又曰：“假尔元龟，罔敢知吉。”《诗》云：“我龟既厌，不我告犹。”从此观之，蓍龟之情，傥有随时俭易，不以诚邪？将世无史苏之材，识神者少乎？及周史之筮敬仲、庄叔之筮穆子，可谓能探赜索隐、钩深致远者矣。使献公早纳史苏之言，穆子宿备庄叔之戒，则骊姬竖牛之谗亦将无由而入，无破国危身之祸也。圣人甚重卜筮，然不疑之事亦不问也；甚敬祭祀，非礼之祈亦不为也，故曰圣人不烦卜筮，敬鬼神而远之。夫鬼神与人殊气异务，非有事故，何奈于我？故孔子善楚昭之不祀河，而恶季氏之旅泰山。今俗人策于卜筮而祭非其鬼，岂不惑哉？亦有妄博姓于五音，设五宅之符第，其为诬也甚矣。古有阴阳，然后有五行。五帝右据行气以生人民，载世远乃有姓名。敬民名字者，盖所以别众猥而显此人尔，非以绝五音而定刚柔也。今俗人不能推纪本祖，而反欲以声音言语定五行，误莫甚焉。夫鱼处水而生，鸟据巢而卵，即不推其本祖，谐音而可，即呼鸟为鱼，可内之水乎？呼鱼为鸟，可栖之木邪？此不然之事也。《命驹》曰：犊终不为马。是故凡姓之有音也，必随其本，生祖所主也。太皞木精，承岁而王，夫其子孙咸当为角；神农火精，承荧惑而王，夫其子孙咸当为征；黄帝土精，承镇而王，夫其子孙咸当为宫；少皞金精，承太白而王，夫其子孙咸当为商；颛顼水精，承辰而王，夫其子孙咸当为羽。虽号百变，音行不易。《俗工》又曰：商家之宅，宜西出门，此复虚矣。五行当出乘其胜，入居其隩乃安吉，商家向

东入，东入反以为金伐木，则家中精神日战斗也。五行皆然。又曰：宅有宫商之第、直符之岁，既然者放其上，增损门数，即可以变其音而过其符邪。今一宅也同姓相伐，或吉或凶，一宫也；同姓相伐，或迁或免，一宫也。成康居之日以兴，幽厉居之日衰；由此观之，吉凶兴衰不在宅明矣。及诸神祇，太岁、丰隆、钩陈、太阴、将军之属，此乃天吏，非细民所当事也。天之有此神也，皆所以奉成阴阳而利物也。若人治之，有牧守令长矣。向之何怒，背之何怨？君民道近，不宜相责，况神至贵，与人异礼，岂可望乎？且欲使人而避鬼，是即道路不可行而室庐不复居也。此谓贤人君子秉心方直，精神坚固者也。至如世俗小人、丑妾婢妇、浅陋愚赣，渐染既成，又数扬精破胆。今不顺精诚所向而强之，以其所畏，直亦增病耳，何以明其然也？夫人之所以为人者，非以此八尺之身也，乃以其有精神也。人有恐怖死者，非病之所加也，非人功之所辜也。然而至于遂不损者，精诚去之也。盖奔柙猛虎而不遑婴，人畏蝼蚁而发闻。今通士或欲强羸病之愚人，必之其所不能，吾又恐其未尽善也。移风易俗之本，乃在开其心而正其精。今民生不见正道，而长于邪淫诳惑之中，其信之也，难卒解也，唯王者能变之。

卜疑集

（晋）嵇　康

有宏达先生者，恢廓其度，寂寥疏阔，方而不制，廉而不割，超世独步，怀玉被褐，交不苟合，仕不期达。常以为忠信笃敬，直道而行之，可以居九夷，游八蛮，浮沧海，践河源，甲兵不足忌，猛兽不为患；是以机心不存，泊然纯素，从容纵肆，遗忘好恶，以天道为一指，不识品物之细故也。然而大道既隐，智巧滋繁，世俗胶加，人情万端，利之所在，若鸟之追鸾。富为积蠹，贵为聚怨，动者多累，静者鲜患。尔乃思丘中之隐士，乐川上之执竿也。于是远念长想，超然自失，郢人既没，谁为吾质？圣人吾不得见，冀闻之于数术；乃适太史贞父之庐而访之，曰：“吾有所疑，愿子卜之。”贞父乃危坐操蓍，拂几陈龟，曰：“君何以命之？”先生曰：“吾宁发愤陈诚，谠言帝庭，不屈王公乎？将卑懦委随，承旨倚靡，为面从乎？宁恺悌弘覆，施而不德乎？将进趣世利，苟容偷合乎？宁隐居行义，推至诚乎？将崇饰矫诬，养虚名乎？宁斥逐凶佞，守正不倾，明否臧乎？将傲睨滑稽，挟智任术，为智囊乎？宁与王乔、赤松为侣乎？将进伊挚而友尚父乎？宁隐鳞藏彩，若渊

中之龙乎？将舒翼扬声，若云间之鸿乎？宁外化其形，内隐其情，屈身随时，陆沉无名，虽在人间，实处冥冥乎？将激昂为清，锐思为精，行与世异，心与谷并，所在必闻，恒营营乎？宁寥落闲放，无所矜尚，彼我为一，不争不让，游心皓素，忽然坐忘，追羲，农而不及，行中路而惆怅乎？将慷慨以为壮，感慨以为亮，上千万乘，下陵相将，尊严其容，高自矫抗，常如失职，怀恨怏怏乎？宁聚货千亿，击钟鼎食，枕藉芬芳，婉变美色乎？将苦身竭力，剪除荆棘，山居谷隐，倚岩而息乎？宁如伯奋、仲堪，二八为偶，排摈共鲧，令失所乎？将如箕山之夫，颍水之父，轻贱唐、虞而笑大禹乎？宁如泰山之隐德潜让。而不扬乎？将如季札之显节慕义，为子臧乎？宁如老聃之清静微妙，守元抱一乎？将如庄周之齐物变化，洞达而放逸乎？宁如夷吾之不忝束缚，而终成霸功乎？将如鲁连之轻世肆志，高谈从容乎？宁如市南子之神勇内固，山渊其志乎？将如毛公、蔺生之龙骧虎步，慕为壮士乎？”此谁得谁失，何吉何凶？时移俗易，好贵慕名，臧文不让位于柳季，公孙不归美于董生，贾谊一当于明主，绛灌作色而扬声。况今千龙并驰，万骥徂征，纷纭交竞，逝若流星，敢不唯思，谋于老成哉？太史贞父曰：“吾闻至人不相，达人不卜。若先生者：文明在中，见素表璞；内不愧心，外不负俗；交不为利，仕不谋禄；鉴乎古今，涤情荡欲。夫如是吕梁可以游，汤谷可以浴，方将观大鹏于南溟，又何忧于人间之委曲！”

蓍龟论

庾　阐

夫物生而后有象，有象而后有数，有数而后吉凶存焉。蓍者寻数之主，非神明之所存；龟者启兆之质，非灵照之所生，何以明之？夫求物于暗室，夜鉴者得之；无夜鉴之朗，又以火得之。得之功同也，致功之迹异也，不可见目因火鉴，使谓火为目。神凭蓍通，又谓蓍为神也。由此观之，神明之道，则大贤之暗室；蓍龟之用，岂非颜子之龙烛耶？蓍龟之运，亦所以感兴卦兆，求通逆数；又非爻象之体，拟议之极者也，安得超登仙而含灵独备哉？且殊方之卜，或责象草木，或取类瓦石，而吉凶之应不异蓍龟，此为神通之主，自有妙会，不由形器；寻理之器，或因他方，不系蓍龟。然经有“天生神物，不载圆神”之说，言者所由也，直称神之美，以及其迹，亦犹筌虽得鱼，筌非鱼也；蹄虽得兔，蹄非兔也。是以象以求妙，

妙得则象。忘蓍以求神，神穷则蓍废。

大筮箴

（宋）颜延之

余因读《易》偶意蓍龟。友人有请决游宦务志，卦有咎占，故作《大筮箴》以悟焉。

先王设筮，大人尽虑。卦遭同人，变而之豫。先号后笑，初睽赤遇。时至运来，当为三五。功毕官成，几乎衍数。庆在坤宫，灾在坎路。不出户庭，独立无惧。违此而动，投足失步。无惰尔仪，灵骨有知。无曰余逆，神策不豫。南人司箴，敢告驰骛。

洞林序

（梁）元帝

盖闻元枵之野，鬼方难测；朱鸟之舍，神道莫知。而缇幔晓披，既辨黄钟之气；灵台夕望，便知玉井之色。复以谈乎天者，虽绝名言之外；存乎我者，还居称谓之中。余幼学星文，多历岁稔，海中之书，略皆寻究。巫咸之说，偏得研求。虽紫微迢递，如观掌握；青龙显晦，易乎窥览。羡门五将，亟经玩习；韩终六壬，常所宝爱。至如周王白雉之筮，殷人飞燕之卜。蓍名聚雪，非关地极之山；卦有密云，能拥西郊之气。爻通七圣，世经三古。山阳王氏，真解谈元；河东郭生，才能射覆。兼而两之，窃自许矣。

蓍　论

（北魏）高　允

昔明元末起白台，其高二十余丈，乐平王当梦登其上，四望无所见。王以问日者，董道秀筮之曰："大吉。"王默而有喜色。后事发，王遂忧死，而道秀弃市。道秀若推六爻，以对王曰："《易》称亢龙有悔，穷。高曰亢，高而无民，不为善也。"夫如是，则上宁于王，下保于己，福禄方至，岂有祸哉？今舍于本而从其末，咎衅之至，不亦宜乎？

神蓍立赋并序

(唐) 潘　炎

景龙三年九月十七日，上使韩从礼蓍筮。卦未成，蓍自立，从礼曰："大人之瑞也。"赋曰：

唯彼神蓍，生而有知。用之不测，明以稽疑。擢九尺之纤干，伏千年之宝龟。德圆而神兮，无幽不及；其生三百兮，其用五十。唯圣人之观象，乃神动而鬼入。列八卦以效变，翘孤茎而孑立。数彰得一，命乃自天。同大横之有夏，表或跃而在田。其察也深，其功也大。称美名于神物，齐妙用神蔡。是曰元后，兹为筮从气受阴阳夜分而彩露兼涵幽赞天地朝覆而轻云数重蓍而有灵。立定天保，可谓神助。用光大造，功深莫善。仲尼且许以钩深，屈子不知太公徒言乎腐草蓍之立兮发其祥吾君得之尊以光明乎太极演彼归藏。因卜祝之符瑞，应天人之会昌。

蓍龟论

于　邵

卜筮，生灵之组耶，必遵以信时日、畏法令、决嫌疑、定犹豫者也。自伏羲画卦、周公制礼，率先斯道以惠其人，故立筮人、建卜师。卜职或掌三《易》以辨乎九筮，或开四兆以作乎八命，俾吉不相习假尔，有常叶乎？乾坤调彼昭昧，占兆审卦，异位同功，不其然欤？夫以原始要终，钩深索隐，则象事知器，占事知来。蓍辨吉凶则圆神而方知，龟穷祸福乃戴阳而履阴。繇得蒺藜，终验齐庄之难；兆闻鸣风，便兴敬仲之宗。且其兆体百有二十，夫其颂声千有二百，由是其尚也。夫龟者，著性命之理，有好恶之情，善出入之端，存生死之变，冠群甲之长，居四灵之间，上高法天，下平象地，寿三千岁而游于莲叶之上，吸以沆瀣之精，盖通其圣也。何彼丛薄之下，蘙荟之中，生而无灵，长而无识；奉大衍之数而为准，求元亨之义而为用；探赜而知其变，审爻而据其辞。岂与夫灼而专达，居然独见同年而语耶？史佚以之佐昌，此其效也；墨以之从长，又其效也；卫人以龟为有知、漆雕以为善对，又其效也。至如管辂卜邻之火、孔愉反顾之铸，盖小之也。则知盛德感应，触类而长矣。故朔望则灼，孟冬命衅，盍先王之重者，万事之偕也，信矣夫。

卜肆铭

陆龟蒙

蜀严之托蓍龟也，以忠孝仁义；后来之托蓍龟也，以偷佞险诐。美之使怕愉。但之使骇畏。小人唯恶是嗜，唯祸是避，唯福是觊，唯謍言是媚。曾不究得失之所，自故幽赞之蓍、前列之龟，乃化为庸妄之器。呜呼，成都吾不知古为市之地，况君平之卜肆耶？强为之铭，以刻其意。

洪范皇极内篇序

（宋）蔡　沈

体天地之撰者，《易》之象；纪天地之撰者，《范》之数。数者始于一，象者成于二，一者奇、二者偶也。奇者数之所以行，偶者象之所以立，故二而四、四而八；八者，八卦之象也。一而三，三而九；九者，九畴之数也。由是重之，八而六十四，六十四而四千九十六，而象备矣；九而八十一，八十一而六千五百六十一，而数周矣。《易》更四圣而象已著，《范》锡神禹而数不传。后之作者，昧象数之原，窒变通之妙；或即象而为数，或反数而拟象。《洞极》用《书》，《潜虚》用《图》，非无作也。而牵合附会，自然之数益晦蚀焉。嗟夫天地之所以肇者，数也；人物之所以生者，数也；万物之所以失得者，亦数也。数之体著于形，数或用妙乎理，非穷神知化，独立物表者。曷足以语此哉？然数之与象，若异之用也，而本则一；若殊途也，而归则同。不明乎数，不足与语象；不明乎象，不足与语数。二者可以相有、不可以相无也。先君子曰：《洛书》者，数之原也。余读《洪范》而有感焉。上稽天文，下察地理，中参人物古今之变，穷义理之精微，究兴亡之征兆，显微阐幽，彝伦攸叙，秩然有天地万物各得其所之妙。岁月侵寻，粗述所见，辞虽未备，而义则著矣。其果有益于世教否乎？皆所不敢知也。虽然，余所乐而玩者理也，余所言而传者数也。若其所以数之妙，则在乎人之自得焉耳。

范氏莛蓴卜法序

吴　莱

莛蓴卜法者，本楚越间小术也。自楚屈原始称有莛蓴之卜，越相范蠡颇有其书。然今特类后世术者，所托要之，亦必古有此法矣。当卜时，自其所向得草木枝，初不计多寡，左右手一纵一横，揲之以三，而数用其扐。然后一时之吉凶从违、休咎祸福立可见者。贤达君子或弃之而不道，或时有可采，是岂所谓楚人鬼而越人机者乎？盖昔越相范蠡曾与大夫种事濮上计然。计然，世所号文子者也。而蠡、种实为楚人而往仕越。悉通天地阴阳之纪，察日月星宿之会，明鬼神幽显之理，达龟筮钤决之奥，治国临政，谋敌用武，莫不如其所愿欲。越以霸强，何蠡、种之能有以尽乎其术也？予尝考之，大抵本出于太乙六壬、元女遁甲、风鸟云气之道。越王勾践拳吴，吴将赦越，蠡占则曰：王闻喜时，日加戌，时加卯，功曹为螣蛇，青龙在胜先，是谓时克其日用，又助之事，不利而有伤。已而子胥谏，不果赦。及越王勾践归国，越既沼吴而蠡去，种占则曰：王勿追蠡。蠡去时，阴画六，阳画三，后入天一，前翳神光，是谓元武天空、无有止者。言则死，视则狂。已而蠡去，勿复追。《吴越春秋》具载其事。而《史记》特推蠡、种之术乃出于计然。然自越王勾践之还，临明堂悉拣时日，又类后世五行、堪舆、丛辰等家。脱有不合，则指为事犯五门。初未审所谓五门者果何术也。《吴越春秋》盖辑于东汉赵晔，或时汉季，颇以天文谶纬九宫八卦占候之书为内学，而晔自以其说剿入之欤？不然，《史记》之言阴阳多忌讳而太详者，蠡、种毋乃酷似之欤？是故世之学为天目计神、孤单闭杜、奄迫关格、制客主、别胜负之术者，每托于蠡而行之。莛蓴之卜，特其细也。然则阳至而阴，阴至而阳，阳节刚强而力疾，阴节安徐而重固。又且游观乎天地四时赢缩进退以为常，是岂但古之善用兵者为然哉？虽一恒人之欲卜，其动作云为，亦不过此而已夫。然后故微而思虑之所形，著而言行之所发。至以天地之灵变、鬼神之幽赜，而吉凶悔吝之来，若有应焉。诚有不容掩其伪者，虽微，端龟正策，旋式布棋，人心之皎然，常足以先知而预定矣。又况达贤君子，出入起居，浩乎与天同运；发号施令，窅乎与神俱化，然且不能不假是以示诸人也。莛蓴之细，时有可采，岂谓其果足以尽乎天人之道者哉！虽然，越王勾践之阴谋谲术，苟他无所征纤毫琐末，类出于阴阳时日之占而后用事，吾犹恐其未必致霸。必也五谷蓄、金银实、府库满、兵甲利，然后用事，以是定王心之疑、动越民之所欲，报仇而威敌者则庶几焉。是故今一恒人之所卜，虽以民俗间小事，亦必天地之气应与人事，相参乃可以见其成功。不然，则龟为枯骨、蓍为朽干，犹不必泥，况莛蓴之细者哉！予具录之，又足以通知古之多异术矣。

蓍卦辨疑序

马端临

陈氏曰：郭雍撰自序，略言学者相传，谓九为老阳，七为少阳，六为老阴，八为少阴。及观乾爻称九，坤爻称六，则九、六为阴、阳，盖无疑也。而六子皆称九、六，不言七、八，则少阴、少阳尚未有所据。及考乾坤之策，曰：乾之策，二百一十有六；坤之策，百四十有四。六之一，则乾爻得三十六，坤爻得二十四，是则老阴、老阳之数也。又考二篇之策，阳爻百九十有二，以三十六乘之，积六千九百十有二；阴爻百九十有二，以二十四乘之，积四千六百八；合之为万有一千五百二十，则二篇之策亦皆老阴、老阳之数也，而少阴、少阳之数又无所见。再置阳爻百九十有二，以少阳二十八乘之，积五千三百七十六；再置阴爻百九十有二，以少阴三十二乘之，积六千一百四十四；合之亦为万有一千五百二十，以是知少阴、少阳之数隐于老阴、老阳之中。如是则七、九皆为阳，六、八皆为阴，其画为奇为偶皆同。圣人画卦，初未必以阴阳老少为异。然卜史之家欲取动爻之后，卦故分别老少之象，与圣人画卦之道已不同矣。然七、九为阳，六、八为阴，盖谓阴阳各有二道，与说卦言立天之道曰阴与阳、立地之道曰柔与刚，其义皆同。是道也，以圣人不明，载之系辞；后世纷纷，互相矛盾，至有大失圣人之意者。大率多主卜史之论，不知所谓策数，遂妄为臆说也。

《朱子语录》曰：揲蓍虽是一小事，自孔子来千五百年，人都理会不得。唐时人说得虽有病痛，大体理会得是。近来说得大乖。自郭子和始奇者揲之，余为奇。扐者归其余，扐二指之中。今子和反以挂一为奇，而以揲之余为扐；又不用老少，只用三十六、三十二、二十八、二十四，不知为策数，以为圣贤从来只说阴阳，不曾说老少，不知他既无老少，则七、八、九、六皆无用，又何以为卦？又曰：龟为卜策、为筮策，是余数谓之策。他只是胡乱说策字，或问他既如此说，则再扐而后挂之说何如？曰：他以第一揲扐为扐。第二、第三揲不挂为扐，第四揲又挂，然如此则无五年再闰。如某已前排，真个是五年再闰。圣人下字皆有义理：卦者，挂也；扐者，勒于二指之中也。

卜筮艺文（二）

箕 卜

（宋） 陆 游

孟春百草灵，古俗迎紫姑。
厨中取竹箕，冒以妇裙襦。
竖子夹扶持，插笔祝其书。
俄若有物凭，对畣不须臾。
岂必考中否，一笑聊相娱。
诗章亦间作，酒食随所需。
兴阑忽辞去，谁能执其袪。
持箕畀灶婢，弃笔卧墙隅。
几席亦已彻，狼藉果与蔬。
纷纷竟何益，人鬼均一愚。

第二十四章　卜筮纪事一

《古史考》：庖牺氏作卦，始有筮，其后殷时巫咸善筮。《竹书纪年》：黄帝五十年秋七月庚申，天雾三日三夜昼昏。帝问天老。力牧容成曰："于公何如?"天老曰："臣闻之，国安，其主好文，则凤凰居之；国乱，其主好武，则凤凰去之。其鸣音中夷则，与天相副。以是观之，天有严教以赐帝，帝勿犯也。"召史卜之，龟焦。史曰："臣不能占也，其问之圣人。"帝曰："已问天老力牧容成矣。"史北面再拜曰："龟不违圣智，故焦。"雾既降，游于洛水之上，见大鱼，杀五牲以醮之。天乃甚雨，七日七夜。鱼流于海，得图书焉。

《书经·大禹谟》：禹曰："枚卜功臣，唯吉之从。"帝曰："禹官占，唯先蔽志，昆命于元龟，联志先定，询谋佥同，鬼神其依，龟筮协从，卜不习吉。"禹拜稽首固辞。帝曰："毋唯汝谐。"

《归藏》：桀筮伐，有唐枚于荧惑曰："不吉，不利。出征，唯利安处。彼为狸，我为鼠，勿用作事，恐伤其父。"

《淮南子》：夏桀之时，龟无腹，蓍策日施。

《书经》：盘庚迁于殷，民不适有居，率吁众戚出，矢言曰："我王来既爰宅于兹，重我民，无尽刘，不能胥匡以生。卜稽，曰其如台。"

《诗经·大雅·緜章》：周原朊朊，堇荼如饴。爰始爰谋。爰契我龟。曰止曰时，筑室于兹。

朱注：契，所以燃火而灼龟者也。《仪礼》所谓楚焞是也。或曰：以刀刻龟甲欲钻之处也。言周原土地之美，虽物之苦者亦甘。于是大王始与豳人之从己者谋居之。又契龟而卜之，既得吉兆，乃告其民曰：可以止。于是而筑室矣。

《竹书纪年》：文王将畋，史编卜之曰："将大获，非熊非罴，天遣大师以佐，昌臣大祖。"史畴为禹卜畋，得皋陶，其兆类此。至于磻溪之水，吕尚钓于涯，王下趋拜，曰："望公七年，乃今见光景于斯，尚立变名。"答曰："望钓得玉璜。"

其文要曰：“姬受命，昌来提撰尔洛，钤报在齐。”

《史记·齐太公世家》：西伯将出猎，卜之，曰：“所获非龙非彲，非虎非罴，所获霸王之辅。”于是周西伯猎，果遇太公于渭之阳，与语大说，曰：“自吾先君太公曰：当有圣人适周，周以兴，子真是耶？吾太公望子久矣。故号之曰太公望。”载与俱归，立为师。

《诗经·大雅·文王有声章》考卜维王，宅是镐京。维龟正之，武王成之。武王烝哉！

笺：稽疑之法，必契灼龟而卜之。武王卜居，是镐京之地，龟则正之谓得吉兆。武王遂居之，修三后之德，以伐纣定天下。成龟兆之占功，莫大于此。

《书经·泰誓中》：唯戊午，王次于河朔。群后以师毕会，王乃徇师而誓。曰：“呜呼！西土有众，咸听朕言。我闻吉人为善，唯日不足，凶人为不善，亦唯日不足。今商王受，力行无度。播弃黎老，昵比罪人。淫酗肆虐，臣下化之。朋家作仇，胁权相灭。无辜吁天，秽德彰闻。唯天惠民，唯辟奉天。有夏桀，弗克若天，流毒下国，天乃佑命成汤。降黜夏命，唯受罪浮于桀。剥丧元良，贼虐谏辅，谓已有天命，谓敬不足行，谓祭无益，谓暴无伤。厥鉴不远，在彼夏王。天其以予乂民，朕梦协朕卜，袭于休祥，戎商必克。”

《六韬》：武王问散宜生：“卜伐殷吉乎？钻龟不兆。祖行之日，雨，辎至轸。行之日，帜折为三。”散宜生曰：“此凶四，不祥不可举事。”太公进曰：“非子之所知也。龟不兆，圣人生天地之间，承衰乱而起。龟者枯骨，蓍者朽草，不足以辨吉凶。行祖之日雨，辎至于轸，是洗濯甲兵也。行之日，帜折为三，此军分为三。如此斩纣道之象。”

《史记·齐太公世家》：武王将伐纣，卜龟兆，不吉，风雨暴至，群公尽惧，唯太公强之，劝武王。武王于是遂行。

《书经·金縢》：既克商二年，王有疾，弗豫。二公曰：“我其为王穆卜。”周公曰：“未可以戚我先王。”公乃自以为功，为三坛同墠。为坛于南方北面。周公立焉，植璧秉珪，乃告太王王季文王。史乃册祝曰：“唯尔元孙某，遘厉虐疾。若尔三王，是有丕子之责于天，以旦代某之身，予仁若考，能多才多艺，能事鬼神。乃元孙不若旦多才多艺，不能事鬼神，乃命于帝庭，敷佑四方，用能定尔子孙于下地。四方之民，罔不祗畏。呜呼！无坠天之降宝命，我先王亦永有依归。今我即命

于元龟，尔之许我，我其以璧与珪，归俟尔命。尔不许我，我乃屏璧与珪。”乃卜三龟，一习吉，启籥见书，乃并是吉。公曰：“体。王其罔害。予小子，新命于三王，唯永终是图，兹攸俟。能念予一人。”公归，乃纳册于金縢之匮中。王翼日乃瘳。

《大诰》：宁王遗我大宝龟，绍天明即命，曰：“有大艰于西土，西土人亦不静，越兹蠢，殷小腆诞，敢纪其叙。天降威，知我国有疵，民不康。”曰：“予复，反鄙我周邦。”今蠢今翼日，民献有十夫，予翼以于敉宁武图功。我有大事休，朕卜并吉。肆予告我友邦君，越尹氏，庶士，御事曰：“予得吉卜，予唯以尔庶邦，于伐殷逋播臣。尔庶邦君，越庶士，御事，罔不反曰艰大。民不静，亦唯在王宫邦君室。越予小子，考翼，不可征，王害不违卜，肆予冲人，永思艰。”曰：“呜呼！允蠢鳏寡，哀哉！予造天役，遗大投艰于朕身，越予冲人，不卬自恤，义尔邦君，越尔多士。尹氏御事，绥予曰：无毖于恤，不可不成。乃宁考图功。已，予唯小子，不敢替上帝命。天休于宁王，兴我小邦周。宁王唯卜用，克绥受兹命。今天其相民，矧亦唯卜用。呜呼！天明畏，弼我丕丕基。”

《召诰》：唯二月既望，越六日乙未，王朝步自周，则至于丰。唯太保先周公相宅。越若来，三月，唯丙午朏。越三日戊申，太保朝至于洛，卜宅，厥既得卜，则经营。

《洛诰》：周公拜手稽首曰：“朕复子明辟，王如弗敢及天基命定”命。予乃引保，大相东土，其基作民明辟。予唯乙卯，朝至于洛师。我卜河朔黎水，我乃卜涧水东。瀍水西，唯洛食。我又卜瀍水东，亦唯洛食，伻来以图，及献卜。

蔡注：食者，史先定墨而灼龟之兆，正食其墨也。《大全》：临川吴氏曰：龟卜占法，今不传。据褚少孙所录，在《史记·龟策传》者，每一事有一占，各各不同。疑卜宅之占以兆，食墨而明为吉，不食则其兆暧昧，非吉兆也。先卜黎阳不吉，乃卜洛邑二处，而龟兆皆食其墨也。

《说苑》：南宫边子曰：“昔周成王之卜居成周也。其命龟曰：‘予一人兼有天下辟就，百姓敢无中土乎？’使予有罪，则四方伐之无难得也。周公卜居曲阜，其命龟曰：‘作邑乎山之阳，贤则茂昌，不贤则速亡。’”

《穆天子传》：天子筮猎苹泽，其卦遇讼，逢公占之曰：“讼之繇：薮泽苍苍，其中口宜。其正公戎事，则从祭祀，则䲜畋猎。则获口。”饮逢公酒，赐之骏马十六，缔纻三十箧。逄公再拜稽首。

《礼记檀弓》：石骀仲卒，无适子，有庶子六人，卜所以为后者，曰："沐浴佩玉则兆。"五人者皆沐浴佩玉。石祁子曰："孰有执亲之丧？而沐浴佩玉者乎？"不沐浴佩玉。石祁子兆，卫人以龟为有知也。

《左传·庄公二十二年》：陈公子完与颛孙奔齐。齐侯使敬仲为卿，使为工政。饮桓公酒，乐。公曰："以火继之。"辞曰："臣卜其昼，未卜其夜，不敢。"君子曰："酒以成礼，不继以淫，义也；以君成礼，弗纳于淫，仁也。"初懿氏卜妻敬仲。其妻占之，曰："吉。是谓'凤凰于飞，和鸣锵锵。有妫之后，将育于姜。五世其昌，并于正卿。八世之后，莫之与京。'"陈厉公，蔡出也，故蔡人杀五父而立之。生敬仲。其少也，周史有以《周易》见陈侯者，陈侯使筮之，遇观之否，曰："是谓'观国之光，利用宾于王。'此其代陈有国乎？不在此，其在异国，非此其身，在其子孙。光，远而自他有耀者也。坤，土也；巽，风也；乾，天也。风为天于土上，山也。有山之材，而照之以天光，于是乎居土上，故曰'观国之光，利用宾于王。'庭实旅百，奉之以玉帛，天地之美具焉，故曰'利用宾于王'。犹有观焉。故曰其在后乎！风行而著于土，故曰其在异国乎！若在异国，必姜姓也。姜，大岳之后也。山岳则配天。物莫能两大。陈衰，此其昌乎！"及陈之初亡也，陈桓子始大于齐。其后亡也，成子得政。

《闵公元年》：晋侯作二军，公将上军，太子申生将下军。赵夙御戎，毕万为右，以灭耿、灭霍、灭魏。还，为太子城曲沃，赐赵夙耿，赐毕万魏，以为大夫。卜偃曰："毕万之后必大。万，盈数也；魏，大名也。以是始赏，天启之矣。天子曰兆民，诸侯曰万民。今名之大，以从盈数，其必有众。"初，毕万筮仕于晋，遇屯之比。辛廖占之，曰："吉。屯固、比入，吉孰大焉？其必蕃昌。震为土，车从马，足居之，兄长之，母覆之，众归之，六体不易，合而能固，安而能杀，公侯之卦也。公侯之子孙，必复其始。"

《二年》：成季之将生也，桓公使卜楚丘之父卜之，曰："男也，其名曰友，在公之右；间于两社，为公室辅。季氏亡，则鲁不昌。"又筮之，遇大有之乾曰："同复于父，敬如君所。"及生，有文在其手，曰"友"，遂以命之。成风闻成季之繇，乃事之，而属僖公焉，故成季立之。

《僖公四年》：初，晋献公欲以骊姬为夫人。卜之，不吉；筮之，吉。公曰：

"从筮。"卜人曰："筮短龟长，不如从长。且其繇曰：'专之渝，攘公之羭。一薰一莸，十年尚犹有臭。'必不可！"弗听，立之。生奚齐，其娣生卓子。及将立奚齐，既与中大夫成谋，姬谓太子曰："君梦齐姜，必速祭之！"太子祭于曲沃，归胙于公。公田，姬置诸宫六日。公至，毒而献之。公祭之地，地坟。与犬，犬毙。与小臣，小臣亦毙。姬泣曰："贼由太子。"太子奔新城。公杀其傅杜原款，或谓太子："子辞，君必辩焉。"太子曰："君非姬氏，居不安，食不饱。我辞，姬必有罪。君老矣，吾又不乐。"曰："子其行乎？"太子曰："君实不察其罪，被此名也以出，人谁纳我？"十二月戊申，缢于新城。姬遂谮二公子，曰："皆知之。"重耳奔蒲，夷吾奔屈。

《十五年》：秦伯伐晋，卜徒父筮之，吉："涉河侯车败。"诘之。对曰："乃大吉也。三败，必获晋君。其卦遇蛊䷑，曰：'千乘三去，三去之余，获其雄狐。'夫狐蛊，必其君也。蛊之贞，风也；其悔，山也。岁去秋矣，我落其实，而取其材，所以克也。实落、材亡，不败，何待？"三败及韩，遂失秦伯。秦获晋侯以归。初，晋献公筮嫁伯姬于秦，遇归妹䷵之睽䷥。史苏占之，曰："不吉。其繇曰：'士刲羊，亦无衁也，女承筐，亦无贶也。西邻责言，不可偿也。归妹之睽，犹无相也。'震之离，亦离之震。为雷为火，为嬴败姬。车说其輹，火焚其旗，不利行师，败于宗丘。归妹睽孤，寇张之弧。侄其从姑，六年其逋，逃归其国，而弃其家，明年其死于高梁之虚。"及惠公在秦，曰："先君若从史苏之占，吾不及此夫！"韩简侍，曰："龟，象也；筮，数也。物生而后有象，象而后有滋，滋而后有数。先君之败德，及可数乎？史苏是占，勿从何益？"

《十七年》：夏，晋太子圉为质于秦，秦归河东而妻之。惠公之在梁也，梁伯妻之。梁嬴孕，过期。卜招父与其子卜之。其子曰："将生一男一女。"招曰："然。男为人臣，女为人妾。"故名男曰圉，女曰妾。及子圉西质，妾为宦女焉。十九年秋，卫人伐邢，以报菟圃之役。于是卫大旱，卜有事于山川，不吉。甯庄子曰："昔周饥，克殷而年丰。今邢方无道，诸侯无伯，天其或者欲使卫讨邢乎？"从之。师兴而雨。

《国语》：怀公自秦逃归，秦伯召公子重耳于楚，公子亲筮之，曰："尚有晋国。"得贞屯、悔豫，皆八也。筮史占之，皆曰："不吉。闭而不通，爻无为也。"司空季子曰："吉。是在《易》，皆利建侯。不有晋国。以辅王室，安能建侯？我命筮曰‘尚有晋国’，筮告我曰‘利建侯’，得国之务也，吉孰大焉！震，车也。坎，水也。坤，土也。屯，厚也。豫，乐也。车班外内，顺以训之，泉源以资之，土厚而乐其实。不有晋国，何以当之？震，雷也，车也。坎，劳也，水也，众也。主雷与车，而尚水与众。车有震，武也。众而顺，文也。文武具，厚之至也。故曰屯。其繇曰：‘元亨利贞，勿用有攸往，利建侯。’主震雷，长也，故曰元。众而顺，嘉也，故曰亨。内有震雷，故利贞。车上水下，必伯。小事不济，壅也。故曰勿用有攸往，一夫之行也。众顺而有武威，故曰‘利建侯’。坤，母也。震，长男也。母老子强，故曰豫。其繇曰：‘利建侯行师。’居乐、出威之谓也。是二者，得国之卦也。”十月，惠公卒。十二月，秦伯纳公子。及河，子犯授公子载璧，曰：“臣从君还轸，巡于天下，恶其多矣！臣犹知之，而况君乎？不忍其死，请由此亡。”公子曰：“所不与舅氏同心者，有如河水。”沈璧以质。董因迎公于河，公问焉，曰：“吾其济乎？”对曰：“岁在大梁，将集天行。元年始受，实沈之星也。实沈之虚，晋人是居，所以兴也。今君当之，无不济矣。君之行也，岁在大火。大火，阏伯之星也，是谓大辰。辰以成善，后稷是相，唐叔以封。瞽史记曰：嗣续其祖，如谷之滋，必有晋国。臣筮之，得泰之八。曰：是谓天地配亨，小往大来。今及之矣，何不济之有？且以辰出而以参入，皆晋祥也，而天之大纪也。济且秉成，必霸诸侯。子孙赖之，君无惧矣。”公子济河，召令狐、白衰，桑泉，皆降。晋人惧，怀公奔高梁。吕甥、冀芮帅师，甲午，军于庐柳。秦伯使公子絷如师，师退，次于郇。辛丑，狐偃及秦、晋大夫盟于郇。壬寅，公入于晋师。甲辰，秦伯还。丙午，入于曲沃。丁未，入于绛，即位于武宫。戊申，刺怀公于高梁。左传僖公二十五年，秦伯师于河上，将纳王。狐偃言于晋侯曰：“求诸侯，莫如勤王。诸侯信之，且大义也。继文之业，而信宣于诸侯，今为可矣。”使卜偃卜之，曰：“吉。遇黄帝战于阪泉之兆。”公曰：“吾不堪也。”对曰：“周礼未改，今之王，古之帝也”。公曰：“筮之!”遇大有之睽，曰：“吉。遇‘公用享于天子’之卦。战克而王飨，吉孰大焉？且是卦也，天为泽以当日，天子降心以逆公，不亦可乎？大有去睽而复，亦其所也。”晋侯辞秦师而下。三月甲辰，次于阳樊，右师围温，左师逆王。夏四月丁巳，王入于王城。取大叔于温，杀之于隰城，戊午，晋侯朝王。王飨醴，命之宥。请隧，弗许，曰：“王章也。未有代德，而有二王亦叔父之所恶也。”与之阳樊、温、原、攒茅之田。晋于是始启南阳。

《诗经·鄘风·定之方·中章》：卜云其吉，终焉允臧。

传：建国必卜之。

疏：《正义》曰：地势美而卜又吉，故卫文公徙居楚丘而建国焉。此卜云终吉。而僖公三十一年又迁于帝丘而言终善者，卜所以决疑。卫为狄人所灭，国人分散，文公徙居楚丘，兴复祖业，国家殷富，吉莫如之。后自更以时事不便而迁，何害终焉允臧也。

《左传·僖公三十一年》：冬，狄围卫，卫迁于帝丘，卜曰三百年。

《文公十三年》：邾文公卜迁于绎。史曰："利于民而不利于君。"邾子曰："苟利于民，孤之利也。天生民而树之君，以利之也。民既利矣，孤必兴焉。"左右曰："命可长也，君何弗为？"邾子曰："命在养民。死之短长，时也。民苟利矣，迁也，吉莫如之！"遂迁于绎。五月，邾文公卒。君子曰"知命"。

《十八年》：春，齐侯戒师期，而有疾。医曰："不及秋，将死。"公闻之，卜曰："尚无及期！"惠伯令龟。卜楚丘占之，曰："齐侯不及期，非疾也。君亦不闻。令龟有咎。"二月丁丑，公薨。夏五月戊戌，齐人弑其君商人。

《宣公十二年》：春，楚子围郑，旬有七日。郑人卜行成，不吉；卜临于大宫，且巷出车，吉。国人大临，守陴者皆哭。楚子退师。郑人修城。进复围之，三月，克之。人自皇门，至于逵路。郑伯肉袒牵羊以逆，曰："孤不天，不能事君，使君怀怒以及敝邑，孤之罪也，敢不唯命是听？其俘诸江南，以实海滨，亦唯命；其翦以赐诸侯，使臣妾之，亦唯命。若惠顾前好，徼福于厉、宣、桓、武，不泯其社稷，使改事君，夷于九县，君之惠也，孤之愿也，非所敢望也。敢布腹心，君实图之。"左右曰："不可许也，得国无赦。"王曰："其君能下人，必能信用其民矣，庸可几乎！"退三十里而许之平。

《成公十六年》：晋侯伐郑，楚子救郑，公筮之，史曰："吉。其卦遇复，曰：'南国蹙，射其元王，中厥目。'国蹙、王伤，不败何待？"公从之。有淖于前。乃皆左右相违于淖，步毅御晋厉公，栾鍼为右。彭名御楚共王，潘党为右。石首御郑成公，唐苟为右。栾、范以其族夹公行。陷于淖。栾书将载晋侯。鍼曰："书退！国有大任，焉得专之？且侵官，冒也；失官，慢也；离局，奸也。有三罪焉，不可犯也。"乃掀公以出于淖。癸巳，潘尪之党与养由基蹲甲而射之，彻七札焉。以示王，曰："君有二臣如此，何忧于战？"王怒曰："大辱国！诘朝尔射，死艺。"吕锜梦射月，中之，退人于泥。占之，曰：“姬姓，日也；异姓，月也，必楚王也。射而中之，退人于泥，亦必死矣。”及战，射共王中目。王召养由基，与之两矢，使射吕锜中项，伏箙。以一矢复命。

《襄公七年》：夏四月，三卜郊，不从，乃免牲。孟献子曰：“吾乃今而后知有卜、筮。夫郊祀后稷，以祈农事也。是故启蛰而郊，郊而后耕。今既耕而卜郊，宜其不从也。”九年，穆姜薨于东宫。始往而筮之，遇艮䷳之八。史曰：“是谓艮之随䷐。随，其出也。君必速出！”姜曰：“亡是。于《周易》曰：‘随，元、亨、利、贞，无咎。’元，体之长也，亨，嘉之会也；利，义之和也；贞，事之干也。体仁足以长人，嘉德足以合礼，利物足以和义，贞固足以干事。然故不司诬也，是以虽随无咎。今我妇人，而与于乱。固在下位，而有不仁，不可谓元。不靖国家，不可谓亨。作而害身，不可谓利。弃位而姣，不可谓贞。贞有四德者，随而无咎。我皆无之，岂随也哉？我则取恶，能无咎乎？必死于此，弗得出矣。”

《十年》：郑皇耳帅师侵卫，楚令也。孙文子卜追之，献兆于定姜。姜氏问繇。曰：“兆如山陵，有夫出征，而丧其雄。”姜氏曰：“征者丧雄，御寇之利也。大夫图之！”卫人追之，孙蒯获郑皇耳于犬丘。

《二十五年》：齐棠公之妻，东郭偃之姊也。东郭偃臣崔武子。棠公死，偃御武子以吊焉。见棠姜而美之，使偃娶之。偃曰：“男女辨姓，今君出自丁，臣出自桓，不可。”武子筮之，遇困之大过。史皆曰：“吉。”示陈文子，文子曰：“夫从风，风陨妻，不可娶也。且其繇曰：‘困于石，据于蒺藜，入于其宫，不见其妻，凶。’困于石，往不济也；据于蒺藜，所恃伤也；入于其宫，不见其妻，凶，无所归也。”崔子曰：“嫠也何害？先夫当之矣。”遂娶之。庄公通焉，骤如崔氏，以崔子之冠赐人。侍者曰：“不可。”公曰：“不为崔子，其无冠乎？”崔子因是，又以其间伐晋也。曰：“晋必将报。”欲弑公以说于晋，而不获间。公鞭侍人贾举，而又近之，乃为崔子间公。夏五月，莒为且于之役故，莒子朝于齐。甲戌，飨诸北郭，崔子称疾，不视事。乙亥，公问崔子，遂从姜氏。姜人于室，与崔子自侧户出。公拊楹而歌。侍人贾举止众从者而入，闭门。甲兴，公登台而请，弗许；请盟，弗许；请自刃于庙，弗许。皆曰：“君之臣杼疾病，不能听命。近于公宫，陪臣干掫有淫者，不知二命。”公逾墙，又射之，中股，反队，遂弑之。贾举、州绰、邴师、公孙敖、封具、铎父、襄伊、偻堙皆死。

《二十八年》：齐庆封好田而嗜酒，与庆舍政，则以其内实迁于卢蒲嫳氏，易内而饮酒。数日，国迁朝焉。使诸亡人得贼者，以告而反之，故反卢蒲癸。癸臣子之，有宠，妻之。庆舍之士谓卢蒲癸曰："男女辨姓，子不辟宗，何也？"曰："宗不余辟，余独焉辟之？赋诗断章，余取所求焉，恶识宗？"癸言王何而反之，二人皆嬖，使执寝戈而先后之。公膳日双鸡，饔人窃更之以鹜。御者知之，则去其肉，而以其洎馈。子雅、子尾怒。庆封告卢蒲嫳。卢蒲嫳曰："譬之如禽兽，吾寝处之矣。"使析归父告晏平仲。平仲曰："婴之众不足用也，知无能谋也。言弗敢出，有盟可也。"子家曰："子之言云，又焉用盟？"告北郭子车。子车曰："人各有以事君，非佐之所能也。"陈文子谓桓子曰："祸将作矣，吾其何得？"对曰："得庆氏之木百车于庄。"文子曰："可慎守也已。"卢蒲癸、王何卜攻庆氏，示子之兆曰："或卜攻仇，敢献其兆。"子之曰："克见血。"冬十月，庆封田于莱，陈无宇从。丙辰，文子使召之，请曰："无宇之母疾病，请归。"庆季卜之，示之兆，曰："死。"奉龟而泣，乃使归。庆嗣闻之曰："祸将作矣。"谓子家："速归，祸作必于尝，归犹可及也。"子家弗听，亦无悛志。子息曰："亡矣！"幸而获其吴、越。陈无宇济水，而戕舟发梁。卢蒲姜谓癸曰："有事而不告我，必不捷矣。"癸告之。姜曰："夫子愎，莫之止，将不出我，请止之。"癸曰："诺。"十一月乙亥，尝于大公之庙，庆舍莅事。卢蒲姜告之，且止之，弗听曰："谁敢者？"遂如公。麻婴为尸，庆勣为上献。卢蒲癸、王何执寝戈，庆氏以其甲环公宫。陈氏、鲍氏之圉人为优。庆氏之马善惊，士皆释甲束马，而饮酒，且观优，至于鱼里。栾、高、陈、鲍之徒介庆氏之甲。子尾抽桷，击扉三，卢蒲癸自后刺子之，王何以戈击之，解其左肩。犹援庙桷，动于甍。以俎壶投，杀人而后死。遂杀庆绳、麻婴。

《昭公三年》：初，景公欲更晏子之宅，辞。及晏子如晋，公更其宅。反则成矣。既拜，乃毁之，而为里室，皆如其旧，则使宅人反之，且谚曰："'非宅是卜，唯邻是卜。'二三子先卜邻矣。违卜不祥，吾敢违诸乎？"卒复其旧宅。

《四年》：穆子去叔孙氏，及庚宗，遇妇人，使私为食而宿焉。问其行，告之故，哭而送之。适齐，娶于国氏，生孟丙、仲壬。梦天压己，弗胜，顾而见人，黑而上偻，深目而豭喙，号之曰："牛助余！"乃胜之。旦而皆召其徒，无之，且曰："志之！"及宣伯奔齐馈之。宣伯曰："鲁以先子之故，将存吾宗，必召汝。召汝，何如？"对曰："愿之久矣。"鲁人召之，不告而归。既立，所宿庚宗之妇人献以

雉。问其姓，对曰：“余子长矣，能奉雉而从我矣。”召而见之，则所梦也。未问其名，号之曰“牛”，曰：“唯。”皆召其徒使视之，遂使为竖。有宠，长使为政。公孙明知叔孙于齐，归，未逆国姜，子明取之，故怒，其子长而后使逆之。田于丘莸，遂遇疾焉。竖牛欲乱其室而有之，强与孟盟，不可。叔孙为孟钟，曰：“尔未际，飨大夫以落之。”既具，使竖牛请日。入，弗谒；出，命之日。及宾至，闻钟声。牛曰：“孟有北妇人之客。”怒，将往，牛止之。宾出，使拘而杀诸外。牛又强与仲盟，不可。仲与公御莱书观于公，公与之环，使牛入示之。入，不示；出，命佩之。牛谓叔孙：“见仲而何？”叔孙曰：“何为？”曰：“不见，既自见矣，公与之环而佩之矣。”遂逐之，奔齐。疾急，命召仲，牛许而不召。杜泄见，告之饥渴，授之戈。对曰：“求之而至，又何去焉？”竖牛曰：“夫子疾病，不欲见人。”使寘馈于个而退。牛弗进，则置虚命彻。十二月癸丑叔孙不食；己卯，卒。牛立昭子而相之。

《五年》：初，穆子之生也，庄叔以周易筮之，遇明夷䷣之谦䷎，以示卜楚丘。曰：“是将行，而归为子祀。以谗人入，其名曰牛，足以馁死。明夷，日也，日之数十，故有十时，亦当十位。自王以下，其二为公，其三为卿，日上其中，食日为二，旦日为三。明夷之谦，明而未融，其当旦乎？故曰‘为子祀’。日之谦，当鸟，故曰‘明夷于飞’。明之未融，故曰‘垂其翼’。象日之动，故曰‘君子于行’。当三在旦，故曰‘三日不食。’离火也；艮，山也，离为火，火焚山，山败。于人为言，败言为谗，故曰：‘有攸往。主人有言’。言必谗也，纯离为牛，世乱谗胜，胜将适离，故曰‘其名曰牛’。谦不足，飞不翔，垂不峻，翼不广。故曰‘其为子后乎’。吾子，亚卿也；抑少不终？”

《七年》：卫襄公夫人姜氏无子，嬖人婤始生孟絷。孔成子梦康叔谓己：“立元，余使羁之孙圉与史苟相之。”史朝亦梦康叔谓己：“余将命而子苟与孔烝钽之曾孙圉相元。”史朝见成子，告之梦，梦协。晋韩宣子为政聘于诸侯之岁，婤始生子，名之曰元。孟絷之足不良弱行。孔成子以周易筮之，曰：“元尚享卫国，主其社稷”。遇屯䷂。又曰：“余尚立絷，尚克嘉之。”遇屯䷂之比䷇，以示史朝。史朝曰：“‘元亨’，又何疑焉？”成子曰：“非长之谓乎？”对曰：“康叔名之，可谓长矣。孟非人也，将不列于宗，不可谓长。且其繇曰：‘利建侯。’嗣吉，何建？建非嗣也。二卦皆云，子其建之！康叔命之，二卦告之，筮袭于梦，武王所用也，弗从

何为？弱足者居。侯主社稷，临祭祀，奉民人，事鬼神，从会朝，又焉得居？各以所利，不亦可乎？"故孔成子立灵公。十二月癸亥，葬卫襄公。

《十二年》：季平子立，而不礼于南蒯。南蒯谓子仲："吾出季氏，而归其室于公，子更其位，我以费为公臣。"子仲许之。南蒯语叔仲穆子，且告之故。季悼子之卒也，叔孙昭子以再命为卿。及平子伐莒克之，更受三命。叔仲子欲构二家，谓平子曰："三命逾父兄，非礼也。"平子曰："然。"故使昭子。昭子曰："叔孙氏有家祸，杀适立庶，故婼也及此。若因祸以毙之，则闻命矣。若不废君命，则固有著矣。昭子朝，而命吏曰："湫将与季氏讼，书辞无颇。"季孙惧，而归罪于叔仲子。故叔仲小、南蒯、公子憖、谋季氏。告公，而遂从公如晋。南蒯惧不克，以费叛如齐。子仲还，及卫，闻乱，逃介而先。及郊，闻费叛，遂奔齐。南蒯之将叛也，其乡人或知之，过之而叹，且言曰："恤恤乎，湫乎攸乎！深思而浅谋，迩身而远志。家臣而君图，有人矣哉！"南蒯枚筮之，遇坤☷之比☵，曰"黄裳元吉"，以为大吉也。示子服惠伯，曰："即欲有事，何如？"惠伯曰："吾尝学此矣，忠信之事则可，不然必败。外强内温，忠也；和以率贞，信也，故曰'黄裳元吉'。黄，中之色也；裳，下之饰也；元，善之长也。中不忠，不得其色；下不共，不得其饰；事不善，不得其极。外内倡和为忠，率事以信为共，供养三德为善，非此三者弗当。且夫易，不可以占险，将何事也？且可饰乎？中美能黄，上美为元，下美则裳，参成可筮。犹有阙也，筮虽吉，未也。"将适费，饮乡人酒。乡人或歌之曰："我有圃，生之杞乎！从我者子乎；去我者鄙乎，倍其邻者耻乎，已乎已乎，非吾党之士乎！"平子欲使昭子逐叔仲小，小闻之，不敢朝。昭子命吏谓小待政于朝，曰："吾不为怨府。"

《十三年》：夏五月，楚灵王缢于芋尹申亥氏。初，灵王卜曰："余尚得天下！"不吉。投龟，诟天而呼曰："是区区者而不余畀，余必自取之。"民患王之无厌也，故从乱如归。十七年，吴伐楚，阳匄为令尹，卜战，不吉。司马子鱼曰："我得上流，何故不吉？且楚故，司马令龟，我请改卜。"令曰："鲂也以其属死之，楚师继之，尚大克之！"吉。战于长岸，子鱼先死，楚师继之，大败吴师，获其乘舟余皇。使随人与后至者守之，环而堑之，及泉，盈其隧炭，陈以待命。吴公子光请于其众，曰："丧先王之乘舟，岂唯光之罪，众亦有焉。请藉取之以救死。"众许之。使长鬣者三人潜伏于舟侧，曰："我呼余皇，则对。师夜从之。"三呼，皆迭对。楚人

从而杀之。楚师乱，吴人大败之，取余皇以归。

《二十五年》：初，臧昭伯如晋，臧会窃其宝龟偻句，以卜为信，与僭，僭吉。臧氏老将如晋问，会请往。昭伯问家故，尽对。及内子与母弟叔孙，则不对。再三问，不对。归，及郊，会逆。问，又如初。至次于外而察之，皆无之。执而戮之，逸奔郈，郈鲂假使为贾正焉。计于季氏，臧氏使五人以戈楯伏诸桐汝之闾，会出，逐之，反奔，执诸季氏中门之外。平子，怒曰："何故以兵入吾门?"拘臧氏老。季、臧有恶。及昭伯从公，平子立臧会。会曰："偻句不余欺也。"

《定公四年》：楚子涉睢，济江，入于云中。王寝，盗攻之，以戈击王，王孙由于以背受之，中肩。王奔郧。钟建负季芈以从。由于徐苏而从。斗辛与其弟巢以王奔随。吴人从之，谓随人曰："周之子孙在汉川者，楚实尽之。天诱其衷，致罚于楚，而君又窜之，周室何罪？君若顾报周室，施及寡人，以奖天衷，君之惠也。"楚子在公宫之北，吴人在其南。子期似王，逃王，而已为王，曰："以我与之，王必免。"随人卜与之，不吉，乃辞吴曰："以随之辟小，而密迩于楚，楚实存之。世有盟誓，至于今未改。若难而弃之，何以事君？执事之患不唯一人，若鸠楚竟，敢不听命?"吴人乃退。

《九年》：秋，晋车千乘在中牟，卫侯将如五氏，卜过之，龟焦。卫侯曰："可也！卫车当其半，寡人当其半，敌矣。"乃过中牟。中牟人欲伐之。卫褚师圃亡在中牟，曰："卫虽小，其君在焉，未可胜也。齐师克城而骄，其帅又贱，遇，必败之，不如从齐。"乃伐齐师，败之。

《哀公二年》：秋八月，齐人输范氏粟，郑子姚、子般送之。士吉射逆之，赵鞅御之，遇于戚。阳虎曰："吾车少，以兵车之旆罕，驷兵车先陈。罕、驷自后随而从之，彼见吾貌，必有惧心，于是乎会之，必大败之。"从之。卜战，龟焦。乐丁曰："诗曰：'爰始爰谋，爰契我龟。'谋协，以故兆询可也。"及战于铁，郑师败绩。

《四年》：夏，楚人既克夷虎，蛮子赤奔晋阴地。使谓大夫士蔑曰"晋楚有盟，好恶同之，若将不废，寡君之愿也。不然，将通于少习以听命。"士蔑请诸赵孟，赵孟曰："晋国未宁，安能恶于楚？必速与之！"士蔑乃致九州之戎，将裂田以与蛮子而城之，且将为之卜。蛮子听卜，遂执之。司马致邑立宗焉，以诱其遗民，而尽俘以归。六年秋七月，楚子在城父，将救陈。卜战，不吉；卜退，不吉。王曰：

"然则死也。再败楚师，不如死；弃盟逃仇，亦不如死。死一也，其死仇乎！"命公子申为王，不可；则命公子结，亦不可；则命公子启，五辞而后许。将战，王有疾。庚寅，昭王攻大冥，卒于城父。子闾退，曰："君王舍其子而让，群臣敢忘君乎？从君之命，顺也；立君之子，亦顺也。二顺不可失也。"与子西、子期谋，潜师闭涂，逆越女之子章立之，而后还。是岁也，有云如众赤鸟，夹日以飞三日。楚子使问诸周太史。周太史曰："其当王身乎！若禜之，可移于令尹、司马。"王曰："除腹心之疾，而寘诸股肱，何益？不谷不有大过，天其夭诸？有罪受罚，又焉移之？"遂弗禜。初，昭王有疾，卜曰："河为祟。"王弗祭。大夫请祭诸郊。王曰："三代命祀，祭不越望。江、汉、雎、漳，楚之望也。祸福之至，不是过也。不谷虽不德，河非所获罪也。"遂弗祭。

《九年》：晋赵鞅卜救郑，遇水适火，占诸史赵、史墨、史龟。史龟曰："'是为沈阳，可以兴兵，利以伐姜，不利子商。'伐齐则可，敌宋不吉。"史墨曰："盈，水名也；子，水位也。名位敌，不可干也。炎帝为火师，姜姓其后也。水胜火，伐姜则可。"史赵曰："是谓如川之满，不可游也。郑方有罪，不可救也。救郑则不吉，不知其他。"阳虎以周易筮之，遇泰☷之需☵，曰："宋方吉，不可与也。微子启，帝乙之元子也。宋郑甥舅也。祉，禄也。若帝乙之元子归妹而有吉禄，我安得吉焉？"乃止。

《十年》：夏，赵鞅帅师伐齐，大夫请卜之。赵孟曰："吾卜于此起兵，事不再令，行也！"于是乎取犁及辕，毁高唐之郭，侵及赖而还。

《十六年》：卫侯占梦，嬖人求酒于大叔僖子，不得，与卜人比，而告公曰："君有大臣在西南隅，弗去，惧害。"乃逐大叔遗，遗奔。晋卫侯谓浑良夫曰："吾继先君而不得其器，若之何？"良夫代执火者而言曰："疾与亡君，皆君之子也，召之而择材焉可也。若不材，器可得也。"竖告太子。太子使五人舆豭从己，劫公而强盟之，且请杀良夫。公曰："其盟免三死。"曰："请三之后有罪杀之。"公曰："诺哉！"

《十七年》卫侯梦于北宫，见人登昆吾之观，被发北面而譟曰："登此昆吾之墟，绵绵生之瓜。余为浑良夫，叫天无辜。"公亲筮之，胥弥赦占之，曰："不害。"与之邑，置之而逃，奔宋。卫侯贞卜，其繇曰："如鱼窥尾，衡流而方羊。裔焉大国，灭之，将亡。阖门塞窦，乃自后逾。"冬十月，晋复伐卫，入其郛，将入城。简子曰："止！叔向有言曰：'怙乱灭国者无后。'"卫人出庄公而与晋平。晋立襄公之孙般师而还。十一月，卫侯自鄄入，般师出。初，公登城以望，见戎州，问之，以告，公曰："我姬姓也，何戎之有焉？"翦之，公使匠久。公欲逐石圃，未及而难作。辛巳，石圃因匠氏攻公。公阖门而请，弗许。逾于北方而队，折股。戎州人攻之，太子疾，公子青逾从公，戎州人杀之。公入于戎州巳氏。初，公自城上见巳氏之妻发美，使髡之，以为吕姜。既人焉，而示之璧。曰："活我，吾与汝璧。"巳氏曰："杀汝，璧其焉往？"遂杀之，而取其璧。卫人复公孙般师而立之。十二月。齐人伐卫，卫人请平，立公子起，执般师以归，舍诸潞。

《二十三年》：夏六月，晋荀瑶伐齐，高无丕帅师御之。知伯视齐师，马骇，遂驱之，曰："齐人知余旗，其谓余畏而反也。"及垒而还。将战，长武子请卜。知伯曰："君告于天子，而卜之以守龟于宗祧，吉矣，吾又何卜焉？且齐人取我英丘，君命瑶，非敢耀武也，治英丘也。以辞伐罪足矣，何必卜？"壬辰，战于犁丘，齐师败绩。知伯亲擒颜庚。

《卜记》：樗蒲卜者，老子人西戎，造樗蒲。樗蒲者，五木也，或云胡人亦为樗蒲卜。

《孔子家语》：孔子常自筮其卦，得贲焉，愀然有不平之状。子张进曰："师闻卜者得贲卦，吉也，而夫子之色有不平，何也？"孔子对曰："以其离耶。在《周易》，山下有火谓之贲，非正色之卦也。夫质也，黑白宜正焉。今得贲，非吾之兆也。吾闻丹漆不文，白玉不雕，何也？质有余不受饰故也。"

《论衡》：鲁将伐越，筮之，得鼎折足。子贡占之，以为凶，何则？鼎而折足，行用足，故谓之凶。孔子占之，以为吉，曰："越人水居行用舟不用足，故谓之吉。"鲁伐越，果克之。

《说苑》：孔子问漆雕马人曰："子事臧文仲、武仲、孺子容三大夫，孰为贤？"马人对曰："臧文氏家有龟焉，名曰蔡。文仲立三年，为一兆焉。武仲立三年，为二兆焉。孺子容立三年，为三兆焉。马人见之矣。若夫三大夫之贤不贤，马人不识也。"孔子曰："君子哉！漆雕氏之子，其言人之美也，隐而显；其言人之过也，微而著。故智不能及明，不能见得无数卜乎！"

《诚斋杂记》：孔子使子贡，久而不来，孔子命弟子占之，遇鼎，皆言无足不来。颜回掩口而笑。子曰："回也哂，谓赐来乎？"对曰："无足者，乘舟而至也。"

果然。

《战国策》：赵取周之祭地，周君患之，告于郑朝。郑朝曰："君勿患也，臣请以三十金复取之。"周君与之，郑朝献之赵太卜，因告以祭地事。及王病，使卜之。太卜谴之曰："周之祭地为祟。"赵乃还之。

《吴越春秋》：楚平王遣使者，驾驷马，封函印绶，往许，召子尚子胥，令曰："贺二子，父奢以忠信慈仁，去难就免，平王内惭，囚系忠臣，外愧诸侯之耻，反进奢为国相，封二子为侯，尚赐鸿都侯胥赐盖侯。相去不远，三百余里。奢久囚系忧，思二子，故遣臣来，奉进印绶。"尚曰："父系三年，中心忉怛，食不甘味，尝苦饥渴，昼夜感思，忧父不活，唯父获免，何敢贪印绶哉？"使者曰："父囚三年，王今幸赦，无以赏赐。封二子为侯，一言当至，何所陈哉！"尚乃入报子胥，曰："父幸免死，二子为侯，使者在门，兼封印绶汝，可见使。"子胥曰："尚且安坐，为兄卦之。今日甲子时，加于巳支伤日，下气不相受，君欺其臣，父欺其子，今往方死，何侯之有？"尚曰："岂贪于侯？思见父耳。一面而别，虽死而生。"子胥曰："尚且无往，父当我活。楚畏我勇，势不敢杀兄。若误往，必死不脱。"尚曰："父子之爱，恩从中出，侥幸相见，以自济达。"于是子胥叹曰："与父俱诛，何明于世？冤仇不除，耻辱日大。尚从是往，我从是决。"

《太平御览》：邹忌与田忌素不相善。公孙闵谓邹忌曰："何不诈令人操千金卜于市，曰我田忌之人也，吾尝三战而三胜，声威震天下，欲为大事，亦吉乎？卜者出，因令人捕焉。卜者验其辞于王之所。"邹忌从之，田忌惧，无以自白，遂率其徒攻临淄，欲杀邹忌，不胜，而田忌乃奔。

《陶朱公书》：正月上旬，称水，卜十二月之水旱，初一日起，用一瓦瓶，每朝取水，称之重则雨多，轻则雨少。初一占正月，初二占二月。余仿此。

《卜记》：苏秦事鬼谷子，学终辞归，道乏困行，以燕人蠡卜传说自给。

《太平御览》：秦二世梦白虎啮其左骖，杀之，心恶怪之，卜之泾水为祟。

《史记·吕后本纪》：八年三月中，吕后祓还，过轵道，见物如苍犬，据高氏掖，忽弗复见。卜之云："赵王如意为祟。"高后遂病掖伤。

《孝文帝本纪》：高后八年，后崩。吕产等欲为乱，大臣共诛之。丞相陈平、太尉周勃等使人迎代王。代王报太后计之，犹豫未定。卜之龟，卦兆得大横。占曰："大横庚庚，余为天王，夏启以光。"代王曰："寡人固已为王矣，又何王？"卜人曰："所谓天王者乃天子。"于是代王乃遣太后弟薄昭往见绛侯，绛侯等具为昭言所以迎立王意。薄昭还报曰："信矣，毋可疑者。"

《外戚世家》：窦太后，赵之清河观津人也。吕太后时，窦姬以良家子入宫侍太后。太后出宫人以赐诸王，各五人，窦姬在行中。至代，代王独幸窦姬，生女嫖，后生两男。代王王后生四男。代王未立为帝王后卒。王后所生四男更病死。孝文帝立，公卿请立太子，而窦姬长男最长，立为太子。立窦姬为皇后，女嫖为长公主。少子武为代王，已为梁孝王。窦皇后兄窦长君，弟曰窦广国，字少君。少君年四五岁时，家贫为人所略卖，其家不知其处。传十余家，至宜阳，为其主人山作炭，寒卧岸下百余人，岸崩，尽压杀卧者，少君独得脱，不死。自卜数日当为侯，徙其家之长安。闻窦皇后新立，家在观津，姓窦氏，广国去时虽小，识其县名及姓，又常与其姊采桑堕，用为信符，上书自陈。窦皇后言之于文帝，召见，问之，具言其故。果是。又复问他何以为验？对曰："姊去我西时，与我决于传舍中，丐沐沐我，请食饭我，乃去。"于是窦后持之而泣，泣涕交积下。侍御左右皆伏地泣，助皇后悲哀。乃厚赐田宅金钱，封公昆弟，家于长安。

王太后，槐里人，母曰臧儿，臧儿者，故燕王臧荼孙也。臧儿嫁为槐里王仲妻，生男曰信，与两女。而仲死，臧儿更嫁长陵田氏，生男蚡、胜。臧儿长女嫁为金王孙妇，生一女矣，而臧儿卜筮之，曰两女皆当贵。因欲奇两女，乃夺金氏。金氏怒，不肯予决。乃内之太子宫。太子幸爱之，生三女一男。男方在身时，王美人梦日入其怀。以告太子，太子曰："此贵征也。"未生而孝文帝崩，孝景帝即位，王夫人生男。

《武帝本纪》：元封时，既灭南越，越人勇之，乃言"越人俗信鬼，而其祠皆见鬼，数有效。昔东瓯王敬鬼，寿百六十岁。后世谩怠，故衰耗。"乃令越巫立越祝祠，安台无坛，亦祠天神上帝百鬼而以鸡卜。上信之，越祠鸡卜。始用焉。

《汉书·张禹传》：禹，字子文，河内轵人也，至禹父徙家莲勺。禹为儿，数随家至市，喜观于卜相者前。久之，颇晓其别蓍布卦意，时从旁言。卜者爱之，又奇其面貌，谓禹父："是儿多知，可令学经。"及禹壮，至长安学，从沛郡施雠受《易》，琅邪王阳、胶东庸生问《论语》，既皆明习，有徒众，举为郡文学。

《王莽传》：地皇四年，莽卫将军王涉与国师公刘歆谋劫莽，事泄，自杀。后日殿中钩盾土山，仙人掌旁，有白头公青衣郎吏见者，私谓之国师公。衍公侯喜素善卦，莽使筮之，曰："忧兵火。"莽曰："小儿安得此左道？是迺予之皇祖叔父子侨欲来迎我也。"其秋，城中少年烧作室门军人攻，杀莽于渐台。

《西京杂记》：八月四日，竹下围棋卜胜者，终年有福，不胜者有疾。

《后汉书·光武本纪》：论皇考南顿君，初为济阳令，建平元年十二月甲子生光武于县舍，有赤光照室中，钦异焉，使卜者王长占之。长辟左右，曰："此兆吉，不可言。"

《马皇后纪》：明德马皇后，伏波将军援之小女也。后尝久疾，太夫人令筮之。筮者曰："此女虽有患状而当大贵，兆不可言。"援征五溪蛮卒，从兄严以求进女掖庭，由是选入太子宫。时年十三。永平三年，立为皇后。

《东观汉记》：沛献王辅善京氏易，永平五年，京师少雨，上向云台自作卦，以《周易林》占之。其疏曰："蚁封穴户，大雨将至。"上以问辅。辅上书："蹇艮下坎，上艮为山，坎为水，山出云，为雨。蚁穴居之，雨将至，故以蚁为兴。"

《后汉书·梁皇后纪》：顺烈梁皇后，大将军商之女也。永建三年，与姑俱选人掖庭，时年十二。太史筮之，得坤之比，遂以为贵人。阳嘉元年，立为皇后。

《彭宠传》：宠反自立为燕王，卜筮者言："兵当从中起。"后宠苍头子密等，因宠卧寐缚宠，又以宠命呼其妻，即斩宠及妻头驰诣阙。

《蔡中郎集》：汉蔡邕，贞节先生。《范史云碑》有云："性多检括，不治产业，以为卜筮之术。得因吉凶，道治民情，以受薄赏。且无咎累，乃鬻卦于梁宋之域。好事者觉之，应时辄去。"

应劭《风欲通义》：巫俗击瓦，观其文理分析定吉凶，曰瓦卜。

《三国志·杨仪传》：仪随亮出屯谷口，亮卒于敌场，仪既领军还，又诛讨延，自以为功勋至大，宜当代亮秉政。呼都尉赵正以《周易》筮之，卦得家人，默然不悦。

《陆凯传》：凯字敬风，吴郡吴人也。丞相逊族子也。黄武初为末兴诸暨长，所在有治迹，拜建武都尉领兵，虽统军众，手不释书，好《太元论》，演其意，以筮辄验。

《董卓传注》：《魏书》曰：牛辅恇怯失守不能自安，常把辟兵符以铁锧致其旁，欲以自强。见客先使相者相之，知有反气与不，又筮知吉凶，然后乃见之。中郎将董越来就辅。辅使筮之，得兑下离上，筮者曰："火胜金，外谋内之卦也。"即时杀越。《献帝记》云：筮人常为越所鞭，故因此以报之。

《太平清话》：吴宝鼎中，分会稽立东阳郡，谷水东迳独松，故冢下冢为水毁，其砖文：筮言吉，龟言凶，百年堕水中。又浙江有琵琶圻，圻有古冢，随水甓有隐起，字云：筮吉龟凶，八百年落江中。谢灵运取甓诣京，咸传观焉。其后二事，尽如龟繇，故曰筮短龟长。

《晋书·夫余传》：夫余国若有军事，杀牛祭天，以其蹄占吉凶。蹄解者为凶，合者为吉。

《苻健载记》：京兆杜洪窃据长安，苻健战胜，犹修笺于洪，并送名马珍宝，请至长安。上尊号洪，曰："币重言甘，诱我也。"乃尽召关中之众来拒健，筮之，遇泰之临，健曰："小往大来，吉亨。昔往东而小，今还东而大，吉孰大焉？"是时众星夹河西流，占者以为百姓还西之象，健遂进军。次赤水遣雄略地，渭北又败。张先于阴槃擒之，诸城尽陷，三辅略定，健引兵至长安，洪奔司竹，健入而都之。

《张轨传》：轨为散骑常侍征西军司，轨以时方多难，阴图据河西筮之，遇泰之观，乃投策，喜曰："霸者兆也。"于是求为凉州。

《颜含传》：郭璞尝遇含，欲为之筮。舍曰："年在天位，在人修己而天不与者，命也；守道而人不知者，性也。自有性命，无劳蓍龟。"

《孝武文李太后传》：后讳陵容，本出微贱。始简文帝为会稽王，有三子，俱天。自道生废黜，献王早世，其后诸姬绝孕将十年。帝令卜者扈谦筮之，曰："后房中有一女，当育二贵男，其一终盛晋室。"时徐贵人生新安公主，以德美见宠。帝常翼之有娠，而弥年无子。会有道士许迈者，朝臣时望多称其得道。帝从容问焉，答曰："迈是好山水人，本无道术，斯事岂所能判！但殿下德厚庆深，宜隆奕世之绪，当从扈谦之言，以存广接之道。"帝然之，更加采纳。又数年无子。乃令善相者召诸爱妾而示之，皆云非其人，又悉以诸婢媵示焉。时后为宫人，在织坊中，形长而色黑，宫人皆谓之崑仑。既至，相者惊云："此其人也。"帝以大计，如之侍寝。后数梦两龙枕膝，日月入怀，意以为吉祥，向侪类说之，帝闻而异焉，遂生孝武帝及会稽文孝王，鄱阳长公主。

《海西公本纪》：初桓温有不臣之志，欲先立功河朔，以收时望。及枋头之败，威名顿挫，遂潜谋废立，以长威权。然惮帝守道，恐招时议。以宫闱重閟，床笫易诬，乃言帝为阉，遂行废辱。初，帝平生每以为虑，尝召术人扈谦筮之。卦成，答

曰："晋室有磐石之固，陛下有出宫之象。"竟如其言。

《搜神后记》：王文献曾令郭璞筮己一年吉凶。璞曰："当有小不吉利，可取广州二大罂，盛水置床帐二角，名曰镜好以压之。至某时撤罂，去水，如此其灾可消。"至日忘之，寻失铜镜，不知所在。后撤去水，乃见所失镜在于罂中。罂口数寸，镜大尺余。王公复令璞筮镜罂之意。璞云："撤罂违期，故致此妖。邪魅所为，无他故也。使烧车辖而镜立出。"

《洞林占》：岁在甲子正月中，丞相扬州令余卦安危诸事如何，得咸之井。案卦，东北郡县有以武名地，当有铜铎六枚，一枚有龙虎象异样。兑为金，金有口舌，来达号令者，铜锋也。山陵神气出此，则丞相创以令天下见，在丑地，则金墓也。起之以卦，为推立之应。晋陵武进县也。又当犬与猪交者，狗变入居中，鬼与相连，其事审也。戌亥世应，土胜水，二物相交象，吾和合为一体，此丞相雄有江东也。民当以水妖相惊，岁在水位，水爻复变成坎，当出大水之象，以此知其灵应。巽木成言，果又妖生二月，变为鬼。戌土所克，果无他水，乃金子来扶其母，是亦丞相将兴之象也。西南郡县有阳名者，井水当自沸。卦变入井内，丙午变而犯升阳，故知井涌也。于分野应在历阳，虎来人州城市兑者，虎出山而入门阙，正月戌为天煞，即刺史宅虎，属寅与月并而来，此大人将兴之应东方，当有蟹鼠为灾，必食稻稼。有离体，眼相连之象。艮为鼠，又煞阴在子，子亦鼠，而岁子来寅卯，故知东方有灾。又当以鹅应翔为瑞鹅，有象乌而为征，以应象出其相，其应将登其祚也。其年晋陵郡武进县，民陈龙果于田中，得铜铎六枚，言六者用坎数也。铜者，咸本家兑故也，口有龙虎文，又得者，名龙，益审陈土性金之用进者，乃生金也。丹徒县流民赵子康家有狗，与吴人猪相交，其年六月，天连雨，百姓相惊。妖言云："当有十丈水。"翕然骇动，无几自静。又众人传言延陵大陂中有龙生草蓐，复数里竟不知其信否。其明年丑岁九月中，吴兴临安县民陈嘉亲得石瑞，此祥气之应也。六月十五己未，日未时，历阳县中井水沸涌，经日乃止。阴阳相感，各以其类，亦是金水之应也。六月晦日，虎来州城，浴井中，见觉便去。其秋冬吴诸郡皆有蟹鼠为灾。鼠为子，子水蟹，亦水物，皆金之子。晋主初登祚，五日有群鹅之应，此论一岁异事，略举一卦之意，唯不得腊中行刑，有血逆之变，将推之不精，亦自无征，不登于卦乎！死者，晋陵令淳于伯也。

摄提之岁，晋王将即祚，太岁在寅，为摄提格，余自通，占国家征瑞之事，得豫之暌。案卦论之，曰："会稽郡当出钟，以告成功王者。功成作乐，会稽晋王初所封国，又会稽山，灵祥之所兴也，神出于家井者，天子爻并知此实王者受命之事也。上有铭勒坤为文章与天子爻，并故知晋王受命之事准，此应在民间井池中得之钟，出于民家井中者，以象晋王出家而王也。金以水为子，子相扶而生此，即家之祥征事也，由应所谓先王作乐，崇德殷荐之上帝，言王者祭天，以告成功，亦安乐无事也。"其后岁在执徐，会稽郡剡县陈青井中得一钟，长七寸四分，口径四寸半，器虽小，形制甚精，上有古文奇书十八字，时人莫之能识，盖王者践祚，必有荐符塞天下之心，与神物契合，然后可受命观铎启号于晋陵。钟造成于会稽，端不失类，皆出以方天人合际，不可不察也。

余乡里曾遭危难，因之灾疠寇戎并至，百姓遑遑，靡知所投。时姑涉易义，颇晓分蓍，遂寻思贞筮钩求攸济。于是普卜郡内县道可以逃死之处者，皆遇明夷之象，乃投策喟然叹曰："嗟乎！黔黎时漂异类，桑梓之邦，其为鱼乎？"于是潜命姻妮密交，得数十家，与共流遁，当由吴坂，遇贼据之，乃却回，从蒲坂而之河北。时草贼刘石又招集群贼，专为掠害，势不可过于是。同行君子，皆欲假道取便，又未审所之，乃令吾决其去留。卦遇同人之革，其林曰朱雀西北，白虎东起，离为朱雀，兑为白虎。言火能销金之义，奸猾衔璧，敌人束手，兑为口乾为玉。玉在口中，故曰衔璧。占行得此，是谓无咎。余初为占，尚未能取定，众不见从，却退猗氏县。而贼遂至。诸人遑窘，方计旧之从此至河北，有一间迳名焦丘，不通车乘，唯可轻步，极险难过，捕奸之薮，然势危理，迫不可得。停复自筮之如何得，随之升，其《林》曰：虎在山石，马过其左，兑虎震马互艮，山石驳为功曹，猾为主者，驳猾能伏虎，垂耳而潜，不敢来下，爰升虚邑，遂释。魏野随时制行卦义也，升贼不来，知无寇当魏，则河北亦荒败，便以《林》义通示行人，说欲从此道之意，咸失色丧气，无有赞者。或云《林》迨误人，不可轻信。吾知众人阻贰，乃更申命。候一月，契以祸机约十余家，即涉此迳诣河北。后贼果攻猗氏，合城覆没，靡有遗育，昌邑不静。复南过颍，由脉头口渡去三十里所，传高贼屯驻，栅断渡处以要。流人时数百，家车千乘，不敢前，令余占，可决得泰。欣然语众曰："君类避难而得拔茅汇征之卦，且泰者通也，吉又何疑？"吾为前驱，从者数十家。至贼界，贼已去，余皆回避。槼津渡为贼所劫，仅得在，悔不取余卦。至淮南安丰县，诸人缅然怀悲咸有归志，令余卦决之。卜住安丰得，既济，其林曰："小狐迄济，

垂尾累衰。初虽偷安，终靡所依。”案卦言之秋吉春悲，卜诣寿春得否。其林曰：“乾坤蔽塞。道消散，虎刑挟鬼法凶乱。乱则何时。时建寅，僵尸交林血流漂。”此占行者入涂炭。卜诣松滋，不吉；卜诣合淝，又不吉；卜诣阳泉，得小过之坤。其林曰：“小过之坤卦不奇，虽有旺气变阳离。初见勾陈被牵羁，暂过则可羁不宜。将见劫追事几危，赖有龙德终无疵。”于是诸计不可伴，人悉散，乃独往阳泉会，寿春有事，周馥反为阳泉，群凶所迫，登时惶虑，卒无所至，乃至庐江。其春三月，诸家住安丰者，为贼所得，所谓春悲也。松滋合淝残夷更相攻，人无有全者。

义兴郡丞仍叔宝，得伤寒疾，积日危困，令卦得遯之姤，其林曰：“卦象出墓气家囚，变身见绝鬼潜游。爻墓冲刑鬼煞俱，卜病得此归蒿丘。谁能救之坤上牛，若依子色吉之尤。”案林即求白牛，而庐江荒僻，卒索不得。即日有大牛从西南来诣，途中仍留一宿，主人乃知过将去。去之后，复寻挽断纲，来临叔宝。叔宝惊愕起病，得愈也。此即救御潜应感而遂通。

丞相掾桓茂伦嫂病，困虑不能济，令余卦得贲之豫。其林曰：“时阴在初卦失度，杀阴为刑鬼，入墓建未之月，难得度消息，卦爻为扶助。冯马之师，乃寡妪，自然奇救，宜飧兔子。若恤之得守故，卜时四月降阴，在初而见阳爻，此为失度。四月杀阴在申，申为木鬼与杀阴，并又身为卯，变入乙未。未是木墓，马午为火，冯亦马，申是杀阴，以火性消之巽，为寡妇。兔属卯，飧兔谓破墓出身。”茂伦归求得兔，令嫂食之，便心痛不可忍，于是病愈。

东中郎参军景绪病，经年不瘥，在丹徒遣其弟景岐来卦。六月癸酉，日得临，其林曰：“卯与身世并而扶天医。”案卦病法，当食兔，乃瘥。弟归捕获一头，食之果瘥。

扬州从事弘泰言家时坐，有众客曰：“家适有祥，试为卦。”即为卜之，遇豫之解。其林曰：“有釜之象无火形，变见夜光连月精。潜龙在中不游行。”案卦卜之藻盘鸣金，妖所凭无咎庆。藻盘非鸣，或有鸣者，其家至今无他。弘泰乃大骇，云前夜月出盥盘，忽鸣，中有盘龙象也。

《晋书·王导传》：初，导渡淮，使郭璞筮之。卦成，璞曰：“吉无不利。”淮水绝，王氏灭其后，子孙繁衍，竟如璞言。

《卜记》：彪卜者，彪知冲破，又能画地，卜今人有画物上下者，惟其奇偶，谓之彪卜。

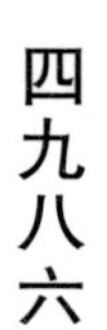

十二棋卜者，出自张文成，受法于黄石公。行师用兵，万不失一。逮至东方朔密以占众事，自此以后，秘而不传。晋宁康初，襄成寺法味道人忽见一老翁着黄皮衣，竹筒盛此书以授。法味无何失所在，遂复流于世。

《搜神后记》晋中兴，初，郭璞每自为卦，知其凶，终尝行经。建康栅塘，逢一趋步少年，甚寒，牵住，脱丝布袍与之。其人辞不受。璞曰："但取后，当自知其人。"受而去。及当死，果此人行刑，傍人皆为求属。璞曰："我托之久矣。此人为之。"歔欷哽咽。行刑既毕，此人乃说。

《太平御览》：弦超为神女所降，论者以为神仙，或以为鬼魅。著作郎干宝以《周易》筮之，遇颐之益，以示同僚。郭璞曰："颐贞吉正以养身，雷动山下气性，唯心变而之益，延寿永年。龙乘御风，乃升于天，此仙人之卦也。"

《太平清话》：太元中，起太极殿，谢安欲使王献之题榜，而难言之。因说魏韦仲将悬虚橙，书凌云台额。郭璞卜筮云："二百一十年，此殿为奴所坏。"后梁武帝毁之，舍身为奴。

《魏书·公孙表传》：表子质，字元直，有经义，颇属文。初为中书学生，稍迁博士。世祖征凉州，留宜都王穆寿辅。恭宗时，蠕蠕乘虚犯塞，候骑至于京师，京师大震，寿雅信任质，以为谋主。质性好卜筮，卜筮者咸云寇必不来，故不设备。由质几致败国。

《乐平王丕传》：丕之薨及日者，董道秀之死也。高允遂著《筮论》，曰："昔明元末起白台，其高二十余丈。乐平王尝梦登其上，四望无所见。王以问日者，董道秀筮之，曰：'大吉。'王默而有喜色。后事发，王遂忧死，而道秀弃市。道秀若推六爻以对王曰：'易称亢龙有悔穷，高曰亢，高而无民，不为善也。'夫如是，则上宁于玉下保于己，福禄方至，岂有祸哉！今舍于本而从其末，咎衅之至，不亦宜乎！"

《关氏易传》：同州刺史王彦，问于关子曰："夫治乱损益，各以数至，苟推其道，百世可知。彦不佞，愿假先生之筮，一以决之。"关子曰："占算幽微至诚，一虑多则有惑。请命蓍卦以百年为断。"既而揲蓍布卦，得夬之革，舍蓍而叹曰："当今大运，不过二再传尔。从今甲申二十四年戊申，天下当大乱，而祸始宫掖，有蕃臣柄政。世伏其强，若用之以道，则桓文之举也。如不以道臣，主俱屠地也。"彦曰："其人安出子？"曰："参代之墟，有异气焉。若出其在并之郊乎？"彦曰："此

人不振苍生，何属？”子曰：“当有二雄举而中原分。”彦曰：“各能成乎？”子曰：“我隙彼动，能无成乎？若无大贤扶之，恐皆不能成名。”彦曰：“请刻其岁。”子曰：“始于甲寅卒于庚子，天之数也。”彦曰：“何国先亡？”子曰：“不战德而诈权则旧者先亡。”彦曰：“其后何如？”子曰：“辛丑之岁，当有恭俭之主起布衣，而并六合。”彦曰：“其东南乎？”子曰：“必在西北。夫平大乱未可以文治，必须以武定。且北用武之国也，且东南之俗其弊也。剽西北之俗，其兴也勃。况东南中国之旧主也，中国之废久矣。天之所废，孰能兴之？”彦曰：“东南之岁可刻乎？”子曰：“东南不出，运历三百，大贤大圣，不可卒遇，能终其运，所幸多矣。且辛丑之岁，明王当兴定天下者，不出九载。己酉，江东其危乎？”彦曰：“明王既兴，其道若何？”子曰：“设斯人有始有卒，五帝三王之化复矣。若无三五之道，则必终之以骄。加之以亢晚节末路，有桀纣之主出焉，天下复乱。夫先王之道坠地久矣，改张易调，其兴实难，苛化虐政，其穷必酷，故曰‘大军之后，必有凶年；积乱之后，必有凶主。’理当然也。”彦曰：“先王之道竟亡乎？”子曰：“何谓能亡也？夫明主久旷，必有达者兴焉。而能行其典礼，此三才五常所由系也。孔子曰‘文不在兹乎。’此王道不能亡也。”彦曰：“请推其数。”子曰“乾坤之策，阴阳之数，推而行之，不过三百六十六，引而伸之，不过三百八十四，终则有始天之道也。噫！朗闻之先圣，与卦象相契。自魏以降，天下无真主，故黄初元年庚子至今，八十四载，更八十二年丙午，三百六十六矣。当有达者生焉。更十八年甲子，当有王者合焉。用之，则王道振不用，则洙泗之教修矣。”彦曰：“其人安出？”子曰：“唐晋之郊乎？昔殷后不王而仲尼生周，周后不王，斯人生晋生周者，周公之余烈也。生晋者，陶唐之遗风乎？天地之数，宜契自然。”彦曰：“此后何如？”子曰：“始于甲申止于甲子，正百年矣，过此未之或知也。”

《宋书·蔡兴宗传》：兴宗为郢州府参军，彭城颜敬以式卜曰：“亥年当作公官，有大字者不可受也。”及有开府之授，而太岁在亥，果薨于光禄大夫之号焉。

《异苑》：元嘉四年五月三日，会稽余姚钱佑夜出屋后，为虎所取。十八日乃自还，说虎初取之时，至一宫府，入重门，见一人凭几而坐，形貌伟壮，左右侍者三十余人，谓曰：“吾欲使汝知术数之法，故令虎迎汝。汝无惧也。”留十五昼夜，语诸要术，尽教道之方。佑受法毕，便遣令还，而不知道即使人送出门，乃见归路，既得还家，大知占卜无幽不验，经年乃卒。

元嘉九年二月二十四日，长山张舒奄见一人着朱衣平上帻，手捉青柄马鞭，云：“如汝可教，便随我去。”见素丝绳系长梯来下，舒上梯，乃造大城，绮堂洞室，地如黄金。有一人长大不巾帻，独坐绛纱帐中，语舒曰：“主者误取汝，赐汝秘术，卜占勿贪钱贿。”舒亦不觉受之。

北海任诩，字彦期，从军十年乃归。临还，握粟出，卜师云：“非屋莫宿，非食时莫沐。”诩结伴数十共行，暮遇雷雨，不可蒙冒，相与庇于崖下。窃意非屋莫宿，戒遂负担栉沐，岩崩压，停者悉死。至家，妇人先与外人通情，谋共杀之，请以湿发为识。妇宵则劝诩令沐。复忆非食时莫沐之，忌，收发而止。妇惭愧负作，乃自沐焉，散发同寝。通者夜来，不知妇人也，斩首而去。

《南齐书·刘休传》：太始初，诸州反，休筮明帝当胜，静处不预异谋。数年还，投吴喜，为辅师府录事参军。喜称其才，进之明帝，得在左右。板桂阳王征北参军，帝颇有好尚，尤嗜饮食。休多艺，能爰及鼎味，问无不解。后宫孕者，帝使筮，其男女，无不如占。

《荀伯玉传》：伯玉为太祖冠军刑狱参军。太祖为明帝所疑，及征为黄门郎，深怀忧虑。伯玉劝太祖遣数十骑入虏界，安置标榜，于是虏游骑数百履行界上。太祖以闻，犹惧不得留，令伯玉卜。伯玉断卦不成行，而明帝诏，果复太祖本任，由是见亲待。

《梁书·邓元起传》夏侯道迁以南郑叛，元起都督诸军将救汉中。魏已攻陷两晋寿，渊藻将至，元起颇营还装。渊藻入城，甚怨望，因表其逗遛不忧军事，付州狱，自缢。元起之至巴东，闻蜀乱，使蒋光济筮之，遇蹇，喟然叹曰：“吾岂邓艾而及此乎!”后果如筮。

《阮孝绪传》：时有善筮者张有道，谓孝绪曰：“见子隐迹而心难明，自非考之龟蓍，无以验也。”及布卦，既揲五爻，曰：“此将为咸，应感之法，非嘉遁之兆。”孝绪曰：“安知后爻不为上九?”果成遁卦。有道叹曰：“此谓‘肥遁无不利。’象实应德，心迹并也。”孝绪曰：“虽获遁卦，而上九爻不发，升遐之道，便当高谢许生。”乃著《高隐传》，上自炎、黄，终于天监之末，斟酌分为三品，凡若干卷。又著《论》云：“夫至道之本，贵在无为；圣人之迹，存乎拯弊。弊拯由迹，迹用有乖于本，本既无为，为非道之至。然不垂其迹，则世无以平；不究其本，则道实交丧。丘、旦将存其迹，故宜权晦其本；老、庄但明其本，亦宜深抑其

迹。迹既可抑，数子所以有余，本方见晦，尼丘是故不足。非得一之士，阙彼明智；体之二徒，独怀鉴识。然圣已极照，反创其迹，贤未居宗，更言其本。良由迹须拯世，非圣不能；本实明理，在贤可照。若能体兹本迹，悟彼抑扬，则孔、庄之意，其过半矣。"

《南史》：梁大同中，同泰寺灾，帝召太史令虞履筮之，遇坤之，履曰："无害。其繇云：西南得朋，东北丧朋，安贞吉文。言云东北丧朋，乃终有庆。"帝曰："斯魔也。酉应见卯，金来克木，卯为阴贼，鬼而带贼，非魔而何。"

《梁四公记》：梁天监中，有蜀闯䶂杰、䵢䵳、仉晵四公谒武帝，帝见之，甚悦，因命沈隐侯约作覆，将与百僚共射之。时太史适获一鼠，约匣而缄之，以献帝。筮之，遇蹇之噬嗑，帝占成，君臣受命献卦者八人，有命待成，俱出。帝占寘诸青蒲申，命闯公揲蓍，对曰："圣人布卦，依象辨物，何取异之，请从。"帝命卦。时八月庚子日巳时，闯公举帝卦撰占，置于青蒲，而退读。帝占曰："先蹇后噬嗑，是其时内艮外坎，是其象坎为盗其鼠也。居蹇之时，动而见噬嗑，其拘系矣。噬嗑六爻四无咎，一利艰贞，非盗之事，上九荷校灭耳。凶是因盗获戾，必死鼠也。"君臣蹈舞呼万岁。帝自矜，其中颇有喜色。次读八臣占词，皆无中者。未启，闯公占曰："时日王相必生鼠矣。且阴阳晦而入文明，从静止而之震动，失其性必就擒矣。金盛之月，制之必金子，为鼠辰与艮合体，坎为盗，又为隐伏。隐伏为盗，是必生鼠也。金数于四，其鼠必四。离为文明，南方之卦日中则昃，况阴类乎？晋之繇曰：死如弃如，寔其事也。日敛必死，既见生鼠，百僚失色，而尤闯公日占辞有四，今者唯一何也？"公曰："请剖之，帝性不好杀，自恨不中至日昃，鼠且死矣。"因令剖之，果妊三子。

《太平御览》：梁武昌太守朱买臣闻元帝议迁都，入劝。梁主云："建业旧都，茔陵攸在，荆镇边疆，非王者宅，愿陛下勿疑，致后悔也。臣家在荆州，岂不愿陛下去，但恐是臣富贵，非陛下富贵耳。"乃召卜者杜景豪决去留。遇兆不吉，答云勿去。景豪退而言曰："此兆为鬼贼所留也。"

《陈书·周文育传》：王劢以文育为文流令，深被委任。劢被代文育，欲与劢俱下，至大庾岭诣卜者。卜者曰："君北下不过作令长，南入则为公侯。"文育曰："足钱便可，谁望公侯？"卜人又曰："君须臾当暴得银至二千两，若不见信，以此为验。其夕宿逆旅，有买人求与文育博。"文育胜之，得银二千两，旦日辞劢。劢问其故。文育以告劢，乃遣之，高祖在高，要闻其还也。大喜，遣人迎之，厚加赏赐，分麾下配焉。

《太平御览》：东魏相齐王澄，以舟师还次于小平津北岸，古冢崩骨，见铭曰：“今卜高原，千秋之后，化为下泉。当逢霸主，必为改迁。”王曰：“古人之卜，何其至也。”令更葬之。

《北齐书·清河王岳传》：岳，太祖从父弟也，家于洛邑。高祖每奉使人洛，必止于岳舍。岳母山氏尝夜见高祖室中有光，密往觇之，乃无灯，即移高祖于别室，如前所见，怪其神异，诣卜者。筮之，遇乾之大有，占之曰：“吉。《易》称飞龙在天，大人造也。飞龙九五，大人之卦，贵不可言。”山氏归报高祖。后高祖起兵于信都，山氏闻之大喜，谓岳曰：“赤光之瑞，今当验矣。汝可间行从之，共图大计。”岳遂往信都，高祖见之大悦。

《太平御览》：齐害其废主济南王也，长广王湛惧，高元海为书策，湛不能断，令郑道谦吴遵世等卜以决之。道谦等曰：“不利举事，静则吉。”

初，邺有卖卜者相赵隐，当大贵。及隐自黄门侍郎迁秘书监崔肇师，呼卜者而问已焉，卜者对曰：“公令望虽高，爵位难进。”肇师不悦，终如其言。

《卜记》：竹卜者，《荆楚岁时记》曰：“秋分以牲祀社具，供帐盛于仲春之月。社之余胙，悉贡馈乡里周于族，社余之会，其在兹乎？此其会也，掷筊于社神以占来岁丰歉，或折竹以卜。”《楚辞》曰：“索琼茅以莛篿，人折竹结革以卜。”

《隋书·女国传》：女国在葱岭之南，其国俗事阿修罗神，又有树神。岁初以人祭或用猕猴，祭毕，人山祝之，有一鸟如雌雉来集掌上，破其腹而视之，有粟则年丰，沙石则有灾，谓之鸟卜，开皇六年，遣使朝贡其后，遂绝。

《隋唐佳话》：洛阳南市，即隋之丰都市也。初筑外垣之时，掘得一冢，无砖甓棺，中有平土朱衣。铭云：“筮言居朝，龟言近市，五百年间于斯见矣。”校其年月，当魏黄初二年。

第二十五章　卜筮纪事二

《唐书·太宗文德顺圣皇后传》：后归宁，舅高士廉妾见大马二丈，立后舍外，惧，占之，遇坤之泰。卜者曰：“坤顺承天，载物无疆，马地类也。之泰，是天地交而万物通也。又以辅相天地之宜，繇协归妹，妇人事也，女处尊位，履中而居，顺，后妃象也。”

《王廷凑传》：始廷凑贱微，时邺有道士为卜，得乾之坤，曰：“君将有土及得镇，迎事甚谨。”复问：“寿几何？子孙几何？”答曰：“公三十年后当有二王。”已而廷凑立十三年死，盖廋文也，景崇镕皆王。

《张公谨传》：公谨字弘慎，魏州繁水人。为王世充洧州长史与刺史崔枢挈城归天子，授检校邹州别驾，累迁右武侯长史。未知名，李勣尉迟敬德数启秦王，乃引入府。王将讨隐、巢乱，使十人占之，公谨自外至，投龟于地，曰：“凡卜以定犹豫，决嫌疑。今事无疑，何卜之为？卜而不吉，其可已乎？”王曰：“善。”

《赵弘智传》：弘智客死柳州，官为殓葬，后十七年，子来章始壮，自襄阳往求其丧，不得，野哭。再阅旬，卜人秦憖为筮曰：“金食其墨，而火以贵，其墓直丑，在道之右，南有贵神，冢土是守。宜遇西人，深目而髯，乃得其实。”明日，有老人过其所，问之，得矜墓，直社北，遂归葬弘安墓次。时人哀来章孝，皆为出涕云。

《李纲传》：纲在隋，宦不进，筮之得鼎。筮人曰：“君当为卿辅，然待易姓乃如志。仕不知退，折足为败。”故纲虽显于唐，数称疾辞位云。

《武攸绪传》：攸绪，则天皇后兄，唯良子也。恬淡寡欲，好易庄周书，少变姓名，卖卜长安，市得钱辄委去。

《李氏刊误》：咸亨三年五月，咸阳公主薨于房州。公主高宗同母妹也，初适杜荷。贞观中坐太子，承乾事伏诛，公主再行于薛瓘，将成婚礼。太宗使卜之。卜人曰：“两火俱食始，则同荣末，亦同悴。若昼日行合卺之礼，则终吉。”马周以违礼乱常，不可用也。太宗从之，而后瓘为房刺史，公主随焉，偕没于任，双柩而还苏。冕书之曰："卜验矣。"余曰："违礼而行乱也，双柩而还常也，若云卜验，则是礼可废而卜可遵，岂曰守正依经之道哉!"

《续前定录》：崔相国群之镇徐，尝以崔氏易林自筮，遇乾之大，畜其繇曰："典策法书藏在兰台，虽遭乱溃，独不遇灾。"及经王智兴之变，果除秘书监。

房元龄来买卜成都，日者笑而掩鼻曰："公知名当世，为时贵相，奈无继嗣。"何公怒，时遗直已三岁在侧。日者顾指曰："此儿绝房者此也。"公大怅而还，后皆信然也。

明皇始平祸乱，在宫所与道士冯存澄因射覆得卦曰合因，又得卦曰斩关，又得卦曰铸印乘轩。存澄启谢曰："昔此卦三灵为最善，黄帝胜炎帝，而筮得之所谓合因，斩关，铸印乘轩。始当果断，终得嗣天。"明皇掩其口，曰："止矣，默识之矣。"后即位，应其术焉。

《续定命录》：唐太原王陟贞元初应进士举时，京师有善筮者，号垣下生。陟从筮焉。生卦成，久不复言，义大嗟异谓陟曰："据此卦，郎君后二十三年及第，是岁状头，更两年而生郎君。待此人应举，然后同年及第。某所以讶之。"后累举不第，比张弘靖舍人知举陟及第，榜出，复于礼部南院序列参主司，各通姓名，见首立者，乃韦瓘也。陟忽忆垣下生之言，试问其年，韦答云："某春秋十九年。"陟遽应之曰："先辈所隐祗二年，何不诚如是？且先辈贞元四年生。"瓘矍然。陟乃取垣下生所记示于众，人皆嗟异。

云溪友议《左传》，称筮短龟长，知凶袭吉。《易经》周鲁二圣亦备在典彝。后之学者，随应而述。李相公回以旧名躔，累举未捷，尝至洛桥，有二术士，一能筮，一能龟，乃先访筮者，曰："某欲改名赴举如何？"筮者曰："改名甚善，不改终不成事也。"又访龟者邹生，生曰："君子此行，慎勿易名，名将远布矣。然而成遂之后，二十年间名终当改矣。"今则已应元象，异时方测余言将行。又戒之曰："郎君必策荣名，后当重士接诱，后来勿以白衣为隙，他年必为深衅矣。"淮南从事力荐毕丞相諴，后又举赵渭南嘏李公。长庆二年及第，至武宗登极，与上同名，始改为回。乃叹曰："筮短龟长，邹生之言信矣。李公既为丞郎，永兴魏相公暮为给事"，因省会谓李公曰："昔求府解侍郎为试官，送一百二人，独小生不蒙一解，今日还忝金章厕诸公之列耶？"合坐皆惊此说，欲其逊容。李公曰："如今脱却紫衫，

称魏秀才，仆为试官，依前不送公，公何得以旧事相让耶？”李乃寻秉独坐之权，三台肃畏而升相府，至今少台官之直拜也。后三五年间，魏公亦自同州入相，实继文贞之谏，宣王之代，而致清平。及李相公有九江之除，续有临川之出，跋涉江湖，喟然叹曰：“洛桥先生之诫，吾自取尤然，亦命之故定也。”

《江行杂录》：贾耽精于术数，有一叟失牛，诣桑国师，占师曰：“尔牛在贾相公帽筒中。”叟迎公首诉之，公笑取筒中式盘，据鞍作卦，曰：“尔牛在安国观之门后，大槐鹊巢中。”便往探视，见旁有人系牛，乃获盗牛者。

《摭言》：郑朗相公遇一僧，曰：“郎君位极人臣，然无及第之分。及第即一生厄塞。”既而状元及第，贺客盈门，唯此僧不至。及重试退黜，唁者甚众，此僧独贺曰：“富贵在里，竟如所卜。”

《续齐谐记》：唐崔信明以五月五日正中时生，太史令占曰：“五月为火，火为离，为文采，日正中文之盛也。及长，博文强记，下笔成章，终秦川令。”

《独异志》：唐刘辟初登第，诣卜者葫芦生。筮得一卦，以定官禄。葫芦生双瞽，卜成，谓辟曰：“自此二十年，禄在西南，不得善终。”辟留束素与之，其后脱褐从。韦令公于西川官至御史大夫，为行军司马，既二十年，韦病薨，使辟入奏请益，东川诏未允，辟乃微服单骑，复诣葫芦生筮之，揲蓍成卦，谓辟曰：“吾二十年前，常与一人曾卜得无妄之随，今复得此卦，非曩昔贤乎？”辟即依阿唯诺葫芦生曰：“若审其人祸将至矣。”辟不甚信乃归蜀，果叛。宪宗皇帝擒之，戮于蒿街。

《摭言》：毕诚相公及第，年夜听响卜，久无所闻。俄遇人投骨于地，群犬争趋。又一人曰：“后来者必衔得。”

《续博物志》：山东风俗，遇正月，取五姓女，年十余岁，共卧一榻，覆之以衾，以箕扇之，良久如梦寐。或欲刺文绣，事笔砚，理管弦，俄顷乃寤，谓之扇，天卜以乞巧。

《北户录》：邕州之南有善行术者，取鸡卵墨画祝而煮之，剖为三片，以验其黄，然后决嫌疑定祸福，言如响答，此乃古法也。《神仙传》曰：“人有病，就茅君请福，煮鸡子十枚，以内帐中。”须臾，茅君掷出，中无黄者病多愈，有黄者不愈，常以此为候。愚又见卜者流杂书传虎卜，紫姑卜、牛蹄卜、灼骨卜、鸟卜，虽不法于蓍龟，亦有可称者。

南方逐除夜，及将发船，皆杀鸡择骨为卜，传古法也。卜占即以肉祠，船神呼为孟公孟姥。或又云冥父冥姥。

《唐书·东女国传》：东女风俗，以十一月为正巫者，以十月诣山中，布糟麦呪，呼群鸟。俄有鸟来，如鸡状，剖视之，有谷者岁丰，否即有灾，名曰鸟卜。

《辽史·西夏传》：西夏凡出兵先卜，有四：一炙勃，焦以艾，灼羊胛骨；二擗筭，擗竹于地，以求数，若揲蓍然；三呪羊，其夜牵羊焚香祷之。又焚谷火于野，次晨屠羊，肠胃通则吉，羊心有血则败；四矢击，弦听其声，知胜负及敌至之期。

《宋史·楚昭辅传》：昭辅历枢密使检校太尉。初昭辅来京师，问卜于瞽者刘悟。悟为筮卦，曰："汝遇贵人，见奇表丰下者，即汝主也，宜谨事之，汝当贵矣。"及见太祖，状貌如悟言，遂委质焉。

《南汉·刘氏传》，初，刘龚时尝召司天监周杰筮之，遇复之丰。龚问曰："享年几何？"杰曰："凡二卦皆土，为应土之数，五二五十也，上下各五，将五百五十五乎。"及铱之败，果五十五年，盖杰举成数以避一时之害尔。

《茅亭客话》伪蜀子城西南隅，有道士开卜肆，言人之生平休咎，皆如目睹。伪蜀广政中，进士苏协、杜希言同往访之。道士谓苏曰："秀才明年必成名。"苏未甚信之。道士曰："成固定矣，兼生贵子。"时内馈方孕逼期，因是积以为验。顾杜曰："秀才成何太晚耶？"杜不乐以为妄诞，愠而退。明年春，苏于制诰贾舍人下及第，杜果无成。苏过杏园，醼生一子，即易简也。至礼部侍郎参知政事，杜方悟道士之言，遂再谒之，问名第，虽云晚成，未审禄如何？何年秋终何地？道士曰："秀才勉旃，必成大名。然其事稍异，不能言之。"杜生请之曰："君成事之日，在苏先辈新长之子座下。"杜曰："若保斯言，欲辞福禄得乎？"道士曰："从此以往未之或知也。"其年苏授彭州司法参军，改陆州军事推官。圣朝伐蜀，赴阙累任外官。其子果以状元及第。端拱二年，由翰林学士知举，杜始得成都解南宫奏名登第，授常州军事推官。不禄时，子弟峤游京师，见杜云乡，知唯我友一人，见某老成，遂言老成之始末，故得书之。然死生有命，富贵在天，何道士见之远也。

《宋史·丁度传》：度在经筵岁久，帝每以学士呼之而不名，尝问蓍龟占应之事，乃对卜筮，虽圣人所为，要之一技而已，不若以古之治乱为鉴。

《孙抃传》：抃为侍读学士。帝读《史记·龟策传》，问："古人动作必由此乎？"对曰："古有大疑，既决于己，又询于众，犹谓'不有天命乎'？于是命龟以断吉凶，所谓谋及乃心，谋及卿士，谋及庶人，谋及卜筮。盖圣人贵诚，不专人

谋，默与神契，然后为得也。”帝善其对。

《可谈》：何执中第五微时，从人筮穷达，其人云：“公不第五何？”曰：“然。”其人拊掌大笑，连称奇绝，因云公凡遇五即有喜庆。何以熙宁五年乡荐，余中榜第五人，及第五十五岁随龙，宗宁五年做宰相，每迁官或生子，非五年即五月，或五日，其验如此。

《曲洧旧闻》：《王建集》有《听镜词》，近世人怀杓以听，亦犹是也。又有无所怀而直以耳听之者，谓之响卜，往往而验。曾叔夏尚书应举时，方待省榜，元夕与友生偕出听“响卜”，至御街，有士人缓步，大言诵东坡谢表曰：“弹冠结绶，共欣千载之逢。”曾闻之喜，遂疾行。其友生至则，闻曰：“掩面向隅，不忍一夫之泣。”是岁曾登科，而友生果被黜。

《挥麈后录》：楚俗遇元夕第三夜，多以更阑时微行听人言语，以卜一岁之通塞。

《燕北杂记》：契丹行军不择日，用艾和马粪于白羊琵琶骨上炙，炙破便出，不破，即不出。

《嬾真子》：富，郑公留守西京，日因府园牡丹盛开，召文潞公司马端明楚建中刘凡邵先生同会。是时牡丹一栏凡数百本。坐客曰：“此花有数乎？且请先生筮之。”筮既毕，曰：“凡若干朵。”使人数之，如先生言。又问曰：“此花几时开，尽请再筮之。”先生再三揲蓍，坐客固已疑之，先生沉吟良久曰：“此花命尽来日午时。”坐客皆不信。温公神色尤不佳，但仰视屋。郑公因曰：“来日食后可会于此，以验先生之言。”坐客曰：“诺。”次日，食罢，花尚无恙。洎烹茶之际，忽然群马厩中逸出，与坐客马相蹄啮，奔出花丛中。既定，花尽毁折矣。于是洛中愈伏先生之言。先生家有传易堂，有《皇极经世》集行于世。然先生自得之妙，世不可传矣。闻之于司马文季补。

《癸辛杂识》：湖州卜者牧羊子，识章文庄于未遇时，及仕，再筮，皆不许其得禄，果连丁艰，既而曰：“今可仕矣，且不在外。”遂由掌故，以致两地。又尝语医者李蒉父曰：“君当饮于省中，乡人传以为笑。”后文庄贵常招之胗脉，留与共饭于省阁，因举旧话一笑。

《青箱杂记》：《史记》称四夷各异卜，《汉书》称粤人以鸡卜，信有之矣。元丰中，余任大理断丞，岭南奏案，韦庶为人所杀，疑尸在潭中，求而弗获。庶妻何以锴，就岸爨煮鸡子卜之，呪云：“依来在个泽里，来在别处。”少顷，鸡子熟，剖视，得依。韦全曰：“鸡卵得依，尸在潭里。”果得之，然不知所谓得依者，其兆何如也？又有鸟卜东女国，以十一月为正，至十月，今巫者斋酒肴诣山中散麦，于空大呪呼鸟，俄顷有鸟如雉飞入。巫者怀中即剖其腹视之，有一谷米，岁必登，若有霜雪，则多异灾。又或击一瓦或打杨枝或杓，听旁人之语，亦可以卜吉凶，盖诚之所感，触物皆通，不必专用龟策也。

《宋史·辛弃疾传》：弃疾，字幼安，齐之历城人。少师蔡伯坚，与党怀英同学，号辛党。始筮仕，决以蓍，怀英遇坎，因留事金。弃疾得离，遂决意南归。

《老学庵笔记》：晁以道为明州船场，日日平旦，具衣冠焚香，占一卦。一日有士人访之，坐间，小雨以道语之曰：“某今日占卦，有折足之象，然非某也，客至者当之必验无疑。君宜戒之。”士人辞去，至港口践滑而仆，胫几折，疗治累月乃愈。

《挥麈后录》：伯祖彦辅，以文学政事，扬历中外甚久，元符中为司农卿，哲宗欲擢贰，版曹已有定论。有卖卜瞽者过门，呼而问之，云：“何日可以有喜？”术者云：“目下当动，殊不如意，寿数却未艾，更五年后，作郫里从官。”是时伯祖已为朝议大夫，偶白事相府，言忤章子厚，遂挂冠去国。明年徽庙登极，已而遇八宝恩转中大夫，又以其子升朝迁大中大夫，又数年，年八十一乃终。伯祖名得臣，自号凤台子有，注《和杜少陵诗》《麈史》行于世。

《王氏谈录》：《京氏律历》一卷，虞翻为之解。其书虽存，学者罕究。公从秘府传其书，究习遂通，每屡以占卦，甚效。

易林纪验，宣和末，长庆崔相公任福州日，其时晏清无事，思此圣书虔诚，自卜，得大过卦云：“典册法书，藏在兰台，虽遭乱溃，独不遇灾。”之遯卦辞曰：“坐席未温，忧来扣门。逾墙北走，兵来我后。脱于虎口。”其时卜后，十日州乱。崔相公逾墙而出，家族不损，无事归京，乃知此书贤人所制。初虽难会，后详无不中，节见者，当知所敬重，黄金自贵，未能蒙于此书。

绍兴末，完颜亮入寇，时有人以焦赣《易林》筮，遇解之大壮，其辞曰：“骄胡火形，造恶作凶。无所能成，遂自灭身。”其亲切应验如此，虽天纲淳风不能过也。开辟以来，唯亮可以当之，延寿著书，何以知后世有亮也？其汉焦延寿传《易》于孟喜，行事见《儒林传》中，此其所著书也。费直题其前曰：六十四卦

变。又有唐王俞序所书每卦变六十四，总四千九十六首，皆为韵语，与《左氏传》载“凤凰于飞，和鸣锵锵”，《汉书》所载“大横庚庚，予为天王”之语，绝相类。岂古之卜者有此等书耶？沙随程回记。

《老学庵笔记》：蔡元长当国时，士大夫问轨革，往往画一人戴草而祭，辄指之曰：“此蔡字也，必由其门而进。”及童贯用事，又有画地上奏乐者曰：“土上有音，童字也。”其言亦往往有验。及二人者废，则亦无复占得此卦。绍兴中，秦桧之专国柄，又多画三人各持禾一束，则又指之，曰：“秦字也。”其言亦颇验。及秦氏既废，亦无复占得此卦矣。若以为妄，则绍兴中如黑象辈畜书数百册，对人捡之。予亲见其有三人持禾者在其间，亦未易测也。

《齐东野语》：绍兴末有韩慥者，卖卜于临安之三桥，多奇中。庚辰春，曾侍郎仲躬吕太史伯恭至其肆，则先一人在焉。问其姓，宗子也。次第诸命，首言赵可至郡守，却多贵子不达者，亦乡郎。次及曾则曰：“命甚佳，有家世，有文学，有政事，亦有官职。只欠一事，终身无科第。”次至吕，问何干，至此吕曰：“赴试。”曰：“去年不合发解，今安得省试？”曰：“赴词科。”曰：“却是词科人，但不在今年，词科别有人矣。”后三年两试，皆得之，且不失甲科，复扣其何所至，沉吟久之曰：“名满天下，可惜无福。”已而其言皆验。赵名待仕至岳州守，其子汝述为尚书，适逵遇皆卿监郎，曾仲躬名逮吉父，文清公之子能世，其家举进士不第，至从官以没。吕太史隆兴，癸未谅阴榜南宫第七人，又中宏词科，为儒宗。不幸得末疾，甫四十六岁而终，术之神验如此。

《冷斋夜话》：灵源禅师住龙舒太平精舍。有日者，能课。使之课，莫不奇中。苏朝奉者至寺，使课，无验，非特为苏课无验，凡为达官要人，言皆无验，至为市井凡庸、山林之士课，则如目见。而言灵源问其故，答曰：“我无德量，凡见寻常人则据术而言，无所缘饰；见贵人则畏怖，往往置术之实而务为谈词，其不验不足怪。”

《番禺杂编》：岭表凡小事必卜，名鸡卜，鼠卜，米卜，蓍卜，牛骨卜，鸡卵卜，田螺卜，篾竹卜。

《筳篿卜法序》：“筳篿卜法”者，本楚越间小术也，自楚屈原始称有筳篿之卜。越相范蠡颇有其书，然今特类后世术者，所托要之，亦必古有此法。当卜时，自其所向，得草木枝，初不计多寡，左右手一纵一横揲之，以三而数用其扐，然后一时之吉凶，从违休咎福祸立可见者。

《梦溪笔谈》：西戎用羊卜，谓之跋焦。卜师谓之断乱。以艾灼羊髀骨，视其兆，谓之死跋焦。其法兆之上为神明，近脊处为坐位。坐位者，主位也。近傍处，为客位。盖西戎之俗，所居正寝常留中一间以奉鬼神，不敢居之，谓之神明。主人乃坐其傍以此占，主客胜负，又有先呪粟以食羊。羊食其粟，则自摇其首，乃杀羊，视其五脏，谓之生跋焦。其言极有验，委细之事，皆能言之。生跋焦，土人尤神之。

京师卖卜者，唯利举。场时，举人占得失，取之各有术。有求目下之利者，凡有人问，皆曰："必得士。"人乐得所，欲竞往问之。有邀以后之利者，凡有人问悉曰："不得。"下第者常过十分之七，皆以为术精，而言直后举倍获，有因此著名，终身飨利者。

《图经》：洛阳上巳日，妇女以荠菜点油，祝而洒之水，若成龙凤花卉之状，则吉谓之油花卜。

《元史·张留孙传》：孙待诏尚方因论黄老治道，贵清净，圣人在宥天下之旨，深契主衷。及将以完泽为相，命留孙筮之，得同人之豫。留孙进曰："同人柔得位而进乎乾，君臣之合也。豫利侯命相之事也，何吉如之？愿陛下勿疑。"及拜完泽天下，果以为得贤相。

《青琐高议》：仁庙时，后苑有水亭将坏，方议修整。帝以记年月日诏苗达而问焉。达乃筹于帝前，奏云："若人则其人见病，必恐不起；如物，则将坏之兆。"帝甚喜，以束帛赐之，以旌其术。

《潜居录》：巴陵鸦不畏人，除夕妇女各取一只以米果食之，元旦各以五色缕系于鸦颈，放之，视其方向，卜一岁吉凶。占云："鸦子东兴女红，鸦子西喜事临。鸦子南利桑蚕，鸦子北织作息。"

《辍耕录》：吴楚之地，村巫野叟及妇人女子辈，多能卜九姑课。其法：折草九茎，屈之为十八，握作一束，祝而呵之，两两相结，止留两端。已而抖开，以占休咎。若续成一条者，名曰黄龙。傥仙又穿一圈者，名曰仙人。上马圈不穿者，名曰蟢窠。落地皆吉兆也。或纷错无绪不可分理，则凶矣。又一法曰九天元女课，其法折草一把，不记茎数多寡，苟用算筹，亦可两手随意分之。左手在上竖放，右手在下横放，以三除之，不及者为卦，一竖一横曰太阳，二竖一横曰灵通，二竖二横曰

老君，二竖三横曰太昊，三竖一横曰洪石，三竖三横曰祥云，皆吉兆也。一竖二横曰太阴，一竖三横曰悬崖，三竖三横曰阴中，皆凶兆也。愚意俗谓九姑，岂即九天元女欤?

《珍珠船》：王庭凑当召四明道士卜，掷卦三钱，皆舞。

《稗史汇编》：华亭沈景旸善卜，永乐中驿取至京。太宗命于午门布卦，乃问英国公征南事。景旸占曰："此大胜之兆。时正午当得捷音。"其时果有飞檄至报安南平，上大悦，赐钞币，遣归故里。

《玉池谈屑》：宁波胡弘深于易理，以卜筮名于世。景泰初，杨尚书翥从问休咎，筮之，卦成，言公至中年方有奇遇，若官三品寿九十，官二品则差减四五年。子亦沾禄。未几，果以潜邸旧恩累进大宗伯，卒年八十五，子亦以荫授吴县主簿。

卜筮部杂录

《诗经·卫风·氓篇》：尔卜尔筮，体无咎言。

《小雅·杕杜篇》：卜筮偕止，会言近止，征夫迩止。

《小旻篇》：我龟既厌，不我告犹。

朱注：卜筮数则，渎而龟厌之，故不复告其所谋之吉凶也。

《小宛篇》：握粟出卜，自何能谷。

朱注：握持其粟，出而卜之，曰：何自而能善乎？言握粟以见，其贫窭之甚。

《礼记·曲礼》：买妾不知其姓，则卜之。

陈注：卜其吉凶。

倒筴侧灶于君前，有诛。

陈注：人臣以职分内事，事君，每事当谨之，于素卜筮之，官龟其所奉，以周旋者于君前，而有颠倒反侧之状，此皆不敬，其职业而慢上者，故皆有罚。

龟策不入公门。

陈注：龟策所以问吉凶，嫌豫谋也。

《禹穴碑》：伏羲得神蓍而定皇策。

《元命苞》：古司怪主卜。

《楚辞》：折琼茅以莛篿兮，命灵氛为余占之。

《说文》：卜灼龟也，象兆之纵横也，筮易卦用蓍也。

《大戴礼》：逸菙氏掌供燋契以待卜事。

杜子春注曰：燋，读如薪樵之樵，谓所爇灼龟之木。

卜，法天地象四时。

大夫已上事，卜且筮，士则但筮篿，卑之差。

楚焞以荆为之燃，以灼正以荆者，凡木心圆，荆心方也。

《博物志》：蓍一千岁而三百茎，其本以老，故知吉凶。筮必沐浴，斋洁烧香，每月朔望，浴蓍必五浴之，浴龟亦然。

蓍末大于本，为上吉。次蒿次荆皆如是。龟蓍皆月望浴之。刘梦得集，今夫揲之以至，灼之以待尽，徒与夫蚩蚩者问歉穰，占熊虺颂需食亡牛丧羊之间耳，资其握粟以糊余口，乌足为夫子道哉。

《续博物志》：按《乾凿度》曰“垂皇策”者，盖伏羲用蓍卦已重矣，然而世质民淳，法唯用七八六十四卦，皆不动。若乾止于乾，坤止于坤，不能变也。夏商因之皆以七八为占，连山归藏，是已后世浇薄。始用九六为占，不如是，不足以应天下之变。

《陆龟蒙集》：季札以乐卜，赵孟以诗卜，襄仲归父以言卜，子游子夏以威仪卜，沈尹士以政卜，孔成子以礼卜，其应也，如响无他，图在精诚而已。不精诚者，不能自卜，况吉凶在人乎！

《太平御览》：《归藏》曰：蓍末大于本为上吉，蒿末大于本次吉，荆末大于本次吉，箭末大于本次吉，竹末大于本次吉。蓍一五神蒿，二四神荆，三三神箭，四二神竹，五一神筮，五纪皆藏五筮之神明皆聚焉。

若烦数溷渎，或不精严，神不告也。或观卦察兆，吉不得也。或龟不神筮不灵，此其所以过差，圣人不得专用也。龟筮共违于人，神灵不佑也。

《梦溪笔谈》：古之卜者，皆有繇辞。《周礼》三兆，其颂皆千有二百。如“凤凰于飞”，“和鸣锵锵”，“间于两社，为公室辅”“专之渝，攘公之羭”，“一薰一莸，十年尚犹有臭”。如“鱼窥尾衡，流而方羊”，“裔焉大国，灭之将亡”，“阖门塞窦，乃自后逾”，“大横庚庚，予为天王，夏启以光”之类是也。今此书亡矣。汉人尚视其体，今人虽视其体，而专以五行为主。三代旧术，莫有传者。今之卜筮，皆用古书，工拙系乎用之者。唯其寂然不动，乃能通天下之故。人木能至乎无

心也，则凭物之无心者而言之，如灼龟璺瓦，皆取其无心也。

吕才为卜宅禄命。卜葬之说，皆以术为无验，术之不可恃，信然。而不知彼皆寓也。神而明之存乎，其人故二术二人用之，则所占各异，人之心本神，以其不能无累而寓之，以无心之物，而以吾之所以神者言之，此术之微难可以俗人论也。

《潜虚》：不信不筮，不疑不筮，不正不筮，不顺不筮，不蠲不筮，不诚不筮。必蠲必诚，神灵是听。

《学斋呫哔》：今之瓦卜，盖有取于周太尧卜之瓦兆，注云：瓦兆，帝尧之兆，其象似瓦原之衅罅，是用名之。

《青箱杂记》：世传真宗任王旦为相，常倚以决事，故欧阳少师撰旦神道碑铭曰："国有大事，事有大疑，匪卜匪筮，公为蓍龟。"

《文献通考》：晁氏曰："自古术数之学多矣，言五行则本《洪范》，言卜筮则本《周易》。"近时两者之学殆绝。

《癸辛杂识》：吉安县村落间有孕妇，日磕其夫于田间，每取道自丛祠之侧以往祠前，有野人以卜为业，日见其往，因扣之，情浸洽。一日妇过之，卜者招之曰："今日作馄饨，可来共食。"妇人就之同入庙中一僻静处，笑曰："汝腹甚大，必生双子也。"妇曰："汝何从知之？"曰："可伸舌出看，可验男女。"妇即吐舌，为其人以物钩之，遂不可做声，遂刳其腹，果有孪子，因分其尸烹以祀神。且以孪子炙作腊，为鸣童预报之神。至晚妇家寻觅，不见，偶有村翁云其妇每与卜者有往来之迹，疑其为奸，遂入庙捕之，悉得其尸，并获其人，解之县中。盖左道者以双子胎为灵，单乃所不及也。

董仪父鸿尝云：《易》有圣人之道四焉。王辅嗣云：去三而存一，于道阙焉。晦庵知其为非，所以《本义》《启蒙》，各以卜筮言之。然虽知其为卜筮之道，而不知其所以为卜筮之道，不过复以理言之，则何异乎辅嗣哉！

《辍耕录》：今人卜卦，以铜钱代蓍，便于用也。又有以钱八文，周围铺转，而取六爻，名曰"金井阑"。但乾卦初爻及复之泰不可变，盖止有六十二卦耳。此法且不可用。

《群碎录》：今之卜者以钱，盖唐时已用之。贾公彦《仪礼注》云：以三少为重钱，重钱九也，三多为交钱，交钱六也。两多一少，为单钱，单钱七也；两少一多为拆钱，拆钱八也。

《三余赘笔》：世言老医少卜，则医者以年老为贵，卜者以年少为贵。老医人皆知之，问之，少卜不知何谓。按王彦辅《麈史》云：老取其阅，少取其决。乃知俗语其来久矣。

欽定古今圖書集成

选择篇

第六部

[清]陈梦雷 蒋廷锡⊙原著

刘宇庚⊙主编

线装书局

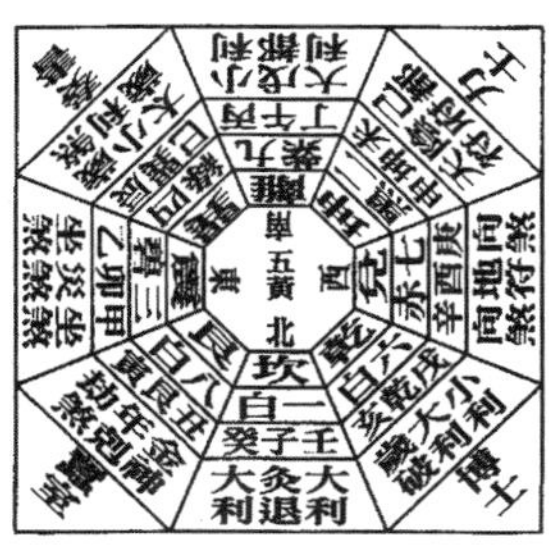

导 读

《古今图书集成》选择篇绝大部分内容都是《四库全书·子部·术数类》所未曾收录的文献资料，是对中华五千年文明一个侧面的梳理，更是为当今传统文化研究者提供了一个不可或缺的宝库。选择篇具体包括《选择汇考》《选择总论》《选择艺文》《选择纪事》《选择杂录》《射覆纪事》《挂影纪事》《持影杂录》《拆字汇考》和《拆字纪事》等，如《礼记》《太乙经》《扁鹊子午经》《元女房中经》《吉凶时日善恶宿曜经》《白黑月所宜吉凶历》《二十七宿所为吉凶历》《臞仙肘后神枢》《臞仙肘后经》《历学会通》《拆字数》和《新订指明心法》等内容的经典大成之作。内容丰富，资料完备，分类详细，结构严谨，书本设计精良，长宽大方，纸张超厚结实，字迹清晰，正版原味，是目前书市上最权威最完善的版本，是选择行动的指南。部分资料是十分珍贵的文献，诸书不载，挂影拆字等综合艺术，更将此书提升了很高的境界，格物章给人大开眼界。天运神煞变化出自《六壬术》，七曜四余吉凶出自《天元乌兔经》。收集深广，综合性知识强，是学术的殿堂，知识的宝库，是民俗文化的巅峰之作，是选择智慧的灿烂宝典，是趋吉避凶的家中必备之书，非常有珍藏价值。

第一章　选择汇考一

《礼记》

曲礼

外事以刚日，内事以柔日。

注：甲丙戊庚壬为刚，乙丁己辛癸为柔。治兵、巡狩、朝聘、盟会之类，皆外事也，内事如祭祀冠婚之礼。

《太乙经》

论昼夜及嫁娶日辰

天一所在甲戊庚，旦大吉，夕小吉。乙己昼神后，夜传送。丙丁旦登明，暮从魁。六辛昼胜光，夜功曹。壬癸昼太乙，夜太冲。

诸欲娶妇嫁女必记，初许嫁之日，以为本其娶妇时，慎无令克其许嫁日辰也。克日害舅，克辰害姑。姑舅，夫之父母也。尽克日辰，为不利一家。

假令甲子日许嫁，庚辛日纳财，皆为克日。戊己纳之，为克辰也。

假令辛未日纳，皆为克日辰，戊申己酉日亦然也。又欲令日辰阴阳中及用传中，有天后，无螣蛇白兽相克，吉。谓内妇时如此者，即吉。又无令夫家之门伤妇年，即妇有咎。

假令二月乙未日巳时，天罡加己，妇年立辰，从魁加之，夫家门在子地，太乙加之，夫家门在丑，胜光加之，此并为夫家门伤妇年也，谓夫家门上火神克妻家门

上金神也。若夫门立酉，功曹加酉，妇在东方，卯来氐酉，酉入功曹，即妇有咎。他仿此。又无令妇年上神，伤夫家之门，即夫家有咎也。

假令妇年立辰，从魁加之，夫门在酉，功曹临之，夫门在戌，太冲临之，此为妇年上神，伤夫家之门，即夫家有咎。门者所出之辰，凡娶妇为入顽，嫁女为出顽，从方入圆为入顽，从方出圆为出顽也。又不欲所出入之神伤日辰为女，固有败伤，又不欲令伤日为害翁，谓神将共伤日也。

假令二月庚子日，魁罡加丑之时也，太乙临庚，上其将得朱雀，此为神将并伤日，伤日害舅。若日并伤，神将为害矣。

假令二月癸丑日巳时，胜光加癸，将得螣蛇，此为日并伤神将，害夫。又辰中有微气往助之者，为夫死。

假令二月甲戌日辰时，而传送加甲，甲木也，传送金也，金伤木，又戌中之金复往助之者，为夫死。伤辰为妇，谓神将共伤辰也。

假令二月庚申日，魁加丑之时也，太乙临申，将得朱雀，此为神将并伤辰也。

假令二月壬子日，魁加辰，胜光临子为用，将得螣蛇，此为日辰并伤神将也。但辰伤妇，谓辰伤其阳神神将者。又日内有微气往助之者，为妇死也。

假令二月丁巳日，魁加卯神后加巳，巳火也，神后水也，水伤火，又丁巳复往助之，为妇死。以其上将为所坐形状。

假令二月甲戌日，魁加辰，传送为青龙，而加甲为夫妇死。死坐送行酒食故也。

《扁鹊子午经》

主司

东方甲乙木，
主人肝胆筋膜魂；
南方丙丁火，
主人心小肠血脉神；
西方庚辛金，
主人肺大肠皮毛魄；

北方壬癸水，
主人肾膀胱骨髓精志；
中央戊己土，
主人脾胃肌肉意智。

主命

木命人行年在木，
则不宜针及服青药。
火命人行年在火，
则不宜汗及服赤药。
土命人行年在土，
则不宜吐及服黄药。
金命人行年在金，
则不宜灸及服白药。
水命人行年在水，
则不宜下及服黑药。

行年人神

脐项肘咽口头脊膝																		
	一	六	十一	十六	二十一	二十六	三十一	三十六	四十一	四十六	五十一	五十六	六十一	六十六	七十一	七十六	八十一	八十六
	二	七	十二	十七	二十二	二十七	三十二	三十七	四十二	四十七	五十二	五十七	六十二	六十七	七十二	七十七	八十二	八十七
	三	八	十三	十八	二十三	二十八	三十三	三十八	四十三	四十八	五十三	五十八	六十三	六十八	七十三	七十八	八十三	八十八
	四	九	十四	十九	二十四	二十九	三十四	三十九	四十四	四十九	五十四	五十九	六十四	六十九	七十四	七十九	八十四	八十九
	五	十	十五	二十	二十五	三十	三十五	四十	四十五	五十	五十五	六十	六十五	七十	七十五	八十	八十五	九十

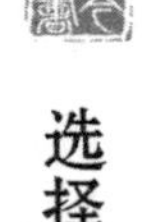

上九部行神岁移一部，周而复始。

十二部人神所在

心辰、喉卯、头寅、眉丑、背子、腰亥、腹戌、项酉、足申、膝未、阴午、股巳。

日辰忌

一日足大趾，二日外踝，三日股内，四日腰，五日口舌咽悬膺，六日足小趾，七日内踝，八日足腕，九日尻，十日背腰，十一日鼻柱，十二日发际，十三日牙齿，十四日胃脘，十五日遍身，十六日胸乳，十七日气冲，十八日腹内，十九日足趺，二十日膝下，二十一日手小指，二十二日伏兔，二十三日肝腧，二十四日手阳明两胁，二十五日足阳明，二十六日手足，二十七日膝，二十八日阴，二十九日膝胫颞颥，三十日关元下至足心。

干支人神忌日

甲乙日忌寅时头，丙丁日忌辰时耳，戊己日忌午时发，庚辛日忌申时阙，壬癸日忌酉时足。

子日目，丑日耳，寅日口，卯日鼻，辰日腰，巳日手，午日心，未日足，申日头，酉日背，戌日项，亥日顶。建日申时头，除日酉时膝，满日戌时腹，平日亥时腰背，定日子时心，执日丑时手，破日寅时口，危日卯时鼻，成日辰时唇，收日巳时足，开日午时耳，闭日未时目。

十二时忌

子时踝，丑时头，寅时目，卯时面耳，辰时项口，巳时缺，午时胸胁，未时腹，申时心，酉时背脾，戌时腰阴，亥时股。

又：立春春分脾，立夏夏至肺，立秋秋分肝，立冬冬至心，四季十八日肾。

又：正月丑，二月戌，三月未，四月辰，五月丑，六月戌，七月未，八月辰，九月丑，十日戌，十一月未，十二月辰。

又：春左胁，秋右胁，夏在肾，冬在腰。

又：男避除，女避破，男忌戊，女忌巳。

《元女房中经》

王相日

春甲乙，夏丙丁，秋庚辛，冬壬癸。

月宿日

正月：一日、六日、九日、十日、十一日、十二日、十四日、二十一日、二十四日、二十九日。

二月：四日、七日、八日、九日、十二日、十四日、十九日、二十二日、二十七日。

三月：一日、二日、五日、六日、七日、八日、十日、十七日、二十日、二十五日。

四月：二日、五日、六日、八日、十日、十二日、十五日、十八日、二十二日、二十八日。

五月：一日、二日、三日、四日、五日、六日、十二日、十五日、二十日、二十五日、二十八日、二十九日、三十日。

六月：一日、三日、十日、十三日、十八日、二十三日、二十六日、二十七日、二十八日、二十九日。

七月：一日、八日、十一日、十六日、二十一日、二十四日、二十五日、二十六日、二十七日、二十九日。

八月：五日、八日、十日、十三日、十八日、二十一日、二十二日、二十三日、二十四日、二十五日、二十六日。

九月：二日、六日、十一日、十六日、十九日、二十日、二十一日、二十三日、二十四日。

十月：一日、四日、九日、十日、十四日、十七日、十八日、十九日、二十

日、二十二日、二十三日、二十九日。

十一月：一日、六日、十一日、十四日、十五日、十六日、十七日、十九日、二十六日、二十九日。

十二月：一日、六日、十一日、十四日、十五日、十六日、十七日、十九日、二十六日、二十九日。

《吉凶时日善恶宿曜经》

序三九秘宿品第三

一九之法：命宿、荣宿、衰宿、安宿、危宿、成宿、坏宿、友宿、亲宿。

二九之法：业宿、荣宿、衰宿、安宿、危宿、成宿、坏宿、友宿、亲宿。

三九之法：胎宿、荣宿、衰宿、安宿、危宿、成宿、坏宿、友宿、亲宿。

此法以定人所生日为宿，直为命宿为第一，次以荣宿，又次衰宿，及安宿、危宿、成宿、坏宿、友宿、亲宿，如是九宿为一九之法。其次则次业宿为首，以下九准前为二九之法。次即以胎宿为首，以下九准前三九之法。而周二十七宿众为秘密。

景风曰：假如有人二月五日生者，其人属毕宿，为第一命宿，以次觜宿为荣宿，参为衰宿，井为安宿，鬼为危宿，柳为成宿，星为坏宿，张为友宿，翼为亲宿，轸为业宿，角为荣宿，亢为衰宿，并同友直，如女胎宿虚为荣宿，已下准前，是为三九之法，他皆准此。

三藏云：凡与人初结交者，先须看彼人宿命押我何宿，又看我命宿押彼人何宿，大抵以荣成友亲为善堪结交，自余并恶，不可与相知，以为秘法耳。

景风曰：案太史有旧翻九执，宿命占殊未有此法，今则新译庶用，传之流行万代耳。

凡命胎宿直日，不宜举动百事。业宿直日，所作皆吉祥。衰危坏宿日，并不宜远行出入，及迁移、卖买、裁衣、剃头、剪甲，并不吉。坏日又宜厌镇降伏怨仇，及讨伐暴恶。安日移动远行，修园宅卧，具作坛场，并吉。危日宜结交婚姻，欢会宴聚，吉。成日修门道，合药求仙，吉。友亲日宜结交朋友，大吉。凡日月直星，没犯逼守命胎之宿，此人是厄会之时也。宜修功德，持真言念诵，立道场以禳之，若犯业宿及荣安成友亲等宿，并所求不遂，百事迍邅，亦宜修福念善。若犯衰危坏等宿者，则所求称意，百事通达。

景风曰：凡欲知五星所在者，天竺历术，推知何宿具知也。今有迦叶氏、瞿昙氏、拘摩罗等三家天竺历，并掌在太史阁，然今之用多瞿昙氏历，与大术相参俱奉耳。

序七曜直品第四

夫七曜，日月五星也。上曜子天神六直，人所以司善恶而主理吉凶也。行一日一易，七日一周，周而复始，直神善恶言具说之耳。

景风曰：推求七曜直日法，今具在此经卷末，第八历算法中具备足矣。

日精曰太阳。太阳直日，宜策命拜官，观兵习战，持直言，行医药，放群牧，远行造福，设斋祈神，合药内仓库，入学，论官，并吉。不宜诤竞，作誓，行奸，对阵不得先起。若人此曜直日生者，法合足智策，端正美貌，孝顺短命。若五月五日得此曜者，则其岁万物丰熟。若有亏蚀地动者，则万物莫实，不千日为殃。

月精曰太阴。太阴直日，宜造功德成就，作喜乐朋僚，教女人裁衣服，造家具、安床、穿渠、修井灶，买卖财物，仓库内财，洗头割甲著新，并吉。不宜婚嫁，入宅结交。私出行大凶。奴婢逃走难捉得。囚系者出迟。不宜杀生及入阵，并凶。此日生人，合多智策，美貌，乐福田好，布施孝顺。若五月五日得此曜者，岁多疾病，秋足霜冷。若有亏蚀地动者，则岁中饶疾死。

火精曰荧惑。荧惑直日，宜决罚罪人，国取盗贼，作欺诳事，买金宝牛羊，动甲兵，修戎，具教旗。克贼必胜，诉先起合药种莳割甲，结婚不得出财，征债禁者，难出病者，必死。若此直日生人，法合丑陋恶性，妨亲害族，便弓马多嗔，若五月五日得此曜者，则岁中多诤竞，若亏蚀地动者，则岁中多有兵马损伤。

水精曰辰星。辰星直日，宜入学，事师长，学功，技能，攻城，又宜举债公行，怨敌伏仇，得财。唯不宜修造宅舍，对战斗敌，作贼妄语，并凶。被囚者即后必有阴谋，说动当时。若五月五日得此曜者，则岁中有水灾，亏蚀地动，则百物不熟，人多瘴疠耳。

木精曰岁星。岁星直日，宜策命使王，及求善知识并学问礼拜，修福布施，嫁

娶作诸吉事，请谒及结友入宅，著新衣沐发，种果木，调伏象马，买奴婢，并吉。若为凶事，则大凶。若人此日生者，法合贵重荣禄。若五月五日得此曜者，岁中丰熟，若有亏蚀地动，则公王必死。

金精曰太白。太白直日，宜见大人官长，沐浴冠带，求亲结婚，良友置馔，宜入宫室，并吉。逃亡难得，畋猎并战不吉。若人此日生者，法合短命好善，人皆钦慕。若五月五日得此直日者，则岁中惊扰之事。若亏蚀，则六畜多损伤耳。

土精曰镇星。镇星直日，宜修园圃，买卖田地，口马合药，伏怨放火，立精舍，作井灶，吉。唯不宜结婚、冠带及公行。若人此日生者，法合足声名，少孝顺，信朋友。若五月五日得此直者，则合岁中多土功。若亏蚀地动，则国中人民不安泰。

景风曰：茫茫造化，乃为阴阳，精曜运天，虚神直地，吉凶之应，唯人信之，故译出此法，万代秘密，经庶传习者，幸无谬矣。凡人公行，不得面冲七曜。若冲当日曜，遭大厄；若冲月曜，亲眷多伤；若冲木曜，家人背心；若冲土曜，女有死厄；若冲金曜，则灾祥并至，乃为颁曰：

火日月建，德贵神眷，岁背镇死，金冲并至。

秘密杂占品第五

凡如七曜运文，犯著人六宫宿者，必有灾厄。一者命宿，二者事宿，三者意宿，四者聚宿，五者同宿，六者克宿。从命数第十为事宿，第四为意宿，第十六为聚宿，第二十为同宿，第十三为克宿。

景风曰：有人属娄宿者，而数得毕为意宿，第十得星宿，则为事，十三得轸，则轸为克宿也，他皆准此，数之即得也。

若七曜犯命宿，则亡失钱财，必多灾厄。若犯事宿，则招殃咎。若犯意宿，则必多愁苦。若犯聚宿，则亡失财囚闭。若犯同宿，则离拆不安家口衰耗。若犯克宿，亡财失官势力衰损。若七曜总不犯此六处者，则所为皆得。

景风曰：皆须共三九，秘宿相参，然后定灾厄也。颂曰：

十事规求镇不来，四意愁烦困恼也，十六聚失灾厄形，二十同路相乖背，十三克挫势力名。

七曜与此宿不犯者，则百恶澄清。

凡日在本宫，及第三、第六、第十位，为果大吉，荧惑守本宿，大有灾厄耳。月在本命宫，及第六、第七、第三宫，即果吉。岁星与氐第三、第七、第九宫者，吉。辰与氐第四、第十宫者，并吉。太白在本命宫者，合有大厄。凡人有灾厄，时可持真言立道场而用禳之。

若有人不记得本所属宿，而来问疾者，何以答之？曰：皆须看人初来之时，触著处而断之，则可知耳。若先触头者，则属昴宿；若先触额者，则属毕宿；若先触眉者，属觜宿；若先触眼者，则属参宿；若触两颊及耳者，则属井宿；若先触牙及骨者，则属鬼宿；若触齿者，则属柳宿；若触顶者，则属星宿；若触右肩者，则属张宿；若触左肩者，则属翼宿；若触手者，则属轸宿；若触颏颐者，则属角宿；若触缺盆及项胸上者，则属亢宿；若触臆者，则属氐宿；若触右臂者，则属房宿；若触左臂者，则属心宿；若触心脾骨者，则合属尾宿；若触左胁者，则属箕宿；若触右胁者，则属斗宿；若触脐者，则属牛宿；若触腹肚者，则属女宿；若触小腹下者，则属虚宿；若触胯腿及后分者，则属危宿；若触右腿髀者，则属室宿；若触左腿髀者，则属壁宿；若触膝䯒者，则属奎宿；若触胫者，则属娄宿，若触脚者，则属胃宿。

景风曰：若人不得本生日月者，则知本所属宿，用此法以定之，和尚以此法为秘密耳。

凡轸星太阳直，毕宿太阴直，星宿土直，井宿火直，柳宿水直，鬼宿木直，房宿金直，此等七日，名为甘露，吉祥日，宜学道求法，受密印及习真言。凡尾宿太阳直，女宿太阴直，壁宿水直，昴宿火直，井宿木直，张宿金直，亢宿土直，此等七日，名为金刚峰日，宜降伏魔怨，持日天子真言。凡胃宿太阳直，鬼宿太阴直，翼宿火直，参宿水直，氐宿木直，奎宿金直，柳宿土直，上此等七日，名为罗刹日，不宜举动百事，惟射猎及诸损害之事也。

序黑白分品第六

凡月有黑白两分，从一日至十五日为白月分、从十六日至三十日为黑月分。每月白月一日，三日、五日、七日、九日、十一日、十三日；黑月一日、三日、五日、七日、九日、十一日、十三日，所向皆成就，名为吉祥日。又白月四日夜，八日昼，十一日夜，十五日昼。黑月三日夜，七日昼，十日夜，十四日昼，为凶恶

时，所作不成就。

又白月二日、六日、九日、十二日，又黑月六日、九日、十二日、十四日，此等平平，时随立宿曜为吉凶。

又黑月四日、十一日夜，八日、十五日昼，白月三日、十日夜，七日、十四日昼，凶恶气生时，所及招殃咎。

凡凶恶之日，日中以后，却成吉时，凶恶之夜，夜半巳后，却成吉时。乃为颂曰：

一三五七九，十一与十三，于二白黑分，所作皆成就，黑三夜七昼，十夜十四昼，白四夜八昼，一夜十五昼，于此白黑分，昼夜不成就，日中夜已后，所求皆成就。

序日名善恶品第七

从一日至十六日。

景风曰：一日即是白月之一日也，十六即黑月之一日也，今恐读者难会，故略云黑白之言，直裁日数之尔。

名为建，名日梵，天宜为善业，学道求仙及事师尊宿并吉，唯不宜远出行耳。

凡二日、十七日名为得财日，尔造化神，宜合药按摩，工巧出行，结交婚亲，增益田宅，并吉。

凡三日、十八日名为威力得日，那罗延下，宜摧敌除逆，习战畜兽，奖训下人，营田种莳，大吉

凡四日、十九日名为猛武日，阎罗天下，宜作恶业，杀害残贼，摧伏叛逆则吉，为善事却凶。

凡五日、二十日名圆满日，日天子下，宜为善业，修营床帐，及车乘衣服，营田宅结婚，并吉。

凡六日、二十一日名为求名日，童子神下，宜为久长安定事，营宅宇寝庙，及建国邑伽蓝牛马坊厩等并吉，不宜出行。

凡七日、二十二日名为朋友日，北斗天下，宜结交庆喜，安定和药王者初服，及造旌旗帷帐并吉，唯不宜远行。

凡八日、二十三日名为大战日，婆薮天下，宜为力用之事，造兵仗城垒，穿壕

堑并吉。

凡九日、二十四日名为凶猛日，毗舍阁鬼下，宜围城缚敌，进途伐逆，不宜入宅，及削发并凶。

凡十日、二十五日名为善法日，善法神下，宜安久之事，及急速飞捷，穿凿井灶，修道作坊，功德伽蓝，顺法之事，并大吉。

凡十一日、二十六日为慈猛日，目在天下，宜新立宅舍，营建庙馆宇厩坊，及设火祭祀天神，并吉。

凡十二日、二十七日为名闻日，宜作久长安国之事，及车乘仓库并吉，唯不宜放债。

凡十三日二十八日为最胜日，大魔王下，所作皆急速皆吉，及著衣服华鬘，金玉装画，又宜嫁娶，修车乘，入坛场学法求道，吉。

凡十四日、二十九日为勇猛日，药义大将下，宜擒缚掩捕，诡诈相谋害，大吉；唯不宜远行，凶。

凡十五日、三十日名吉祥日，魂灵神下，宜祭先亡作婆罗门大祭，求福布施，供养师僧，尊长学戒，善事求法，大吉。

西国每一月分为白黑两分，入月一日至十五日为白月，分以其光生渐明白之谓也。入月十六日至三十日为黑月，分以其光减损暗黑之谓也。文殊师利菩萨说时日偈云：

一三五七九，十一与十三。于二黑自分，所作皆成就。黑三夜七昼，十夜十四昼。白四夜八昼，一夜十五昼。于此黑白月，昼夜不成就。日中及中夜，已后皆通吉。

择日

每入月一日十六日，三日十八日，五日二十日，七日二十二日，九日二十四日，十一日二十六日，十三日二十八日，已上是吉日，所作吉祥，事必成就。

择时

入月四日夜，八日昼，十一日夜，十五日昼，十八日夜，二十二日昼，二十五日夜，二十九日昼，已上日昼夜之时所作，皆不吉，为事不成。善犹不可作，何况

恶事？如于咸卤之地，种物不生。

入月二日、六日、九日、十二日、十四日、十七日、十九日、二十一日、二十三日、二十四日、二十七日、三十日，已上平日，若与好宿好曜并者即吉，如与恶宿恶曜并者即凶。夫凶恶昼，日中已后通吉用；凶恶夜，夜半已后亦通吉用。

《白黑月所宜吉凶历》

每月一日十六日，梵云钵阇钵底下，此云梵王下，是建名日，宜为善业，学伎艺苦节，修行布施等事，及作爱敬，增益长久定事，并吉，不宜远行。

二日十七日是得财日，梵云苾利诃驭钵底神下，此云造化神下，宜按摩合药，作工巧法，远行进路，结交婚姻。

三日十八日是威力日，梵云毗纽神下，亦云那罗延天下，宜摧敌除逆，调习象马四足诸畜等，及训奖恶人下贱之类，营田种莳有大为作事，皆吉。十八日夜恶，中夜已后还吉。

四日十九日是猛武日，梵云阎漠神下，作恶业日是杀害日，与一切不善事残酷业皆悉相应，宜摧敌破逆，吉，余并凶。四日夜不吉，中夜已后吉。

五日二十日是圆满日，梵云苏谟神下，此云月天子下，宜修福善业，作卧具床座，衣服装饰物，及车舆等物，营田宅，结婚姻，凡诸庆乐事，并吉。

六日二十一日是求名日，梵云摩罗神下，此云童子天下，宜诸久长安定之事，营田宅，及天庙福舍伽蓝，建城邑，立牛马等诸畜坊厩，并吉，不宜远行进路。

七日二十二日是朋友日，梵云七婆怛沙邪仙神下，此云北斗下，宜结朋友，安定之事，王者服新衣，及纛帜床座卧具，大宝严饰之物，并吉。二十二日昼恶，午后吉。

八日二十三日是力战日，梵云婆娑善神下，宜力用之事，宜修造攻战之具，置边冲险，固城垒，穿冢堑，调乘象马等事，并吉。八日昼恶，午后吉。

九日二十四日是凶猛日，梵云噜达啰尼神下，宜围城缚敌进途，伐逆取毒，不宜入宅，修理发凶。

十日二十五日是善法日，梵云苏达谟神下，此云善法神下，宜作久长事，及急速事，置井穿凿坑堑，行法修道，人作功德，福舍伽蓝，凡诸顺法及爱敬等事，皆吉。二十五日夜不吉，半夜已后通吉。

十一日二十六日是慈猛日，梵云噜捺哷神下，此云自在天下，宜新立宅舍，营天庙城邑，官曹馆室，伽蓝殿塔，及火祭室功德福舍，并吉。十一日夜恶，中夜后还吉。

十二日二十七日是名闻日，梵云阿逸都神下，此云日天子下，宜作久长安事，及修辇舆，严饰头发，置仓生藏等，吉，不宜放债取债。

十三日二十八日是最胜日，梵云钵折底神下，此云天魔神下，所为急速事，修衣服华鬘，金宝严饰等事，又宜爱敬之事，取妇人及乘车舆等，并入坛场习行道术，并吉。

十四日二十九日是勇猛日，梵云药刍神下，宜往擒缚，相诡诳事，暴虐恶人，作非法之物，宜行诈妄，诡诱怨敌，彼必信受，不宜远行进路，二十九日昼恶，午后吉。

十五日三十日是吉相日，梵云必多卢神下，此云魂灵神下，宜祭先亡，宜作婆罗门大祠，求安稳法，及布施供养父母，尊者诸天，持斋戒施食及诸祭祠，吉。十五日昼恶，午后吉。

上每月日所宜用吉凶如前，必审用之，万不失一，其昼夜善恶并如下。

二十七宿十二宫图

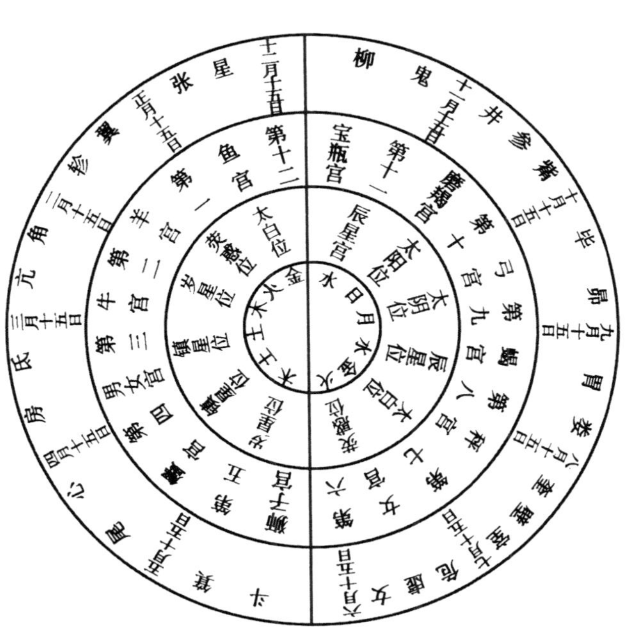

图说

西国皆以十五日望宿为一月之名，故二月为角月，西国以二月为岁首，以其道齐景正日夜停分时淑气和草木荣茂，一切增长，故梵天折为历元。

三月为氐月，四月名心月，五月名箕月，六月名女月，七月名室月，八月名娄月，九月名昴月。

梵语昴星名迦提迦。西国五月十五日雨安居，至八月十五日满已后，五月十五日满已后至九月十五日已来自恣，故号为迦提，但取星名而已，今中国迦提即是事，而妄者别为训释，盖大谬焉。

十月名觜月，十一月名鬼月，十二月名星月，正月名翼月，夫欲知二十七宿者，日先须知月望宿日，欲数一日至十五日已前白月日者，即从十五日下宿逆数之可知，欲知十六日已后至三十日，即从十五日下宿顺数即得，但依此即定。

假如二月十五日是角日，十四日是轸日，十三日是翼日，若求十五日已后者，即十五日是角日，十六日是亢日，十七日是氐日，他皆仿此。

夫欲求人所属宿者，即于图上取彼生月十五日下宿，从此望宿，逆顺数之，至彼生日止，则求得彼人所属宿也。

又法略算求人本命宿，先下生日数，又虚加十三讫，即从彼生月望宿，用上位数顺除数尽则止，即得彼人所属命宿。

假令有人二月十七日生者，则先下十七为位，又虚加十三，共得三十，即从二月望宿，角亢氐房二十七宿一周法除之，讫余三算，即角余一，亢余二，氐余三，则彼人是氐宿生，他皆仿此。

夫取宿直者，皆月临宿处，则是彼宿、当直，又月行有迟疾，宿月复有南北前后，随合如何可知，则以后颂言求之可解。颂曰：

六宿未到名合月，十二宿月左右合。九宿如犊随母行，从奎宿数应当知。

颂言六宿未到名合月者，则从奎娄胃昴毕觜，此六宿月未至宿月，则名彼宿直也。十二宿月左右合者，即参井鬼柳星张翼轸角亢氐房等。此十二宿日临彼宿，上及前后南北，并取属彼宿用得也。九宿如犊随母行者，则配月为母，配宿为犊，则月居宿前，宿居月后，如犊母之象也。当以此颂复验之于天，则宿日用之无差，此皆大仙密说也。

《二十七宿所为吉凶历》

昴宿宜火，作煎煮等事，检算畜生，融酥和合，作牛羊诸畜坊舍，及牧放入温室种莳，黄色赤色等物入宅，及石金作等吉。宜伐逆除怨，作剃剪之具，卖物求长寿求吉胜事，不宜修理鬓发，及远行道路，宜庄饰冠带，佩服金雕等宝物。

毕宿宜农桑种莳，修田宅，嫁娶，作厨舍作食，作畜生舍，通决渠河，修桥梁，作诸安定之事，作衣服并吉。不宜取债放债，宜纳谷及酒食杂物，不宜生财。

觜宿作急要事，及和善事并吉。宜种莳白汁树草等，又宜王者作舍，作橐床座，又入新宅嫁娶，修理发洗浴，作求吉胜法，著新衣、严饰，作喜乐，调畜生，作除灾，谨身咒术坛场之法，祭星曜作髻，并吉。

参宿宜求财及诸刚严事，穿池卖有乳畜，生造熟酥，压油代酒，压甘蔗，种甘蔗，畋猎及置关津等。

井宿有所惠施，必获大果，有所置事，必成就，宜作诸祭法，婆罗门祭天法，宜嫁娶及纳妇人，必子息繁盛，此宿所作事，皆成吉，惟不宜合药服。

鬼宿所作皆吉，求声誉长寿，若为生事及诸端严相，将其服拜官胜位，有所求为，并皆吉祥，福德增长，又宜远行进路，修理发著新衣，及洗浴等事，并吉。

柳宿宜严饰事，是伐逆围城，掩袭讨僭，窃诡誓诈敌人，时此宿雨者，必蚊虻苗稼滋盛，吉。

星宿凡诸种莳皆吉，宜取五谷等种芸苔，又宜修宅祭先亡，将五谷入宅，作诸住定业并吉，亦宜修理鬓发。

张宿宜喜庆事，求女嫁娶，修理宅，作衣服严饰物，作爱敬法等，并吉。

翼宿所作皆吉，置宅垣墙穿壕，作市，作城邑，作车舆，修农商业，种莳嫁娶，凡作诸安定之事，并吉。

轸宿宜诸急速事，远行向外国，修理须发，取象调象乘象，学技艺，求女嫁娶，服著衣裳，穿池修园圃，造垣墙等，吉；除荡窃逆南行，大吉。

角宿宜严饰事，取杂色衣，作安膳那服药，及取珊瑚金银赤铜摩尼金刚诸宝物等，诸珍帛物王者，严服观兵及进路作求安稳，祭祀天神，宝赐将士，金银百谷，

衣物入城，作华鬘卧具，歌舞咏唱，并余技艺等，并吉。

亢宿宜调马骡驴等，必易驯快利，宜教击诸鼓乐等，嫁娶结朋友，宜发遣怨仇，不宜自行动，宜种莳草木，种谷小豆大豆乌麻等，皆吉。

氐宿宜作农具，种大麦小麦稻粟等，并种莳诸果树，并吉。凡诸有大为作事，并不可作，宜酝酒浆，宜种氍栽树甘蔗等，并吉。

房宿宜结朋友婚姻，凡和诸善事，喜乐吉祥事，交好往还，及摄情受戒，布施发使，置官修道，学艺工巧等，吉。

心宿宜作王者所须事，亦宜严服升位，及取捉象马，调乘诸畜等，宜按摩，必得身分润满，宜事王者，及取左右驱使人等，宜修鬓发，作农桑业，唯除营功德事，自余不可辄出，财与人及放债，凶。

尾宿宜作服著事，莳树种根，及取煎，吉。又宜刚严事，洗浴除灭，厌咒种压，葡萄甘蔗，置宅置藏，作爱喜事合汤，及散阿伽陀药并坛场事，并吉。

箕宿宜刚严事，又掘沟渠，穿池井，通决河流，种水生华及根实者，修园圃，酝酒浆，及作桥梁等，并吉。

斗宿宜著新衣及安久事置藏，修理园林，造车舆等乘载之物，营田宅城邑福寺舍等，作战具及诸用物，并吉。

女宿凡为公事皆吉，出城外发教命，除逆敌，置城邑，立宰辅，发兵作战，具取与及呈，学技艺，穿耳修理鬓发按摩，并吉。不宜著新衣及竞财穿池等，宜供养尊者，诸天父母及诸贵胜。

虚宿宜诸急速事，宜学问，及夜欲作求子法，其法不宜昼作，主产阉宦，宜供养婆罗门，置城邑及置兵官财等，又宜还人财物，卖畜生，著衣著庄严具作商业，新置技艺，并吉。

危宿宜合药取药服药置药，并大吉。又宜严峻破恶之事，穿河池等，及种麻豆等，发遣商人纳财置吏，取医置藏，造舟船酝酒浆等，及沽卖商贩，吉。不宜出财室宿，宜作端严事，勘逐罪非，除灭凶逆，诳诡敌人诸事，并不宜作。

壁宿宜作求长寿增益法，不宜南行，宜造城邑，取衣取财，嫁娶婚姻等喜善事，皆吉。

奎宿取珍宝，宜造仓库，及牛羊坊校算畜生，造酒融酥，及作堤堰，研眼药，著新衣，服饰庄严，远行进路，作和善事急速事，并吉。

娄宿宜诸急速事，与药取药，调乘象马出卖等，并吉。胃宿宜为公事及王者之善事，亦宜作严整之事，伐逆除凶，并调训在下及马等畜生，并吉。

安重毕翼斗壁，此四是安重宿，宜造庄宅宫殿，寺观义堂，种莳栽接，修立园林，贮纳仓库，收积谷麦，结交投友，成礼为婚，册君王，封将相，授官荣，锡班职造，装具设斋，供入道修行，及祈安稳，并就师学入坛场，受灌顶，造一切久长事务，悉须为之，皆吉。唯不宜举债充保，远行进路，造酒剃毛发，除爪甲，结仇嫌，怀仇隙，习淫欲，学摴蒱等，并凶。

和善觜角房奎，此等四是和善宿，宜入道门学技艺，能习咒法，习斋戒，入坛受灌顶，建功德，设音乐，吉祥事，庆善业，成礼求婚，还钱举债，见君王参宰相，服饰新衣裳，冠带好珠宝，作交关营家业，进途结亲友，服汤药医疗服，造一切稳善事务，悉须为之，吉。

毒害参柳心尾，此等四是毒害宿，宜围城破营，征兵吃贼，欺诳斗争，列阵交锋，申决烈破，和合行盗劫，设誓摴蒱博戏，造械具战具，阅兵马点募，健儿采觇寇敌，斩决凶逆，诛戮罪人，施毒药施磣害，调习象马，练漉鹰犬，一切孟浪事务，悉须为之，吉，其尾宿日宜种莳苗稼，栽接树木，营造宅屋，立园林，一切严固、斗竞、刚柔、猛浪、辛苦等事，并宜作之。

急速鬼轸牛娄，此四是急速宿，宜放钱贷债，买卖交关，行途进路，往使征伐，贾客上道，商主过碛，调伏畜生，教习鹰犬，设斋行施，习读经书，教人典诰，学诸技能，服食汤药，并受佩持，护身之术，竖幢建旌麾，造扇障营盖伞，入坛场受灌顶，骑象马乘舆，一切事务，悉须为之。

猛恶胃星张箕室，此五是猛恶宿，宜守路崄行劫，行盗构斗，端起设诳，博戏摴蒱，强梁侵夺，奸非淫秽，图城砍营，造械具战具，画兵谋放毒药，施磣害，斩决怨敌，诛戮罪逆，禳祭星辰，祈祷军福，一切艰难事务，悉须为之。又张宿，宜作爱敬法，又其箕宿，宜凿井穿坑，填水渠开河路，一切劳攘事务，悉须为之。

轻井亢女虚危，此等五是轻宿，或名行宿，宜学乘骑象马驴骡驼骤，及水牛等诸畜，调习野兽，并捉乘骑，泛舟系棹，渡水浮江，奉使聘域，说敌和死，征纳庸调，收敛租税，观音乐，看大礼，买卖兴贩，营造车乘，点阅兵士，一切轻捷事务，悉须为之。又其危井宿直，宜营稼谷，造酒醴穿坑通决河渠，合汤药，并吉。

刚柔昴氐，此二是刚柔宿，或名平等宿，兼善恶，带刚柔，辛苦之务，稳善之

事，悉须为之。又宜锻炼铁，销铄金银，打钗钏钿环珮，造作五行调度，烧瓶瓦器，设斋造葬，焚尸埋殡，钻燧变火，击酪出酥，压蒲萄，搦沙糖，放牛行礼，遣马逐群，捡㹀厩牧，点数畜生，造军器械具，从域出庄，返城移入新宅，弃却旧墟室，笞责非为决戮罪过，并王者盟誓结信，一切如此事务，悉须为之，吉。又其氐宿，宜种莳华药，栽接树木，吉。

行动禁闭法

日属轸宿，不得向北路行，纵吉时亦不可行。

日属女宿，不得向东路行，纵吉时亦不可行。

日属鬼宿，不得向西路行，纵吉时亦不可行。

日属娄宿，不得向南路行，纵吉时亦不可行。

第七秤宫，取角亢日，东行大吉。

第十一瓶宫，取危室日，东行大吉。

第五狮子宫，取星张日，西行大吉。

第九弓宫，取箕斗日，西行大吉。

第八蝎宫，取房心尾日，南行大吉。

第十二鱼宫，取壁奎日，南行大吉。

第六女宫，取翼轸日，南行大吉。

第四蟹宫，取鬼柳日，南行大吉。

第三男女宫，至参井日，东行大吉。

第十摩羯宫，至女虚日，南行大吉。

第一羊宫，至娄胃昴日，西行大吉。

第二牛宫，至毕觜日，北行大吉。

上犯此辰宿日，越路发行兵马人众，不免输他损失。

裁缝衣裳服著用宿法

昴必火烧，毕饶事务。觜必鼠咬，参必逢厄。

井必相分，鬼必吉祥。柳必弃失，星必丧服。

张必官夺，翼必获财。轸必恒久，角必安稳。

亢得美食，氐必睹友。房必益衣，心必盗贼。

尾必坏烂，箕必得病。斗得美味，女必得疾。

虚必得粮，危必毒厄。室必水厄，壁必获财。

奎必获宝，娄必增衣。胃必减衣。

虚奎鬼井娄毕轸角，亢氐房翼斗壁，此以上宿，可裁缝衣著衣裳，并大吉。

三九秘要法

初九毕、觜、参、井、鬼、柳、星、张、翼。

二九轸、角、亢、氐、房、心、尾、箕、斗。

三九女、虚、危、室、壁、奎、娄、胃、昴。

三九法者，皆从本所属宿为初九第一命宿，依次第二为荣宿，第三衰宿，第四安宿，第五危宿，第六成宿，第七坏宿，第八友宿，第九亲宿，即初九一行也。次第十宿为二九，行头为业宿，第十一复为荣宿，第十二衰宿，第十三安宿，第十四危宿，第十五成宿，第十六坏宿，第十七友宿，第十八亲宿，即是二九行了。次第十九宿即为三九，行头为胎宿，第二十为荣宿，第二十一衰宿，第二十二安宿，第二十三危宿，第二十四成宿，第二十五坏宿，第二十六友宿，第二十七亲宿，即是三九行了。

此则是二十七宿，周而复始，是为三九之法。三九之法宿者，秘要之术，所欲兴事，营求入官拜职，移徙远行所为所作，一一自看，从己身所属宿，今日复是何宿，于三九中复善恶如何，与我本生宿善恶相宜否，如是勘已，即看后占，若荣宿日，即宜入官拜职，对见大人，上书表进见君王，兴营买卖，裁著新衣沐浴，及诸吉事，并大吉，出家人剃发，割爪甲，沐浴，承事师主，启请法要，并吉。

若安宿日移徙，吉。远行人入宅，造作园宅，安坐卧床，作坛场，并吉。

若危宿日，宜结交，定婚姻，欢宴聚会，并吉。

若成宿日，宜修道学问，合和长年药法，作诸成就法，并吉。

若友宿日、亲宿日，宜结交，定婚姻，欢宴聚会，并吉。

若命宿日、胎宿日，不宜举动，百事值业，宿日所作善恶，亦不成就，甚衰。

若危坏日，并不宜远行，出入移徙，买卖婚姻，裁衣剃头沐浴，并凶。

若衰日，唯宜解除诸恶疗病。

若坏日，宜作镇厌降伏怨仇，及讨伐沮坏奸恶之谋，余皆不堪。

此所用三九法，于长行历纵不是吉，相己身三九若吉，但用何妨。

又一说云：命宿、胎宿、危宿、坏宿，此宿日不得进路，及剃发裁衣除爪甲，并凶。

夫五星及日月、陵犯、守逼、命胎之宿，即于身大凶，宜修功德造善以禳之，若陵逼业宿者，及荣安成友亲之宿，即所求不遂，诸途迍坎，亦宜修福，福者谓入灌顶及护摩，并修诸功德，如五星、陵犯、守逼、衰危坏等宿，即身事并遂，所作称心，官宦迁转，求者皆遂，如此当须问知司天者，乃知此年此月，荧惑镇岁，辰星太白及日月等在何宿，以此知之，其法甚妙，宜细审详也，以见至理。

七曜直日历品第八

夫七曜者，所谓日月五星，下直人间，一日一易，七日周而复始，其所用各于事，有宜者，有不宜者，请细详用之，忽不记得，但当问胡及波斯，并五天竺人，总知尼乾子末摩尼，常以蜜日持斋，亦事此日为大日，此等事持不忘故，今列诸国人呼七曜如后。

日曜太阳，胡名蜜，波斯名曜森勿，天竺名阿你底耶二合。

月曜太阴，胡名莫，波斯名娄祸森勿，天竺名苏摩。

火曜荧惑，胡名云汉，波斯名势森勿，天竺名盎哦啰迦。

水曜辰星，胡名咥，波斯名掣森勿，天竺名部陀。

木曜岁星，胡名鹘勿斯，波斯名本森勿，天竺名勿哩诃娑跛底。

金曜太白，胡名那歇，波斯名数森勿，天竺名戍羯罗。

土曜镇星，胡名枳浣，波斯名翕森勿，天竺名赊乃以室折啰。

上件七曜，上运行于天，下直于人间，其精灵神验，内外典籍具备，自南西北三方诸国，一切皆悉用之，出入行来，用兵出阵，学艺及一切举动，无不用其宿曜时日，唯东大唐一国未审知委，其曜亦每日分为八时，平明即是所直之曜，乃至西戍则八时而周夜亦分为八时，转到明日晓时即次后曜，当直如是细解用之，万不失一。

太阳直曰：其日宜册命拜官受职，见大人，教旗斗战申威，及金银作持咒，行医游猎，放群牧，王公百官等，东西南北远行，及造福礼拜，设斋供养，诸天神所求，皆遂，合药服食，割甲浣头，造宅种树，内仓库，捉获逃走，入学经官理当并吉。其日不宜诤竞作誓，行奸必败，不宜先战，不宜买奴婢。此日生者，足智端正，身貌长大，性好功德，孝顺父母，足病短命。若五月五日得此曜者，其岁万事丰熟，其日若日月蚀及地动者，其处万物不生。

太阴直日：其日宜造功德，必得成就，作喜乐朋僚，教女人裁衣服，造家具，安坐席，穿渠造堤塘，修井灶，买卖财物，仓库内财，洗头割甲，著新衣，并大吉。其日不嫁娶入宅，结交私情，出行不问，远近行大凶。奴婢逃走，难得禁者，出迟杀生，行恶入贼者，必凶。此日生者，多智兼美貌，乐福田，好布施孝顺。若五月五日遇此曜者，其年多疫疾，多霜冷加寒，其日若日月蚀并地动，其年疫死后多虚耗。

荧惑直日：其日宜决罚罪人，围取盗贼，作诳事，买金宝，置牛羊群，动兵甲，修甲仗，教旗打贼，入阵必胜，奸盗者成，作誓勿畏。宜出猎，先经官府者胜。宜种田及种果木，调马疗病合药，并吉。不宜下血者，其日成亲，著新衣，洗头割甲，入宅结交，火下出财，皆不吉。宜征债禁者，难出病者，必重其日生者，丑陋恶性，妨眷属，便弓马，能言语，勇决难养。若五月五日遇此曜者，其年多斗诤，后兵贼饶疫病，畜生死损。此日有日月蚀及地动，其年多兵马，伤者多死。

辰星直日：其日宜入学，及学一切诸巧工皆成，放债本利具获，割甲剃头远行者财，宜伏怨敌，不宜修造宅舍，遇战敌勿先斗，看卜问囚，必谩语作誓，并凶，被禁自出，失物及逃走必获。其日生者，饶病不孝，妨财物，长成已后，财物自足，有智长命，能言语，有词辩，得人畏敬。若五月五日遇此曜者，其年江水泛溢，百物不成，加寒。若此日日月蚀并地动，岁多饥俭。

岁星直日：其日宜册命，及求善知识并学论议，受法礼拜，造功德布施，谒官成亲，友喜乐，入宅著新衣，洗头，宅内种果木，修仓库，内财，调马，买奴婢及嫁娶，内象马造宅作诸事，并吉。不宜作誓，作贼必败，妄语争竞必凶，其日亡者，未得出埋，不宜祭亡人，吊死问病。其日生者，宜与人养，长成收之，长命有智，心善得大人贵重，于父母有相钱财积聚。若五月五日遇此曜者，其岁万物丰，四时调顺。如此日日月蚀及地动，王公已下交厄。

太白直日：其日宜见大人及诸官长，洗头著新衣冠带，成亲平章婚事，结交友，会朋流，置官舍，逃走难得，勿畋猎并战阵，不吉。系者出迟，生者短命，好

善孝顺，人皆钦慕。五月五日遇此曜者，人畜俱惊失，必狂贼扰乱，候取良日，从东击胜。此日日月蚀及地动者，其岁多风，复有雷电，损多少田苗。

镇星直曰：其日宜修园圃，买卖田地，买口马，宜合药，伏怨家，放野烧，打墙作灶，一切事总合，作酱入宅，吉。举哀葬吉。鞍马上槽，内仓库并吉。不宜结婚，作喜乐，服新衣，及远行。其日生少病足，有声名，乐善孝顺，信于朋友。若五月五日遇此曜者，有土功威重事。此日日月蚀及地动者，世界不安，威重人厄。

七曜直日与二十七宿合吉凶日历

曜与宿合者，假如正月十五日是轸宿，其日忽是太阳直日，即是好日，他皆仿此。

太阳直日月与珍合，太阴直日月与毕合，

火曜直日月与尾合，水曜直日月与柳合，

木曜直日月与鬼合，金曜直日月与房合，

土曜直日月与星合。

已上名甘露日是大吉祥，宜册立受灌顶法，造作寺宇，及受戒习学经法，出家修道，一切并吉。

太阳直日月与尾合，太阴直日月与女合，

火曜直日月与壁合，水曜直日月与昴合，

木曜直日月与井合，金曜直日月与张合，

土曜直日月与亢合。

已上名金刚峰日，宜作一切降伏法，诵天子咒及作护摩，并诸猛利等事。

太阳直日月与胃合，太阴直日月与鬼合，

火曜直日月与翼合，水曜直日月与参合，

木曜直日月与氐合，金曜直日月与奎合，

土曜直日月与柳合。

已上名罗刹日，不宜举百事，必有殃祸。

择太白所在八方天上地下吉凶法

凡月：

一日、十一日、二十一日，太白常在东方。

二日、十二日、二十二日，太白常在东南方。

三日、十三日、二十三日，太自常在正南方。

四日、十四日、二十四日，太白常在西南方。

五日、十五日、二十五日，太白常在西方。

六日、十六日、二十六日，太白常在西北方。

七日、十七日、二十七日，太白常在北方。

八日、十八日、二十八日，太白常在东北方。

九日、十九日、二十九日，太白常在中央入地。

上太自如上一月转者，每月亦然，恒常随天转，无休息。至日月在时未末世已来年月日亦然，常转无尽。太白是斗战大将军，常须顺行，勿令逆之。若准此出入，移徙远行，及嫁娶，拜官，斗战，世间杂事等，造作行用，皆如上日时顺行用者，大胜吉利。如逆行不顺此太白所在行法者，皆凶战不胜。所有移徒远行等，亦无利益。常须顺之，凡举事皆吉。

第二章　选择汇考二

《臞仙肘后神枢》

神机鬼藏章

臞仙曰：予尝所用之日，凡遇季春之寅，季秋之申亥，季冬之寅亥，乃吾夺造化于五辰，用之万事大亨。今再定六十甲子，一年十二月，内克择日辰使用，应有五音。人家修造屋宇楼台，仓库殿舍，葬埋，婚姻，嫁娶，上官赴任，开门放水，开张店肆，交易买卖，应有施工造作，若遇天宁地宁人宁，临直之日，乃为上吉；若遇天和地和人和，临直之日，为中吉；若修方建造，更看年月方向，通利无有不吉。如逢上吉之日用之者，仕人加官进职；庶人进入钱物牛羊，蚕丝谷帛，人财兴旺，百事如意。若遇玉皇帝星，天皇帝星，紫微帝星，直日则不避年月方向凶忌，造作无碍。若直建破魁罡等，虽有三星，亦当回避，不避忌而用之者，主招官事，破财损物，一切不利。今将逐月日辰，并年月方向、吉凶神煞图列于下。

逐月吉凶日

月	正	二	三	四	五	六	七	八	九	十	十一	十二
甲子	天和	天罡	人和	人和	破	天和	地和	河魁	人和	地和	建	天和
乙丑	天宁	地和	河魁	人宁	天宁	破	受死	人和	天罡	地宁	人宁	建
丙寅	建	人宁	人宁	天罡	天和	人宁	破	天和	受死	河魁	人和	地宁
丁卯	地和	建	天和	天和	河魁	天宁	人和	破	天和	人和	天罡	人宁
戊辰	地宁	受死	建	天宁	地和	天罡	人宁	地和	破	人宁	天和	河魁
己巳	天罡	人和	天宁	建	人和	地宁	河魁	人和	人宁	破	地和	地宁
庚午	人和	河魁	地和	地和	建	受死	天和	天罡	地和	天和	破	地和
辛未	人宁	天宁	天罡	地宁	天和	建	天宁	受死	河魁	天宁	人和	破
壬申	破	天和	地宁	河魁	地和	人宁	建	天和	天宁	天罡	天和	地宁
癸酉	天和	破	人宁	人和	天罡	地和	地和	建	地宁	地和	河魁	受死
甲戌	受死	地和	破	人宁	人和	河魁	地宁	地和	建	地宁	地和	天罡
乙亥	河魁	人和	受死	破	天和	天宁	天罡	人和	人宁	建	人和	人宁

月	正	二	三	四	五	六	七	八	九	十	十一	十二
丙子	地和	天罡	人和	天和	破	人和	人和	河魁	人和	人和	建	人和
丁丑	天宁	天和	河魁	天宁	地宁	破	受死	天和	天罡	人宁	天宁	建
戊寅	建	地宁	天宁	天罡	地和	地宁	破	地和	受死	河魁	天和	天宁
己卯	人和	建	天和	地和	河魁	人宁	天和	破	天和	天和	天罡	地宁
庚辰	地宁	受死	建	地宁	人和	天罡	人宁	人和	破	天宁	地和	河魁
辛巳	天罡	地和	地宁	建	天和	天宁	河魁	天和	天宁	破	人和	人宁
壬午	天和	河罡	地和	人和	建	受死	地和	天罡	地和	地和	破	天和
癸未	人宁	人宁	天罡	人宁	地和	建	天宁	受死	河魁	地宁	天和	破
甲申	破	人和	人宁	河魁	人和	地宁	建	地和	地宁	天罡	地和	天宁
乙酉	地和	破	天宁	天和	天罡	天和	人和	建	人宁	人和	河魁	受死
丙戌	受死	天和	破	墓	墓	河魁	地宁	人和	建	人宁	人和	天罡
丁亥	河魁	地和	受死	破	天和	人宁	天罡	天和	天宁	建	天和	地和

月	正	二	三	四	五	六	七	八	九	十	十一	十二
戊子	人和	**天罡**	人和	地和	**破**	地和	天和	**河魁**	人和	天和	**建**	人和
己丑	天宁	人和	**河魁**	天宁	人宁	**破**	**受死**	地和	**天罡**	天宁	地宁	**建**
庚寅	**建**	天和	地宁	**天罡**	地和	天宁	**破**	人和	**受死**	**河魁**	地和	地宁
辛卯	天和	**建**	天和	人和	**河魁**	地宁	地和	**破**	天和	地和	**天罡**	人宁
壬辰	地宁	**受死**	**建**	地宁	人和	**天罡**	人宁	天和	**破**	**墓**	**墓**	**河魁**
癸巳	**天罡**	天和	天宁	**建**	天和	人宁	**河魁**	地和	地宁	**破**	人和	天宁
甲午	地和	**河魁**	地和	天和	**建**	**受死**	人和	**天罡**	地和	人和	**破**	天和
乙未	**墓**	**墓**	**天罡**	人宁	地和	**建**	天宁	**受死**	**河魁**	地宁	天和	**破**
丙申	**破**	地和	天宁	**河魁**	人和	天宁	**建**	人和	人宁	**天罡**	地和	地宁
丁酉	人和	**破**	地宁	地和	**天罡**	人和	天和	**建**	天宁	天和	**河魁**	**受死**
戊戌	**受死**	人和	**破**	天宁	天和	**河魁**	地宁	天和	**建**	人宁	人和	**天罡**
己亥	**河魁**	天和	**受死**	**破**	地和	地宁	**天罡**	地和	地宁	**建**	天和	人宁

月	正	二	三	四	五	六	七	八	九	十	十一	十二
庚子	天和	**天罡**	人和	人和	**破**	天和	地和	**河魁**	人和	地和	**建**	地和
辛丑	人宁	地和	**河魁**	地宁	天宁	**破**	**受死**	**墓**	**天罡**	天宁	人宁	**建**
壬寅	**建**	地宁	人宁	**天罡**	人和	人宁	**破**	人和	**受死**	**河魁**	人和	天宁
癸卯	地和	**建**	天和	天和	**河魁**	天宁	人和	**破**	天和	人和	**天罡**	地宁
甲辰	天宁	**受死**	**建**	人宁	天和	**天罡**	人宁	天和	**破**	地宁	天和	**河魁**
乙巳	**天罡**	人和	天宁	**建**	地和	地宁	**河魁**	地和	人宁	**破**	地和	人宁
丙午	人和	**河魁**	地和	地和	**建**	**受死**	天和	**天罡**	地和	**四废**	**破**	**四废**
丁未	地宁	人宁	**天罡**	天宁	人和	**建**	天宁	**受死**	**河魁**	人宁	人和	**破**
戊申	**破**	天和	地宁	**河魁**	天和	人宁	**建**	人和	天宁	**天罡**	天和	天宁
己酉	天和	**破**	人宁	人和	**天罡**	地和	地和	**建**	地宁	天和	**河魁**	**受死**
庚戌	**受死**	地和	**破**	地宁	地和	**河魁**	地宁	天和	**建**	天宁	地和	**天罡**
辛亥	**河魁**	人和	**受死**	**破**	人和	天宁	**天罡**	地和	人宁	**建**	人和	地宁

月	正	二	三	四	五	六	七	八	九	十	十一	十二
壬子	地和	天罡	人和	四废	破	人和	人和	河魁	人和	地和	建	人和
癸丑	人宁	天和	河魁	人宁	地宁	破	受死	人和	天罡	地宁	天宁	建
甲寅	建	天宁	天宁	天罡	天和	地宁	破	四废	受死	河魁	天和	人宁
乙卯	人和	建	天和	天和	河魁	人宁	四废	破	四废	人和	天罡	天宁
丙辰	天宁	受死	建	天宁	地和	天罡	人宁	天和	破	人宁	地和	河魁
丁巳	天罡	地和	地宁	建	人和	天宁	河魁	地和	天宁	破	四废	四废
戊午	天和	河魁	地和	地和	建	受死	天和	天罡	天和	天和	破	天和
己未	地宁	地宁	天罡	地宁	天和	建	天宁	受死	河魁	天宁	人和	破
庚申	破	四废	四废	河魁	地宁	地宁	建	人和	地宁	天罡	天和	地宁
辛酉	四废	破	四废	人和	天罡	天和	地和	建	人宁	地和	河魁	受死
壬戌	受死	天和	破	人宁	人和	河魁	地宁	天和	建	地宁	地和	天罡
癸亥	河魁	地和	受死	破	四废	四废	天罡	地和	天宁	建	人和	人宁

定时吉凶

凡遇黄道、贵人、禄马值时，百事利宜，值黑道空亡，诸为不吉，截路空亡、止忌出行嫁娶移徙，余皆不忌。

日	青龙黄道	明堂黄道	天刑黑道	朱雀黑道	金匮黄道	天德黄道	白虎黑道	玉堂黄道	天牢黑道	元武黑道	司命黄道	勾陈黑道
子	申	酉	戌	亥	子	丑	寅	卯	辰	巳	午	未
丑	戌	亥	子	丑	寅	卯	辰	巳	午	未	申	酉
寅	子	丑	寅	卯	辰	巳	午	未	申	酉	戌	亥
卯	寅	卯	辰	巳	午	未	申	酉	戌	亥	子	丑
辰	辰	巳	午	未	申	酉	戌	亥	子	丑	寅	卯
巳	午	未	申	酉	戌	亥	子	丑	寅	卯	辰	巳
午	申	酉	戌	亥	子	丑	寅	卯	辰	巳	午	未
未	戌	亥	子	丑	寅	卯	辰	巳	午	未	申	酉
申	子	丑	寅	卯	辰	巳	午	未	申	酉	戌	亥
酉	寅	卯	辰	巳	午	未	申	酉	戌	亥	子	丑
戌	辰	巳	午	未	申	酉	戌	亥	子	丑	寅	卯
亥	午	未	申	酉	戌	亥	子	丑	寅	卯	辰	巳

日	驿马
申	
子	寅
辰	
巳	
酉	亥
丑	
寅	
午	申
戌	
亥	
卯	巳
未	

日	天官贵人	福星贵人	天乙贵人	八禄	截路空亡
甲	酉	寅	丑未	寅	申酉
乙	申	丑	子申	卯	午未
丙	子	寅	酉亥	巳	辰丑
丁	亥	亥	酉亥	午	寅卯
戊	卯	申	丑未	巳	子丑
己	寅	未	子申	午	申酉
庚	午	午	丑未	申	午未
辛	巳	巳	寅卯	酉	辰巳
壬	午	辰	卯巳	亥	寅卯
癸	巳	丑	卯巳	子	子丑

日

旬中空亡	甲子旬	甲戌旬	甲申旬	甲午旬	甲辰旬	甲寅旬
	戌亥	申酉	午未	辰巳	寅卯	子丑

紫微鸾驾帝星值日

玉皇帝星一名显星	孟月	丙子壬子丁卯癸卯乙酉辛酉甲午
	仲月	丙寅壬寅甲申乙亥辛亥癸巳庚甲
	季月	乙丑辛丑癸未己未甲戌庚戌壬辰
天皇帝星一名曲星	孟月	丁丑癸丑甲辰戊辰丙戌壬戌乙未
	仲月	丙子丁卯壬子癸丑乙酉辛酉甲午
	季月	丙寅壬寅甲申乙亥辛亥癸巳
紫微帝星一名傅星	孟月	庚辰丙辰辛未丁未戊戌己丑
	仲月	丙午庚午乙卯己卯戊子己酉
	季月	戊寅甲寅己巳乙巳丁亥癸亥庚申

年方吉神

凡造作及出行，必择方向吉凶，当于后图内次第横推用之。

年	甲	乙	丙	丁	戊	己	庚	辛	壬	癸
岁干德 即岁德	甲	庚	丙	壬	戊	甲	庚	丙	壬	戊
岁德合	己	乙	辛	丁	癸	己	乙	辛	丁	癸
阳贵人	丑	子	亥	酉	未	申	未	午	巳	卯
阴贵人	未	申	酉	亥	丑	子	丑	寅	卯	巳
岁干禄 已上百事向之大吉	寅	卯	巳	午	巳	午	申	酉	亥	子

年	子	丑	寅	卯	辰	巳	午	未	申	酉	戌	亥
岁天道 阴阳开山之地百事向之大吉	坤艮	甲庚	乙辛	乾巽	丙壬	丁癸	坤艮	甲庚	乙辛	乾巽	丙壬	丁癸
岁合 即六合百事吉止忌烧野	丑	子	亥	戌	酉	申	未	午	巳	辰	卯	寅
岁天德 阴阳感通之位百事向之大吉	巽	庚	丁	坤	壬	辛	乾	甲	癸	艮	丙	乙
岁位德 阴阳会合之辰百事向之大吉	壬	庚	丙	申	壬	庚	丙	甲	壬	庚	丙	甲
天德合	申	乙	壬	己	丁	丙	寅	申	申	亥	辛	庚
月德合	丁	乙	辛	申	丁	乙	辛	申	丁	乙	辛	申
生气草盖 宜探人进喜己上百事大吉	戌	亥	子	丑	寅	卯	辰	巳	午	未	申	酉
驿马 宜出行向之大吉	寅	亥	申	巳	寅	亥	申	巳	寅	亥	申	巳
奏书 遇吉星同位则吉遇凶星同位则凶	乾	乾	艮	艮	艮	巽	巽	巽	坤	坤	坤	乾
博士 宜动土修宅忌架马造作	巽	巽	坤	坤	坤	乾	乾	乾	艮	艮	艮	巽

月方吉神

月	天道	天德	月德	天德合	月德合 己上百事大吉	月空 宜修造取土	月财 宜修方造作
正	南	丁	丙	壬	辛	壬	午
二	西南	坤	甲	巳	申	庚	乙
三	北	壬	壬	丁	丁	丙	巳
四	西	辛	庚	丙	乙	甲	未
五	西北	乾	丙	寅	辛	壬	酉
六	东	甲	甲	甲	申	庚	亥
七	北	癸	壬	申	丁	丙	午
八	东北	艮	庚	辛	乙	甲	乙
九	南	丙	丙	亥	辛	壬	巳
十	东	乙	甲	庚	申	庚	未
十一	东南	巽	壬	申	丁	丙	酉
十二	西	庚	庚	乙	乙	甲	亥

月	正	二	三	四	五	六	七	八	九	十	十一	十二
生气华盖	子	丑	寅	卯	辰	巳	午	未	申	酉	戌	亥
青龙黄道	子	寅	辰	午	申	戌	子	寅	辰	午	申	戌
明堂黄道	丑	卯	巳	未	酉	亥	丑	卯	巳	未	酉	亥
金匮黄道	辰	午	申	戌	子	寅	辰	午	申	戌	子	寅
天德黄道	巳	未	酉	亥	丑	卯	巳	未	酉	亥	丑	卯
玉堂黄道	未	酉	亥	丑	卯	巳	未	酉	亥	丑	卯	巳
司命黄道 巳上百事向之吉	戌	子	寅	辰	午	申	戌	子	寅	辰	午	申
驿马 宜远行诸事吉	申	巳	寅	亥	申	巳	寅	亥	申	巳	寅	亥

年方凶神

年	甲己 乙庚 丙辛 丁壬 戊癸
正阴府太岁 忌开山山向起造墓埋	艮巽 乾兑 坤坎 离 震
傍阴府太岁 同前	丙辛甲丁己丑乙癸申辰壬寅戊庚亥未
穿山大罗喉 即官符 忌开山立向	戌 申 午 辰 寅
巡山大耗山家困龙 忌同前	乾 庚 丁 巽 甲
山家官符 一名天禁朱雀 一名九天朱雀 忌同前	亥 酉 未 巳 卯
四大金星寒鸦暗曜 忌同前	丁 巽 甲 乾 庚
直山血刃 主损血财 忌开山修方	申酉壬辛子亥酉巳
山家血刃阳府太岁 忌同前	乾兑 坎巽 坤艮 震 离

年	甲乙丙丁戊己庚辛壬癸
浮天空亡 忌开山立向修方动土造门修门拆屋	丙丁乙庚丁丙丁丙庚乙
	壬癸辛甲癸壬癸壬甲辛
金神七煞 忌修方动土	午 寅 辰卯寅 寅申午 辰卯寅 寅申
	未 午卯 卯酉未 午卯 卯酉
	申 巳 丑子未 戌子申 巳 丑子未 戌子
	酉 亥丑酉 亥丑

年	甲乙丙丁戊己庚辛壬癸
破败五鬼 同前	巽艮坤卯午子酉乾巽艮
昇元燥火 同前	丑申辰未戌丑申辰未戌
	丁艮辛癸乙丁艮辛癸乙

月	正二三四五六七八九十十一十二
隐伏血刃 忌开山修方修六畜栏圈主损血财	乾子寅亥丑乾子寅亥丑
	巽未戌乾卯巽未戌乾亥
昇元血刃 同前	巳子申亥寅巳子申亥寅
	甲辛丙庚壬甲辛丙庚壬
千金血刃	申寅子亥巳申寅子亥巳

年	子丑寅卯辰巳午未申酉戌亥
太岁 忌事不可犯 主破家不利宅长	子丑寅卯辰巳午未申酉戌亥
劫煞 忌修方动土 主损人口招盗	巳寅亥申巳寅亥申巳寅亥申
灾煞 忌同前 主损财招疾病	午卯子酉午卯子酉午卯子酉
岁煞 一名的煞 忌同前 主损人口招讼	未辰巳午未辰丑戌未辰丑戌
州官符 忌开册立向修方犯之招公讼	亥申巳寅亥申巳寅亥申巳寅
官符 同前	辰巳午未申酉戌亥子丑寅卯
巡山罗忌 忌立向	乙壬艮甲巽丙丁坤辛乾癸庚
坐山罗忌 忌立向	乾艮震离兑坤坤艮坎坎巽乾
坐煞向煞 忌立宅安填	丙甲丙甲丙甲丙甲丙甲丙甲
	壬庚壬庚壬庚壬庚壬庚壬庚
	丁乙丁乙丁乙丁乙丁乙丁乙
	癸辛癸辛癸辛癸辛癸辛癸辛
翎毛禁向 忌立宅安填	甲丁 丙丙 甲丁甲 甲 丁 庚庚丙
	丙辛 庚癸庚 癸
	庚申 壬壬 丁丙丙 庚 丙 壬辛壬
	壬庚 癸壬壬 壬

年	子丑寅卯辰巳午未申酉戌亥
阴中太岁阴中煞方 忌墓埋	未午己辰卯寅丑子亥戌酉申
白虎煞 忌同前	申酉戌亥子丑寅卯辰巳午未
天皇炎退煞 忌开山安向修方	卯子酉午卯子酉午卯子酉午
支神退方 忌同前	巽兊 巽兊 坎坎坎坎乾乾 坤艮 坤艮 离离
山家火血 忌同前	甲乙丙丁甲乙丙丁甲乙丙丁
	庚辛壬癸庚辛壬癸辛壬癸
山家刀砧 一名午勳血刃 忌同前	乙甲甲癸甲癸甲癸丙乙丙癸
	辛庚庚丁庚丁庚丁壬辛壬丁
宅长煞	亥申巳寅亥申巳寅亥申巳寅
宅母煞	未申酉戌亥子丑寅卯辰巳午
宅男煞	寅卯辰巳午未申酉戌亥子丑
中男煞	申酉戌亥子丑寅卯辰巳午未
心口煞	未辰丑戌未辰丑戌未辰丑戌
妇人煞 已上忌修方动土	丑寅卯辰巳午未申酉戌亥子
独火 一名飞祸 一名六害	艮卯卯子巽巽酉午午坤乾乾
天火霹雳火	子酉午卯子酉午卯子酉午卯
飞天独火 已上忌修造盖屋动土犯之火发	卯子酉午卯子酉午卯子酉午
大耗岁破 忌修方立仓库置庄产犯之损六畜败财	午未申酉戌亥子丑寅卯辰己
小耗净栏煞 同前	巳午未申酉戌亥子丑寅卯辰
蚕官 如养蚕忌修作余皆不忌犯之损蚕	未未戌戌戌丑丑丑辰辰辰未
蚕室 同前	坤坤乾乾乾艮艮艮巽巽巽坤
蚕命 同前 宜祈蚕向之吉	未午亥戌巳丑寅申卯辰子酉
大杀 百事不宜 犯之人品衰败官事刑宪	子酉午卯子酉午卯子酉午卯
飞廉 忌修方动土犯之主公事口舌疾病失败凶	申酉戌巳午未寅卯辰亥子丑
大将军 止宜修碓余皆不宜犯者主官灾口舌	酉酉子子子卯卯卯午午午酉

	壬丑寅卯辰巳午未申酉戌亥
病符 忌修方动土犯之主疾病伤害	亥子丑寅卯辰巳午未申酉戌
死符 同前	巳午未申酉戌亥子丑寅卯辰
崩腾 忌行丧埋葬	坤乾辛乙丙壬庚甲癸丁巳酉
黄帝八座 同前	酉戌亥子丑寅卯辰巳午未申
五鬼 诸事不宜犯之主虚耗失财疾病	辰卯寅丑子亥戌酉申未午巳
伏兵 同前	丙甲壬庚丙甲壬庚丙甲壬庚
黄幡 忌开门取土嫁娶纳财犯之主招非灾损六畜	辰丑戌未辰丑戌未辰丑戌未
豹尾 同前	戌未辰丑戌未辰丑戌未辰丑
大祸 忌修方动土犯之招横祸	丁乙癸辛丁乙癸辛丁惭癸辛
力士 忌修方造作犯之主竹木损手足之厄	艮艮巽巽巽坤坤坤乾乾乾艮
丧门 忌造作行丧犯之主招贼寇不祥	寅卯辰巳午未申酉戌亥子丑
吊客 忌修方兴土工犯之主哭泣疾病不祥	戌亥子丑寅卯辰巳午未申酉
畜官	辰巳午未申酉戌亥子丑寅卯
千勳血刃	寅辰丑亥巳寅辰丑亥巳寅辰
暗刀煞	辰卯亥申丑未辰卯亥申丑未
年流财 已上忌修方动土造作犯之损六畜破财	戌未子子戌戌戌子未未未
	乾申丑丑乾乾乾丑申申申
岁煞	未辰丑戌未辰丑戌未辰丑戌
岁刑 已上忌动土博戏犯之主公讼血光之厄	卯戌巳子辰申午丑寅酉未亥
天殟 忌修方动土犯之招瘟疫	未戌辰寅午子酉申巳亥丑卯
太阴 忌动土移徙出行向之主女人灾小口不利阴私事	戌亥子丑寅卯辰巳午未申酉
破碎金三煞	巳丑酉己丑酉巳丑酉巳丑酉
五子打劫血刃	坤艮乾坤离巽坤艮乾刊离巽
田官符 已上忌修造动土犯之主破财损畜	乾 乾 亥子丑 亥子丑 亥子丑 乾 乾 未申酉 亥子丑 未申酉 未申酉 未申酉

年	子	丑	寅	卯	辰	巳	午	未	申	酉	戌	亥
地轴	未	申	酉	戌	亥	子	丑	寅	卯	辰	巳	午
帝舍	寅	卯	辰	巳	午	未	申	酉	戌	亥	子	丑
帝车	丑	寅	卯	辰	己	午	未	申	酉	戌	亥	了
帝辂 已上忌开山修方 招吉星到不忌	亥	子	丑	寅	卯	辰	巳	午	未	申	酉	戌
铁扫帚	丁	乙	丙	庚	乙	丙	丁	乙	丙	庚	乙	丙
	癸	辛	壬	甲	辛	壬	癸	辛	壬	甲	辛	壬
土皇煞 秋分后五日不论	巽	巽	坤	坤	乾	乾	子	子	午	午	艮	艮
	乾	乾	艮	艮	巽	巽	午	酉	子	子	坤	坤
九良煞 已上忌修造动土	中	厨	丑	后	寅	门	戌	水	中	南	堂	寺
	庭	寅		堂	辰		亥	路	庭		庙	观
飞天暴败	巳	戌	卯	申	丑	午	亥	辰	酉	寅	未	子
飞天炎星	戌	亥	申	酉	午	未	辰	巳	寅	卯	子	丑
年禁	午	寅	亥	酉	未	卯	子	戌	巳	辰	丑	申
鲁般煞 已上忌修方	巽	巽	震	震	艮	艮	坤	坤	坎	坎	坎	坎

月方凶神

月		十二月禁向 忌开山立向修方犯之主损六畜牲财			翎毛大禁向 同前		山家朱雀 同前犯之招口舌	独火 忌修方犯之主火厄	官符 忌修方开山立向犯之主公讼损血财
正	寅	甲	巽	巳	癸		离	巳	午
二	卯	乙	丁	癸	乙	辛	坎坤	辰	未
三	辰	巽	坤	申	壬丙乙	丁癸辛	巽	卯	申
四	寅	甲	丙	丁			乾	寅	酉
五	午	丁	酉	辛	癸		艮兑	丑	戌
六	辰	巽	未	坤	乙	辛	空	子	亥
七	申	庚	壬	亥	丙	午	震离	亥	子
八	丙	庚	酉	丁	卯酉	乙辛	坎坤	戌	丑
九	戌	乾	丑	艮	癸		巽	酉	寅
十	壬	亥	甲	庚	乙	辛	乾	申	卯
十一	子	癸	甲	卯	丙壬乙	丁癸辛	艮兑	未	辰
十二	丑	癸	辛	戌			空	午	巳

月	正	二	三	四	五	六	七	八	九	十	十一	十二
大耗 一名月破煞	申	酉	戌	亥	子	丑	寅	卯	辰	巳	午	未
小耗 一名净栏煞	未	申	酉	戌	亥	子	丑	寅	卯	辰	巳	午
剑锋	甲	乙	巽	丙	丁	坤	庚	辛	乾	壬	癸	艮
刀砧	丁	甲	乙	壬	丁	甲	乙	壬	丁	甲	乙	壬
	癸	庚	辛	丙	癸	庚	辛	丙	癸	庚	辛	丙
月血火	甲	丁	甲	丁	甲	丁	壬	乙	壬	丁	乙	甲
	庚	癸	庚	癸	庚	癸	丙	辛	丙	癸	辛	庚
流才	甲	丁	甲	丁	乙	壬	乙	丁	壬	甲	乙	壬
	庚	癸	庚	癸	辛	丙	辛	癸	丙	庚	辛	丙
流财星	巳	申	酉	丑	寅	辰	巳	申	酉	丑	寅	辰
	午未	戌酉	戌亥	寅	卯	巳	午未	戌酉	戌亥	寅	卯	巳
月厌	戌	酉	申	未	午	巳	辰	卯	寅	丑	子	亥
月煞月虚	丑	戌	未	辰	丑	戌	未	辰	丑	戌	未	辰

月	正	二	三	四	五	六	七	八	九	十	十一	十二
已上忌修方造作动土立仓库犯之主损六畜	巳	子	辰	申	午	丑	寅	酉	未	亥	卯	戌
	亥	申	巳	寅	亥	申	巳	寅	亥	申	巳	寅
月三煞	子	酉	午	卯	子	酉	午	卯	子	酉	午	卯
	丑	戌	未	辰	丑	戌	未	辰	丑	戌	未	辰
土皇煞	巳	辰	卯	寅	丑	子	亥	戌	酉	申	未	午
土符	寅	巳	申	亥	卯	午	酉	子	辰	未	戌	丑
天殟	未	戌	辰	寅	午	子	酉	申	巳	亥	丑	卯
四旺 已上忌修造动土开门	寅	寅	寅	巳	巳	巳	申	申	申	亥	亥	亥
崩腾	辛	巳	丙	壬	庚	甲	酉	丁	子	丑	坤	乾
八座	亥	子	丑	寅	卯	辰	巳	午	未	申	酉	戌
报怨煞 一名撞命煞凶犯之主宅长不祥	丙甲	壬甲	庚	丙	甲	壬	庚	丙	甲	壬	庚	丙
飞廉大煞 凡事不利凶张纲捕猎犯之主公事疾病口舌	戌	巳	午	未	寅	卯	辰	亥	子	丑	申	本

月	正二三四五六七八九十十一十二
大小耗星 忌修换动土犯之主狐狸豺狗狼耗血财	门井东南厨中仓庭门井东南厨中仓庭；户灶西北库磨碓户灶西北库磨碓
游龙 忌修理犯之损目	仓仓仓井门门仓中庭井灶井仓灶堂门堂
伏龙 同前	中庭中大门大户墙灶乾厨；灶庭中庭门井墙井堂槽门户仓
宅龙 忌修理犯之防恶大伤	灶灶灶大门大门厨厨灶中房内室中堂
月建	寅卯辰巳午未申酉戌亥子丑
月破	申酉戌亥子丑寅卯辰巳午未
天罡	巳子未寅酉辰亥午丑申卯戌
河魁 已上忌修造动土犯之主非灾横祸	亥午丑申卯戌巳子未寅酉辰
年月	寅午戌亥卯未申子辰巳酉丑
入山刀砧 忌修造动土犯之主损六畜	丙壬癸甲庚乙辛丙壬癸甲庚乙辛

右吉凶星煞各有宜忌凡选方向详察用之

月	正二三四五六七八九十十一十二
甲癸丁庚年	艮兑乾中巽震坤坎离艮兑乾
大月建 乙辛戊年	中巽震坤坎离艮兑乾中巽震
丙壬巳年	坤坎离艮兑乾中巽震坤坎离

右大月建，一名暗建煞，一名逆小儿煞，又名阴中太岁，凡将军太岁官符诸凶神，犯者尚可禳，惟此不可犯忌，修方动土，犯之，主先害宅长，次害子孙，立见衰败。

小月建

月	子寅辰午申戌年	丑卯巳未酉亥年
正	中	离
二	乾	坎
三	兑	坤
四	艮	震
五	离	巽
六	次	中
七	坤	乾
八	震	兑
九	巽	艮
十	中	离
十一	乾	坎
十二	兑	坤

右小月建，一名顺小儿煞，一名阴阳月建，方忌修方，犯之害小口，然阳宅滴

水檐外，尤紧禁无步敛，犯之即见祸殃。

天官符

月	寅午戌年	申子辰年	巳酉丑年	亥卯未年
正	艮	中	坤	中
二	兑	巽	坎	兑
三	乾	震	离	乾
四	中	坤	艮	中
五	兑	坎	兑	巽
六	乾	离	乾	震
七	中	艮	中	坤
八	巽	兑	兑	坎
九	震	乾	乾	离
十	坤	中	中	艮
十一	坎	兑	巽	兑
十二	离	乾	震	乾

上天官符，一名飞宫州官符，一名天太岁，一名宅长煞，一名州牢煞，如修造

方向，犯之，主宅长不利，及有官灾，非横退财不吉。

地官行

月	正	二	三	四	五	六	七	八	九	十	十一	十二
子年	兑	乾	中	兑	乾	中	巽	震	坤	坎	离	艮
丑年	艮	兑	乾	中	兑	乾	中	巽	震	坤	坎	离
寅年	离	艮	兑	乾	中	兑	乾	中	巽	震	坤	坎
卯年	坎	离	艮	兑	乾	中	兑	乾	中	巽	震	坤
辰年	坤	坎	离	艮	兑	乾	中	兑	乾	中	巽	震
巳年	震	坤	坎	离	艮	兑	乾	中	兑	乾	中	巽
午年	巽	震	坤	坎	离	艮	兑	乾	中	兑	乾	中
未年	中	巽	震	坤	坎	离	艮	兑	乾	中	兑	乾
申年	乾	中	巽	震	坤	坎	离	艮	兑	乾	中	兑
酉年	兑	乾	中	巽	震	坤	坎	离	艮	兑	乾	中
戌年	中	兑	乾	中	巽	震	坤	坎	离	艮	兑	乾
亥年	乾	中	兑	乾	中	巽	震	坤	坎	离	艮	兑

右地官符，一名飞宫县官符，一名县牢煞，一名死气五官符，然舍位禁五十步尚不可犯，而飞宫尤不可犯也，寻逐年太岁，上起建数至第五位定字，是年官符若犯，山头坐下官灾自内发，若在方向，官灾从外来而犯之者，亦有受府县牢狱官灾而已，又名畜官，动土兴工造作，犯之，主妨小口损六畜。

霹雳火

月	寅午戌年	亥卯未年	申子辰年	巳酉丑年
正	离	乾	乾	震
二	艮	中	中	坤
三	兑	巽	巽	坎
四	乾	震	震	离
五	中	坤	坤	艮
六	巽	坎	坎	兑
七	震	离	离	乾
八	坤	艮	艮	中
九	坎	兑	兑	巽
十	离	乾	乾	震
十一	艮	中	中	坤
十二	兑	巽	巽	坎

右霹雳火，一名打头火，与其他火星不同，为灾最紧，犯之，随手火发，忌开

山动土造作。

飞天独火

月	巳酉丑年	申子辰年	寅午戌年	亥卯未年
正	乾	乾	震	离
二	中	中	坤	艮
三	兑	巽	坎	兑
四	乾	震	离	乾
五	中	坤	艮	中
六	巽	坎	兑	兑
七	震	离	乾	乾
八	坤	艮	中	中
九	坎	兑	兑	巽
十	离	乾	乾	震
十一	艮	中	中	坤
十二	兑	兑	巽	坎

上飞天独火，与霹雳火同忌，修方造作动土，犯之，其火即发。

月游火

月	正	二	三	四	五	六	七	八	九	十	十一	十二
子丑年	艮	离	坎	坤	震	巽	中	乾	兑	艮	离	坎
寅年	震	巽	中	乾	兑	艮	离	坎	坤	震	巽	中
卯辰年	巽	中	乾	兑	艮	离	坎	坤	震	巽	中	乾
巳年	离	坎	坤	震	巽	中	乾	兑	艮	离	坎	坤
午未年	坤	震	巽	中	乾	兑	艮	离	坎	坤	震	巽
申年	兑	艮	离	坎	坤	震	巽	中	乾	兑	艮	离
酉戌年	乾	兑	艮	离	坎	坤	震	巽	中	乾	兑	艮
亥年	坎	坤	震	巽	中	乾	兑	艮	离	坎	坤	震

右月游火，与霹雳火星同，止犯修方造作动土，犯之，其火便发。

丙丁独火煞

月	甲己年 丙	甲己年 丁	乙庚年 丙	乙庚年 丁	丙辛年 丙	丙辛年 丁	丁壬年 丙	丁壬年 丁	戊癸年 丙	戊癸年 丁
正		乾	巽		坤	震	离	坎	兑	艮
二			震	巽	坎	坤	艮	离	乾	兑
三	巽		坤	震	离	坎	兑	艮		乾
四	震	巽	坎	坤	艮	离	乾	兑		
五	坤	震	离	坎	兑	艮		乾	巽	
六	坎	坤	艮	离	乾	兑			震	巽
七	离	坎	兑	艮		乾	巽		坤	震
八	艮	离	乾	兑			震	巽	坎	坤
九	兑	艮		乾	巽		坤	震	离	坎
十	乾	兑			震	巽	坎	坤	艮	离
十一		乾	巽		坤	震	离	坎	兑	艮
十二			震	巽	坎	坤	艮	离	乾	兑

上丙丁独火煞，忌修方造作动土，犯之，立见火殃，切宜回避。

月	巡山火星	
正	乾	赤七
二	坤	
三	坎	
四	坎	
五	中	
六	卯	
七	卯	
八	酉	紫九
九	艮	
十	艮	
十一		
十二	乾	赤七

上巡山火星，一名满天红火星，忌修方，犯之，主红火连天。

昇元血刃

月	甲己年 顺	甲己年 逆	乙庚年 顺	乙庚年 逆	丙辛年 顺	丙辛年 逆	丁壬年 顺	丁壬年 逆	戊癸年 顺	戊癸年 逆
正	申	丙	寅	壬	子	辛	亥	庚	巳	甲
二	亥	庚	巳	甲	申	丙	寅	壬	子	辛
三	寅	壬	子	辛	亥	庚	巳	甲	申	庚
四	巳	甲	申	丙	寅	壬	子	辛	亥	丙
五	子	辛	亥	庚	巳	甲	申	丙	寅	壬
六	申	丙	寅	壬	子	辛	亥	庚	巳	甲
七	亥	庚	巳	甲	申	丙	寅	壬	子	辛
八	寅	壬	子	辛	亥	庚	巳	甲	申	庚
九	巳	甲	申	丙	寅	壬	子	辛	亥	丙
十	子	辛	亥	庚	巳	甲	申	丙	寅	壬
十一	申	丙	寅	壬	子	辛	亥	庚	巳	甲
十二	亥	庚	巳	甲	申	丙	寅	壬	子	辛

右升元血刃，惟占舍位，其煞属金，为在地黑煞，顺者食外，逆者食内，犯之，大损血财。

隐伏血刃

月	甲乙年 顺	甲乙年 逆	乙庚年 顺	乙庚年 逆	丙辛年 顺	丙辛年 逆	丁壬年 顺	丁壬年 逆	戊癸年 顺	戊癸年 逆
正	兑	离	巽	乾	坎	震	震	中	离	坤
二	艮	艮	中	中	坤	坤	巽	巽	坎	坎
三	离	兑	乾	巽	震	离	中	震	坤	离
四	坎	乾	兑	震	巽	坎	乾	坤	震	艮
五	坤	中	艮	坤	中	艮	兑	坎	巽	兑
六	震	巽	离	坎	乾	兑	艮	离	中	乾
七	巽	震	坎	离	兑	乾	离	艮	乾	中
八	中	坤	坤	艮	艮	中	坎	兑	兑	巽
九	乾	坎	震	兑	离	巽	坤	乾	艮	震
十	兑	离	巽	乾	坎	震	震	中	离	坤
十一	艮	艮	中	中	坤	坤	巽	巽	坎	坎
十二	离	兑	乾	巽	震	坎	中	震	坤	离

右隐伏血刃，乃升元中名黄金虎子煞，大忌动土修作，犯轻损血财，重则损人，若犯直壬申癸酉日，纳音属金，谓之带剑，如到中宫，凶喜二事皆不许动鼓乐。

饥渴血刃

月	甲己年	乙庚年	丙辛年	丁壬年	戊癸年
正				饥	
二			饥		
三		饥			
四	饥				
五					饥
六		中		渴	
七			渴		中
八		渴		中	
九	渴				
十			中		渴
十一	中				
十二					

右饥渴血刃，忌修中宫，饥则食肉，渴则饮血，其煞不占方道，止忌中宫，若

修造，犯之，惟损血财，若吉星到中宫。不忌。

月		甲己年			乙庚年			丘公暗刀煞 丙辛年			丁壬年			戊癸年	
正	戌	犬	楼	申	奴	婢	午	门	厅	辰	仓	库	寅	蚕桑	六畜
二	亥	猪	牢	酉	鸡	栖	未	羊	栈	巳	仓	库	卯	厨廨	灶
三	子	厅	堂	戌	犬	楼	申	奴	婢	午	门	厅	辰	仓	库
四	丑	牛	栏	亥	猪	牢	酉	鸡	栖	未	羊	栈	巳	仓	库
五	寅	蚕桑	六畜	子	厅	堂	戌	犬	楼	申	奴	婢	午	门	厅
六	卯	厨廨	灶	丑	牛	栏	亥	猪	牢	酉	鸡	栖	未	羊	栈
七	辰	仓	库	寅	蚕桑	六畜	子	厅	堂	戌	犬	楼	申	奴	婢
八	巳	仓	库	卯	厨廨	灶	丑	牛	栏	亥	猪	牢	酉	鸡	栖
九	午	门	厅	辰	仓	库	寅	蚕桑	六畜	子	厅	堂	戌	犬	楼
十	未	羊	栈	巳	仓	库	卯	厨廨	灶	丑	牛	栏	亥	猪	牢
十一	申	奴	婢	午	门	厅	辰	仓	库	寅	蚕桑	六畜	子	厅	堂
十二	酉	鸡	栖	未	羊	栈	巳	仓	库	卯	厨廨	灶	丑	牛	栏

右丘公暗刀煞，此煞诸本异同，今依九天元女六壬天罡真本依定，所谓丘公暗刀煞，止忌修换，只论月分，不分节气，若年月方位，所值鸡栖猪牢犬楼仓库之类，犯之，立见祸患，损血财。

月	六甲胎神	
正	床	房
二	户	牕
三	门	堂
四	灶	
五	身	状
六	状	仓
七	碓	磨
八	厕	户
九	门	房
十	房	状
十一	炉	灶
十二	床	房

四季伤胎煞方	
春	子午
夏	丑未
秋	辰戌
冬	巳亥

右胎产所忌，如有孕妇，不宜修理，犯之，伤胎损身。

六畜所忌

年	岁牛神	牛皇七煞	牛火血	牛飞廉
子	震	巽	子	辰
丑	巽	艮	午	辰
寅	艮	乾	丑	午
卯	兑	巽	未	午
辰	离	艮	寅	申
巳	栏	乾	申	申
午	震	巽	卯	戌
未	卯巽	艮	酉	戌
申	辰巳	乾	辰	子
酉	坤	巽	戌	子
戌	离	艮	巳	寅
亥	乾	乾	亥	寅

月	牛皇煞	马皇煞	马胎	羊胎	猪胎	猫胎
正	沟路	枋	门	栈	身稠	猫
二	沟路	枋槽	枋	卯沟	身稠	胎
三	廨碓	枋仓碓	户	门身	门灶	沟
四	灶	庭门碓	仓	沟灶	门	户
五	井炉	枋仓	枋	碓灶	井	檐
六	困仓	碓枋	枋	仓栈	井	井
七	井	枋堂	厨	厅楼	灶	栖
八	炉焙	枋	枋	卯碓	灶	房
九	困仓	堂仓	仓	仓门	篱壁	枧
十	灶	枋门	井	井灶沟	壁	栏
十一	门	门庭仑	门碓	门灶	门稠	厨
十二	路沟	灶枋厨	厨	水路栈	稠	炉

上六畜所忌，不宜修换栏圈，犯之，损血财，新立者不忌。

天罡制凶方吉时

臞仙曰：天罡之星其神威烈，其气雄猛，天上地下，莫之敢当。经云，顺罡者吉，逆罡者凶。罡行之运，如立春指丙，雨水指午，随气轮转。又如艮时指丙，寅时指午，昼夜循环。又云，月月常加戌，时时见破军，其法每月以戌加月建，自戌数至所用之时，见破军星是也。且如正月戌加寅建，数至午得寅字，正月则寅时，天罡指午方，一气一易，卯时指未方，今举二时为例，月下逐一具载于后，星辰指方，历历分明，如其方有凶忌，若得天罡，所指诸为皆吉，无有不利。

月	正	二	三	四	五	六	七	八	九	十	十一	十二
指午方	寅	丑	子	亥	戌	酉	申	未	午	巳	辰	卯
指未方	卯	寅	丑	子	亥	戌	酉	申	未	午	巳	辰
指申方	辰	卯	寅	丑	子	亥	戌	酉	申	未	午	巳
指酉方	巳	辰	卯	寅	丑	子	亥	戌	酉	申	未	午
指戌方	午	巳	辰	卯	寅	丑	子	亥	戌	酉	申	未
指亥方	未	午	巳	辰	卯	寅	丑	子	亥	戌	酉	申
指子方	申	未	午	巳	辰	卯	寅	丑	子	亥	戌	酉
指丑方	酉	申	未	午	巳	辰	卯	寅	丑	子	亥	戌
指寅方	戌	酉	申	未	午	巳	辰	卯	寅	丑	子	亥
指卯方	亥	戌	酉	申	未	午	巳	辰	卯	寅	丑	子
指辰方	子	亥	戌	酉	申	未	午	巳	辰	卯	寅	丑
指巳方	丑	子	亥	戌	酉	申	未	午	巳	辰	卯	寅

第三章　选择汇考三

《臞仙肘后经》一

直日吉神

青龙黄道，明堂黄道，金匮黄道，天德黄道，玉堂黄道，司命黄道，执储明星，天宝明星，天对明星，天玉明星，天岳明星，天府明星。天恩星，天德星，天佑星，天厚星，天庆星，天瑞星，天官星，天成星，天库星，天财星，地财星，紫微星，幽微星，少微星，吉庆星，满德星，活曜星，銮舆星，凤辇星，禄库星，贵人星，吉人星，上官星，邑从星，显星玉皇，曲星天皇，傅星紫微，太阴，太阳，大明，四时天德，天德合，月德合，天德，月德，天恩，月恩，天赦，天喜，天福，天瑞，天富，天仓，天贵，天良，天解，天医，天巫，金堂，玉堂，要安，阳德，阴德，生炁，母仓，月财，月空，五富，益后，续世，福生，普护，圣心，敬心，七圣，正阳，五祥，旺日，官日，相日，民日，守成，四相，成勋，恩胜，狱钥，福厚，吉期，重日，复日，解神，时阴，丰旺，支德，驿马，天马，六仪，三合，六合，月合，兵宝，兵吉。岁前，岁位，岁对，天聋，地哑，穴天狗，鸣吠对，鸣吠，不将，神在。

五合

日月合，阴阳合，人民合，金石合，江河合。

五帝生日

青帝，赤帝，黄帝，白帝，黑帝。

直日凶神

勾陈黑道，元武黑遭，朱雀黑道，白虎黑道，天牢黑道，天刑黑道，天雷黑星蚩尤黑星，飞流黑星，天棒黑星，阴私黑星，土勃黑星，天耗星，天激星，天刑星，天丧星，天魔星，天狱星，天哭星，天灾星，天殃星，天杀星，地伤星，地耗星，葬耗星，大杀星，小杀星，小祸星，绝灭星，鬼贼星，毛头星，破败星，齐星，火星，利星，朴星，解星，章星，木星交，水星交，火星交。月厌，月杀，月虚，月建转杀，天转地转，天地正转，正四废，傍四废，冰消瓦解，四时大墓，九土鬼，九丑。十恶大败，天地殃败，十恶无禄，天罗地网，飞廉大杀，天地争雄，大耗，小耗，四耗，四方耗，五虚，九空，空亡。九焦，九坎，天贼，五盗，天瘟。土瘟，土忌，土府，地囊，地破，劫杀，天火，地火，雷火，月火，烛火，田火，官符，死炁。上朔，四不祥，天休废，牢日，狱日，徒隶，死别，不举罪刑。罪至，伏罪，天吏，亡羸，致死，临日，分骸，受死，猖鬼败亡，归忌，厌对，狼籍，天寡，地寡，孤辰，红沙杀，披麻杀，吟神，天雄，地雄，往亡，无翘，阴错，阳错离窠，章光，八龙，七鸟，九虎，六蛇。四离，四绝，八绝，白浪，咸池，招摇，四激，蛟龙，蛟龙克动，蛟龙克破，张宿，触水龙，河伯死日，子胥死日，八风，财离，风伯死日，游杀，返激，五不归，天云不返，五行忌，鲁班煞，斧头煞，木马煞，跌蹼煞，刀砧，血刃，血忌，血支，游祸，扁鹊死日，孔子死葬日，仓颉死葬日龙会龙虎，天狗下食，大杀白虎入中宫，空宅，大败，太岁，岁空，岁博，三阴，天呷，侠俾，绝阴，绝阳，行痕，了戾，逐阵，五怪，八专，伐日，重丧，八座，人皇人建，地中白虎，土禁，六不成，伏断，天乙绝气，瘟星出入日长短星天上大空亡，大空亡，小空亡赤口杨公凶忌廉贞烛火，五鬼上帝杀害，月建，月破，河魁，天罡。

五帝死日

青帝，赤帝，黄帝，白帝，黑帝。

十隔

天隔，林隔，地隔，神隔，火隔，山隔，鬼隔，人隔，木隔，州隔。

五离

天地离，日月离，人民离，金石离，江河离。

五痕

水痕。
大月初二、初七、十一、十七、二十二、三十日。
小月初三、初七、十二、二十六日。
田痕。
大月初六、初八、二十二、二十三日。
小月初八、十一、十二、十七、十九日。
土痕。
大月初三、初五、初七、十五、十八日。
小月初一、初二、初六、二十二、二十六日。
山痕。
大月初二、初八、十二、十七、二十日。
小月初五、十四、十六、二十二、二十三日。
金痕。
大月初五、初六、初七、二十七日。
小月初二、十八、二十九日。

天运星煞直日之图

凡择日神，当于后断例内选用。

正月

月建寅立春后作正月用日出卯入酉

雨水后太阳过亥娵訾月将登明

四头	建宜行 戌宜离 寅宜往 卯宜归
四逆	申不行 酉不离 七不往 八不归
大人亡	初六 十四 二十二 三十
小空亡	初二 初十 十八 二十六
长短星	初七 二十一
赤口	初三 初九 十五 十一 二十七
天体废	初四 初九
天乙绝气	初六
天地凶败	初七 二十一
四方耗	初二
瘟星	初六入 初九出
杨公忌	十三
廉贞独火	初五 十四 二十三
四不祥	初四 初七 十六 十九

五子开

吉	青龙黄道 祇神黄道 天黄道 生气 时阳 益后 母仓 太阳 兵吉
凶	天雷黑星 天云不返 鲁班杀 不举 天火 狼籍 天丧 天魔 太岁 毛头 天狗 刀砧 披麻杀

日	吉	凶
甲子	上吉 大小岁位 天恩 天贵 复日 神在 青帝生	齐星 五行忌 八龙 重丧
丙子	上吉 大小岁对 月恩 月德 显星 四相 七圣 天聋 鸣吠对	伐日 触水龙 张宿
戊子	岁对 七圣 黄帝生	解星 猖鬼败亡 离窠 九魄
庚子	天福 岁前 天聋 不将 鸣吠对	齐星 地囊
壬子	天德合 天恩 天瑞 显星 岁前 黑帝生 月空 七圣 天聋 鸣吠对	四耗 九丑 五不归 五怪
五丑开	明堂黄道 执储明星 天黄道 五阳 天医 兵吉 续世 紫微星 贵人星 吉人星	天云不返 木星交 罪刑 月杀 月虚 四激 五虚 五盗 归忌 土符 侠俾 血忌 血支
乙丑	天恩 大小岁位 天贵 地哑 神在	火星 五行忌 孔子死

丁丑

吉 上吉 大小岁对 天德 大明 四相 神在 不将 曲星

凶 八风 天上大空亡 大杀入中宫

己丑

吉 岁对 传星 七圣 不将 神在

凶 十恶 猖鬼败亡 离窠

辛丑

吉 次吉 岁前 月德合 天福 地哑 不将

凶 火星 猖鬼败亡 九土鬼 傍四废 离窠

癸丑

吉 次吉 岁前 天恩 曲星 七圣 地哑

凶 八专 伐日 触水龙 张宿 大杀入中宫

五寅建

按阴阳诸家历法云值月建百事大凶虽有吉神亦不可用一云宜封拜袭爵出行不忌

五卯除

吉 祇神黄道 天德星 吉期 官日 玉堂 兵宝 兵吉

凶 飞流黑星 朱雀黑道 咸池 林隔 天寡 绝火 小杀 天地殃败

乙卯

吉 天贵 日月合 岁前 七圣 神在 鸣吠对

凶 解星 天转地转 五行忌 八专 五怪 张宿

丁卯

吉 上吉 天恩 大小岁位 阴阳合 天德 四相 地哑 不将

显星 鸣吠对 神在 凶 离窠 猖鬼败亡

己卯

吉 大明 天恩 天瑞 人民合 天福 地哑神在 不将

凶 解星 五不归 九丑 伐日

辛卯

吉 天福 月德合 金石合 小岁对 岁前 七圣 不将 神在

凶 齐星 天转地转 傍四废 九丑 五怪 三阴

癸卯

吉 次吉 显星 江河合 七圣 岁前 鸣吠对

凶 天地正转

五辰满

吉

金匮黄道 天黄道 天庆星 金堂 天富 天巫 六仪

天宝明星 天财星 銮舆星 相日 穴天狗

凶

招摇 天贼 九空 空亡 九坎 九焦 财离

岁空 斧头杀 厌对 土瘟 地雌 地隔

甲辰

吉 上吉 大明 曲星 天贵 复日 岁前

凶 十恶 大杀入中宫 五行忌 重丧

丙辰

吉 上吉 大明 月德 月恩 傅星 岁前 天聋 神在

凶 八绝 五不归

戊辰	吉	天恩 七圣 曲星 小岁前 岁前 天聋 神在
	凶	离窠 猖鬼败亡 大杀入中宫
庚辰	吉	天恩 七圣 傅星 岁位 神在
	凶	十恶 八绝 傍四废 河伯死
壬辰	吉	次吉 大明 天德合 小岁前 岁前 月空 白帝生
	凶	火星 天上大空亡 五不归 子胥死 伐日
五巳平		按阴阳诸家历法云值天罡斗中威烈之神不可辄犯犯之灭族亡家故古人谓之灭没大祸又是瓦解水消百事忌用
五午定	吉	祇神黄道 天黄道 春天德 三合 守日 成勋 四相 天马 天解 时阴 月财
	凶	白虎黑道 天棒黑星 天地争雄 天刑 天哭 天灾 六不成 临日 官符 五鬼 罪至 死炁 火隔
甲午	吉	上吉 天贵 小岁对 岁前 显星 复日 神在 鸣吠对
	凶	五行忌 九土鬼 重丧
丙午	吉	上吉 大明 小岁位 岁后 月恩 月德 神在 鸣吠
	凶	解星

日	吉	凶
戊午	岁后 七圣 神在	齐星 猖鬼败亡 九土鬼 九丑 五怪 离窠 黄帝死
庚午	次吉 岁位 鸣吠	解星 傍四废 伐日 地囊
壬午	大明 天德合 天恩 月空 岁位 神在 鸣吠	齐星 九丑 离窠
五未执	玉堂黄道 祇神黄道 天黄道 恭安 月合 支德 天玉明星 天成星 天库星 少微星	龙会 蛟龙 小耗 牢日 天瘟 分骸 山隔
乙未	值春大墓支干无炁兼值返激虽有吉神百事忌用	
丁未	上吉 天德 小岁位 岁后 四相 傅星	八专 天上大空亡
己未	大明 七圣 岁后 神在	火星 返激 八专
辛未	次吉 大明 月德合 傅星 岁位 神在	傍四废 扁鹊死 仓颉葬

癸未
吉 次吉 天恩 岁位
凶 火星 触水龙 张宿 伐日

五申破
按阴阳诸家历法云值月破百事大凶虽有吉神亦不可用

五酉危
吉 天庆星 吉庆星 福生 守日 阴德 神在
凶 元武黑道 阴私黑星 章光 天吏 人隔 吟神 傍四废 徒隶 致死 地伤 地耗 天灾 红沙杀

乙酉
吉 天贵 祗神黄道 小岁后 岁前 显星 七圣 鸣吠
凶 伐日 九土鬼 五行忌 天地离 九丑

丁酉
吉 次吉 祗神黄道 小岁对 岁前 天德 四相 地哑 鸣吠
凶 解星 日月离 岁空

己酉
吉 大明 天恩 七圣 岁后 鸣吠
凶 齐星 九土鬼 五不归 九丑 八风 人民离

辛酉
按阴阳诸家历法云春正四废日五行无炁神德不临之辰百事忌用

癸酉

吉 大明 祇神黄道 岁位 七圣 鸣吠
凶 齐星 江河离

五戌成

按阴阳诸家历法云值天地争雄受死百事大凶纵有吉神亦当避忌

五亥收

按阴阳诸家历法云值河魁斗中威烈之神不可辄犯犯之灭族亡

家故吉人谓之灭没大祸百事忌用

二月

月建卯惊蛰后作二月用 日出卯入酉

春分后太阳过戌躔降娄月将河魁

四顺

建宜行 成宜离
寅宜往 卯宜归

四逆

寅宜往 卯宜归
七不往 八不归

太空亡

初五 十三
二十一 二十九

小空亡

初一 初九
十七 二十五

长短星

初四 十九

初二 初八 十四
二王一 十六

天休废 十三 十八 天乙绝气 初七 天地凶败 初八 十九

四方耗 初三 瘟星 初五入 初八出 杨公忌 十一

廉贞独火 初五 二十三 十四 四不祥 初四 十六 初七 十九

五子收 按阴阳诸家历法云值天罡大凶百事忌用

五丑开 祇神黄道 天佑星 生气 时阳 恭安 天仓 正阳 兵吉

勾陈黑道 土勃黑星 九空 空亡 九焦 九坎 罪刑 天狗

天云不返 财离岁空 葬耗 鬼贼 太岁 四激 林隔 小耗

乙丑 吉 天恩 大小岁位 天贵 月财 复日 地哑 不将 神在

凶 利星 重丧 五行忌 孔子死

丁丑 吉 大明 大小岁对 月恩 四相 七圣 神在 不将

凶 朴星 大杀入中宫 天上大空亡 八风

日	吉	凶
己丑	上吉 月德合 岁对 七圣 神在 不将	章星 十恶 猖鬼败亡 离窠
辛丑	天福 岁前 地哑	利星 猖鬼败亡 九土鬼 傍四废 离窠
癸丑	次吉 天恩 曲星 岁前 七圣 地哑	八专 伐日 大杀入中宫 地囊 张宿 触水龙
五寅闭	青龙黄道 天黄道 福厚 旺日 五富 丰旺 兵吉 天庆星 吉庆星 普护 天医	天雷黑星 天丧 天魔 毛头 归忌 游祸 五鬼 六不成 天地殃败 地隔 血支
甲寅	次吉 月德 日月合 天良 岁前 七圣 天贵 鸣吠对	八专 五行忌 解星
丙寅	次吉 天恩 阴阳合 显星 四相 七圣 天聋 鸣吠封 大小岁位	仓颉死
戊寅	天恩 天放 大小岁位 人民合 天瑞	解星 天上大空亡 猖鬼败亡 伐日 离窠
庚寅	天瑞 天福 金石合 七圣 月空 不将 鸣吠 岁对	齐星 傍四废 侠俾

壬寅	吉 大明 显星 江河合 七圣 岁前 鸣吠 凶 侠俾 九土鬼
五卯建	按阴阳诸家历法云值月建百事大凶虽得吉神亦不可用一云宜 封拜袭爵出行不忌
五辰除	按阴阳诸家历法云值天地争雄受死百事大凶纵有吉神亦当避忌
五巳满	吉：天德合 天富 天巫 民日 恩胜 四相 重日 圣心 驿马 穴天狗 狱钥 凶：朱雀黑道 飞流黑星 土符 往亡 吟神 大杀 小杀 天狱 绝灭 跌蹼杀 土瘟 土忌 天雄 山隔
乙巳	吉 次吉 大明天贵 天福七圣 复日 月财 岁前 神在 凶 解星 五行忌 重丧 十恶 辛年上朔
丁巳	吉 上吉 岁后 小岁前 天福 月恩 神在 凶 齐星 九土鬼 八绝 癸年上朔 赤帝死 孔子葬

己巳

吉 七圣 月德合 岁位

凶 解星 离窠 乙年上朔

辛巳

吉 天瑞 天恩 天福 七圣 地哑 岁位

凶 齐星 猖鬼败亡 十恶八绝 五不归 伐日 离窠 傍四废 丁年上朔

癸巳

吉 次吉 天福 小岁对 岁前 显星

凶 九土鬼 天上天空亡 己年上朔

五午平

按阴阳诸家在法云值河魁大凶百事忌用

五未定

吉 天德黄道 天厚星 满德星 三合 阴德 绩世 邑从星 天对明星 天财星 地财星

凶 人隔 官符 死气 牢日 分骸 血忌 木马杀

乙未

按阴阳按阴阳诸家历法云值春大墓支干无气兼值返激虽有吉神百事忌用

丁未

吉 上吉 祇神黄道 天黄道 小岁位 岁后 月恩 四相 神在 地哑

凶 八专 天上天空亡 章星

己未
吉　上吉　天黄道　月德合　大明　七圣　神在　岁后
凶　利星　八专　返激

辛未
吉　大明　祇神黄道　天黄道　岁位　神在
凶　章星　傍四废　猖鬼败亡　扁鹊死　仓颉葬

癸未
吉　次吉　天恩　岁位　神在
凶　利星　触水龙　张宿　伐日　地囊

五申执
吉　祇神黄道　天德星　要安　天德　天解
天马　支德
凶　白虎黑道　天棒黑星　傍四废　狱日　切杀　章光　小耗
天刑　天哭　天灾　天罗　地网　蛟龙　水隔　血刃

甲申
吉　上吉　大明　月德　显星　七圣　天贵　岁位　神在　鸣吠
凶　伐日　天地离　五行忌

丙申
吉　次吉　岁前　小岁对　四相　天聋　神在　鸣吠
凶　解星　日月离　五不归　十恶　岁空　天呷

戊申
吉　岁后　小岁位　神在
凶　齐星　人民离　猖鬼败亡　天上大空亡

庚申　按阴阳诸家历法云春正四废曰五行无炁福德不临之辰百事忌用

壬申
吉 次吉 大明 七圣 岁位 神在 鸣吠
凶 齐星 江河离 猖鬼败亡 十恶 离窠

五酉破
按阴阳诸家历法云值月破百事大凶虽得吉神亦不可用

五戌危
吉 祇神黄道 天岳明星 天恩星 活曜星 金堂 天喜 六合
凶 天牢黑道 月杀 月虚 死别 无翘 天瘟 天殃 龙会 六不成 大杀 破败

甲戌
吉 上吉 大小岁对 天贵 月德 七圣 神在
凶 利星 五行忌 黑帝死

丙戌
吉 次吉 小岁后 岁前 四相 神在 不将
凶 朴星 五不归 大杀入中宫 八绝

戊戌
吉 七圣 小岁后 岁前
凶 章星 猖鬼败亡 十恶 离窠 张宿

庚戌
吉 大明 天恩 七圣 岁后 月空 神在 不将
凶 利星 猖鬼败亡 九土鬼 傍四废 白帝死 八绝

壬戌	吉	次吉 岁后
	凶	朴星 猖鬼败亡 大杀入中宫 天上大空亡 离窠 青帝死
五亥成	吉	天喜 三合 五祥 母仓 太阴 重日 兵吉
	凶	元武黑道 阴私黑星 临日 天雄 天杀 地耗 地伤 天地争雄 龙虎 刀砧 土禁 伏罪
乙亥	吉	次吉 天贵 大小岁对 七圣 月财 显星 复日 不将
	凶	八龙 五行忌 重丧 丙年上朔
丁亥	吉	上吉 大明 小岁后 岁对 月恩 四相 神在 不将
	凶	解星 十恶 伐日 戊年上朔
己亥	吉	上吉 月德合 天福 七圣 岁前 地哑 不将
	凶	齐星 猖鬼败亡 离窠 庚年上朔
辛亥	吉	大明 天恩 显星 岁后 地哑
	凶	八绝 猖鬼败亡 五不归 傍四废 离窠 壬年上朔
癸亥	吉	神在 大小岁位
	凶	解星 天上大空亡 十恶 离窠 甲年上朔

三月

月建辰清明后作三月用日出卯入酉

谷雨后太阳过酉躔大梁月将从魁

四顺 建宜行 成宜离 寅宜往 卯宜归

四逆 申不离 酉不行 七不往 八不归

大空亡 初四 十二 二十 二十八

小空亡 初八 十六 二十四

长短星 初一 十六

赤口 初一 初七 十三 十九 二十五

天休废 二十二 二十七

天乙绝气 初八

天地凶败 初一 十二

四方耗 初四

瘟星 初三入 初六出

杨公忌 初九

廉贞独火 初五 十四 二十三

四不祥 初四 初七 十六 十九

五子成

吉 祇神黄道 天岳明星 天喜 天仓 母仓 圣心 三合 五祥 兵吉

凶 天牢黑道 天雄 天殃 破败 大杀 不举 天云不返 鲁般杀 归忌 地隔 刀砧

甲子

吉 天恩 次吉 大小岁位 天贵 神在 不将 青帝生

凶 利星 五行忌 八龙 地囊 绝阳

丙子

吉 次吉 大小岁对 四相 月空 天聋 不将 鸣吠对

凶 朴星 伐目 触水龙 张宿

戊子	庚子	壬子	五丑收	五寅开		甲寅	丙寅
吉 七圣 复日 岁对 黄帝生	吉 上吉 天福 月恩 岁前 天聋 鸣吠对	吉 天德 月德 岁前 天恩 天瑞 七圣 天聋 黑帝生 鸣吠对	按阴阳诸家历法云值河魁大凶又值水消瓦陷百事忌用	吉	凶	吉 次吉 日月合 天良 天贵 傅星 岁前 鸣吠对	吉 次吉 天恩 大小岁位 月空 七圣 四相 天聋 鸣吠对
凶 章星 猖鬼败亡 九丑 离窠 重丧	凶 利星 傍四废	凶 朴星 五不归 四耗 九丑 五怪		司命黄道 祇神黄道 天黄道 天后福厚 旺日 生气 天府明星 天官星 凤辇星 续世 丰旺 六仪 驿马 禄库星 时阳 阳德 太阳	招摇 天贼 太岁 六不成 厌对 天狗 火隔 血忌	凶 八专 地囊 五行忌	曲星 阴阳合 凶 绝阳 仓颉死

日	吉	凶
戊寅	天赦 人民合 大小岁对 天恩 天瑞 傅星 复日	伐日 猖鬼败亡 天上大空亡 重丧 离窠
庚寅	天福 七圣 金石合 天瑞 月恩 岁对 鸣吠	火星 傍四废
壬寅	上吉 大明 曲星 江河合 天德 月德 七圣 岁前 鸣吠	九土鬼
五卯闭	官日 要安 正阳 天医 月合	勾陈黑道 土勃黑星 水星交 天寡 山隔 独火 月火 雷火 天吏 侠俾 血支 地中白虎 小祸 葬耗 鬼贼 致死
乙卯	天贵 日月合 岁前 七圣 神在 鸣吠对	章星 五行忌 天转地转 八专 五怪 张宿
丁卯	上吉 天德合 月德合 阴阳合 天恩 阴德 四相 地哑 七圣 四相 鸣吠对 神在	凶 朴星 绝阳 离窠 猖鬼败亡
己卯	大明 人民合 天恩 天瑞 天福 岁对 地哑 神在	章星 伐日 五不归 九丑 重丧
辛卯	天福 金石合 岁前 小岁对 七圣 神在 鸣吠对	利星 傍四废 天转地转 九丑 五怪

癸卯

吉 次吉 江河合 七圣 岁前 鸣吠对

凶 朴星 天地正转

五辰建

按阴阳诸家历法云值月建百事大凶虽得吉神亦不可用一云宜对

拜龙爵出行不忌

五巳除

吉

明堂黄道 祇神黄道 天黄道 五富 四相 民日 恩胜

执储明星 紫微星 天德星 吉期 金堂 月财 阴德

凶

贵人星 吉人星 兵宝 狱钥 重日

天罗 地网 游杀 劫杀 火星交 五虚 人隔 血刃

乙巳

吉 次吉 大明 天福 天贵 七圣 傅星 阴德 岁前 神在

凶 十恶 五行忌 辛年上朔

丁巳

吉 上吉 天德合 月德合 天福 神在 岁后 小岁前

凶 火星 九土鬼 八绝 癸年上朔 赤帝死 孔子葬

己巳

吉 傅星 七圣 岁位

凶 离窠 重丧 乙年上朔

辛巳

吉 天恩 天瑞 天福 七圣 岁位 地哑

凶 傍四废 猖鬼败亡 十恶 火星 伐日 八绝 离窠 丁年上朔 内辛年系十恶大败

癸巳
吉 天福 曲星 岁前 小岁对
凶 九土鬼 天上大空亡 己年 上朔

五午满
吉 春天德 天富 守日 成勋 四相
天巫 穴天狗
凶 天牢黑道 蚩尤黑星 天火 天刑 大杀 龙虎 狼籍 土瘟
天地争雄 六不成 披麻杀 天耗 天微 地雌 水隔

甲午
吉 次吉 天贵 七圣 鸣吠对 神在 岁前 小岁后
凶 朴星 九土鬼 五行忌

丙午
吉 次吉 大明 岁前 小岁位 月空 神在鸣吠
凶 章星

戊午
吉 七圣 复日 岁后 神在
凶 利星 猖鬼败亡 九土鬼 四耗 九丑 五怪 离窠 重丧 黄帝死

庚午
吉 月恩 岁位 鸣吠
凶 章星 伐日 傍四废

壬午
吉 大明 天德 月德 天恩 岁位 神在 鸣吠
凶 利星 九丑 离窠

五未平 按阴阳诸家历法云值天罡大凶百事忌用

五申定

吉：金匮黄道　祇神黄道　天黄道　銮舆星　天庆星
天宝明星　次天财星　三合

凶：临日　官符　死气　狱日　月厌　往亡　大祸
傍四废　土忌　地火　空宅　跌蹼

甲申
吉　大明　七圣　曲星　天贵　岁位　神在　鸣吠
凶　伐日　五行忌　天地离

丙申
吉　岁前　小岁对　月空　傅星　四相　鸣吠　天聋
凶　岁空　日月离　五不归　了戾　十恶

戊申
吉　七圣　复日　岁后　小岁位　神在
凶　火星　人民离　天上大空亡　猖鬼败亡　孤辰　重丧

庚申
按阴阳诸家历法云值春正四废日五行无气福德不临之长百事忌用

壬申
吉　上吉　大明　天德　月德　岁位　七圣　神在　鸣吠
凶　火星　猖鬼败亡　江河离　十恶　离窠

五酉执

吉：天德黄道　祇神黄道　天黄道　邑从星　六合　普护　支德
天对明星　天财星　地财星　神在

凶：咸池　无翘　小耗　土符　红沙杀
傍四废　木马杀

乙酉	吉 天贵 岁前 小岁后 七圣 不将 鸣吠 凶 朴星 九土鬼 五行忌 天地离 九丑 虚败 伐日
丁酉	吉 上吉 天德合 月德合 四相 地哑 鸣吠 不将 岁前 小岁对 凶 章星 岁空 日月离
己酉	吉 大明 天恩 岁后 不将 鸣吠 凶 利星 九土鬼 五不归 人民离 八风 九丑 重丧
辛酉	按阴阳诸家历法云值春正四废五行无气福德不临之辰百事忌用
癸酉	吉 次吉 大明 七圣 鸣吠 凶 利星 江河离
五戌破	按阴阳诸家历法云值月破百右大凶虽得吉神亦不可用 甲己年戌戌第十恶大败
五亥危	按阴阳诸家历法云值天地争雄受死大凶纵有吉神亦当避忌

四月

月建巳立夏后作四月用　日出寅卯入酉

小满后太阳过中躔实沈月将传送

四顺
建宜行　成宜离
寅宜往　卯宜归

四逆
申不离　酉不行
七不往　八不归

太空亡
初三　十一
十九　二十七

小空亡
初七　十五
二十三

长短星
初九　二十五

赤口
初六　十二　十八
二十四　三十

天休废
初四　初九

天乙绝气
初九

天地凶败
初九
二十五

四方耗
初五

瘟星
二十五入　二十八出

杨公忌
初七

廉贞独火
初五　十四
二十三

四不祥
初四　初七
十六　十九

五子危

吉
祇神黄道　天恩星　活曜星　守日　兵吉
天马　天解　五祥

凶
白虎黑道　天棒黑星　傍四废　天刑　天哭　天灾　天吏
天地争雄　天地殃败　致死　五虚　龙虎　蛟龙　火隔

甲子	吉	次吉 天恩 大小岁后 月空 不将 神在 青帝生
	凶	齐星
丙子	吉	次吉 大小岁前 天德合 天贵 七圣 显星 天聋 鸣吠对
		复日 不将 凶 天地正转 触水龙 五行忌 张宿 七鸟 伐日 重丧
戊子	吉	七圣 四相 岁前 不将 黄帝生
	凶	解星 猖鬼败亡 九丑 离窠
庚子	吉	上吉 天福 月德 岁位 天聋 鸣吠对
	凶	齐星
壬子		按阴阳诸家历法云值夏正四废曰五行无气福德不临之辰百事忌用
五丑成	吉	玉堂黄道 祇神黄道 天黄道 天喜 三合 太阴 四相 天玉明星 少微星 天库星 天成星
	凶	天地争雄 招摇 归忌 厌对 死别 罪至 临日 天雄 六不成 山隔
乙丑	吉	上吉 月德合 天恩 大小岁后 地哑 神在
	凶	火星 孔子死
丁丑	吉	次吉 大明 大小岁前 天贵 七圣 神在 曲星
	凶	五行忌 天上大空亡 大杀入中宫

己丑
吉 次吉 傅星 月恩 七圣 岁前 神在
凶 十恶 猖鬼败亡 地囊 离窠

辛丑
吉 上吉 天德 天福 地哑 岁位
凶 火星 猖鬼败亡 九土鬼 离窠

癸丑
吉 天恩 曲星 七圣 地哑 岁位
凶 八专 傍四废 大杀入中宫 伐日 张宿 触水龙

五寅收
按阴阳诸家历法云值天罡大凶百事忌用

五卯开
吉 祇神黄道 天佑星 生气 正阳 普护
母仓 时阳 阴德
凶 阴私黑星 元武黑道 天杀 地伤 地耗 不举 人隔
鲁般杀 披麻杀 刀砧 天狗 太岁 天云不返

乙卯
吉 日月合 月德合 鸣吠对 七圣 岁位 神在
凶 解星 八专 四耗 五怪 张宿

丁卯
吉 次吉 大小岁后 阴阳合 天恩显星 天贵 七圣 地哑 鸣吠对
神在 凶 五行忌 猖鬼败亡 亡嬴 离窠

己卯

吉 大明 天恩 天瑞 天福 月恩 人民合 四相 岁前 地哑 神在

凶 解星 五不归 地囊 九丑 伐日

辛卯

吉 天福 天德 金石合 岁位 小岁前 七圣 神在

凶 齐星 九丑 五怪

癸卯

吉 显星 江河合 岁位 鸣吠对

凶 傍四废

五辰闭

吉

司命黄道 天黄道 吉庆星 天庆星 福生 天医

天府明星 禄库星 凤辇星 夏天德 四相 天官星

凶

月虚 月杀 罪刑 侠俾 血支

天云不返 蛟龙 水隔

甲辰

吉 次吉 大明 曲星 月空 七圣 岁位

凶 八风 十恶 大杀入中宫

丙辰

吉 次吉 大明 天贵 傅星 天德合 岁位 复日 天聋 神在

凶 八绝 五不归 五行忌 重丧

戊辰

吉 天恩 曲星 岁后 小岁位 七圣 天聋 神在

凶 绝阴 猖鬼败亡 大杀入中宫 返激 离窠

庚辰

吉 上吉 天恩 月德 傅星 岁后 神在

凶 八绝 十恶 河伯死

壬辰	吉	大明 岁位 小岁前 白帝生
	凶	火星 傍四废 天上大空亡 五不归 伐日 子胥死
五巳建		按阴阳诸家历法云值月建百事大凶虽得吉神亦不可用一云宜对拜袭爵出行不忌
五午除	吉	青龙黄道 祇神黄道 天黄道 官日 圣心 吉期 兵宝 天瑞星 幽微星
	凶	天雷黑星 咸池 章光 天寡 天丧 天魔 毛头 游杀
甲午	吉	次吉 天赦 七圣 月空 显星 岁位 小岁前 神在 鸣吠对
	凶	大败 九土鬼
丙午	吉	大明 天贵 天德合 复日 神在 鸣吠
	凶	解星 天转地转 五行忌 岁博 重丧
戊午	吉	四相 七圣 岁对 神在 不将
	凶	九土鬼 猖鬼败亡 齐星 五怪 天转地转 九丑 离窠 岁博 黄帝死
庚午	吉	上吉 月德 岁后 鸣吠
	凶	解星 伐日

日	吉	凶
壬午	大明 天恩 岁后 神在 鸣吠	齐星 傍四废 离窠 九丑
五未满	明堂黄道 天黄道 紫微星 天富 益后 月财 天巫 执储明星 贵人星 吉人星 穴天狗 四相	九空 空亡 九焦 九坎 财离岁空 斧头杀 财离 岁空 天贼 月厌 大祸 土瘟 地雌 牢日
乙未	大明 月德合 岁位 小岁前 曲星 七圣神在	大杀入中宫
丁未	天贵 傅星 神在	阴错 天上大空亡 八专 五行忌了戾
乙未	大明 月恩 四相 岁前 七圣 神在	孤辰 八专 火星
辛未	上吉 大明 天德 傅星 岁后神在	孤辰 扁鹊死 仓颉葬
癸未	上吉 天恩 岁后	孤辰 傍四废 伐日 触水龙张宿 火星

五申平

按阴阳诸家历法云值河魁大凶又值冰消瓦陷百事忌用

乙庚年壬申日系十恶大败

五酉定	
吉	天厚星　三合　民日　满德星　要安　成勋　兵吉　神在
凶	朱雀黑道　飞流黑星　官符　死炁　天火　天狱　六不成　狼籍　绝灭　吟神　五鬼　小杀　红沙杀　林隔

乙酉	
吉	显星　祇神黄道　月德合　小岁对　岁前　七圣　不将　鸣吠
凶	伐日　九土鬼　天地离　九丑

丁酉	
吉	次吉　祇神黄道　岁位　小岁前　天贵　地哑　不将　鸣吠
凶	解星　五行忌　日月离

己酉	
吉	大明　天恩　月恩　四相　七圣　鸣吠　岁前　小岁对
凶	齐星　九土鬼　人民离　五不归　九丑

辛酉	
吉	大明　祇神黄道　显星　天德　岁对　七圣　地哑　鸣吠
凶	九丑　五不归　金石离　八专　五怪

癸酉	
吉	大明　祇神黄道　支德合　七圣　岁后　鸣吠
凶	齐星　岁空　江河离　傍四废

五戌执	
吉	金匮黄道　天黄道　祇神黄道　玉堂　四相　支德　天德星　天宝明星　天财星　銮舆星　天庆星　解神　兵吉
凶	小耗　五盗　狱日　分骸　四激　地隔

甲戌

吉 次吉 傅星 大小岁前 月空 神在 不将

凶 火星 黑帝死

丙戌

按阴阳诸家历法云值河魁大凶又值冰消瓦陷百事忌用乙庚年壬寅日系十恶大败

吉 傅星 岁位 小岁对 七圣 不将

凶 十恶 猖鬼败亡 离窠 张宿

戊戌

吉 上吉 大明 天恩 月德 岁前 神在

凶 八绝 九土鬼猖 鬼败亡 火星 白帝死

庚戌

吉 曲星 岁对

凶 伐日 猖鬼败亡 大杀入中宫天上 大空亡 离窠 傍四废

壬戌

五亥破

按阴阳诸家历法云值月破百事大凶虽得吉神亦不可用

五月

月建午芒种后作五月用 日出寅入酉戌

夏至后太阳过未鹑首月将小吉

四顺 建宜行 成宜离 寅宜往 卯宜归	四逆 申不行 酉不离 七不往 八不归	太空亡 初二 初十 十八 二十六
小空亡 初六 十四 二十二 三十	长短星 十五 二十五	赤口 初五 十一 十七 十三 二十九
天休废 十三 十八	天乙绝气 初十	天地凶败 十五 二十五
四方耗 初二	瘟星 二十四入 二十七出	杨公忌 初五
廉贞独火 初五 十四 二十三	四不祥 初四 初七 十六 十九	
五子破 按阴阳诸家历法云值月破百事大凶虽得吉神亦不可用		
五丑危	吉 天德黄道 祇神黄道 天黄道 天喜 天财星 地财星 四相 天对明星 天庆星 吉庆星 邑从星 圣心 阴德	凶 月虚 月杀 月火 雷火 独火 死别 水星交 地中白虎 蛟龙 龙会 人隔 六不成

日	吉	凶
乙丑	天恩 大小岁后 地哑 神在	利星 孔子死
丁丑	大明 大小岁前 天贵 复日 七圣 神在	朴星 大杀入中宫 天上大空亡 五行忌 重丧
己丑	次吉 岁前 七圣 神在	章星 十恶 猖鬼败亡 离窠
辛丑	上吉 天福 月德合 岁位 地哑	利星 猖鬼败亡 九土鬼 离窠
癸丑	天恩 曲星 岁位 七圣 地哑	朴星 大杀入中宫 傍四废 触水龙 张宿 八专 伐日
五寅戌	祇神黄道 天德合 三合 五祥 益后 灭喜 天解 天马 母仓	白虎黑道 天棒黑星 天刑 天哭 天灾 天雄 大杀 天罗 地网 财离岁空 伏罪 归忌 空宅 水隔 土禁 刀砧
甲寅	次吉 日月合 岁位 七圣 鸣吠对	解星 八专
丙寅	上吉 天恩 大小岁后 月德 天贵 天良 天聋 鸣吠对 显星 阴阳合	五行忌 仓颉死

戊寅

吉　上吉　天恩　月恩　人民合　四相　天瑞　大小岁前

凶　解星　猖鬼败亡　天上大空亡　伐日　离窠

庚寅

吉　次吉　天福　天瑞　金石合　岁前　鸣吠

凶　齐星

壬寅

吉　大明　显星　江河合　七圣　岁位　月空　鸣吠

凶　九土鬼　傍四废

五卯收

按阴阳诸家历法云值河魁大凶又值水消瓦解百事忌用

五辰开

吉

祇神黄道　天岳明星　生气四相　夏天德时阳　太阳

要安

凶

天牢黑道　天殃　大杀　太岁　破败

罪刑　天云不返　天狗

甲辰

吉　次吉　大明　七圣　岁位

凶　朴星　十恶　八风　大杀入中官

丙辰

吉　上吉　大明　天贵　岁位　天聋　月德　神在

凶　章星　五不归　五行忌　八绝

戊辰
吉 天恩 月恩 四相 小岁位 岁后 天聋 神在
凶 朴星 猖鬼败亡 大杀入中宫 返激 离窠

庚辰
吉 次吉 天恩 七圣 岁后 神在
凶 章星 十恶 八绝 河伯死

壬辰
吉 大明 岁位 小岁前 月空 白帝生
凶 利星 五不归 天上大空亡 傍四废 伐日 子胥死

五巳闭

吉
旺日 福厚 玉堂 正阳 丰旺
重日 天医

凶
元武黑道 阴私黑星 天杀 地伤 地耗 章光 游祸
六不成 红沙杀 吟神 血支

乙巳
吉 大明 天福 七圣 岁位 神在
凶 解星 十恶 辛年上朔

丁巳
吉 天福 复日 天贵 岁对 小岁位 神在
凶 齐星 儿土鬼 八绝 亡赢 重丧 赤帝死 孔子葬 五行忌 癸年上朔

己巳
吉 四相 七圣 岁后
凶 解星 离窠 乙年上朔

辛巳
吉 次吉 月德合 天恩 天瑞 天福 岁后 七圣 地哑
凶 齐星 猖鬼败亡 五不归 十恶 八绝 伐日 离窠 丁年上朔

癸巳

吉 显星 天福 岁位 小岁前

凶 九土鬼 天上大空亡 傍四废 巳午上朔

五午建

按阴阳诸家历法云值月建百事大凶虽得吉神亦不可用一云宜对拜袭爵出行不忌

五未除

吉 祇神黄道 天德星 六合 四相 吉期 兵宝

凶 勾陈黑道 土勃黑星 小祸 葬耗 鬼贼 牢日 无翅 天地争雄 斧头杀 龙虎 林隔 蛟龙

乙未

吉 大明 七圣 岁位 小岁前 地哑 不将 神在

凶 朴星 大杀入中宫

丁未

吉 天贵 复日 岁对 小岁后 神在

凶 章星 八专 天上大空亡 五行忌 重丧

已未

吉 次吉 大明 七圣 岁对 神在

凶 利星 八专

辛未

吉 上吉 大明 月德合 岁后 神在

凶 章星 扁鹊死 仓颉葬

癸未

吉 天恩 岁后 不将

凶 利星 傍四废 触水龙 张宿 伐日

五申满

吉 青龙黄道 天黄道 天富 天后 恩胜 相日 驿马 天巫 兵吉 狱钥 穴天狗

凶 天雷黑星 天地争雄 天丧 天魔 毛头 罪至 土瘟 地雌 地隔

甲申

吉 次吉 大明 显星 七圣 岁后 神在 不将 鸣吠

凶 八风 天地离 伐日

丙申

吉 上吉 月德 天贵 天聋 岁位 小岁前 不将 神在

凶 解星 日月离 五不归 五行忌 十恶

戊申

吉 上吉 月恩 岁对 小岁后 七圣 四相 神在 不将

凶 齐星 猖鬼败亡 人民离 天上大空亡 地囊

庚申

吉 天福 显星 大明 七圣 岁对 鸣吠

凶 八专 猖鬼败亡 金石离 五不归

壬申

吉 大明 七圣 岁后 月空 神在 鸣吠

凶 齐星 猖鬼败亡 江河离 傍四废 十恶 离窠

五酉平

按阴阳诸家历法云值天罡大凶百事忌用

五戌定

吉 祇神黄道 天仓 三合 普护 时阴 四相 兵吉

凶 天刑黑道 蚩尤黑星 官符 死炁 天激 天刑 天耗 四激 木马杀 狱日 分骸 火隔 临日 蛟龙

甲戌 吉 次吉 大小岁前 七圣 神在 不将 凶 利星 黑帝死

丙戌 按阴阳诸家历法云值夏大墓支干无气兼值返激虽有吉神百事忌用

戊戌 吉 次吉 月恩 岁位 小岁前 七圣 不将 凶 章星 猖鬼败亡 十恶 返激 离窠 张宿

庚戌 吉 次吉 大明 天恩 七圣 岁对 神在 凶 利星 九土鬼 猖鬼败亡 八绝 白帝死

壬戌 吉 岁对 月空 凶 朴星 猖鬼败亡 大杀入中宫 傍四废 离窠 天上大空亡

五亥执

吉 祇神黄道 天德 福生 五富 支德 重日 兵吉

凶 朱雀黑道 飞流黑星 傍四废 天狱 绝灭 小杀 劫杀 土星交 徒隶 蛟龙 山隔 小耗

乙亥
吉 次吉 显星 大小岁前 不将
凶 丙年上朔

丁亥
吉 大明 天贵 岁前 小岁对 复日 神在
凶 解星 五行忌 十恶 伐日 八绝 七鸟 重丧 戊年上朔

已亥
吉 次吉 天福 七圣 四相 岁位 地哑
凶 齐星 猖鬼败亡 离窠 庚年上朔

辛亥
吉 上吉 大明 月德合 天恩 岁对 地哑 显星
凶 四耗 猖鬼败亡 五不归 离窠 八绝 壬年上朔

癸亥
按阴阳诸家历法云值夏正四废曰五行无气福德不临之辰百事忌用

六月

月建未小暑后作六月用 日出寅卯入酉

大暑后太阳过午躔鹑火月将胜光

四顺
建宜行 成宜离
寅宜往 卯宜归

四逆
申不行 酉不离
七不往 八不归

大空亡
初一 初九
十七 二十五

小空亡
初五 十三
二十一 二十九

长短星
初十 二十

赤口
初四 初十 十六
二十二 二十八

天休废 二十二 二十七

天乙绝气 十一

天地凶败 初一 二十

四方耗 初三

瘟星 二十三入 二十六出

杨公忌 初三

廉贞独火 初五 十四 二十三

四不祥 初四 初七 十六 十九

五子执

吉 祇神黄道 天德星 解神 金堂 守日 支德
天刑黑道 蚩尤黑星 天刑 天瘟 天耗 天激 小耗 水隔

凶 五虚归忌 九空 月害 空亡 咸池 九焦 九坎 岁空 财离
天地殃败 地中白虎 傍四废 月火 雷火 独火 木马杀

甲子

吉 上吉 天德 月德 天恩 神在 大小岁后 青帝生

凶 利星

丙子

吉 次吉 天贵 大小岁前 天聋 鸣吠对

凶 朴星 天地正转 五行忌 触水龙 张宿 伐日 七鸟

戊子

吉 四相 七圣 岁前 黄帝生

凶 章星 猖鬼败亡 九丑 离窠 重丧

庚子

吉 次吉 天福 月空 岁位 天聋 鸣吠对

凶 利星

壬子　按阴阳诸家历法云值夏正四废日五行无气福德不临之辰百事忌用

五丑破　按阴阳诸家历法云值月破百事大凶纵有吉神亦不可用

五寅危

吉　金匮黄道　祇神黄道　天黄道　銮舆星　天庆星　五富　天宝明星　次天财星　天恩星　活曜星　五祥　母仓

凶　天地争雄　火星交　游祸　伏罪　罪至　蛟龙　刀砧　土禁

甲寅

吉　天德　月德　日月合　七圣　傅星　岁位　鸣吠对

凶　八专

丙寅

吉　天恩　大小岁后　阴阳合　天良　天贵　曲星　天聋　鸣吠对

凶　五行忌　仓颉死

戊寅

吉　天恩　天瑞　人民合　傅星　四相　大小岁前

凶　伐日　猖鬼败亡　天上大空亡　重丧　离窠

庚寅

吉　天瑞　天福　金石合　岁前　月空　鸣吠

凶　火星

壬寅
吉 大明 曲星 江河合 七圣 岁位 鸣吠
凶 九土鬼 傍四废

五卯成
吉 天德黄道 祇神黄道 天黄道 天喜 三合 恭安 母仓
天对明星 邑从星 天财星 地财星 太阴
凶 天云不返 天狱 天雄 天火 不举 临日 狼籍
鲁般杀 刀砧 大杀

乙卯
吉 七圣 日月合 神在 岁位 鸣吠对
凶 章星 九丑 八专 四耗 五怪 张宿

丁卯
吉 次吉 阴阳合 天恩 天贵 大小岁后 地哑 神在 鸣吠对
凶 朴星 猖鬼败亡 五行忌 离窠

巳卯
吉 大明 天恩 天瑞 天福 岁前 天德合 月德合 四相 复日 地哑
人民合 神在 凶 五不归 伐日 九丑 章星 重丧

辛卯
吉 天福 月恩 岁位 小岁前 金石合 七圣 神在 鸣吠对
凶 利星 九丑 五怪

癸卯
吉 上吉 七圣 江河合 岁位 鸣吠对
凶 朴星 傍四废

五辰收 按阴阳诸家历法云值天罡大凶百事忌用

五巳开

吉：玉堂黄道 祇神黄道 天黄道 天成星 少微星 天佑星 天库星
天玉明星 旺日 福厚 生气时阳丰旺 驿马 重日 天后 福生

凶：天贼 月厌 大祸 大岁 地火 天狗 林隔
红沙杀 六不成

乙巳

吉：次吉 大明 傅星 天福 岁位 神在

凶：十恶 辛年上朔

丁巳

吉：天福 天贵 岁对 小岁位 神在

凶：阴错 九土鬼 八绝 五行忌 赤帝死 火星 癸年上朔 孔子葬

己巳

吉：上吉 天德合 月德合 岁后 七圣 傅星 四相 复日

凶：离窠 重丧 乙年上朔

辛巳

吉：次吉 天恩 天瑞 天福 岁后 月恩 七圣地哑

凶：火星 猖鬼败亡 五不归 十恶 八绝 伐日 离窠 丁年上朔

癸巳

吉：天福 曲星 岁位 小岁前

凶：九土鬼 天上大空亡 傍四废 地囊 已年上朔

五午闭

按阴阳诸家历法云值天地争友受死百事大凶纵有吉神亦当避忌

五未建	按阴阳诸家历法云值月建百事大凶虽得吉神亦不可用一云宜封拜袭爵出行不忌	
五申除	吉	司命黄道　天府明星　天瑞星　天官星　吉期　相日　益后　凤辇星　禄库星　幽微星　恩胜　狱钥　兵宝　兵吉
	凶	劫杀　游杀　五鬼　火隔
甲申	吉	上吉　大明　天德　月德　曲星　岁后　神在　不将　鸣吠
	凶	伐日　八风　天地离
丙申	吉	上吉　祇神黄道　傅星　天贵　天黄道　天聋　岁位　小岁前神在鸣吠
	凶	十恶　五不归　日月离　五行忌　天呷
戊申	吉	七圣　祇神黄道　四相　复日　天黄道　岁对　小岁后　神在　不将
	凶	火星　猖鬼败亡　天上大空伤　人民离　重丧
庚申	吉	次吉　大明　曲星　祇神黄道　天黄道　天福　七圣　月空　岁对鸣吠
	凶	八专　猖鬼败亡　五不归　金石离
壬申	吉	大明　祇神黄道　天黄道　岁后　神在　不将　鸣吠
	凶	火星　傍四废　猖鬼败亡　江河离　十恶　岁空　离窠

五酉满

吉　天富　天仓　天巫　民日　成勋　续世　兵吉　神在　穴天狗

凶　勾陈黑道　土勃黑星　小祸　葬耗　鬼贼　山隔　六不成　披麻杀　地雌　土瘟　血忌

乙酉

吉　七圣　岁前　小岁对　不将　鸣吠

凶　朴星　九土鬼　天地离　九丑　伐日

丁酉

吉　次吉　天贵　岁位　小岁前　地哑　鸣吠

凶　章星　日月德　五行忌

巳酉

吉　大明　天恩　天德合　月德合　岁对　四相　复日　鸣吠

凶　利星　九土鬼　五不归　人民离　九丑　重丧

辛酉

吉　大明　月恩　七圣　岁对　地哑　鸣吠

凶　朴星　五不归　金石离　五怪　九丑　八专

癸酉

吉　上吉　大明　七圣　岁后　不将　鸣吠

凶　利星　傍四废　岁空　江河离

五戌平

按阴阳诸家历法云值河魁大凶又值水消瓦解百事忌用

五亥定

吉：明堂黄道　祇神黄道　天黄道　三合　六仪　月财　满德星　吉人星
执储明星　紫微星　天厚星　时阴　重日　阴德　贵人星　玉堂

凶：寡宿　死气　天罗　地网　傍四废　招摇　厌对　徒隶　人隔

乙亥
吉　次吉　曲星　七圣　大小岁前
凶　四耗　厌对　丙年上朔

丁亥
吉　次吉　大明　岁前　小岁对　傅星　天贵　神在
凶　伐日　十恶　七鸟　八绝　五行忌　戊年上朔

己亥
吉　上吉　天德合　月德合　岁位　四相　天福　复日　地哑
凶　火星　猖鬼败亡　重丧　离窠　庚年上朔

辛亥
吉　次吉　大明　天恩　月恩　曲星　岁对　地哑
凶　离窠　五不归　猖鬼败亡　壬年上朔

癸亥
按阴阳诸家历法云值夏正四废曰五行无气福德不临之辰百事忌用

七月

月建申立秋后作七月用　日出卯入酉

处暑后太阳过巳躔鹑尾月将太乙

四顺 建宜行 成宜离 寅宜往 卯宜归 **四逆** 申不行 酉不离 七不往 八不归 **大空亡** 初八 十六 二十四

小空亡 初四 十二 二十 十八二 **长短星** 初八 二十二 **赤口** 初三 初九 十五 十一 二十七

天休废 初四 初九 **天乙绝气** 十二 **天地凶败** 初八 二十一

四方耗 初四 **瘟星** 二十日入 二十三出 **杨公忌** 初一 二十九

廉贞独火 初五 十四 二十三 **四不祥** 初四 初七 十六 十九

五子定

吉 青龙黄道 祇神黄道 天黄道 福生 三合 时阴 民日 成勋 四相 秋天德

凶 天雷黑星 官符 死气 天丧 天魔 毛头 六不成 临日

甲子 吉 天恩 大小岁对 神在 青帝生 凶 齐星 傍四废

丙子 吉 次吉 显星 大小岁位 七圣 月空 天聋 鸣吠对 凶 触水龙 伐日 张宿

戊子	庚子	壬子	五丑执	五寅破	五卯危
吉　七圣　天德合　岁位　黄帝生 凶　解星　猖鬼败亡　九丑　离窠	吉　上吉　天福　天贵　岁后　复日　天聋　鸣吠对 凶　齐星　五行忌　九虎　重丧	吉　天恩　月恩　月德　天瑞　显星　黑帝生　岁后　天聋　七圣　鸣吠对 凶　九丑　五不归　五怪	按阴阳诸家历法云值天地争雄受死百事大凶纵有吉神亦当避忌	按阴阳诸家历法云值月破百事大凶虽得吉神亦不可用	吉　祗神黄道　吉庆星　天庆星　守日　益后 凶　朱雀黑道　飞流黑星　傍四废　无狱　绝灭　小杀　天吏　章光　致死　土符　林隔

日辰	宜忌
乙卯	按阴阳诸家历法云值秋正四废曰五行无气福德不临之辰百事忌用
丁卯	吉　上吉　天恩　显星　大小岁对　月德合　阴阳合　鸣吠对　七圣　地哑　神在 凶　离窠　猖鬼败亡
巳卯	吉　大明　天福　天瑞　人民合　岁位　天恩　地哑　神在 凶　解星　五不归　伐日　九丑
辛卯	吉　天福　天贵　金石合　七圣　岁后　小岁位　神在　鸣吠对 凶　齐星　五行忌　九丑　五怪
癸卯	吉　次吉　天德　江河合　显星　四相　七圣　岁位 鸣吠对
五辰成	吉　金匮黄道　祇神黄道　天黄道　天庆星　三合　五祥　天喜 天宝明星　次天财星　銮舆星　母仓　续世 凶　六不成　月厌　大祸　天雄　大杀　四激　蛟龙 地隔　死别　血忌
甲辰	吉　大明　曲星　七圣　岁位　赤帝生 凶　阴错　傍四废　大杀入中宫　十恶
丙辰	吉　次吉　大明　傅星　岁后　月空　天聋　神在 凶　五不归

戊辰

吉 次吉 天恩 天德合 曲星 岁对 小岁位 天聋 神在

凶 离窠 猖鬼败亡 大杀入中宫

庚辰

吉 上吉 天恩 天贵 傅星 岁对 复日 神在

凶 十恶 五行忌 八绝 河伯死 重丧

壬辰

吉 上吉 大明 月德 月恩 四相 岁后 小岁位 白帝生

凶 火星 五不归 天上大空亡 伐日 子胥死

五巳收

按阴阳诸家历法云值河魁大凶百事忌用

五午开

吉 祇神黄道 生气 时阳 玉堂 天马 太阳 月财 天解 兵吉

凶 白虎黑道 天棒黑星 天刑 天哭 天灾 天火 狼籍 太岁 刀砧 不举 火隔 天云不返 天狗 鲁般杀 披麻杀

甲午

吉 显星 七圣 岁后 小岁位 神在 不将 鸣吠对

凶 九土鬼 傍四废

丙午

吉 大明 次吉 岁前 小岁对 月空 神在 鸣吠

凶 解星

戊午	吉	七圣 天合德 岁前 神在 不将
	凶	齐星 猖鬼败亡 九土鬼 九丑 岁空 四耗 五怪 黄帝死 离窠
庚午	吉	上吉 天贵 岁对 复日 鸣吠
	凶	解星 五行忌 伐日 重丧
壬午	吉	大明 天恩 月恩 月德 四相 岁对 神在 鸣吠 不将
	凶	齐星 九丑 离窠
五未闭	吉	玉堂黄道 天黄道 少微星 金堂 正阳 阴德 母仓 天玉明星 天库星 天成星 天医 兵吉
	凶	五虚 月虚 月杀 罪刑 侠俾 血支 血刃 龙会 天云不返 山隔
乙未	吉	大明 曲星 岁后 小岁位 地哑 不将 神在
	凶	傍四废 大杀入中宫
丁未	吉	上吉 月德合 岁前 小岁对 傅星 神在
	凶	八风 八专 天上大空亡
已未	吉	大明 岁前 神在
	凶	八专 火星 岁空
辛未	吉	次吉 大明 傅星 岁对 天贵 神在
	凶	八风 五行忌 扁鹊死 仓颉葬

癸未

吉 次吉 天恩 天德 四相 岁对 不将

凶 火星 张宿 触水龙 伐日

五申建

按阴阳诸家历法云值月建百事大凶虽得吉神亦不可用 一云宜对拜袭爵出行不忌

五酉除

吉

祇神黄道 天德星 官日 吉期 兵宝 兵吉 神在

元武黑道 阴私黑星 地伤 地耗 财离 岁空 吟神

凶

天地争雄 天杀 天瘟 天寡 罪至 跌蹼 土忌

九空 空亡 九焦 九坎 人隔 斧头杀

乙酉

吉 显星 七圣 岁位 小岁前 不将 鸣吠

凶 伐日 天地离 傍四废 九土鬼 九丑 三阴

丁酉

吉 上吉 月德合 岁后 小岁位 地哑 鸣吠

凶 解星 日月离 天地正转

已酉

吉 大明 天恩 岁前 七圣 鸣吠

凶 齐星 九土鬼 五不归 人民离 九丑

辛酉

吉 大明 天贵 显星 岁前 七圣 地哑 鸣吠

凶 五怪 五不归 金石离 天转地转 九丑 八专 五行忌

癸酉

吉 次吉 大明 天德 四相 岁对 不将 鸣吠

凶 齐星 天转地转 江河离

五戌满

吉 司命黄道 天黄道 天官星 天富 天巫 恭安 穴天狗 天府明星 凤辇星 禄库星 母仓 六仪

凶 天贼 地雌 厌对 招摇 牢日 土瘟

甲戌

吉 神在 大小岁位

凶 火星 傍四废 黑帝死

丙戌

吉 次吉 曲星 岁位 小岁前 月空 神在

凶 八绝 五不归 大杀入中宫

戊戌

吉 傅星 岁位 小岁前 天德合 七圣

凶 十恶 猖鬼败亡 离窠 张宿

庚戌

吉 上吉 大明 天恩 天贵 岁前 复日 神在

凶 火星 猖鬼败亡 九土鬼 五行忌 八绝 重丧 白帝死

壬戌

吉 上吉 曲星 月德 月恩 岁前 四相

凶 离窠 猖鬼败亡 天上大空亡 大杀入中宫 青帝死

五亥平 五亥平 按阴阳诸家历法云值大罡天大凶又值冰消瓦解百事忌用
甲已年癸亥日系十恶大败

八月 月建酉白露后作八月用 日出卯入酉
秋分后太阳过辰躔寺星月将天罡

四顺 建宜行 成宜离 寅宜往 卯宜归　**四逆** 申不往 酉不离 七不往 八不归　**大空亡** 初七 十五 二十三

小空亡 初三 十一 十九 二十七　**长短星** 初二 初五 十八 十九　**赤口** 初二 初八 十四 二十 二十六

天休废 十三 十八　**天乙绝气** 十三　**天地凶败** 初二 十八

四方耗 初五　**瘟星** 二十七入 三十出　**杨公忌** 二十七

廉贞独火 初五 十四 二十三　**四不祥** 初四 初七 十六 十九

五子平 按阴阳诸家历法云值河魁大凶百事忌用

五丑定	吉	满德星 天厚星 金堂 三合 母仓 时阴
	凶	勾陈黑道 土勃黑星 官符 死气 狱日 分骸 小祸 葬耗 鬼贼 木马杀 林隔
乙丑	吉	上吉 天恩 月德合 大小岁对 月财 地哑 神在
	凶	傍四废 利星 孔子死
丁丑	吉	上吉 祇神黄道 大小岁位 大明 神在
	凶	朴星 天上大空亡 大杀入中宫
己丑	吉	次吉 祇神黄道 岁位 神在
	凶	章星 十恶 猖鬼败亡 返激 离窠
辛丑		按阴阳诸家历法云值秋大墓支干无气兼值返激星有吉神百事忌用
癸丑	吉	次吉 祇神黄道 天恩 月恩 曲星 四相 七圣 岁后 地哑
	凶	朴星 大杀入中宫 触水龙 张宿 伐日 八专
五寅执	吉	青龙黄道 祇神黄道 天黄道 天德 支德 解神 天德星
	凶	天雷黑星 天地争雄 傍四废 龙虎 劫杀 徒隶 归忌 天地殃败 章光 小耗 地隔 天魔 天丧 毛头

甲寅

按阴阳诸家历法云值秋正四废曰五行无气福德不临之辰百事忌用

丙寅

吉 次吉 阴阳合 天恩 显星 大小岁对 七圣 天聋 鸣吠对

凶 仓颉死

戊寅

吉 次吉 人民合 天恩 天瑞 大小岁位

凶 解星 猖鬼败亡 天上大空亡 伐日 离窠

庚寅

吉 上吉 天福 天瑞 天贵 天良 金石合 岁位 月德 七圣 鸣吠

凶 齐星 五行忌

壬寅

吉 上吉 大明 江河合 显星 四相 岁后 鸣吠

凶 九土鬼

五卯破

按阴阳诸家历法云值月破大凶百事忌用

五辰危

吉 祇神黄道 活曜星 天恩星 天喜 恭安 母仓 六合 五祥

凶 天刑黑道 蚩尤黑星 天激 天刑 天耗 死别 四激 月虚 月杀 无翘 蛟龙 火隔 六不成

年	吉	凶
甲辰	大明 七圣 岁后 月空 不将	朴星 大杀入中宫 傍四废 十恶
丙辰	上吉 大明 岁后 天聋 神在	章星 五不归 八绝
戊辰	次吉 天恩 岁对 小岁后 七圣 天聋 神在 不将	朴星 猖鬼败亡 大杀入中宫 离窠
庚辰	上吉 天恩 月德 岁位 天贵 七圣 神在	章星 五行忌 十恶 八绝 河伯死
壬辰	上吉 大明 岁后 小岁位 四相 白帝生 不将	利星 五不归 天上大空亡 伐日 子胥死
五巳成	天瑞星 天喜 太阴 三合 普护 重日 兵吉	朱雀黑道 飞流黑星 天狱 天雄 绝灭 五鬼 伏罪 临日 红沙杀 小杀 吟神 刀砧 土禁 山隔
乙巳	上吉 祇神黄道 大明 天福 月德合 岁后 月财 七圣 神在	解星 十恶 傍四废 辛年上朔
丁巳	次吉 祇神黄道 岁前 小岁后 天福 神在	齐星 九土鬼 地囊 八绝 癸年上朔

己巳	吉 次吉 祗神黄道 岁对 七圣 凶 解星 离窠 乙年上朔
辛巳	吉 次吉 祗神黄道 天恩 天瑞 天福 天贵 岁前 七圣 复日 地哑 不将 凶 齐星 猖鬼败亡 伐日 八绝 重丧 十恶 五行 忌五 不归 离窠 辛年上朔
癸巳	吉 天福 显星 岁后 小岁位 月恩 四相 不将 凶 九土鬼 天上大空 亡巳年上朔
五午收	按阴阳诸家历法云值天罡大凶百事忌用
五未开	按阴阳诸家历法云值天地争雄受死百事大凶纵有吉神亦当避忌
五申闭	吉 天庆星 吉庆星 大解 圣心 天马 福厚 五富 旺日 丰旺 天医 兵吉 凶 白虎黑道 天棒黑星 天刑 天哭 天瘟 天灾 天罗 地网 游祸 六不成 侠俾 血支 水隔

甲申
吉 上吉 大明 显星 七圣 岁对 月空 神在 鸣吠 不将
凶 伐日 天地离 傍四废

丙申
吉 神在 岁后 小岁位 天聋 鸣吠
凶 解星 五不归 日月离 十恶

戊申
吉 次吉 天赦 岁前 小岁对 七圣 神在不将
凶 齐星 猖鬼败亡 天上大空亡 人民离

庚申
吉 上吉 大明天福 天贵 显星 月德 岁前 七圣 鸣吠
凶 八专 猖鬼败亡 五不归 金石离 五行忌

壬申
吉 大明 四相 岁对 神在 鸣吠 不将
凶 齐星 猖鬼败亡 江河离 十恶 离窠

五酉建
按阴阳诸家历法云值月建百事大凶虽有吉神亦不可用一云宜对拜袭爵出行不忌

五戌聊
吉 祇神黄道 天岳明星 天瑞星 吉期 续世 母仓 兵宝 幽微星
凶 天牢黑道 天殃 破败 大杀 游杀 月火 独火 雷火 地中白虎 血忌 牢日

甲戌	吉	七圣 月空 大小岁位 神在
	凶	利星 傍四废 黑帝死
丙戌	吉	神在 岁后 小岁前
	凶	朴星 五不归 八绝 大杀入中宫
戊戌	吉	七圣 岁前 小岁位
	凶	章星 猖鬼败亡 十恶 离窠 张宿
庚戌	吉	大明 天恩 月德 岁前 七圣 天贵 神在
	凶	利星 九土鬼 猖鬼败亡 五行忌 白帝死
壬戌	吉	四相 岁前
	凶	朴星 猖鬼败亡 大杀入中宫 离窠 天上大空亡
五亥满	吉	天富 驿马 恩胜 要安 相日 重日 天巫 天后 天德合 狱论 穴天狗
	凶	元武黑道 阴私黑星 天杀 地伤 地耗 大杀 土瘟 地雌
乙亥	吉	上吉 月德合 大小岁位 显星 七圣 月财
	凶	傍四废 丙年上朔
丁亥	吉	次吉 大阴 岁位 小岁前 神在
	凶	解星 伐日 十恶 八绝 戊年上朔

己亥
吉　天祸　岁后　地哑
凶　齐星　猖鬼败亡　离窠　庚年上朔

辛亥
吉　次吉　大明　天恩　显星　天贵　岁前　复日　地哑
凶　八绝　猖鬼败亡　九虎　离窠　五不归　五行忌　重丧　壬年上朔

癸亥
吉　月恩　大小岁对　神在
凶　解星　离窠　天上大空亡　十恶　甲年上朔

九月

月建戌寒露后作九月用　日出卯入酉

霜降后太阳过卯躔大火月将太冲

四顺　建宜行　成宜离　寅宜往　卯宜归
四逆　申不行　酉不离　七不往　八不归
大空亡　初六　十四　二十一　三十

小空亡　初二　初十　十八　二十六
长短星　初三　初四　十六　十七
赤口　初一　初七　十三　十九　二十五

天休废　二十二　二十七
天乙绝气　十四
天地凶败　初三　十六

四方耗　初二
瘟星　十七入　二十出
杨公忌　二十五

廉贞独火 初五 十四 二十三

四不祥 初四 初七 十六 十九

五子满

吉 天岳明星 秋天德 天富 天巫 普护 成勋 四相 民日 穴天狗

凶 天牢黑道 天火 狼籍 天殃 大杀 破败 土瘟 大杀 归忌 五鬼 六不成 地隔 披麻杀

甲子
吉 次吉 天恩 大小岁前 神在 青帝生
凶 利星 傍四废

丙子
吉 上吉 天德 月德 大小岁位 天聋 鸣吠对
凶 朴星 伐日 触水龙 张宿

戊子
吉 复日 七圣 岁位 黄帝生
凶 章星 猖鬼败亡 九丑 地囊 重丧 离窠

庚子
吉 上吉 天福 天贵 月恩 岁后 天聋 鸣吠对
凶 利星 五行忌 九虎

壬子
吉 天恩 天瑞 月空 岁后 天聋 鸣吠对 黑帝生
凶 朴星 五怪 五不归 九丑

五丑平

按阴阳诸家历法云值天罡大凶百事忌用

五寅定

按阴阳诸家历法云值天地争雄受死百事大凶纵有吉神亦当避忌

五卯执

吉 祇神黄道 圣心 守日 六合 支德

凶 勾陈黑道 土勃黑星 小祸 葬耗 鬼贼 咸池 无翘 天地殃败 傍四废 小耗 山隔

乙卯

按阴阳诸家历法云值秋正四废百五行无气福德不临之辰百事忌用

丁卯

吉 天恩 阴阳合 大小岁对 地哑 神在 鸣吠对

凶 朴星 猖鬼败亡 离窠

巳卯

吉 大明 天恩 天瑞 天福 岁位 人民合 复日 地哑 神在

凶 章星 五不归 九丑 伐日 重丧

辛卯

吉 天德合 月德合 天福 天贵 金石合 岁后 小岁位 鸣吠对 神在不将

凶 利星 九丑 五行忌 五怪 绝阳

癸卯

吉 次吉 四相 岁后 江河合 七圣 不将 鸣吠对

凶 朴星

五辰破

按阴阳诸家历法云值月破百事大凶虽得吉神亦不可用

丙辛年庚辰系十恶大败

五巳危

吉 明堂黄道 祇神黄道 天黄道 紫微星 月财 续世 阴德 执储明星 天庆星 吉庆星 吉人星 贵人星 重日 兵吉

凶 天瘟 游祸 伏罪 血忌 刀砧 土禁 人隔

乙巳

吉 次吉 大明 天福 傅星 岁后 七圣 神在

凶 十恶 傍四废 辛年上朔 乙庚年系十恶大败

丁巳

吉 天福 神在 岁前 小岁后

凶 火星 绝阳 九土鬼 癸年上朔 赤帝死 仓颉葬

己巳

吉 次吉 傅星 七圣 复日 岁对

凶 离窠 重丧 乙年上朔

辛巳

吉 上吉 天恩 天瑞 天福 天贵 天德合 月德合 岁对 七圣 地哑 不将

凶 十恶 猖鬼败亡 火星 伐日 五行忌 五不归 离窠 丁年上朔

癸巳

吉 天福 曲星 岁后 小岁位 四相 不将

凶 绝阳 九土鬼天 上大空亡 己年上朔

五午成

吉：天喜 天仓 三合 要安 兵吉

凶：天刑黑道 蚩尤黑星 天举 天雄 天耗 天激 天刑 天云不返 鲁般杀 刀砧 水隔

日	吉	凶
甲午	七圣 岁后 小岁位 神在 鸣吠对	绝阳 九土鬼 傍四废 朴星
丙午	上吉 大明 天德 月德 岁前 小岁对 神在 鸣吠	章星
戊午	七圣 复日 岁前 神在 不将	利星 猖鬼败亡 岁空 九丑 九土鬼 离窠 黄帝死 重丧 五怪 四耗
庚午	次吉 天贵 月恩 岁对 不将 鸣吠	章星 五行忌 伐日
壬午	大明 天恩 岁对 四相 月空 神在 不将 鸣吠	利星 九丑 离窠

五未收

按阴阳诸家历法云值河魁又值水消瓦解百事忌用

五申开

吉

金匮黄道 祇神黄道 天黄道 福厚 旺日 生气 六仪 銮舆星
天宝明星 次天财星 金堂 太阳 时阳 丰旺 驿马 天庆星

凶

太岁 厌对 招摇 天贼 天狗 六不成

甲申

吉 次吉 大明 曲星 岁对 七圣 神在 鸣吠

凶 伐日 天地离 傍四废

丙申

吉 上吉 天德 月德 傅星 神在 岁对 小岁位 天聋 鸣吠

凶 十恶 日月离 五不归 绝阳

戊申

吉 上吉 天赦 七圣 复日 岁前 小岁对 神在

凶 火星 猖鬼败亡 天上大空亡 人民离 重丧

庚申

吉 上吉 大明 天福 天贵 曲星 七圣 岁前 鸣吠 月恩

凶 八专 猖鬼败亡 五不归 金石离 五行忌

壬申

吉 大明 七圣 岁对 四相 神在 鸣吠 月空

凶 火星 猖鬼败亡 江河离 十恶 离窠

五酉闭

吉

天德黄道 天黄道 邑从星 天医 天解 官日 正阳
天对明星 天财星 地财星 神在

凶

天地争雄 天吏 天寡 致死 侠俾 龙虎 血支
地中白虎 斧头杀 水星交 月害 月火 独火 雷火

乙酉
吉 七圣 岁位 岁前 鸣吠
凶 朴星 天地离 傍四废 九土鬼 伐日 九丑

丁酉
吉 岁后 小岁位 地哑 鸣吠
凶 章星 天地正转 日月离 绝阳

己酉
吉 大明 天恩 复日 岁前 鸣吠
凶 利星 九土鬼 人民离 五不归 九丑 重丧

辛酉
吉 大明 天德合 月德合 天贵 岁前 地哑 鸣吠
凶 朴星 天转地转 五不归 金石离 九丑 八专 五怪 五行忌

癸酉
吉 次吉 大明 四相 七圣 鸣吠
凶 利星 江河离 天转地转

五戌建
按阴阳诸家历法云值月建百事大凶虽得吉神亦不可用一云宜封拜袭爵出行不忌

五亥除
吉 玉堂黄道 祇神黄道 天黄道 天德星 相日 恩胜 吉期 四相 天玉明星 天成星 天庆星 少微星 五富 恭安 兵宝 重日
凶 财离 岁空 火星交 劫杀 土符 林隔

日	吉凶						
乙亥	吉	次吉	曲星	大小岁位			
	凶	傍四废	丙年上朔				
丁亥	吉	大明	傅星	岁位	小岁前	神在	
	凶	伐日	八绝	十恶	戊年上朔		
巳亥	吉	次吉	天福	七圣	复日	岁后	地哑
	凶	火星	猖鬼败亡	绝阳	重丧	离窠	庚年上朔
辛亥	吉	上吉	大明 天恩	曲星 天贵	天德合	月德合	岁前 地哑
	凶	八绝	猖鬼败亡	五不归	五行忌	九虎	离窠 壬年上朔
癸亥	吉	傅星	神在	大小岁对			
	凶	十恶	离窠	天上大空亡	甲年上朔		

十月

月建亥立冬后作十月用　日出卯辰入酉申

小雪后太阳过寅躔析木月将功曹

四顺　建宜行　成宜离　寅宜往　卯宜归

四逆　申不行　酉不离　七不往　八不归

大空亡　初五　十三　二十一　二十九

小空亡　初一　初九　十七　二十五

长短星　初一　十四

赤口　初六　十二　十八　二十四　三十

天休废 初四 初九 **天乙绝气** 十五 **天地凶败** 初二 十四

四方耗 初三 **瘟星** 十二入 十六出 **杨公忌** 二十三

廉贞独火 初五 十四 二十三 **四不祥** 初四 初七 十六 十九

五子除

	吉	凶
五子除	祇神黄道 天瑞星 幽微星 官日 吉期 要安 天马 兵宝	白虎黑道 天棒黑星 天刑 天哭 天灾 天寡 地雌 红沙杀 斧头杀 章光 咸池 火隔
甲子	上吉 天恩 天赦 大小岁对 四相 神在 月德 青帝生	齐星
丙子	次吉 显星 大小岁后 七圣 天聋 鸣吠对	伐日 天转地转 傍四废 触水龙 张宿
戊子	七圣 岁后 黄帝生	解星 猖鬼败亡 岁博 离窠 九丑
庚子	次吉 天福 天德合 岁对 月空 天聋 鸣吠对	齐星 天地正转 地囊

壬子
吉 天恩 天瑞 天贵 显星 黑帝生 岁对 复日 天聋 鸣吠对
凶 岁博 天转地转 四耗五怪 五不归 九丑 六蛇 重丧 五行忌

五丑满
吉 玉堂黄道 天黄道 天库星 天富 玉堂
天玉明星 少微星 天成星
凶 天贼 大杀 月厌 大祸 归忌 土瘟 牢日
龙会 血刃 山隔

乙丑
吉 天德 天恩 月德 大小岁前 四相 地哑 神在
凶 火星 孤辰 孔子死

丁丑
吉 大明 曲星 大小岁后 七圣 神在
凶 孤辰 大杀入中宫 天上大空亡 傍四废

己丑
吉 傅星 月德合 七圣 岁后 神在
凶 十恶 猖鬼败亡 孤辰 离窠

辛丑
吉 天福 地哑 岁对
凶 火星 九土鬼 猖鬼败亡 离窠 行痕

癸丑
吉 天恩 曲星 七圣 天贵 地哑 岁对
凶 八专 五行忌 大杀入中宫 触水龙 伐日 阴错 了戾

五寅平 按阴阳诸家历法云值河魁大凶又值水消瓦解百事忌用

五卯定

吉：祇神黄道　天厚星　满德星　民日　成勋　三合　四相　阴德　时阴　兵吉

凶：元武黑道　阴私黑星　官符　死气　财离　岁空　龙虎　天火天杀　狼籍　地伤　六不成　地耗　人隔　天地争雄

乙卯

吉：天德　月恩　日月合　岁对　神在　鸣吠对

凶：解星　八专　五怪　张宿

丁卯

吉：次吉　天恩　大小岁对　阴阳合　显星　神在　地哑　鸣吠对

凶：离窠　猖鬼败亡　傍四废

己卯

吉：大明　天恩　天瑞　天福　岁后　月德合　人民合　神在　地哑　不将

凶：解星　伐日　五不归　九丑　了戾

辛卯

吉：天福　金石合　岁对　小岁后　神在　鸣吠对　不将

凶：齐星　九丑　五怪

癸卯

吉：上吉　天贵　显星　江河合　岁对　七圣　不将　鸣吠对

凶：五行忌

五辰执

吉：司命黄道　祇神黄道　天黄道　天德星　支德　解神　天府明星　凤辇星　禄库星　天官星　兵吉

凶：天地争雄　天地殃败　狱日　罪至　分骸　土符　小耗　水隔

甲辰	吉	上吉 大明 月德 曲星 四相 岁对 赤帝生
	凶	十恶 大杀入中宫 丙辛年系十恶大败
丙辰	吉	次吉 大明 傅星 岁对 天聋 神在
	凶	八绝 五不归 傍四废
戊辰	吉	天恩 岁前 小岁对 曲星 七圣 天聋 神在
	凶	返激 猖鬼败亡 大杀入中宫 离窠
庚辰	吉	天恩 天德合 傅星 岁前 月空 神在 不将
	凶	八绝 十恶 河伯死
壬辰		扫阴阳诸家历法云值冬大墓支干元气兼值反激纵有吉神百事忌用
五巳破		按阴阳诸家历法云值月破大凶虽得吉神亦不可用
五午危	吉	青龙黄道 祇神黄道 天黄道 五祥 守日 普护 活曜星 天恩星 兵吉
	凶	天雷黑星 傍四废 天丧 天魔 天吏 致死 毛头 五虚

甲午

吉　上吉　月德四相　显星　七圣　岁对　小岁后　神在　鸣吠对

凶　九土鬼

丙午

按阴阳诸家历法云值冬正四废日五行无气福德不临之辰百事忌用

戊午

吉　七圣　岁位　神在

凶　齐星　猖鬼败亡　九土鬼　离窠　九丑　五怪　黄帝死

庚午

吉　次吉　天德合　岁前　月空　鸣吠　不将

凶　解星　伐日

壬午

吉　大明　天恩　天贵　岁前　复日　神在　鸣吠　不将

凶　齐星　五行忌　九丑　离窠　重丧

五未成

吉

明堂黄道　祇神黄道　天黄道　贵人星　吉人星　太阴　月财

执储明星　紫微星　福厚　三合　六仪　天喜

凶

龙会　蛟龙　天雄　厌对　往亡　死别　临日

招摇　四激　六不成　跌蹼　土忌

乙未

吉　上吉　大明　月恩　天德　曲星　岁对　小岁后　七圣　神在　四相地哑

凶　大杀入中宫

丁未

吉　傅星　岁位　小岁前　神在

凶　八专　天上大空亡傍四废

己未

吉 上吉 大明 月德合 岁位 七圣 神在

凶 火星 八专

辛未

吉 大明 傅星 岁前 神在

凶 扁鹊死 仓颉葬

癸未

吉 上吉 天贵 天恩 岁前

凶 火星 五行忌 伐日 触水龙 张宿

五申收

按阴阳诸家历法云值天地争雄受死大凶纵有吉神亦当避忌

甲己年系十恶大败

五酉开

吉 祇神黄道 天佑星 圣心 生气 时阳 正阳 母仓

天巫 神在 穴天狗

凶 朱雀黑道 飞流黑星 天狱 太岁 小杀 绝灭 不举

天云不返 鲁般杀 披麻杀 吟神 刀砧 天狗 林隔

乙酉

吉 天德 月恩 四相 显星 七圣 岁后 小岁位 鸣吠

凶 伐日 天地离 九土鬼 九丑

丁酉

吉 次吉 岁对 小岁后 地哑 鸣吠

凶 解星 日月离 傍四废

日	吉	凶
己酉	大明 天恩 岁位 七圣 月德合 鸣吠	齐星 九土鬼 五不归 人民离 九丑
辛酉	大明 显星 七圣 岁位 地哑 鸣吠	岁空 金石离 五不归 四耗 五怪 八专 九丑
癸酉	上吉 大明 天贵 岁前 七圣 鸣吠	齐星 五行忌 江河离
五戌闭	金匮黄道 天黄道 銮舆星 天庆星 天解 天医 天宝明星 次天财星 吉庆星 益后	天云不返 月虚 月杀 罪刑 佚俾 血支 地隔 火星交
甲戌	月德 大小岁后 四相 七圣 神在	火星 八风 黑帝死
丙戌	曲星 岁后 小岁位 神在	八绝 五不归 大杀入中宫 傍四废
戊戌	七圣 傅星 岁对 小岁位	十恶 猖鬼败亡 返激 离窠 张宿
庚戌	次吉 大明 天德合 天恩 岁位 七圣 月空 神在	火星 九土鬼 猖鬼败亡 地囊 八绝 白帝死

壬戌

吉 天贵 曲星 岁位 复日

凶 五行 忌猖鬼败亡 天上大空亡 离窠 重丧 大杀入中宫

五亥建

按阴阳诸家历法云值月建百事大凶虽得吉神亦不可用一云宜封拜袭爵出行不忌

十一月

月建子大雪后作十一月用 日出辰入申

冬至后太阳过丑躔星纪月将大吉

四顺 建宜行 成宜离 寅宜往 卯宜归

四逆 申不行 酉不离 七不往 八不归

大空亡 初四 十二 二十 二十八

小空亡 初八 十六 二十四

长短星 十二 二十二

赤口 初五 十一 十七 二十三 二十九

天休废 十三 十八

天乙绝气 十六

天地凶败 十二 十四

四方耗 初四

瘟星 十二入 十五出

杨公忌 二十一

廉贞独火　初五　十四　二十三

四不祥　初四　初七　十六　十九

五子建

按阴阳诸家历法云值月建百事大凶虽得吉神亦不可用一云宜

封拜袭爵出行不忌

五丑除

吉　天德黄道　祇神黄道　天黄道　天财星　地财星　吉期　普护
天对明星　天德星　邑从星　六合　阴德　兵宝

凶　天瘟　牢日　游杀　地雌　无翘　人隔
红沙杀

乙丑

吉　次吉　天恩　大小岁前　四相　地哑　神在

凶　利星　孔子死

丁丑

吉　大明　月德合　大小岁后　七圣　神在　不将

凶　朴星　天上大空亡　大杀入中宫　傍四废

己丑

吉　七圣　岁后　神在　不将

凶　章星　猖鬼败亡　十恶　离窠

辛丑

吉　天福　岁对　地哑　不将

凶　利星　九土鬼　猖鬼败亡　离窠

癸丑 吉 次吉 天恩 天贵 岁对 七圣 复日 地哑
凶 朴星 大杀入中宫 五行忌 触水龙 张宿 八专 伐日 重丧

五寅满
吉 冬天德 天富 天解 天巫 大马 驿马 福生
恩胜 四相 狱钥 相日 兵吉 六天狗
凶 天棒黑星 白虎黑道 天刑 天哭 天灾 土瘟 五虚
归忌 地雌 水隔

甲寅 吉 上吉 月恩 日月合 岁对 七圣 鸣吠对
凶 解星 八专 八风

丙寅 吉 天恩 月恩 显星 阴阳合 七圣 月空 天聋 鸣吠对 大小岁前
凶 傍四废 仓颉死

戊寅 吉 天瑞 天恩 大小岁后 人民合
凶 解星 猖鬼败亡 天上大空亡 离窠 伐日

庚寅 吉 次吉 天瑞 天福 金石合 岁后 鸣吠 不将
凶 齐星

壬寅 吉 上吉 大明 显星 天贵 天良 江河合 月德 七圣 岁对 鸣吠
凶 九土鬼 五行忌

五卯平 按阴阳诸家历法云值天罡大凶又值争雄受死虽有吉神亦不可用

五辰定

吉
祇神黄道 天岳明星 天仓 圣心 时阴
三合 兵吉

凶
天牢黑道 天殃 破败 官符 死气 大杀 分骸
临日 狱日 蛟龙

甲辰
吉 上吉 大明 月恩 岁对 七圣 四相 赤帝生
凶 朴星 十恶 大杀入中宫

丙辰
吉 大明 岁对 月空 天聋 神在
凶 章星 五不归 傍四废 八绝

戊辰
吉 天恩 七圣 岁对 小岁对 天聋 神在
凶 朴星 猖鬼败亡 大杀入中宫 离窠 返激

庚辰
吉 次吉 天恩 七圣 岁前 神在 不将
凶 章星 八绝 十恶 河伯死

壬辰
按阴阳诸家历法云值冬大墓冬午无气兼值返激虽有吉神百事忌用

五巳执

吉
祇神黄道 天德 五富 支德 益后
重日 兵吉

凶
元武黑道 阴私黑星 傍四废 天杀 地伤 地耗 小耗
天地殃败 天罗地网 劫杀 徒隶 吟神

乙巳
吉 上吉 大明 天福 四相 岁对 神在
凶 解星 十恶 辛年上朔

丁巳
按阴最诸家历法云值冬正四废日行无气福德不临之辰百事忌用

己巳
吉 岁前 不将
凶 解星 离窠 乙年上朔

辛巳
吉 次吉 天恩 天瑞 天福 岁前 七圣 地哑 不将
凶 齐星 猖鬼败亡 五不归 十恶 八绝 伐日 离窠 丁年上朔

癸巳
吉 次吉 天福 天贵 显星 复日 岁对 小岁后
凶 九土鬼 五行忌 天上大空亡 重丧 亡嬴 己年上朔

五午破
按阴阳诸家历法云值月破百事大凶虽得吉神亦不可用

五未危
吉 祇神黄道 吉庆星 天庆星 要安 天喜
凶 勾陈黑道 土勃黑星 水星交 死别 小祸 五鬼 六不成 月杀月虚 月火 独火 雷火四激 鬼贼 葬耗 林隔 地中白虎

日	吉	凶
乙未	大明 四相 岁对 小岁后 地哑 神在	朴星 大杀入中宫
丁未	月德合 岁位 小岁前 神在	章星 天上大空亡 傍四废 八专
己未	大明 岁位 神在	利星 八专
辛未	大明 岁前 神在	章星 地囊 扁鹊死 仓颉死
癸未	天恩 天贵 岁前 旺日 复日	利星 五行忌 伐日 触水龙 张宿 重丧
五申成	青龙黄道 祇神黄道 天黄道 三合 五祥 天喜 母仓 天德合	天雷黑星 天雄 天丧 天魔 大杀 伏罪 毛头 土禁 土符 财离 岁空 九空 空亡 九焦 九坎 刀砧 地隔
甲申	上吉 大明 月恩 显星 岁前 四相 神在 鸣吠	伐日 天地离
丙申	岁对 小岁后 月空 天聋 神在 鸣吠	解星 日月离 傍四废 五不归 十恶

戊申

吉 次吉 七圣 岁位 神在

凶 齐星 猖鬼败亡 天上大空亡 人民离

庚申

吉 次吉 大明 天福 显星 七圣 岁位 鸣吠

凶 岁空 五不归 猖鬼败亡 金石离 八专

壬申

吉 上吉 大明 天贵 月德 岁前 七圣 神在 鸣吠

凶 齐星 猖鬼败亡 五行忌 江河离 十恶 离窠

五酉收

按阴阳诸家历法云值河魁大凶又值水消瓦解百事忌用

五戌开

吉 祇神黄道 生气 时阳 太阳

凶 天刑黑道 蚩尤黑星 天刑 天激 天耗 天狗 罪刑 往亡 天云不返 天地争雄 太岁 龙虎 龙会 跌蹼 土忌 火隔

甲戌

吉 上吉 月德 大小岁后 四相 神在

凶 利星 八风 黑帝死

丙戌

吉 月空 岁后 小岁位 神在

凶 朴星 大杀入中宫 五不归 傍四废 八绝

戊戌 吉 次吉 岁对 小岁位 七圣
凶 章星 猖鬼败亡 十恶 返激 离窠 张宿

庚戌 吉 次吉 大明 天恩 岁位 七圣 神在
凶 利星 九土鬼 猖鬼败亡 八绝 白帝死

壬戌 吉 上吉 天贵 月德 岁位
凶 朴星 猖鬼败亡 大杀入中宫 天行忌 离窠 伐日 青帝死天上大空亡

五亥闭
吉 福厚 丰旺 正阳 旺日
天医 重日
凶 朱雀黑道 飞流黑星 六不成 天狱 罪至 小杀 绝火
天地争雄 空宅 章光 游祸 山隔 血支

乙亥 吉 次吉 显星 大小岁后 四相
凶 丙年上朔

丁亥 吉 次吉 大明 月德合 神在 岁后 小岁位
凶 解星 傍四废 十恶 八绝 伐日 戊年上朔 甲己年系十恶大败

己亥 吉 天福 七圣 岁对 地哑
凶 齐星 猖鬼败亡 离窠 庚年上朔

辛亥 吉 次吉 大明 天恩 显星 岁位 地哑
凶 八绝 五不归 猖鬼败亡 离窠 壬年上朔

癸亥 吉 复日 大小岁前 神在
凶 解星 五行忌 天上大空亡 离窠 十恶 六蛇 重丧 甲年上朔

十二月

月建丑小寒后作十二月用 日出辰卯入申酉

大寒后太阳过了躔元枵月将神后

四顺 建宜行 成宜离
寅宜在 卯宜归

四逆 申不行 酉不离
七不往 八不归

大空亡 初三 十一
十九 二十七

小空亡 初七 十五
二十三 二十五

长短星 初九

赤口 初四 初十 十六
二十一 二十八

天休废 二十二 二十七

天乙绝气 十七

天地殃败 初九
二十五

四方耗 初五

瘟星 十一入 十四出

杨公忌 十九

廉贞独火 初五 十四
二十三

四不祥 初四 初七
十六 十九

五子闭吉 天庆星 吉庆星 天医 官日 续世
六合

日	吉凶	神煞
	凶	天刑黑星 蚩尤黑星 天刑 天寡 天激 天吏 天耗 斧头杀 归忌 无翘 致死 土符 水隔 血支 血忌
甲子	吉	次吉 天恩 天赦 大小岁前 四相 月空 神在 青帝生
	凶	利星
丙子	吉	七圣 大小岁后 天聋 鸣吠对 不将
	凶	朴星 傍四废 天转地转 伐日 张宿 触水龙
戊子	吉	七圣 岁后 黄帝生
	凶	章星 猖鬼败亡 九丑 逐阵 离窠 重丧
庚子	吉	上吉 天福 天德 月德 岁对 天聋 不将 鸣吠对
	凶	利星 天地正转
壬子	吉	天恩 天瑞 天贵 七圣 黑帝生 岁对 天聋 鸣吠对
	凶	朴星 天转地转 四耗 五怪 六蛇 九丑 逐阵 五行忌 五不归
五丑建		按阴阳诸家历法云值同建百事大凶虽得吉神亦不可用一云宜封拜袭爵出行不忌
五寅除	吉	金匮黄道 祇神黄道 天黄道 銮舆星 相日 四相 幽微星 吉期 兵宝 天宝明星 次天财星 天瑞星 天庆星 恩胜 狱钥 冬天德 兵吉
	凶	五虚 劫杀

甲寅
吉 次吉 日月合 傅星 七圣 岁对 月空 鸣吠对
凶 八风 八专

丙寅
吉 次吉 天恩 曲星 大小岁前 阴阳合 天聋 七圣 不将 鸣吠对
凶 傍四废 仓颉死

戊寅
吉 次吉 天恩 天瑞 人民合 傅星 大小岁后
凶 伐日 猖鬼败亡 天上大空亡 离窠 重丧

庚寅
吉 上吉 天福 天瑞 天德 月德 金石合 岁后 七圣 鸣吠 不将
凶 火星

壬寅
吉 次吉 大明 天贵 天良 曲星 江河合 七圣 岁对 鸣吠
凶 九土鬼 五行忌

五卯满

吉
天德黄道 天黄道 邑从星 天富 天仓 金堂 天巫 四相
天对明星 天财星 地财星 成勋 民日 兵吉 穴天狗

凶
龙会 天瘟 土瘟 地雌
六不成 披麻杀

乙卯
吉 神在 天德合 月德合 日月合 岁对 鸣吠对
凶 章星 八专 五怪 张宿

丁卯
吉 天恩 阴阳合 大小岁前 七圣 地哑 神在 不将 鸣吠对
凶 朴星 傍四废 猖鬼败亡 离窠

己卯	吉	大明　天恩　天瑞　天福　复日　人民合　岁后　地哑　神在　不将
	凶	章星　五不归　九丑　伐日　重丧
辛卯	吉	天福　月恩　岁对　小岁后　金石合　神在　不将　鸣吠对
	凶	利星　五怪　九丑
癸卯	吉	次吉　天贵　七圣　江河合　岁对　鸣吠对
	凶	朴星　五行忌
五辰平	按阴阳诸家历法云值河魁大凶又值水消瓦解百事忌用	
五巳定	吉	玉堂黄道　祇神黄道　天黄道　少微星　满德星　母仓　时阴 天玉明星　天厚星　天库星　天成星　三合　六仪　重日
	凶	天地争雄　官符　死气　傍四废　徒隶　罪至　财离　岁空 九空　空亡　九焦　九坎　蛟龙　招摇　厌对　林隔
乙巳	吉	上吉　大明　天福　天德合　月德合　傅星　四相　岁对　神在
	凶	十恶　辛年上朔
丁巳	按阴阳诸家历法云值冬正四废日五行无气福德不临之辰百事忌用	

己巳
- 吉 傅星 七圣 复日 岁前
- 凶 离窠 重丧 乙年上朔

辛巳
- 吉 上吉 天恩 天福 天瑞 月恩 七圣 岁前 地哑
- 凶 火星 猖鬼败亡 五不归 离窠 伐日 十恶 八绝 丁年上朔

癸巳
- 吉 天福 天贵 曲星 岁对 小岁后
- 凶 九土鬼 五行忌 天上大空亡 己年上朔

五午执
- 吉 祇神黄道 天岳明星 天德星 支德 守日 解神
- 凶 天牢黑道 傍四废 木星交 天殃 破财 大杀 咸池 小耗 独火 月火 雷火 五虚 蛟龙 地隔 地中白虎

甲午
- 吉 七圣 岁对 小岁后 四相 月空 神在 鸣吠对
- 凶 朴星 九土鬼

丙午
按阴阳诸家历法云值冬正四废曰五行无气福德不临之辰百事忌用

戊午
- 吉 神在
- 凶 利星 猖鬼败亡 九土鬼 五怪 九丑 离窠 重丧 黄帝死

庚午
- 吉 上吉 天德 月德 岁前 鸣吠
- 凶 章星 伐日

壬午

吉 大明 天恩 天贵 岁前 神在 鸣吠

凶 利星 九丑 五行忌 离窠

五未破

按阴阳诸家历法云值月破百事大凶虽得吉神亦不可用

五申危

吉 司命黄道 祇神黄道 天黄道 凤辇星 福生 五富 活曜星 天府明星 天恩星 天官星 禄库星 母仓 阳德 五祥

凶 天罗 地网 伏罪 游祸 血支 刀砧 土禁 火隔

甲申

吉 次吉 大明 曲星 七圣 四相 岁前 月空 神在 鸣吠

凶 伐日 天地离

丙申

吉 次吉 傅星 岁对 小岁后 天聋 神在 鸣吠

凶 十恶 五不归 傍四废 日月离

戊申

吉 次吉 岁位 小岁前 神在

凶 火星 猖鬼败亡 天上大空亡 人民离 重丧

庚申

吉 上吉 大明 天福 天德 月德 曲星 七圣 岁位 鸣吠

凶 八专 五不归 猖鬼败亡 金石离 岁空

壬申

吉 大明 天贵 岁前 七圣 神在 鸣吠

凶 火星 猖鬼败亡 江河离 五行忌 十恶 离窠

日	吉	凶
五 酉成	按阴阳诸家历法云值天地争雄受死百事大凶纵有吉神不可用	
五 戌收	按阴阳诸家历法云值天罡大凶百事忌用	
五 亥开	明堂黄道 祇神黄道 天黄道 紫微星 旺日 福厚 执储明星 天佑星 吉人星 贵人星 月财 丰旺	生气 益后 时阳 正阳 阴德 天后 驿马 重日 太岁 天贼 月厌 大祸 空宅 天狗 人隔 六不成
乙亥	上吉 天德合 月德合 大小岁后 曲星 七圣 四相	四耗 丙年上朔
丁亥	上吉 大明 傅星 神在 岁后 小岁位	伐日 傍四废 十恶 戊年上朔
巳亥	天福 七圣 岁对 复日 地哑	火星 猖鬼败亡 离窠 重丧 庚年上朔
辛亥	大明 天恩 月恩 曲星 岁位 地哑	八绝 五不归 猖鬼败亡 离窠 壬年上朔
癸亥	天贵 傅星 大小岁前 神在	阴错 天上大空亡 五行忌 十恶 离窠 六蛇 亡嬴 甲年上朔

其断例内虽有可用之日，图内有忌者，不宜用，盖甲子六十日一周，有值吉星凶星者，在人取择焉，虽有吉神而人无其德，用事无验，神不佑之故也。

天运星煞直时傍图

凡择吉日必用良时，当于后断例内取用。

时	甲子	乙丑
子丑寅卯辰巳午未申酉戌亥	金匮黄天德黄白虎黑玉堂黄天牢黑元武黑司命黄勾陈黑青龙黄明堂黄天刑黑朱雀黑 道 道 道 道 道 道 道 道 道贵人道 道 福德星宝光星天煞星少微星锁神星天狱星凤辇星地狱星天贵星明辅星天刑星天讼星 月仙星天德星 天开星寡宿 日仙星时害 太乙星天官贵人孤辰 旬中空 福星贵天乙贵 天罡 时破 五不遇河魁 旬中空亡 人 人 截路空亡五不遇 时建 六合 截路空亡	天刑黑朱雀黑金匮黄天德黄白虎黑玉堂黄天牢黑元武黑司命黄勾陈黑青龙黄明堂黄 道 道 道 道 道 道 道 道 道 道 道 道 乙天刑星天讼星福德星宝光星天杀星少微星锁神星天狱星凤辇星地狱星太乙星明辅星 时建 月仙星天德河星魁 天开星时害 时破 日仙星五不遇天贵星贵人星 八禄 寡宿 截路空亡截路空亡五不遇 天罡 孤辰 旬中空亡 旬中空亡

时　子丑寅卯辰巳午未申酉戌亥

丙寅

青龙黄明堂黄天刑黑朱雀黑金匮黄天德黄白虎黑玉堂黄天　牢黑元武黑司命黄勾陈黑
道　道　道　道　道　道　道　道　道　道　道　道
太乙星贵人星天刑星天讼星福德星宝光星　天杀星少微星锁神星天狱星凤辇星地狱星
天贵星明辅星时建　　　月仙星天德星寡宿　　天开星时破　　　日仙星河魁
孤辰　　　　　截路空亡天罡　　　　　　　　旬中空亡五不遇
五不遇　　　　　　时害　　　　　　　　　　　　　中空亡
　　　　　　截路空亡

丁卯

司命黄勾陈黑青龙黄明堂黄天刑黑　朱雀黑金匮黄天德黄白虎黑玉堂黄天牢黑元武黑
道　道　道　道　道　道　道　道　道　道　道　道
凤辇星地狱星太乙星贵人星天刑星天讼星福德星宝光星天杀星少微星锁神星天狱星
日仙星孤辰　天贵星明辅星时害　　月仙星天德星　　天开星旬中空亡五不遇
五不遇　　截路空亡时建　　　河魁　寡宿　　　时破　　　　旬中空亡
天罡　　　截路空亡

戊辰

天牢黑元武黑司命黄勾陈黑青龙黄明堂黄天刑黑朱雀黑金匮黄天德黄白虎黑玉堂黄
道　道　道　道　道　道　道　道　道　道　道　道
锁神星天狱星凤辇星地狱星太乙星贵人星天刑星天讼星福德星宝光星天杀星少微星
截路空亡河魁　日仙星时害　天贵星明辅星　　天罡　月仙星天德星时破　天开星
　　截路空亡孤辰　五不遇时建　　　　　　寡宿　　　旬中空亡旬中空
　五不遇　　　　　　　　　　　　　　　　　　　　亡　　亡

时 子丑寅卯辰巳午未申酉戌亥

己巳

白虎黑玉堂黄天牢黑元武黑司命黄勾陈黑青龙黄明堂黄天刑黑朱雀黑金匮黄天德黄
道 道 道 道 道 道 道 道 道 道 道 道
天杀星少微星锁神星天狱星凤辇星地狱星太乙星贵人星天刑星天讼里福德里宝光星
天开星天罡 孤辰 日仙星时建 天贵星明辅星河魁 寡宿 月仙星天德星
时害 五不遇 八禄 福星贵截路空截路空旬中空驿马
五不遇 人 亡 亡 亡 旬中空亡

庚午

金匮黄天德黄白虎黑玉堂黄天牢黑元武黑司命黄勾陈黑青龙黄明堂黄天刑黑朱雀黑
道 道 道 道 道 道 道日仙道 道 道 道 道
福德星宝光星天杀星少微星锁神星天狱星凤辇星地狱星太乙星贵人星天刑星天讼星
月仙星天德星 天开星孤辰 五不遇天官福截路空天贵星明辅星寡宿 旬中空
时破 时害 河魁 五不遇亡 八禄 天罡 旬中空亡
五不过 驿马 亡
截路空亡

辛未

天刑黑朱雀黑金匮黄天德黄白虎黑玉堂黄天牢黑元武黑司命黄勾陈黑青龙黄明堂黄
道 道 道 道 道 道天开道 道 道 道 道 道
天刑星天讼星福德星宝光星天杀星少微星锁神星天狱星凤辇星地狱星太乙星贵人星
时害 时破 月仙星天德星天罡 天官福五不遇时建 日仙星 天贵星明轮星
截路空亡 星责人 旬中空亡 寡宿
五不遇 河魁 旬中空亡
截路空亡

时　子　丑　寅　卯　辰　巳　午　未　申　酉　戌　亥

壬申

青龙黄明堂黄天刑黑朱雀黑金匮黄天德黄白虎黑玉堂黄天牢黑元武黄司命黄勾陈黑

道　道　道　道　道　道　道　道　道　道　道　道

太乙星贵人星天刑星天讼星福德星宝光星天杀星少微星锁神星天狱星凤辇星地狱星

天贵星明辅星时破　截路空亡　月仙星天德星孤辰　天开星时建　日仙星天罡

寡宿　五不遇截路空亡　福星贵人　河魁　五不遇　五不遇时害

五不遇　旬中空亡十恶大败

旬中空亡

癸酉

司命黄勾陈黑青龙黄明堂黄天刑黑朱雀黑金匮黄天德黄白虎黑玉堂黄天牢黑元武黑

道　道　道　道　道　道　道　道　道　道　道　道

凤辇星地狱星太乙星贵人星天刑星天讼星福德星宝光星天杀星少微星锁神星天狱星

日仙星寡宿　天贵星明辅星五不遇　月仙星天德星　天开星时害　旬中空亡

八禄　五不遇　时破　天乙贵人孤辰　时建　五不遇

河魁　截路空亡　天罡　五不遇　旬中空亡

截路空亡

甲戌

天牢黑元武黑司命黄勾陈黑青龙黄明堂黄天刑黑朱雀黑金匮黄天德黄白虎黑玉堂黄

道　道　道　道　道　道　道　道驿马道宝光道　道

锁神星天狱星凤辇星地狱星太乙星贵人星天刑星天讼星　福德星天德星天杀星少微星

天罡　日仙星　天贵星明辅星　河魁　月仙星天官贵人时建　天开星

福星贵人　时破　旬中空亡五不遇

八禄　五不遇旬中空亡

寡宿　截路空亡截路空亡

时	乙亥	丙子	丁丑
子	白虎黑道 天杀星	金匮黄道 福德星 月仙星 天官贵人 福星贵人 五不遇	天刑黑道 天刑星 五不遇
丑	玉堂黄道 少微星 天开星 福星贵人	天德黄道 宝光星 天德星	朱雀黑道 天讼星 时建
寅	天牢黑道 锁神星 河魁	白虎黑道 天杀星	金匮黄道 福德星 月仙星 截路空亡
卯	元武黑道 天狱星 寡宿	玉堂黄道 少微星 天开星 天罡	天德黄道 宝光星 天德星 截路空亡
辰	司命黄道 凤辇星 日仙星	天牢黑道 锁神星 寡宿 截路空亡	白虎黑道 天杀星 河魁
巳	勾陈黑道 地狱星 时破	元武黑道 天狱星 截路空亡	玉堂黄道 少微星 天德星 寡宿
午	青龙黄道 太乙星 天贵星 截路空亡	司命黄道 凤辇星 日仙星	天牢黄道 锁神星 时害
未	明堂黄道 贵人星 明辅星 截路空亡	勾陈黑道 地狱星 时害	元武黑道 天狱星 时破
申	天刑黑道 天刑星 天罡 时害 五不遇 旬中空亡	青龙黄道 太乙星 天贵星 旬中空亡	司命黄道 凤辇星 日仙星 旬中空亡
酉	朱雀黑道 天讼星 孤辰 五不遇 旬中空亡	明堂黄道 贵人星 明辅星 旬中空亡	勾陈黑道 地狱星 旬中空亡
戌	金匮黄道 福德星 月仙星	天刑黑道 天刑星 孤辰	青龙黄道 太乙星 天贵星 天罡
亥	天德黄道 宝光星 天德星 时建	朱雀黑道 天讼星 五不遇	明堂黄道 贵人星 明辅星 天官贵人 福星贵人 驿马

时	子丑寅卯辰巳午未申酉戌亥
戊寅	青龙黄明堂黄天刑黑朱雀黑金匮黄天德黄白虎黑玉堂黄天牢黑元武黑司命黄勾陈黑 道　道　道　道　道　道　道　道　道　道　道　道 太乙星贵人星天刑星天讼星福德星宝光星天杀星少微星锁神星天狱星凤辇星地狱星 天贵星明辅星时建　五不遇月仙星天德星寡宿　天开星时破　旬中空亡日仙星河魁 孤辰　截路空亡五不遇　八禄　旬中空亡 截路空亡　天罡
己卯	司命黄勾陈黑青龙黄明堂黄天刑黑朱雀黑金匮黄天德黄白虎黑玉堂黄天牢黑元武黑 道　道　道　道　道　道　道　道　道　道　道　道 凤辇星地狱星太乙星贵人星天刑星天讼星福德星宝光星天杀星少微星锁神星天狱星 日仙星孤辰　天贵星明辅星时害　月仙星天德星旬中空亡天开星 天罡　天官贵人时建　八禄　福星角人截路空亡时破 五不遇五不遇　河魁　人　旬中空亡 寡宿　截路空亡
庚辰	天牢黑元武黑司命黄勾陈黑青龙黄明堂黄天刑黑朱雀黑金匮黄天德黄白虎黑玉堂黄 道　道　道　道　道　道　道　道　道　道　道　道 锁神星天狱星凤辇星地狱星太乙星贵人星天刑星天讼星福德星宝光星天杀星少微星 河魁　日仙星时害　天贵星明辅星五不遇天罡　月仙星天德星时破　天开星 孤辰　时建　五不遇截路空亡截路空亡八禄　旬中空亡 旬中空亡 十恶大败

时	辛巳	壬午	癸未
子丑寅卯辰巳午未申酉戌亥	白虎黑玉堂黄天牢黑元武黑司命黄勾陈黑青龙黄明堂黄天刑黑朱雀黑金匮黄天德黄 道 道 道 道 道 道 道 道 道 道 道 天杀星少微星锁神星天狱星凤辇星天狱星太乙星贵人星天刑星天讼星福德星宝光星 天开星天罡 孤辰 日仙星时建 天贵星明辅星河魁 寡宿 月仙星天德星 时害 截路空亡五不遇五不遇 旬中空亡 驿马 截路空亡 时破	金匮黄天德黄白虎黑玉堂黄天牢黑元武黑司命黄勾陈黑青龙黄明堂黄天刑黑朱雀黑 道 道 道 道 道 道 道 道 道 道 道 福德星宝光星天杀星少微星锁神星天狱星凤辇星地狱星太乙星贵人星天刑星天讼星 月仙星天德星截路空亡天开星孤辰 日仙星五不遇天贵星明辅星寡宿 时破 时害 河魁 五不遇 天官贵人 驿马 天罡 五不遇 五不遇 截路空亡 时建 旬中空亡旬中空亡	天刑黑朱雀黑金匮黄天德黄白虎黑玉堂黄天牢黑元武黑司命黄勾陈黑青龙黄明堂黄 道 道 道 道 道 道 道 道 道 道 道 天刑星天讼星福德星宝光星天杀星少微星锁神星天狱星凤辇星天狱星太乙星贵人星 时害 时破 月仙星天德星天罡 天开星 时建 日仙星旬中空亡天贵星明辅星 截路空亡 五不遇 五不遇天官贵人 五不遇旬中空亡 河魁 寡宿 截路空亡 驿马 孤辰

时

甲申

青龙黄明堂黄天刑黑朱雀黑金匮黄天德黄白虎黑玉堂黄天牢黑元武黑司命黄勾陈黑
道 道 道 道 道 道 道 道 道 道 道 道
太乙星贵人星天刑星天讼星福德星宝光星天杀星少微星锁神星天狱星凤辇星地狱星
天贵星明辅星时破 月仙星天德星孤辰 天开星时建 五不遇日仙星天罡
福星贵人 河魁 旬中空亡旬中空亡五不遇截路空亡 时害
寡宿 截路空亡

乙酉

司命黄勾陈黑青龙黄明堂黄天刑黑朱雀黑金匮黄天德黄白虎黑玉堂黄天牢黑元武黑
道 道 道 道 道 道 道 道 道 道 道 道
凤辇星地狱星太乙星贵人星天刑星天讼星福德星宝光星天杀星少微星锁神星天狱星
日仙星寡宿 天贵星明辅星 月仙星天德星五不遇天开星时害
河魁 八禄 天罡 孤辰 时建
时破 旬中空亡旬中空亡 五不遇
截路空亡截路空亡

丙戌

天牢黑元武黑司命黄勾陈黑青龙黄明堂黄天刑黑朱雀黑金匮黄天德黄白虎黑玉堂黄
道 道 道 道 道 道 道 道 道 道 道 道
锁神星天狱星凤辇星地狱星太乙星贵人星天刑星天讼星福德星宝光星天杀星少微星
五不遇天罡 日仙星 天贵星明辅星旬中空亡 河魁 月仙星天德星时建 天开星
寡宿 时破 八禄 旬中空亡驿马 时害 五不遇
截路空亡截路空亡 孤辰

时　丁　亥　戊　子　巳　丑

子丑寅卯辰巳午未申酉戌亥。

白虎黑玉堂黄天牢黑元武黑司命黄勾陈黑青龙黄明堂黄天刑黑朱雀黑金匮黄天德黄
道　道　道　道　道　道　道　道　道　道　道　道
天杀星少微星锁神星天狱星凤辇星地狱星太乙星贵人星天刑星天讼星福德星宝光星
天开星河魁　寡宿　日仙星时破　天贵星明辅星天罡　孤辰　月仙星天德星
截路空亡截路空亡　旬中空亡旬中空亡时害　天官贵人
十恶大败　福星贵人
时建

金匮黄天德黄白虎黑玉堂黄天牢黑元武黑司命黄勾陈黑青龙黄明堂黄天刑黑朱雀黑
道　道　道　道　道　道　道　道　道　道　道　道
福德星宝光星天杀星少微星锁神星天狱星凤辇星地狱星太乙星贵人星天刑星天讼星
月仙星天德星五不遇天开星寡宿　日仙星时害　天贵星明辅星孤辰
时建　截路空亡　天官贵人　时破　旬中空亡福星贵人河魁
截路空亡　天罡　旬中空亡
五不遇

天刑黑朱雀黑金匮黄天德黄白虎黑玉堂黄天牢黑元武黑司命黄勾陈黑青龙黄明堂黄
道　道　道　道　道　道　道　道　道　道　道　道
天刑星天讼星福德星宝光星天杀星少微星锁神星天狱星凤辇星地狱星太乙星贵人星
时建　月仙星天德星河魁　天开星时害　时破　日仙星截路空亡天贵星明辅星
天官贵人五不遇　寡宿　旬中空亡旬中空亡截路空亡　天罡　驿马
五不遇　孤辰

时	子丑寅卯辰巳午未申酉戌亥
庚寅	青龙黄明堂黄天刑黑朱雀黑金匮黄天德黄白虎黑玉堂黄天牢黑元武黑司命黄勾陈黑 道 道 道 道 道 道 道 道 道 道 道 道 太乙星贵人星天刑星天讼星福德星宝光星天杀星少微星锁神星天狱星凤辇星地狱星 天贵星明辅星时建 月仙星天德星寡宿 天开星时破 日仙星河魁 孤辰 天罡 五不遇旬中空亡 五不遇旬中空亡截路空亡 截路空亡
辛卯	司命黄勾陈黑青龙黄明堂黄天刑黑朱雀黑金匮黄天德黄白虎黑玉堂黄天牢黑元武黑 道 道 道 道 道 道 道 道 道 道 道 道 凤辇星地狱星太乙星贵人星天刑星天讼星福德星宝光星天杀星少微星锁神星天狱星 日仙星孤辰 天贵星明辅星时害 五不遇月仙星天德星 天开星 天罡 时建 截路空亡截路空亡五不遇旬中空亡 八禄 旬中空亡 时破 河魁
壬辰	天牢黑元武黑司命黄勾陈黑青龙黄明堂黄天刑黑朱雀黑金匮黄天德黄白虎黑玉堂黄 道 道 道 道 道 道 道 道 道 道 道 道 锁神星天狱星凤辇星地狱星太乙星贵人星天刑星天讼星福德星宝光星天杀星少微星 河魁 日仙星时害 天贵星明辅星旬中空亡天罡 月仙星天德星时破 天开星 五不遇驿马 截路空亡福星贵人 五不遇寡宿 五不遇八禄 孤辰 时建 旬中空亡 截路空亡 五不遇

时	癸巳	甲午	乙未
子	白虎黑道 天杀星 截路空亡	金匮黄道 福德星 月仙星 福星贵人 时破	天刑黑道 天刑星 时害
丑	玉堂黄道 少微星 天开星 福星贵人 五不遇 截路空亡	天德黄道 宝光星 天德星 时害	朱雀黑道 天讼星 时破
寅	天牢黑道 锁神星 天罡 时害	白虎黑道 天杀星	金匮黄道 福德星 月仙星
卯	元武黑道 天狱星 孤辰	玉堂黄道 少微星 天开星 河魁	天德黄道 宝光星 天德星 八禄
辰	司命黄道 凤辇星 日仙星 五不遇	天牢黑道 锁神星 孤辰 旬中空亡	白虎黑道 天杀星 大罡 旬中空亡
巳	勾陈黑道 地狱星 时建	元武黑道 天狱星 旬中空亡	玉堂黄道 少微星 天开星 驿马 旬中空亡 孤辰
午	青龙黄道 太乙星 天贵星 旬中空亡	司命黄道 凤辇星 日仙星 时建	天牢黑道 锁神星 截路空亡
未	明堂黄道 贵人星 明辅星 五不遇 旬中空亡	勾陈黑道 地狱星	元武黑道 天狱星 时建 截路空亡
申	天刑黑道 天刑星 河魁	青龙黄道 太乙星 天贵星 驿马 五不遇 截路空亡	司命黄道 凤辇星 日仙星 五不遇
酉	朱雀黑道 天讼星 寡宿	明堂黄道 贵人星 明辅星 天官贵人 五不遇 截路空亡	勾陈黑道 地狱星 五不遇
戌	金匮黄道 福德星 月仙星 五不遇	天刑黑道 天刑星 寡宿	青龙黄道 太乙星 天贵星 河魁
亥	天德黄道 宝光星 天德星 时破	朱雀黑道 天讼星	明堂黄道 贵人星 明辅星 寡宿

时	子丑寅卯辰巳午未申酉戌亥
丙申	青龙黄明堂黄天刑黑朱雀黑金匮黄天德黄白虎黑玉堂黄天牢黑元武黑司命黄勾陈黑 道太乙道　道　道　道　道八禄道　道　道　道　道　道 天贵星贵人星天刑星天讼星福德星宝光星天杀星少微星锁神星天狱星凤辇星地狱星 天官贵人明辅星时破　月仙星天德星孤辰　天开星时建　日仙星天罡 福星贵人　旬中空亡旬中空亡　时害 五不遇　截路空亡截路空亡　五不遇 寡宿　十恶大败
丁酉	司命黄勾陈黑青龙黄明堂黄天刑黑朱雀黑金匮黄天德黄白虎黑玉堂黄天牢黑元武黑 道　道　道　道　道　道　道　道　道　道　道　道 凤辇星地狱星太乙星贵人星天刑星天讼星福德星宝光星天杀星少微星锁神星天狱星 日仙星寡宿　天贵星明辅星旬中空亡旬中空亡月仙星天德星　天开星时害　五不遇 五不遇　截路空亡时破　八禄　孤辰　时建 河魁　截路空亡　天罡
戊戌	天牢黑元武黑司命黄勾陈黑青龙黄明堂黄天刑黑朱雀黑金匮黄天德黄白虎黑玉堂黄 道　道　道　道　道　道　道　道　道　道　道　道 锁神星天狱星凤辇星地狱星太乙星贵人星天刑星天讼星福德星宝光星天杀星少微星 截路空亡天罡　日仙星五不遇天贵星明辅星　河魁　月仙星天德星时建　天开星 截路空亡寡宿　时破　八禄　福星贵人时害 五不遇　旬中空亡旬中空亡　驿马 十恶大败　孤辰

时 子 丑 寅 卯 辰 巳 午 未 申 酉 戌 亥

巳 亥

白虎黑玉堂黄天牢黑元武黑司命黄勾陈黑青龙黄明堂黄天刑黑朱雀黑金匮黄天德黄
道 道 道 道 道 道 道 道 道 道 道 道
天杀星少微星锁神星天狱星凤辇星地狱星太乙星贵人星天刑星天讼星福德星宝光星
天开星河魁 寡宿 日仙星时破 天贵星明辅星天罡 孤辰 月仙星天德星
五不遇五不遇旬中空亡旬中空亡八禄 福星贵时害 截路空亡 时建
人 截路空亡

庚 子

金匮黄天德黄白虎黑玉堂黄天牢黑元武黑司命黄勾陈黑青龙黄明堂黄天刑黑朱雀黑
道 道 道 道 道 道 道 道 道 道 道 道
福德星宝光星天杀星少微星锁神星天狱星凤辇星地狱星太乙星贵人星天刑星天讼星
月仙星天德星 天开星寡宿 五不遇天官贵人时害 天贵星明辅星孤辰
时建 天罡 旬中空亡旬中空亡福星贵人截路空亡八禄 河魁
五不遇
截路空亡

辛 丑

天刑黑朱雀黑金匮黄天德黄白虎黑玉堂黄天牢黑元武黑司命黄勾陈黑青龙黄明堂黄
道 道 道 道 道 道 天开道 道 道 道 道 道
天刑星天讼星福德星宝光星天杀星少微星锁神星天狱星凤辇星地狱星太乙星贵人星
时建 月仙星天德星河魁 天官贵人时害 时破 日仙星 天贵星明辅星
旬中空亡福星贵人五不遇 驿马
截路空亡五不遇 孤辰
同上空亡

时	壬寅	癸卯	甲辰
子	青龙黄道 太乙星 天贵星 孤辰	司命黄道 凤辇星 日仙星 八禄 天罡 截路空亡	天牢黑道 锁神星
丑	明堂黄道 贵人星 明辅星 五不遇	勾陈黑道 地狱星 孤辰 五不遇 截路空亡	元武黑道 天狱星 河魁
寅	天刑黑道 天刑星 时建 截路空亡	青龙黄道 太乙星 天贵星	司命黄道 凤辇星 日仙星 福星贵人 旬中空亡 十恶大败
卯	朱雀黑道 天讼星 截路空亡	明堂黄道 贵人星 明辅星 时建	勾陈黑道 地狱星 时害 旬中空亡
辰	金匮黄道 福德星 月仙星 福星贵人 五不遇 旬中空亡	天刑黑道 天刑星 时害 五不遇 旬中空亡	青龙黄道 太乙星 天贵星 时建
巳	天德黄道 宝光星 天德星 旬中空亡 天罡 时害	朱雀黑道 天讼星 旬中空亡	明堂黄道 贵人星 明辅星
午	白虎黑道 天杀星 寡宿	金匮黄道 福德星 月仙星 河魁	天刑黑道 天刑星
未	玉堂黄道 少微星 天开星 五不遇	天德黄道 宝光星 天德星 寡宿 五不遇	朱雀黑道 天讼星 天罡
申	天牢黑道 锁神星 时破	白虎黑道 天杀星	金匮黄道 福德星 月仙星 五不遇 截路空亡
酉	元武黑道 天狱星 日仙星	玉堂黄道 少微星 天开星 时破	天德黄道 宝光星 天德星 天官贵人 五不遇 截路空亡
戌	司命黄道 凤辇星 河魁 五不遇	天牢黑道 锁神星 五不遇	白虎黑道 天杀星 时破
亥	勾陈黑道 地狱星	元武黑道 天狱星	玉堂黄道 少微星 天开星

时　子丑寅卯辰巳午未申酉戌亥

乙巳

白虎黑玉堂黄天牢黑元武黑司命黄勾陈黑青龙黄明堂黄天刑黑朱雀黑金匮黄天德黄
道　道　道　道　道　道　道　道　道　道　道　道
天杀星少微星锁神星天狱星凤辇星地狱星太乙星贵人星天刑星天讼星福德星宝光星
天开星天罡　孤辰　日仙星时建　天贵星明辅星河魁　寡宿　月仙星天德星
福星贵时害　旬中空亡　截路空亡截路空亡五不遇五不遇　驿马
人　旬中空亡十恶大败　时破

丙午

金匮黄天德黄白虎黑玉堂黄天牢黑元武黑司命黄勾陈黑青龙黄明堂黄天刑黑朱雀黑
道月仙道　道　道　道　道　道　道　道　道　道　道
福德星宝光星天杀星少微星锁神星天狱星凤辇星地狱星太乙星贵人星天刑星天讼星
天官贵人天德星旬中空亡天开星孤辰　截路空亡日仙星　天贵星明辅星寡宿　五不遇
福星贵人时害　河魁　截路空亡　时建　驿马　天罡
五不遇　旬中空亡
时破

丁未

天刑黑朱雀黑金匮黄天德黄白虎黑玉堂黄天牢黑元武黑司命黄勾陈黑青龙黄明堂黄
道　道　道　道　道　道　道　道　道　道　道　道
天刑星天讼星福德星宝光星天杀星少微星锁神星天狱星凤辇星地狱星太乙星贵人星
时害　时破　月仙星天德星天罡　天开星　时建　日仙星　天贵星明辅星
五不遇　旬中空亡旬中空亡　驿马　河魁　天官贵人
截路空亡截路空亡　孤辰　福星贵人
五不遇

时 子 丑 寅 卯 辰 巳 午 未 申 酉 戌 亥

戊申

青龙黄明堂黄天刑黑朱雀黑金匮黄天德黄白虎黑玉堂黄天牢黑元武黑司命黄勾陈黑
道　道　道　道　道　道　道　道　道　道　道　道
太乙星贵人星天刑星天讼星福德星宝光星天杀星少微星锁神星天狱星日仙星地狱星
天贵星明辅星时破　五不遇月仙星天德星孤辰　天开星时建　凤辇星天罡
寡宿　截路空亡五不遇旬中空亡　八禄　时害
截路空亡　旬中空亡　河魁

己酉

司命黄勾陈黑青龙黄明堂黄天刑黑朱雀黑金匮黄天德黄白虎黑玉堂黄天牢黑元武黑
道　道　道　道　道　道　道　道　道　道　道　道
凤辇星地狱星太乙星贵人星天刑星天讼星福德星宝光星天杀星少微星锁神星天狱星
日仙星寡宿　天贵星明辅星　八禄　天德星截路空亡天开星时害
河魁　天官贵人时破　月仙星福星贵人　时建
五不遇旬中空亡　天罡　孤辰　截路空亡
旬中空亡五不遇

庚戌

天牢黑元武黑司命黄勾陈黑青龙黄明堂黄天刑黑朱雀黑金匮黄天德黄白虎黑玉堂黄
道　道　道　道　道　道　道　道　道　道　道　道
锁神星天狱星凤辇星地狱星太乙星贵人星天刑星天讼星福德星宝光星天杀星少微星
天罡　日仙星旬中空亡天贯星明辅星五不遇河魁　月仙星天德星时建　天开星
旬中空亡　时破　五不遇截路空亡截路空亡八禄　时害
寡宿　驿马
孤辰

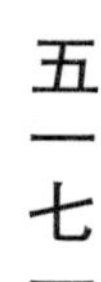

时　子丑寅卯辰巳午未申酉戌亥

辛亥

白虎黑玉堂黄天牢黑元武黑司命黄勾陈黑青龙黄明堂黄天刑黑朱雀黑金匮黄天德黄
道　道　道　道　道　道　道　道　道　道　道　道
天杀星少微星锁神星天狱星凤辇星地狱星太乙星贵人星天刑星天讼星福德星宝光星
天开星河魁　寡宿　日仙星时破　天贵星明辅星天罡　孤辰　月仙星天德星
旬中空亡旬中空亡截路空亡五不遇五不遇　时害　时建
截路空亡

壬子

金匮黄天德黄白虎黑玉堂黄天牢黑元武黑司命黄勾陈黑青龙黄明堂黄天刑黑朱雀黑
道　道　道　道　道　道　道　道　道　道　道　道
福德星宝光星天杀星天开星锁神星天狱星凤辇星地狱星太乙星贵人星天刑星天讼星
月仙星天德星旬中空亡少微星寡宿　日仙星时害　天贵星明辅星孤辰
时建　五不遇截路空亡天罡　五不遇　天官贵人五不遇　河魁　五不遇
旬中空亡　时破
截路空亡

癸丑

天刑黑朱雀黑金匮黄天德黄白虎黑玉堂黄天牢黑元武黑司命黄勾陈黑青龙黄明堂黄
道　道　道　道　道　道　道　道　道　道　道　道
天刑星天讼星福德星宝光星天杀星少微星锁神星天狱星凤辇星地狱星太乙星贵人星
截路空亡时建　月仙星天德星河魁　天开星时害　时破　日仙星　天贵星明辅星
五不遇天官贵人旬中空亡五不遇寡宿　五不遇　天罡　驿马
截路空亡旬中空亡　五不遇孤辰

时	甲寅	乙卯	丙辰
子	青龙黄道 太乙星 天贵星 福星贵人 孤辰 旬中空亡	司命黄道 凤辇星 日仙星 天罡 旬中空亡	天牢黑道 锁神星 五不遇 旬中空亡
丑	明堂黄道 贵人星 明辅星 旬中空亡	勾陈黑道 地狱星 孤辰 旬中空亡	元武黑道 天狱星 河魁 旬中空亡
寅	天刑黑道 天刑星 时建	青龙黄道 太乙星 天贵星	司命黄道 凤辇星 日仙星 福星贵人 驿马 孤辰
卯	朱雀黑道 天讼星	明堂黄道 贵人星 明辅星 八禄 时建	勾陈黑道 地狱星 时害
辰	金匮黄道 福德星 月仙星	天刑黑道 天刑星 时害	青龙黄道 太乙星 天贵星 截路空亡 时建
巳	天德黄道 宝光星 天德星 时害	朱雀黑道 天讼星	明堂黄道 贵人星 明辅星 八禄 截路空亡
午	白虎黑道 天杀星 寡宿	金匮黄道 福德星 月仙星 河魁 截路空亡	天刑黑道 天刑星
未	玉堂黄道 少微星 天开星	天德黄道 宝光星 天德星 截路空亡 寡宿	朱雀黑道 天讼星 天罡
申	天牢黑道 锁神星 时破 截路空亡 五不遇	白虎黑道 天杀星 五不遇	金匮黄道 福德星 月仙星 寡宿
酉	元武黑道 天狱星 载路空亡 五不遇	玉堂黄道 少微星 天开星 时破 五不遇	天德黄道 宝光星 天德星
戌	司命黄道 凤辇星 月仙星	天牢黑道 锁神星	白虎黑道 天杀星 时破
亥	勾陈黑道 地狱星 河魁	元武黑道 天狱星	玉堂黄道 少微星 天开星 五不遇

时：子 丑 寅 卯 辰 巳 午 未 申 酉 戌 亥

丁巳

白虎黑玉堂黄天牢黑元武黑司命黄勾陈黑青龙黄明堂黑天刑黑朱雀黑金匮黄天德黄

道 道 道 道 道 道 道 道 道 道 道 道宝光

天杀星少微星锁神星天狱星凤辇星地狱星太乙星贵人星天刑星天讼星福德星天德星

五不遇天开星天罡 孤辰 月仙星时建 天贵星明辅星河魁 寡宿 月仙星天官贵人

旬中空亡旬中空亡时害 截路空亡 八禄 福星贵人

截路空亡 五不遇

时破

戊午

金匮黄天德黄白虎黑玉堂黄天牢黑元武黑司命黄勾陈黑青龙黄明堂黄天刑黑朱雀黑

道 道 道 道 道 道 道 道 道 道 道 道

福德星宝光星天杀星少微星锁神星天狱星凤辇星地狱星太乙星贵人星天刑星天讼星

月仙星天德星五不遇天开星孤辰 日仙星 天贵星明辅星寡宿

旬中空亡旬中空亡 天官贵人 时建 福星贵人天罡

截路空亡截中空亡 五不遇 驿马

时破 河魁

己未

天刑黑朱雀黑金匮黄天德黄白虎黑玉堂黄天牢黑元武黑司命黄勾陈黑青龙黄明堂黄

道 道 道 道 道 道 道 道 道 道 道 道

天刑星天讼星福德星宝光星天杀星少微星锁神星天狱星凤辇星地狱星太乙星贵人星

时害 时破 月仙星天德星天罡 天开星 时建 日仙星截路空亡天贯星明轴星

旬中空亡旬中空亡天官贵人五不遇 驿马 截路空亡 河魁 寡宿

五不遇 孤辰

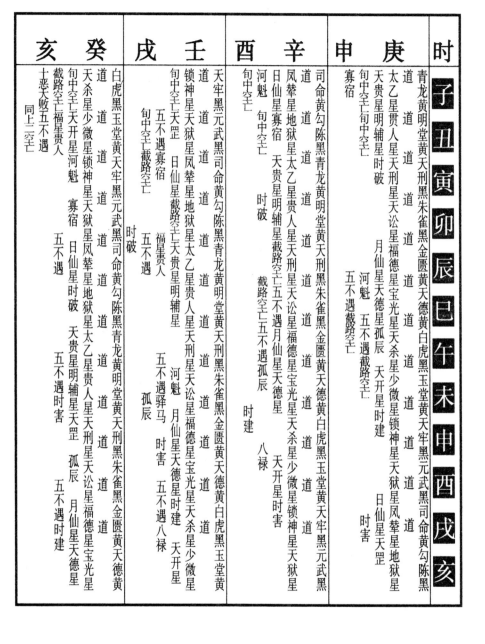

时	子丑寅卯辰巳午未申酉戌亥
庚申	青龙黄明堂黄天刑黑朱雀黑金匮黄天德黄白虎黑玉堂黄天牢黑元武黑司命黄勾陈黑 道 道 道 道 道 道 道 道 道 道 道 太乙星贵人星天刑星天讼星福德星宝光星天杀星少微星锁神星天狱星凤辇星地狱星 天贵星明辅星时破　月仙星天德星孤辰　天开星时建　日仙星天罡 旬中空亡旬中空亡　河魁　五不遇截路空亡　时害 寡宿　五不遇截路空亡
辛酉	司命黄勾陈黑青龙黄明堂黄天刑黑朱雀黑金匮黄天德黄白虎黑玉堂黄天牢黑元武黑 道 道 道 道 道 道 道 道 道 道 道 凤辇星地狱星太乙星贵人星天刑星天讼星福德星宝光星天杀星少微星锁神星天狱星 日仙星寡宿　天贵星明辅星截路空亡五不遇月仙星天德星　天开星时害 河魁　旬中空亡　时破　截路空亡五不遇孤辰　八禄 旬中空亡　时建
壬戌	天牢黑元武黑司命黄勾陈黑青龙黄明堂黄天刑黑朱雀黑金匮黄天德黄白虎黑玉堂黄 道 道 道 道 道 道 道 道 道 道 道 锁神星天狱星凤辇星地狱星太乙星贵人星天刑星天讼星福德星宝光星天杀星少微星 旬中空亡天罡　日仙星截路空亡天贵星明辅星　河魁　月仙星天德星时建　天开星 五不遇寡宿　福星贵人　五不遇驿马　时害　五不遇八禄 旬中空亡截路空亡　五不遇　孤辰 时破
癸亥	白虎黑玉堂黄天牢黑元武黑司命黄勾陈黑青龙黄明堂黄天刑黑朱雀黑金匮黄天德黄 道 道 道 道 道 道 道 道 道 道 道 天杀星少微星锁神星天狱星凤辇星地狱星太乙星贵人星天刑星天讼星福德星宝光星 旬中空亡天开星河魁　寡宿　日仙星时破　天贵星明辅星天罡　孤辰　月仙星天德星 截路空亡福星贵人　五不遇　五不遇时害　五不遇时建 十恶大败五不遇 同上二空亡

第四章　选择汇考四

《臞仙肘后经》二

择日断例

莅政类

施恩封拜：宜甲子丙寅、丁卯庚午、丙子戊寅、壬午甲申、戊子辛卯、癸巳丁酉、己亥庚子、壬寅癸卯、辛亥壬子、丁巳戊午、庚申黄道。大明天恩、天赦天德、岁德月德、阴德阳德、时德福德、荣官旺日、天月二德合。

袭爵受封：与施恩封拜同。

上官到任：宜甲子丙寅、丁卯戊辰、己巳庚午、乙亥丙子、已卯壬午、甲申乙酉、丙戌戊子、癸巳己亥、庚子壬寅、丙午戊申、庚戌辛亥、壬子癸丑、庚申辛酉、天赦天恩、黄道上吉，天月二德，及合活曜吉期，成勋旺日，天庆吉庆成开日。已上三条俱忌受死伏断，九丑灭没，赤口上朔，九土鬼，四不祥，天休废，阴阳错，冰消瓦解，本命对冲，猖鬼败亡，天空亡。本命支干对冲，不可上官。如甲与庚冲，子与午冲。甲子生人，忌庚午日是也。余皆仿此。

甲冲庚，乙冲辛，丙冲壬，丁冲癸，戊己，子冲午，丑冲未，寅冲申，卯冲酉，辰冲戌，巳冲亥。

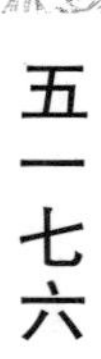

天地空亡例

辰	午	未
巳	空天	申
卯		酉
丑	子	戌
寅	空地	亥

此例取日不取时，逐年各从太岁，上起正月，如子年于子上起正月。月上起初一二日，丑寅上顺行，如丑寅年于丑寅上起正月初一二日，卯上顺行，遇子地空亡，遇午天空亡，余仿此。

求贤：宜阳德阴德，天月二德，及二德合岁德时德福德。

上册进表章：宜乙丑、丙寅、丁卯、丙子、丁丑、壬午、庚寅、壬辰、甲午、丁酉、庚子、壬寅、丙午、戊申、庚戌、壬子、甲寅、丙辰、庚申。忌建、破、魁、罡、受、死反支日。初一日戌亥，本日反支。初一日申酉，初二日反支。初一日午未，初三日反支。初一日辰巳，初四日反支。初一日寅卯，初五日反支。初一日子丑，初六日反支。

赴举：宜黄道天官天成，贵人吉人，上官玉堂，荣官旺日，天月二德三合。忌黑道官符死炁，灭没十恶，无禄天休，废四不祥，猖鬼败亡，阴错阳差。

给由考满：致仕归老同。宜黄道天成天福，天恩要安，天解益后，续世生炁，成勋守成，福厚复日。忌九土鬼十恶大败，天地殃败，冰消瓦解，死别死气。

替职：宜黄道执储生炁，天福旺日，守成福生，要安续世，益后成勋成定日。忌五离八绝，绝阴绝阳，十恶无禄，大小空亡日。

见官：宜黄道上官天官，贵人天喜天月，德人民合阴阳合日。

检举：宜大明天赦，天恩天解，解神圣心普护，阴阳合，人民合。

服罪：宜天恩天赦，天喜贵人，天佑解神，天解狱钥，要安普护。

谢恩：宜天恩天赦，天喜天月二德，二德合。

前四条俱忌上帝杀害罪，至罪刑狱日牢日，徒隶伏罪致死，官符死炁，咸池赤口，一切凶日。

拟讼：宜天月二德，二德合定成日。忌勾绞癸日上诉下，用天干克地支日下诉上，用地支克天干日，如和解用天解天赦，天恩天喜开除支干相生日。

罪人赴官：宜活曜天恩，天赦天解，生气狱钥，天月二德，乙巳丙辰丁巳除日。

前二条俱忌罪至分骸，抱形伏罪，不举狱日。

元门类

建天醮祀上帝：宜甲子，乙丑，庚午，甲戌，乙亥，丁丑，戊寅，甲申，乙酉，甲午，乙未，庚子，辛丑，癸卯，己酉，乙卯，己未，庚申，黄道神在福生，天月二德，天解普护，敬心成开日，及三元八节，三会五腊之日。忌魁罡龙虎，受死天神，鬼隔破戊日。桑门用丑卯巳未酉亥日祀佛吉。

飞神谒帝奏表进章时：用天门开时，阳日阴时，开阳时闭，子寅辰午申戌为阳日。阴日阳时，开阴时闭，丑卯巳未酉亥为阴日。

祈祷：宜庚申，丁卯，己卯，己巳，甲申，乙酉，壬申，开日忌甲子风伯死日。

受天箓：宜三元及庚申甲子本命日。桑门受戒用守日，敬心，成开日。

法官奏名传度：宜庚申甲子黄道成开日。桑门传衣钵同。

剖符破券拨将交雷传法：宜黄道神在三帝星，天月二德，益后续世守成，五帝生日，老君乙酉，祖天师己丑，许真君辛卯，叶靖庚申，吴真君丁卯，元皇张赵甲申乙酉，董仲己卯，三元丙辰，皆古传法日。前二条俱忌六不成，隔绝破日。

造雷旗印剑令牌天蓬尺：宜三帝星及天地转杀日。

驱雷霆斩馘邪精：宜天地转杀日，忌天神隔日

入室坐圜：宜甲寅乙卯日月合，丙寅丁卯阴阳合，上吉，黄道甲子庚申成开

日，忌天隔神隔，六不成，建破魁罡，桑门坐禅用月空守日闭日，忌建破魁罡。

炼丹点黄白：作六乙泥同，宜庚寅辛卯金石合，平定成开甲子，显曲传三星，上吉，黄道生炁神在，天月二德，二德合紫微幽微少微，天恩天成，吉庆成定日。忌庚申辛酉金石，离火隔焦，坎破日四废六不成。春戊辰，春丁巳戊申己巳丑未辰，秋戊戌己亥庚子辛亥，冬戊寅己卯癸酉未戌，及壬丙戊丁亥，逢土戊癸辛巳，逢建及日杀反支收闭，晦朔上朔，八绝往亡，留后日皆凶，炼丹难成。

铸丹鼎：宜申子六六之首阳，择黄道神在金石合，成日吉星多日。忌六不成，焦坎金石，离火隔破日。

建丹灶：炉同。六戊日取勾陈阳土，六甲日伐青龙阳木，六丙日用朱雀阳火，六庚日用白虎阳金，六壬日决元武阳水，乃以五行合阳土筑坛砌灶。

铸炼丹三元宝照：炉同。天照与铸鼎同，地照壬子日，太阴望中铸，人照丙午日，太阳中时铸。凡炼太丹，无此不能威伏鬼神，以合天地之灵。

云游：宜三月七日吉，其他月保义专日吉，制罚日凶。丁丑、丙戌、甲午、庚子、壬寅、癸卯、乙巳、丁未、戊申、己酉、辛亥、丙辰，此是保日吉。甲子、丙寅、丁卯、己巳、辛未、壬申、癸酉、乙亥、庚辰、辛丑、庚戌、戊午，此是义日吉。戊辰、己丑、戊戌、丙午、壬子、甲寅、乙卯、丁巳、己未、庚申、辛酉、癸亥，此是专日吉。乙丑、甲戌、壬午、戊子、癸巳、甲辰、庚寅、辛卯、乙未、丙申、丁酉、己亥，此是制日凶。庚午、丙子、戊寅、己卯、辛巳、癸未、甲申、乙酉、丁亥、壬辰、癸丑、壬戌，此是罚日凶。桑门游方与出行同见出行类。

入山采药：宜天仓地仓开日，正月一日，二月二十五，三月二十，四月十六，五月十一，六月六，七月二，八月二十五，九月二十一，十月十六，十一月十一，十二月六，此是天仓开日。正月子，二月丑，三月寅，四月卯，五月辰，六月巳，七月午，八月未，九月申，十月酉，十一月戌，十二月亥，此是地仓开日。春秋不入东西山，夏冬不入南北山。

入山求仙：初欲入山，当以天心日六己时。天心日者，寅日是也；六己时者，己巳、己卯、己丑、己亥、己酉、己未，是也。初出当须此日，又入名山常用甲子开除日，以五色缯各五寸，安大石上，所作事必得。初行避三庚三辛三壬，庚者，庚日庚时入庚地是也，三辛三壬皆同。

募缘：宜六合月，财天财地财天，富天贵天恩天，喜禄库天月德成满日。忌空

亡赤口，六不成，天耗地耗，鬼贼破败，四方耗日。桑门化缘同。

挂幡：宜福生普护，敬心七圣，三元八节之日。忌空亡死炁，鬼神隔日。桑门挂幡同。

仙官言善：宜三元节日及朔旦望日。

出家披戴：宜天德月德，天德合，月德合，天恩黄道福生，神在生炁，益后续世，上吉次吉，除满定执成开日。桑门披剃，受法各去姓氏，削须发，宜阴阳，离人民，离毁形，断臂然，香刺血，宜伏断破除日。

求师：宜上吉黄道，续世益后。桑门同。

雕刻塑绘神像起手开光：宜乙未、癸未、丁酉、壬寅、甲辰、庚戌、辛亥、丙辰、戊午。春秋二季，心危毕张，四宿直日太阴吉。冬夏二季，房虚昴星，四宿直日太阳吉。忌朱雀黑道，建破魁罡，勾绞天瘟九丑天贼受死，九空独火，冰消瓦解，破败离窠，转杀阴阳，错九土，鬼神鬼隔。

祀典类

祭祀：宜甲子、乙丑、丁卯、戊辰、辛未、壬申、癸酉、甲戌、丁丑、己卯、庚辰、壬午、甲申、乙酉、丙戌、丁亥、己丑、辛卯、甲午、乙未、丙申、丁酉、乙巳、丙午、丁未、戊申、己酉、庚戌、乙卯、丙辰、丁巳、己未、辛酉、癸亥，此皆神在之日，更宜普护福生，圣心敬心。忌每月初二四五十，及二十七，九月初一，四部禁日，虽系神在，不可祭祀，及寅日天狗下食，时亦不宜。

国祀：圆丘祀皇天后土，正月上旬神在大明，黄道之日。社稷春秋仲月上戊先日上丁祀孔子。五相旗纛孟春四日祭户，孟夏一日祭灶，季夏遇土旺戊日土王用事日祭中霤，孟秋一日祭门，季秋霜降日祭旗纛，孟冬一日祭井。

祈福：宜乙亥、丙子、丁丑、壬午、癸未、辛卯、甲午、乙未、壬寅、乙卯、丙辰、壬戌、癸亥，成开日。

求嗣：宜定执成开，益后续世，生炁日，臞仙曰求嗣一事，本为亵渎，昔徽宗伏章求嗣，请于上帝，上帝曰：多欲乃致大谴，岂可以淫污之行而谄天神，但存阴德以合天心可也。

谢土：宜庚午日至丁丑日，甲申日至癸巳日，庚子日至丁未日，甲寅日至癸亥日，已上并土神入中宫祭谢，吉。

祭水神：宜庚午、辛未、壬申、癸酉、甲戌、庚子、辛酉，开日。

常人祭灶：宜丁卯、壬申、癸酉、甲戌、乙亥、己卯、庚辰、甲申、乙酉、丁亥、己丑、丁酉、癸卯、甲辰、丙午、己酉、辛亥、癸丑、乙卯、辛酉、癸亥，每月六癸日。凡祭祀俱忌黑道天罡，灭门大祸，龙虎受死，鬼隔神隔，天狗日及下食时满破日。天狗下食时，子日亥，丑日子，寅日丑，卯日寅，辰日卯，巳日辰，午日巳，未日午，申日来，酉日申，戌日酉，亥日戌。

冠婚类

洗头沐浴：宜甲子、丙子、丁丑、己卯、庚辰、辛巳、丁亥、辛卯、壬辰、丙申，每月初三、初四、初八、初九、初十、十一、十三、十四、十五、二十二、二十三、二十六、二十七，及申酉亥子日。忌三伏、立秋、二社、建破执平及癸未日。

剃头整容：宜乙丑、壬申、己卯、壬午、丙子、丙戌，开成日。忌丙丁建破望日。

蓄发：与剃头同，宜生炁旺日、福生日。

束发：即上头，与后冠笄同。

女子开面：宜黄道生炁，上吉天喜，吉庆要安阴阳合，续世益后福生，天月德成定开日。忌九丑九土鬼，阴阳错破日。

冠笄：宜甲子、丙寅、丁卯、戊辰、辛未、壬申、丙子、戊寅、壬午、丙戌、辛卯、壬辰、癸巳、甲午、丙申、癸卯、甲辰、乙巳、丙午、丁未、庚戌、甲寅、乙卯、丁巳、辛酉、壬戌、天月德，天月恩，生炁福生，益后续世，成定日。忌魁罡勾绞，月厌受死，九土鬼，阴阳错，丑日破日。

冠带：宜官日旺日，守成福厚，天恩天喜，定成日。忌丑日八月定日，大小空亡日。

摘白须发：正月初四、十四、十七，二月初八、十四、二十一，三月初八、初十、十一、十三，四月初二、十六、十八、十九，五月十六、二十，六月初四、十七、二十四、二十九，七月初三、初四、十八、二十八，八月十五、十九，九月初二、初四、十五、二十五，十月初七、初十、十三、二十二，十一月初十、十五、十七、三十，十二月初七、初十、十六、二十，忌本命日。

起痣：宜黄道生炁除开日，忌破败本命人神所在日。

修手足甲：宜丑日修手，寅日修足，天邹甲卒神在爪，故择吉日修之。忌血支血，忌四废日破日。

缠足：宜黄道生炁，天喜天成，吉庆活曜，要安天月德及成收闭日。忌黑道破败血支血，忌人神所在本命之日。

臞仙曰：缠足一事谓之人妖，非天性自然之理，自妲己始也。己乃雉精，足犹未变，故以帛缠足以掩之。绐曰：足小则美。后世习俗既久，不可除矣，姑取之。

合婚：术士求食之法，知理者不用。宜辛未、丁丑、壬午、癸未、甲申、己丑、辛卯、壬辰、甲午、乙卯，黄道，生炁，三合五合成日。

纳征定亲：宜丙寅、丁卯、戊寅、己卯、丙戌、戊子、壬辰、癸巳、壬寅、癸卯、丙午、丁未、壬子、甲寅、乙卯、丁巳、戊午、己未，黄道三合定成日。

前二条忌建、破、魁、罡，勾绞，月厌，受死，冰消瓦解，九空，九土鬼，阴阳错，大小空亡，赤口。

结婚姻嫁娶纳婿：宜丙寅、丁卯、戊寅、己卯、丙子、丙戌、戊子、庚寅、壬寅、癸卯、乙巳，黄道，生炁，益后，续世，阴阳合，人民合，不将成日。忌归忌月厌，厌对天贼，月破受死，天寡地寡，红沙杀披麻杀，魁罡勾绞吟神，天雄地雌，往亡无翘，阴阳错伏断离案上朔日，四离四绝，人民离，大杀。白虎入中宫日，雷霆白虎入中宫日，五亥日赤口。雷霆白虎入中宫日。

甲己月：丁卯、丙子、乙酉、甲午、癸卯、壬子、辛酉。

乙庚月：戊辰、丁丑、丙戌、乙未、甲辰、癸丑、壬戌。

丙辛戊癸月：辛未、庚辰、己丑、戊戌、丁未、丙辰。

丁壬月：乙丑、甲戌、癸未、壬辰、辛丑、庚戌、己未。

四离日：春分，秋分，夏至，冬至，俱前一日是。

四绝日：立春，立夏，立秋，立冬，俱前一日是。

嫁娶周堂图

巽	离	坤
震		兑
艮	坎	乾

大月从巽上起，初一顺至离，小月从艮逆，至坎一日一位，遇兑日值翁，遇离日值姑，此二日不利翁姑，如无不忌，遇巽日值夫，遇艮日值妇，皆不宜，遇乾坎震坤日大利。

纳婿周堂图

巽	离	坤
震		兑
艮	坎	乾

大月从离上起，初一顺至坤，小月从巽逆，至震一日一位，遇乾日值翁，遇坤日值姑，此二日不利翁姑，如无不忌，遇离日值夫不宜，遇坎艮震巽兑日大利。

以上二图只论月分大小，不论节气。

喜神逐日所值之方

凡嫁娶纳婿，当向喜神所临之方而行。甲己日东北艮方，乙庚日西北乾方，丙辛日西南坤方，丁壬日正南离方，戊癸日东南巽方。

结义弟兄：宜司命黄道生炁，执储天庆吉庆，天月二德，及合阴德阳德，五合

六合三合日。忌五离八绝人隔，赤口咸池破败日。

过房养子：宜益后续世，天月二德，及天月二德合成开日。

买纳奴仆：宜甲子、乙丑、丙寅、丁卯、戊辰、乙亥、戊寅、己卯、甲申、丙戌、辛卯、壬辰、癸巳、甲午、乙未、己亥、庚子、癸卯、丁未、辛亥、壬子、甲寅、乙卯、己未、辛酉，明堂玉堂，司命黄道天月德。

前二条忌勾绞月破赤口归，忌五离大小空亡日。

会亲友筵宴：宜除满定执危成开日，忌逐年上朔日，赤口除日酉日，如作乐，忌大杀白虎，雷霆白虎入中宫。

安床帐：宜甲子、乙丑、丙寅、丁卯、己巳、庚午、辛未、甲戌、丙子、庚辰、辛巳、丙戌、丁亥、癸巳、丁酉、戊戌、乙未、己亥、庚子、癸卯、甲辰、乙巳、丙午、甲寅、乙卯、丙辰、丁巳、戊午、己未、辛酉、壬戌，黄道生炁，要安闭日。忌朱雀黑道，建破魁罡，天瘟天贼，九空受死，独火火星，勾绞离案转杀，正四废，九土鬼，阴阳错，申危，等日。

胎养类

胎产所忌。

逐月胎神占。

		月
床	房	正
窗	户	二
堂	门	三
	灶	四
床	身	五
房	灶	六
磨	碓	七
厕	厨	七
房	门	八
床	厨	九
灶	炉	一十
床	房	二十

四季伤胎煞方：春子午，夏丑未，秋辰戌，冬巳亥。

逐日胎神占。

日
碓 午子
厕 未丑
炉 申寅
门大 酉卯
栖鸡 戌辰
床 亥巳

逐日胎神占

日
门 己甲
磨碓 庚乙
厨灶 辛丙
仓库 壬丁
房床 癸戊

置产室：宜黄道生炁，续世益后，建平满成收开日。忌天贼土瘟，绝灭受死，及日神所在之方。癸巳、甲午、乙未、丙申、丁酉，在房内北；戊戌、己亥、戊申，在房内中；庚子、辛丑、壬寅，日在房内南；甲辰、乙巳、丙午、丁未，在房内东；癸卯日在房内西，己酉日出外游四十日。

藏胎衣法：于一百二十步之外埋藏，不忌方道。

剃胎头：世俗皆以满月之日剃，不择吉日，然如是遇值丁日破败恶星，当移前后一日。

断乳：宜伏断卯日。伏断日：子日虚，丑日斗，寅日室，卯日女，辰日箕，巳日房，午日角，未日张，申日鬼，酉日觜，戌日胃，亥日壁。

学业类

求师入学：宜丙寅、己巳、戊寅、甲戌、乙亥、丙子、己丑、辛巳、癸未、甲申、丁亥、庚寅、辛卯、壬辰、乙未、丙申、己亥、壬寅、癸卯、甲辰、乙巳、丙午、丁未、戊申、庚戌、辛亥、甲寅、乙卯、丙辰、庚申、辛酉、癸亥，天月二德，及合六合成定开日。忌建、破、魁、罡，勾绞，离窠，受死，九土鬼，正四废，阴阳错，天休废，六不成，仓颉死葬，孔子死葬日。

学伎艺：宜满成开日，忌正四废，赤口，六不成破日。

宫室类

起工动土：宜甲子、癸酉、戊寅、己卯、庚辰、辛巳、甲申、丙戌、甲午、丙申、戊戌、己亥、庚子、甲辰、癸丑、戊午、庚午、辛未、丙午、丙辰、丁未、丁巳、辛酉，黄道月空成开日。

造地基：宜甲子、乙丑、丁卯、戊辰、庚午、辛未、己卯、辛巳、甲申、乙未、丁酉、己亥、丙午、丁未、壬子、癸丑、甲寅、乙卯、庚申、辛酉。忌元武黑道，天贼受死，天瘟土瘟，土忌土符，地破月破，地囊，九土鬼，正四废，天地正转杀，天转地转，月建转杀，土公，占土痕，建破收日。

伐木：宜己巳、庚午、辛未、壬申、甲戌、乙亥、戊寅、己卯、壬午、甲申、乙酉、戊子、甲午、乙未、丙申、壬寅、丙午、丁未、戊申、己酉、甲寅、乙卯、己未、庚申、辛酉，定成开日。忌刀砧杀斧头杀，龙虎，受死天贼，月破危日，山隔九土鬼，正四废，魁罡日。

伐竹木不蛀：宜甲辰、壬辰、丙辰，每月初五已前遇血忌日。

建宫室：元门宫观同，与起造同，宜明堂玉堂，黄道大明，三帝星及五帝生日。忌天灾天火，地火雷火，月火独火，火星魁罡日。

建神庙：不论金华台塔年月，只与起造同，但要神神在，忌神鬼隔。

桑门寺院同。自汉创白马寺，始有佛庙，皆向东。梁唐之后多向北。忌向南方。

起工破木：宜己巳、辛未、甲戌、乙亥、戊寅、己卯、壬午、甲申、乙酉、戊子、庚寅、乙未、己亥、壬寅、癸卯、丙午、戊申、己酉、壬子、乙卯、己未、庚申、辛酉，黄道天成，月空天月二德，及合成开日。忌刀砧杀，木马杀斧头杀，天贼，受死月破，破败独火，鲁般杀，建日九土鬼，正四废，四离四绝日。

定磉扇架：宜甲子、乙丑、丙寅、戊辰、己巳、庚午、辛未、甲戌、乙亥、戊寅、己卯、辛巳、壬午、癸未、甲申、丁亥、戊子、己丑、庚寅、癸巳、乙未、丁酉、戊戌、己亥、庚子、壬寅、癸卯、丙午、戊申、己酉、壬子、癸丑、甲寅、乙卯、丙辰、丁巳、己未、庚申、辛酉，黄道天月二德成定日。忌正四废天贼建日破日。

竖柱：宜己巳、辛丑、甲寅、乙亥、乙酉、己酉、壬子、乙巳、己未、庚申、戊子、乙未、己亥、己卯、甲申、己丑、庚寅、癸卯、戊申、壬戌，黄道天月二德，诸吉星成开日。

上梁：宜甲子、乙丑、丁卯、戊辰、己巳、庚午、辛未、壬申、甲戌、丙子、戊寅、庚辰、壬午、甲申、丙戌、戊子、庚寅、甲午、丙申、丁酉、戊戌、己亥、庚子、辛丑、壬寅、癸卯、乙巳、丁未、己酉、辛亥、癸丑、乙卯、丁巳、己未、辛酉、癸亥，黄道天月二德，诸吉星成开日。前二条忌朱雀黑道，天牢黑道，独火天火，月火狼籍，地火冰消瓦解，天瘟天贼，月破大耗，天罡河魁，受死鲁般煞，刀砧杀，划削血刃杀，鲁般跌蹼杀，阳错阴错，伏断九土鬼正四废，五行，忌月建转杀，火星天灾日。

盖屋：宜甲子、丁卯、戊辰、己巳、辛未、壬申、癸酉、丙子、丁丑、己卯、庚辰、癸未、甲申、乙酉、丙戌、戊子、庚寅、丁酉、癸巳、乙未、己亥、辛丑、壬寅、癸卯、甲辰、乙巳、戊申、己酉、庚戌、辛亥、癸丑、乙卯、丙辰、庚申、辛酉，定成开日。

泥屋：宜甲子、乙丑、己巳、甲戌、丁丑、庚辰、辛巳、乙酉、丁亥、庚寅、辛卯、壬辰、癸巳、甲午、乙未、丙午、戊申、庚戌、辛亥、丙辰、丁巳、戊午、庚申，平成日。

拆屋：宜甲子、乙丑、丙寅、戊辰、己巳、辛未、癸酉、甲戌、丁丑、戊寅、己卯、癸未、甲申、壬辰、癸巳、甲午、乙未、己亥、辛丑、癸卯、己酉、庚戌、辛亥、癸丑、丙辰、丁巳、庚申，辛酉，除日。前三条俱忌朱雀黑道，天火等火，天瘟火星，天贼月破，受死蚩尤，九土鬼，八风，正四废，转杀，午日丁巳日。

扫舍：宜除满日。

偷修：宜壬子、癸丑、丙辰、丁巳、戊午、己未、庚申、辛酉，已上八日，凶神朝天，可并工造作修理。

修造门：宜甲子、乙丑、辛未、癸酉、甲戌、壬午、甲申、乙酉、戊子、己丑、辛卯、癸巳、乙未、己亥、庚子、壬寅、戊申、壬子、甲寅、丙辰、戊午，黄

道生气，天月德及合满成日。作门忌日，春不作东门，夏不作南门，秋不作西门，冬不作北门，与修门同。

修门吉凶：○○●●●○○人人人○○○●●●○○○人人人○○●●●○○○。大月从尾数至头逆行，小月从头数至尾顺行，一日一位，遇白圈大吉，黑圈损六畜，人字损人不利。忌庚寅门大夫死日，及六甲胎神占月不宜修。

塞门：宜伏断闭日，忌丙寅、己巳、庚午、丁巳，及四废日。

开路：宜天德月德黄道日，忌月建转杀天贼正四废日。

塞路：宜伏断闭日。

筑堤塞水：宜伏断闭日，忌龙会开破日。

造桥梁：不论金华台塔年月，只与起造宅舍同。忌寅申、巳亥日，时为四绝四井。

筑修城池建营寨：宜上吉黄道大明，要安续世，益后天月二德，及合天成天佑成勋，福厚吉期，普护守成，兵吉兵宝。

造仓库：宜乙丑、己巳、庚午、丙子、己卯、壬午、庚寅、壬辰、甲午、乙未、庚子、壬寅、丁未、甲寅、戊午、壬戌，满成开日。

修仓库：宜丙寅、丁卯、庚午、己卯、壬午、癸未、庚寅、甲午、乙未、癸卯、戊午、己朱、癸丑，满成开日。

前三条俱忌朱雀黑道，天牢黑道，天火狼籍，独火月火，九空空亡，财离岁空，死炁官符，月破大小耗，天贼天瘟受死，冰消瓦解，月建转杀，月虚月杀，四耗阴阳错，地火伏断，正四废，火星十恶，天地离，九土鬼，大杀入中宫。

塞鼠穴：宜壬辰、庚寅，满闭日，正月上辰鼠死日，穴天狗日。

造厨：宜丙寅、己巳、辛未、戊寅、甲申、戊申、甲寅、乙卯、己未、庚申。

砌灶：宜甲子、乙丑、己巳、庚午、辛未、癸酉、甲戌、乙亥、癸未、甲申、壬辰、乙未、辛亥、癸丑、甲寅、乙卯、己未、庚申，黄道天赦，月空正阳，五祥定成开日。

前二条忌朱雀黑道，天瘟土瘟，天贼受死，天火独火，十恶四部，转杀九土鬼，正四废，建破丙丁午日，每月初七、十五、二十七，不可移动，每月初八、十

六、十七日，及六甲胎神占月，忌拆灶修理。

扫厨灶：宜壬癸日及水日。

修水廨：宜天聋地哑日，忌每月巳午未日，及三月无牛之家不忌。

砌花台：与动土日同，宜水木日，忌金土日。

作厕：宜庚辰、丙戌、癸巳、壬子、己未，天乙绝气，伏断土闭日，忌正月二十九日。

修厕：宜己卯、壬午、壬子、乙卯、戊午，忌春夏正六月，及六甲胎神占，月牛胎四十月占。

安碓硙磨碾油榨：宜庚午、辛未、甲戌、乙亥、庚寅、庚子、庚申，聋哑日。修磨日與安磨日同，忌牛胎正七月占。

开池：宜甲子、乙丑、甲申、壬午、庚子、辛丑、辛亥、癸巳、癸丑、辛酉、戊戌、乙巳、丁巳、癸亥、天月二德，及合生炁成开日。

开沟渠：宜甲子、乙丑、辛未、己卯、庚辰、丙戌、戊申，开平日。

前二条忌元武黑道，天贼土瘟，受死大小耗，龙口伏龙，咸池冬壬癸日，九土鬼，土痕水隔，四废天地转杀日。

穿井：宜甲子、乙丑、癸酉、庚子、辛丑、壬寅、乙巳、辛亥、辛酉、癸亥、丙子、壬午、癸未、乙酉、戊子、癸巳、戊戌、戊午、己未、庚申、甲申、癸丑、丁巳，黄道天月二德，及合生气成日。

修井：宜甲申、庚子、辛丑、乙巳、辛亥、癸丑、丁巳、壬午、戊戌，成日。

前二条忌黑道天瘟土瘟，天贼受死，土忌血忌，飞廉九空大小耗，水隔九土鬼，正四废，刀砧天地转杀，水痕伏断三六七月，及卯日泉竭泉闭日，辛巳、己丑、庚寅、壬辰、戊申，已上系泉竭日，戊辰、辛巳、己丑、庚寅、甲申，已上系泉闭日。

器用类

造仪仗：宜黄道銮舆凤辇，禄库天成，吉庆大明，天喜天福，六仪天恩，天德月德，福厚福生，成定日。忌黑道四废，十恶无禄，九土鬼，伏断破日。

造车轿：造仪仗同。

造妆奁：宜黄道生气，要安吉期活曜，天庆天瑞吉庆，天月二德合，天喜金堂玉堂，益后续世，三合成日。忌天瘟四废，九土鬼，魁罡勾绞，月破火星，离窠危日。

造床：造妆奁同。

造橘槔：即水车，宜黄道天月二德，生气三合平定日。忌黑道虚耗，焦坎田火地火，九土鬼，水隔木痕破日。

造乐器：与造器皿同，忌乙卯师旷死日。

造器皿：宜天成天库禄库，天财地财月财，金石合，福厚天月德，忌六不成，破败日。

染颜色：与造器皿同，更忌月厌。

造窑烧窑：宜要安天德月德日，忌火隔四废焦坎，建破赤口。

经络：宜甲子、乙丑、丁卯、癸酉、甲戌、丁丑、己卯、癸未、甲申、辛巳、壬申、丁亥、戊子、己丑、壬辰、癸巳、甲午、丙申、丁酉、戊戌、己亥、壬寅、甲辰、乙巳、辛亥、壬子、癸丑、甲寅、丙辰，成定日。

安机：宜平日定日，同前，忌天贼勾绞，小耗受死九土鬼，正四废，建破日。

炉冶铸泻：宜庚寅，辛卯，金石合日，忌庚申。辛酉，金石离火隔焦，坎破日建日金痕。

裁衣合帐：宜甲子、乙丑、戊辰、己巳、癸酉、甲戌、乙亥、丙子、丁丑、己卯、丙戌、丁亥、戊子、己丑、庚寅、壬辰、癸巳、甲午、乙未、丙申、戊戌、庚子、辛丑、癸卯、甲辰、乙巳、癸丑、甲寅、乙卯、丙辰、戊申、辛酉、壬戌。合帐水闭日，裁衣成开日。裁衣吉星：角，亢，房，斗，牛，虚，壁，奎，娄，鬼，张，翼，轸。忌天贼，月破，小耗，天火，火星，长短星，九土鬼，正四废。

出行类

出行：宜甲子、乙丑、丙寅、丁卯、庚午、辛未、甲戌、乙亥、丁丑、己卯、甲申、丙戌、庚寅、辛卯、甲午、庚子、辛丑、壬寅、癸卯、丙午、丁未、己酉、癸丑、甲寅、乙卯、庚申，满成开日。

行船：宜乙丑、丙寅、丁卯、戊辰、己巳、丁丑、戊寅、壬午、乙酉、辛卯、癸巳、甲午、乙未、庚子、辛丑、壬寅、辛亥、丙辰、戊午、己未、辛酉，满成开日。忌风波河伯，白浪天贼，受死月破，咸池招摇，四激殃败，焦坎蛟龙，水隔阴错阳错，张宿触水龙，江河离八风，子胥死日，河伯死日，风伯死日，九土鬼，正四废，日伏断建破危日。

河伯风波日：

年	子	丑	寅	卯	辰	巳	午	未	申	酉	戌	亥
河伯日	亥	子	丑	寅	卯	辰	巳	午	未	申	酉	戌
风波日	子	丑	寅	卯	辰	巳	午	未	申	酉	戌	亥

下海：行船日同，宜天佑天恩，普护活曜复日。

捕捉出行：捕盗获逃亡同，见征猎类。

商贾兴贩出行：宜己卯、丙戌、壬寅、丁未、己酉、甲寅。值财禄星旺日吉，忌赤口空亡虚耗。

合伴：宜六合及满成闭日，忌咸池赤口。

论诸葛亮出行图：俗传诸葛亮出行图，又诬为周公所作，今考得皆是瞽者词唱假合之说，岂可专用日期而不用日神者，盖不明天理，不知阴阳故也。况有天口地腹之时，皆不可信，其世俗愚人皆以为实而用之，其害不浅，智者无惑。

入宅：宜甲子、乙丑、丙寅、丁卯、己巳、庚午、辛未、甲戌、乙亥、丁丑、癸未、甲申、庚寅、壬辰、乙未、庚子、壬寅、癸卯、丙午、丁未、庚戌、癸丑、甲寅、乙卯、己未、庚申、辛酉，满成开日。

移居：宜甲子、乙丑、丙寅、庚午、丁丑、乙酉、庚寅、壬辰、癸巳、乙未、壬寅、癸卯、丙午、庚戌、癸丑、乙卯、丙辰、丁巳、己未、庚申。

前二条忌家主本命日，及本命对冲日，天牢朱雀，黑道牢日狱日，徒隶死别，伏罪不举形狱，建破魁罡勾绞，归忌月厌，九丑离窠，天瘟天贼，往亡受死，披麻

杀，天地转杀，天火独火，冰消瓦解，火星四忌，五穷正四废，九土鬼，阴阳错，大杀入中宫，赤口天空亡，及乙巳日。

舟楫类

造舟破木：与修造起工日同。

合底起廒安梁头：与竖柱上梁日同。

关船头：宜黄道天恩，月恩天月二德，二德合要安。

前三条俱忌天贼伏断火星，正四废，水痕执破日。

盖船篷：与盖屋日同，忌天火天贼，八风破日。

舱船：宜伏断收闭日，忌执破日。

新船下水：与出行日同，宜天月二德，及合要安平定成日，忌风波河伯，白浪张宿触水龙，咸池水痕日。

种植类

置园圃：宜相日民日，丰旺守成。

开荒田：与动土日同，宜天福丰旺，母仓生炁，黄道上吉。

前二条俱忌地火焦坎空亡。

耕田：宜乙丑、己巳、庚午、辛未、癸酉、乙亥、丁丑、戊寅、辛巳、壬午、乙酉、丙戌、己丑、甲午、己亥、辛丑、甲辰、丙午、癸丑、甲寅、丁巳、己未、庚申、辛酉，成收开日。忌土瘟天贼，月杀焦坎，大耗小耗，月建转杀满日。

烧田：宜己未及开日，忌火隔焦坎。

陆种：宜甲子、乙丑、丁卯、己巳、癸酉、乙亥、丙子、己卯、癸未、甲申、己丑、辛卯、壬辰、癸巳、乙未、丙申、戊戌、己亥、庚子、辛丑、壬寅、癸卯、丙午、戊申、己酉、癸丑、丙辰、戊午、己未、庚申、辛酉、癸亥，成开日。

浸谷种：宜甲戌、乙亥、壬午、乙酉、壬辰、乙卯，成开日。

下种：宜辛未、癸酉、壬午、庚寅、甲午、甲辰、乙巳、丙午、丁未、戊申、己酉、乙卯、辛酉。

插秧：宜庚午、辛未、癸酉、丙子、己卯、壬午、癸未、甲申、甲午、己亥、庚子、癸卯、甲辰、丙午、戊申、己酉、己未、辛酉。

耘田：宜戊子、庚午、壬辰、癸亥，及壬癸庚辛日。

割禾：宜庚午、壬申、癸酉、己卯、辛巳、壬午、癸未、甲午、癸卯、甲辰、己酉。

大割五谷：宜丰旺月财吉期，每月上旬及中旬。

置稻禾麦豆等场：宜黄道天仓，丰旺福厚，天成旺日，天月二德及合。

开场打稻：宜丙寅、丁卯、庚午、己卯、壬午、癸未、庚寅、甲午、乙未、癸卯、戊午、己未、癸丑。

种粟：宜丁巳、己卯、乙卯、己未、辛卯。

种麦：宜庚午、辛未、辛巳、庚戌、庚子、辛卯，及八月三卯日。

种荞麦：宜甲子、壬申、壬午、癸未、辛巳。

种麻：宜己亥、辛亥、辛巳、壬申、庚申、戊申，及正月三卯日。

种黍：宜戊戌、己亥、庚子、庚申、壬申。

种豆：宜甲子、乙丑、壬申、丙子、戊寅、壬午，及六月三卯日。

种瓜：宜甲子、乙丑、庚子、壬寅、乙卯、辛巳。

种一切菜：宜庚寅、辛卯、壬戌、戊寅。忌秋社前逢庚至秋社后逢己住，此十日系算风旬日，不宜种菜。

种姜：宜甲子、乙丑、壬申、壬午、辛未、辛巳、辛卯。

种葱：宜甲子、甲申、己卯、辛未、辛巳、辛卯。

种蒜：宜戊申、丙子、壬辰、癸巳、辛丑、戊辰、辛未。

种芋：宜壬申、壬午、壬戌、辛巳、戊申、庚子、辛卯。

种果树：宜丙子、戊寅、己卯、壬午、癸未、己丑、辛卯、戊戌、庚子、壬子、癸丑、戊午、己未、己亥、丙午、丁未、乙卯、戊申、己巳。

栽木：宜甲戌、丙子、丁丑、己卯、癸未、壬辰，忌乙不栽植。

栽竹：宜甲辰、五月十三，正月一，二月二，各依月数栽之。

栽桑：宜二月内移栽，腊月亦可，忌正月、十二月内，不宜修桑。

移接花木：宜满成开日。

自陆种起共二十六条，俱用黄道生炁，禄库母仓，旺日天仓，丰旺鼠雀，百虫飞虫，不食成开满收日，忌地火田火，虚耗九空，焦坎天贼，狼籍地隔，田痕地空亡，农事忌日，天地不成，不收日。鼠雀不食日，甲午、癸亥。百虫不食日，乙丑、乙亥、乙未、己亥、壬寅、癸卯、壬子。飞虫不食日，初一、初三、初四、初五、初七、初九、初十、十八、二十一、二十九。农事忌日田祖，甲寅日死田，父丁亥日死，丁未日葬田，母丙戌日死，丁亥日葬田，主乙巳日死，辛亥日葬田，夫丁亥日死，辛亥日葬，后稷癸巳日死，凡种五谷，已上并忌。天地不收日，丙戌、壬辰、辛亥。天地不成日，乙未。

货财类

五谷入仓：宜庚午、己卯、辛巳、壬午、癸未、乙酉、己丑、庚寅、癸卯，天德月德，母仓平满成收日，及穴天狗日。

开仓：宜庚午、己卯、辛巳、壬午、癸未、乙酉、己丑、庚寅、癸卯，及天月二德成开满日。

开库店肆：宜甲子、乙丑、丙寅、己巳、庚午、辛未、甲戌、乙亥、丙子、己卯、壬午、癸未、甲申、庚寅、辛卯、乙未、己亥、庚子、癸卯、丙午、壬子、甲寅、乙卯、丙辰、己未、庚申、辛酉，黄道天月二德，及合六合要安满成开日。

分家财：宜天成天财，地财月财，禄库天贵，天福五富福厚日。

赌博：与分家财日同。

买田地房屋一切交易：宜辛未、丙子、丁丑、壬午、癸未、甲申、辛卯、乙未、壬辰、庚子、戊申、壬子、癸卯、丁未、己未、甲寅、乙卯、辛酉、成日。

出财放债：宜丁丑、乙酉、丙戌、庚辰、癸巳、辛亥、辛酉、庚午、己亥、乙巳、乙卯成满日。

纳财取债：宜乙丑、丙寅、壬午、庚寅、庚子、乙巳、丙午、甲寅、壬午、丁未、辛酉、壬辰，天财地财，天富天贵，丰旺日。

前八条俱忌建破魁罡勾绞，天贼受死，九空财离，岁空五虚，破败虚败，小耗大耗四耗日，流财亡嬴，四忌五穷，九土鬼，正四废，阴阳错日，长短星，赤口空亡，咸池十恶，无禄日。

饮膳类

造酒醋：宜丁卯、癸未、庚午、甲午、己未。

造曲：宜辛未、乙未、庚午日，忌甲子旬十日则不蛀。

造酱：宜丁卯及诸吉神通用辛日，不合酱。

腌藏瓜菜：宜初一、初三、初七、初九、十一、十三、十五日。

腌腊下饭：宜黄道生气，天月二德，及合满成开日。

前五条俱忌廉贞独火，上下弦灭没月厌破日。

医药类

修制药饵：宜戊辰、己巳、庚午、壬申、乙亥、戊寅、甲申、丙戌、辛卯、乙未、丙午、丁未、辛亥、己未，除开破日，忌辛未及扁鹊死日。

求医服药针灸：宜丁卯、庚午、甲戌、丙子、丁丑、壬午、甲申、丙戌、丁亥、辛卯、壬辰、癸丑、乙卯、丙辰、己未、壬戌，天酱天巫，天解要安，生气活曜，天月二德，二德合。服药忌扁鹊死日，男忌除日，女忌破日。针灸忌人神所在，白虎黑道，月厌月杀，独火受死死别，血支血忌火隔日。

九部人神：一岁起脐，自上数至下，一岁一位，周而复始，脐、心、肘、咽、口、头、脊、腰、足。

十二部人神：同前。心、头、喉、肩、背、腰、腹、项、足、膝、阴、股。

九宫尻神：同前。坤，震，巽，中，乾，兑，艮、离，坎。

四季人神：春，夏，秋，冬。

逐日人神：一日在足大指，二日在外踝，三日在股内，四日在腰，五日在口，六日在手，七日在内踝，八日在腕，九日在尻，十日在腰背，十一日在鼻柱，十二日在发际，十三日在牙齿，十四日在胃脘，十五日在遍身，十六日在胸，十七日在气冲，十八日在股内，十九日在足，二十日在内踝，二十一日在手小指，二十二日

在外踝，二十三日在肝及足，二十四日在手阳明，二十五日在足阳明，二十六日在胸，二十七日在膝，二十八日在阴，二十九日在膝胫，三十日在足趺。

征猎类

演武：宜天月二德，兵福兵宝兵吉，黄道成开日。

比试：宜黄道上官，天佑恩胜，成勋普护，福生天马驿马日。

前二条俱忌六不成，十恶无禄，大败日。

出师：攻战同。宜辛丑、丙寅、庚子、丁卯、庚戌、丁酉、甲午、乙丑、丁丑，兵宝兵吉，成勋天德月德，二德合，普护日。

班师：宜平定成收开旺日，及黄道成勋，恩胜要安，守成天佑，天恩天月，二德日。

攻取城寨：宜己亥、丙寅、乙巳、甲子、甲戌、乙未、庚戌、乙亥、己丑，兵吉兵宝，除执日。

前三条俱忌伐日，八专猖鬼败亡，五不归八绝，十恶大败危日，及往亡日。论往亡日，立春后七日，惊蛰后十四日，清明后二十一日，立夏后八日，芒种后十六日，小暑后二十四日，立秋后九日，白露后十八日，寒露后二十七日，立冬后十日，大雪后二十日，小寒后三十日，其日是谓往亡。

臞仙曰：往亡日本凶，武王伐纣，其日值往亡。太史曰：凶不可往。太公曰：我往彼亡，有何不可，遂行乃克。后北魏拓跋珪、晋刘裕皆效之，其识在一时，不可常用。

立寨置烟墩、修筑城池同，见《造作类》。

捕盗获逃亡：宜乙丑、甲戌、壬午、戊子、庚寅、辛卯、癸巳、乙未、丙申、丁酉、己亥、甲辰，收执日。忌每月十五灭没归，忌受死天贼，咸池九空，空亡财离，岁空魁罡勾绞，月厌死羸，往亡五鬼，阴阳错伏断，九土鬼九丑，五不归离窠，人民离，四绝四离，赤口日。

避兵：避难同，宜黑道大小空亡，四废月虚月空，天佑普护，活曜生气要安，闭收平定日。忌受死罪刑罪至，天地殃败，天罗地网伐日。

议和：宜黄道天佑，天成天月德，及合贵人吉人，天恩月恩，天赦天喜，六合三合五合，成除日。忌咸池赤口，天灾天殃，天地争雄，十恶大败日。

宫刑。

臞仙曰：古刑有五，宫罪一也。去其势以为刑。人擒敌国，黄口不戮，去其势以为阉者，阉乃帝阙。又曰：天阉非国姓宗室之家不敢用，故以阉者称之。僭用者罪，属大辟。至我朝洪武间，更其刑制，不忍绝人之嗣，故禁用此刑，实万世生民之福也。因世有此刑之名，在人之耳目不可掩也，恐非时日以伤人命，故载之，仁者不为也。宜黄道天恩，天福活曜，天月德生炁，要安天医天解，成定日。忌受死，血支血忌血刃，破日。

畋猎打捕：宜月杀飞廉，执危收日，十干上朔日。

结网：宜黑道月杀，飞廉受死，执危收日。

捕鱼：宜戊辰、庚辰、己亥、鱼会日。

捕水鸟：宜己巳、甲辰、壬子、丙辰、丁巳、戊午、鱼鸟会，日月杀，飞廉执危收日。

前四条俱忌空亡五虚。

丧葬类

合长生寿器：曰棺木，宜丁丑、戊寅、丁未、戊申、壬辰、癸巳、壬戌、癸亥，俱系天上大空亡，更宜四废大小空亡日，及择延寿生旺年月，本命纳音，生旺有炁之日。忌本命对冲日辰，支干克本命纳音日，及天瘟受死，魁罡建破重，丧木呼木随杀日。

延寿之年。

巳酉丑	申子辰	亥卯未	寅午戌
讼笔	福庆	催尸	延寿

如戌生人，行年七十八，岁自延寿起一十岁，一位向上数至讼笔，四十次下又向上数至福庆，七十其零数一年一位，七十八遇福庆是也，其年大利，如遇福庆延寿则吉，讼笔催尸则凶，不宜合寿器。

生旺年月图

此图各从本命纳音长生，上起甲子顺行，逢本命上起一十岁，亦顺行，零年一

岁一宫，遇生旺宫大吉，值四墓宫凶，不宜合寿器。

金生巳。木生亥，火生寅，水土生申。

如壬戌生水，命申上起甲子，数至午上，是壬戌，就从午上起一十岁，十一未，十二申，至辰上二十，寅上三十三，十一卯逢旺吉，三十二辰逢墓凶，三十三巳逢生大利，余仿此。

月	木呼杀		木随杀	
正	壬	申	辰	申
二	庚	子	寅	子
三	戊辰	戊申	申	戌
四	庚戌	丙戌	午未	申
五	丁亥	己巳	午	酉
六	己未	己卯	甲	辰
七	乙未	庚申	巳	酉
八	辛	酉	丑	本
九	壬	戌	寅	亥
十	丁	巳	卯	亥
十一	癸未	癸酉	午	酉
十二	乙丑	乙酉	未	辰

木呼杀、木随杀，不宜合寿器。

看殃杀出日并时。

其法以正月将于巳上起子，数至死时住，看在何支上，如男命即此支日时出之，如女命却于对宫支上出也，如二月将在午上起子，三月将于未上起子，皆顺行，余仿此。

月将当看历内，逐月日躔之次，即是交月将也。

殃煞出方：其法以亡殁之日支干定之，男取日干墓，女取日支墓，如甲子日死者，男以甲属木，木墓在未合，出于西南未地；女以子属水，水土墓居辰合，出东南辰地，余仿此。

墓者，金墓在丑，木墓在未，火墓在戌，水土墓在辰。

殃煞不出：其法以殃杀所出日时，若遇太岁太阴，大耗小耗，勾神绞神，即不出丧，家主重丧，宜禳则吉，又恐未明，图列于后。

年	太阴	太岁	大耗	小耗	勾神	绞神
子	戌	子	午	巳	卯	酉
丑	亥	丑	未	午	戌	辰
寅	子	寅	申	未	巳	亥
卯	丑	卯	酉	申	子	午
辰	寅	辰	戌	酉	未	丑
巳	卯	巳	亥	戌	寅	申
午	辰	午	子	亥	酉	卯
未	巳	未	丑	子	辰	戌
申	午	申	寅	丑	亥	巳
酉	未	酉	卯	寅	午	子
戌	申	戌	辰	卯	丑	未
亥	酉	亥	巳	辰	申	寅

禳殃煞不出：用金精石，银精石，辟殃砂，鬼箭草，鬼见愁，安息香。

六味各等分为末，以井华水调于宅内，遍洒之，则吉。

殃煞高低：

日	数
甲己	九
乙庚	八
丙辛	七
丁壬	六
戊癸	五
子午	九
丑未	八
寅申	七
卯酉	六
辰戌	五
巳亥	四

其法以死日支干配数定之，如甲子日死者，干支皆九，乃二九一十八数，即一丈八尺高，余皆仿此。

日月

月	日	
正	庚	甲
二	乙	辛
三	戊	巳
四	丙	壬
五	丁	癸
六	戊	己
七	庚	甲
八	乙	辛
九	戊	己
十	丙	壬
十一	丁	癸
十二	戊	己

月日支干重服，一曰重丧。

其法如正月甲庚日死者是也，余皆仿此，犯之宜禳。

禳月干重服：用小白纸函一个，内用黄纸朱书四字于内，安于棺上同出，吉。

正月，三、六、九、十二月，皆书“六庚天刑”，二月书“六辛天庭”，四月书“六壬天牢”，五月书“六癸天狱”，七月书“六甲天福”，八月书“六乙天德”，十月书“六丙天威”，十一月书“六丁天阴”。

天地重复日：每月己亥日是也，犯之宜禳则吉。

禳天地重复：用桑木一段，甘草一两，安棺内，又于岁德方上取土造泥人五个，同殓棺内，吉。

生人临丧避忌：忌生人所生之年与亡者所死之月分相犯，如正、四、七、十月节内死者，忌寅申、巳亥生人，二、八、五、十一月节内死者，忌子午、卯酉生人，三、六、九、十二月节内死者，忌辰戌、丑未生人是也。

开山斩草破土：宜甲子、乙丑、丙寅、丁卯、戊辰、庚午、壬申、丙子、戊

寅、己卯、壬午、甲申、庚寅、辛卯、壬辰、壬寅、癸卯、壬子、癸丑、甲寅、乙卯。

下砖石：宜壬申、癸酉、壬午、乙酉、甲戌、壬辰、丙申、丁酉、甲辰、乙巳、丙午、己酉、甲寅、丙辰、已未、庚申、辛酉。

安葬：宜壬申、癸酉、壬午、甲申、乙酉、丙申、丁酉、壬寅、丙午、己酉、庚申、辛酉、庚午、庚寅、壬辰、甲辰、乙巳、甲寅、己未，鸣吠对鸣吠，成开日。

前三条俱忌白虎元武，黑道八座，岁禁太岁，重丧重复地中，白虎月建，转杀天贼土禁，魁罡人皇人建，阴阳错，白虎破杀日，四时大墓，冰消瓦解，破日地隔地空亡。

葬日周堂图。

巽	离	坤
震		兑
艮	坎	乾

大月从巽上起，初一顺至离，小月从坎上起，初一逆至乾，一日一位，遇巽值父，坎值母，离值男，艮值妇，坤值孙，乾值女夫，此日若临丧，则不利，避之无妨，如无不忌，遇震兑日大利。

天牛不守墓：宜修坟，宜庚午、辛未、壬申、癸酉、戊寅、己卯、壬午、癸未、甲申、乙酉、甲午、乙未、丙申、丁酉、壬寅、癸卯、丙午、丁未、戊申、己酉、庚申、辛酉。

成服：宜甲子、己巳、乙酉、庚寅、癸巳、丁酉、丙午、辛亥、癸丑、戊午、庚申。

除服：宜壬申、丙子、戊寅、甲申、辛卯、乙未、丙申、庚子、丙午、戊申、己酉、辛亥、壬子、癸丑、乙卯、己未、庚申，除日。

前二条俱忌重丧重复，阴阳错破日。

除服周堂图。

巽	吉	离	吉	坤
吉				吉
震				兑
吉				吉
艮	吉	坎	吉	乾

大月从离上起，初一顺至吉坤，小月从乾上起，初一逆至吉兑，一日一位，遇乾值母，离值父，坤值男，坎巽值女，兑值孙，艮值女夫，震值客，此日皆不宜，如在则避之，如无不忌，遇吉大利。

蚕丝六畜类

浴蚕：宜甲子、丁卯、庚午、壬午、戊午。

出蚕：宜甲子、庚午、癸酉、庚辰、乙酉、甲午、乙巳、甲申、壬午、乙未、癸卯、丙午、丁未、戊申、甲寅、戊午，生旺开日。

安蚕架箔：宜甲子、庚午、癸酉、丙子、戊寅、己卯、丙戌、庚寅、甲午、乙未、丙午、甲寅、戊午，生气满成开日，及卯巳午未日。

作缲丝灶：宜子寅、申酉，成收开日。

前四条俱忌天贼受死，魁罡勾绞，小耗大耗，狼籍破败，四耗九土鬼，耗绝破日。

六畜金镜图

乾甲癸申子辰，辰上起一德。

坤乙丁巳酉丑，丑上起一德。

艮丙庚亥卯未，未上起一德。

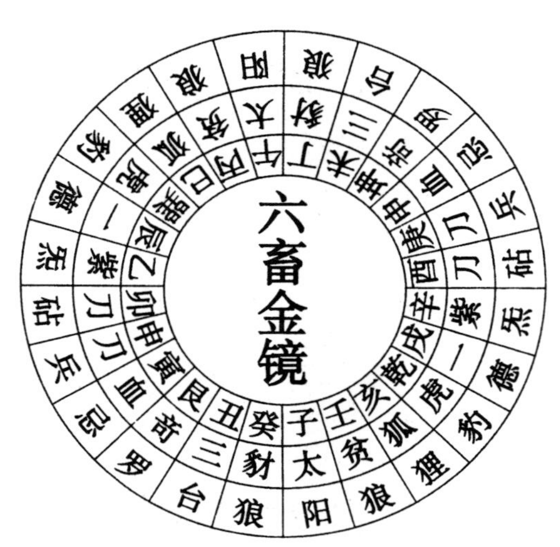

巽辛壬寅午戌，戌上起一德。

官观以坛，座为中宫。

庶人以厅，堂为中宫。

此以中宫为主，依前起例，一德宜作马枋，奇罗宜作牛栏，紫炁宜作羊栈，三台宜作猪圈，贪狼宜作鸡鹅栖窝，太阳六畜皆利狐狸刀兵，虎豹豺狼刀砧血忌皆不宜。

作马坊：宜甲子、丁卯、辛未、甲申、乙亥、己卯、辛卯、壬辰、戊子、庚子、壬寅、乙巳、壬子，成开日。

修马坊：宜戊子、己丑、甲辰、乙巳。

买马：宜乙亥、乙酉、戊子、壬辰、乙巳、壬子、己未收成日，忌戊寅、戊申、甲寅日。

纳马：宜乙亥、己丑、乙巳，忌戊午及破群日，天贼正四废。

伏马：宜乙丑、戊子，收执日。

调马驹：宜己巳、甲戌、乙亥、丁丑、壬午、丙戌、戊子、乙未、丁未、甲寅、丙辰、辛酉，建收日。

取马：取牛同，每月初一、初四、初五、初七、初九、初十、十四、十五、二十一、二十二、二十三、二十四、二十五、二十七、二十八、二十九、三十日。

骟马宦牛，羯羊阉猪，镦鸡善狗净猫，并忌刀砧飞廉，受死本属。

马𠜱鼻修蹄，用针放血，忌血支血忌，刀砧午日，及大风雨阴晦，并不针之。

造牛动土：宜甲子、丙寅、丁卯、癸酉、庚辰、甲申、乙酉、乙未、丁酉、甲辰、丙午、丁未、壬子、甲寅、乙卯、庚申、辛酉。

作牛栏：宜甲子、己巳、庚午、甲戌、乙亥、丙子、庚辰、壬午、庚寅、壬辰、甲午、庚子、壬寅、戊申、壬子、丁巳、庚申，成开日。

修牛栏：每月初一、初四、初六日十倍，十二、十三、十五日五倍。春忌亥子丑，夏忌寅卯辰，秋忌巳午未，冬忌申酉戌。

买牛：宜丙寅、丁卯、庚午、丁丑、癸未、甲申、辛卯、丁酉、戊戌、庚子、庚戌、辛亥、戊午、壬戌，成收开日，及正月寅午戌，六月亥卯未日。

纳牛：宜丙寅、壬寅、乙巳、辛亥、戊午，忌乙丑、壬申、己卯、庚寅、癸丑、甲寅、庚申及破群日。

针牛太白曰：忌血支血忌刀砧。

截牛角：宜生炁旺日，活曜母仓要安，忌飞廉刀砧，血忌受死丑日。

穿牛鼻：宜戊辰、辛未、甲戌、乙亥、戊子、乙卯、乙丑、己未、己巳、辛丑、乙巳、己酉、戊午，忌与前截角同。

教牛：宜庚午、壬子、壬午、庚子、辛亥、甲寅。

作羊栈：宜丁卯、戊寅、己卯、辛巳、甲申、庚寅、壬辰、甲午、庚子、壬子、癸丑、甲寅、庚申、辛酉成开日。

作猪圈：宜甲子、戊辰、壬申、甲戌、庚辰、戊子、辛卯、癸巳、甲午、乙未、庚子、壬寅、癸卯、甲辰、乙巳、戊申、壬子成开日。

作鸡鹅鸭栖窝：宜乙丑、戊辰、癸酉、辛巳、壬午、癸未、庚寅、辛卯、壬辰、乙未、丁酉、庚子、辛丑、甲辰、乙巳、壬子、丙辰、丁巳、戊午、壬戌满成开日。

买鸡鹅鸭鸽子：宜天月德定成开日，忌飞廉天贼受死，大小耗赤口。

买猫犬：宜甲子、乙丑、丙子、丙午、丙辰、壬午、庚午、庚子、壬子。

纳六畜：宜戊寅、壬午、辛卯、甲午、戊戌、己亥、壬子成收日。忌破群日，戊辰、己卯、庚寅、壬辰、甲寅、庚申。

抱鸡鹅鸭卵：宜戊辰、庚午、辛未、壬申、戊寅、丁亥、戊子、庚寅、辛卯、己亥、壬寅、癸卯、乙巳、乙卯、丙辰、己未、辛酉、壬戌、癸亥。已上牧养六畜，造作修理，俱忌飞廉大杀，天贼大小耗，受死刀砧，瘟星入日。

出六畜粪：凡房圈窝巢出粪，宜用大月三十，小月二十九日。

堆粪方：宜月空方上堆积正五，九月正北壬二六，十月正西庚三七，十一月正南丙四八，十二月正东甲。

择时断例

黄道

青龙黄道：太乙星，天贵星，利有攸往，所作必成，所求皆得。

明堂黄道：贵人星，明辅星，利见大人，利有攸往，所作必成。

金匮黄道：福德星，月仙星，利道释用事阍者，女子用事吉，宜嫁娶，不宜整戎伍。

天德黄道：宝光星，天德星，其时大亨作事有成利有攸，往出行吉。

玉堂黄道：少微星，天开星，百事吉，求事成，出行有财，宜文书喜庆之事，利见大人，利安葬，不利泥灶。

司命黄道：凤辇星，日仙星，此时从寅至申时，用事大吉，从酉至丑时，用事不利。

黑道

天刑黑道：天刑星，利用出师，战无不克，其他动作谋为，皆不宜用，大忌词讼。

朱雀黑道：天讼星，利用公事，常人凶诸事忌用，防争讼。

白虎黑道：天杀星，宜出师畋猎祭祀，皆吉，余皆不利。

天牢黑道：锁神星，阴人用事吉，余皆不利。

元武黑道：天狱星，君子用之吉，小人用之凶，忌词讼博戏。

勾陈黑道：地狱星，此时所作一切事有始无终，先喜后悲，不利攸往，起造安葬，犯此绝嗣。

空亡

截路空亡：历书云，此时不利，攸往犯之不吉，盖是天干带水，故名截路，假如甲己日将五子元遁起，甲子时至申酉得壬癸属水，不宜陆路，只宜行舟，三车一览云，如人在路途间，遇水则不可济，禽书云，如截路空亡，是天干带壬癸，字看直日禽宿，值氐、房、心、虚、室、奎、娄、昴、觜、参、鬼、柳，此十二宿遇水则截其路，但忌行军出行阻滞，若修造葬埋则不忌。

旬中空亡：此时上官嫁娶，出行远回，修造入宅，建宫观神庙，及新立神像，开光上座，并凶。

五不遇

五不遇：《六壬》、《遁甲》云：此时阴阳交会于天庭，时干克日干，动而必遭祸刑。凡兴兵上官，除拜远行，造作百事，大凶，切宜避之。

第五章　选择汇考五

《历学会通》

中法选择部

正月

甲子：宜祭祀，会亲友，出行，入学，裁衣，沐浴，疗病，修造动土，开渠，栽种，安碓硙，牧养。

乙丑：宜祭祀，不宜出行，移徙，动土，针刺。

丙寅：不宜出行，动土。

丁卯：宜祭祀，上官，出行，嫁娶，移徙，交易，疗病，修造，动土，扫舍宇，栽种，牧养，启攒。

戊辰：宜祭祀，会亲友，进人口，裁衣，经络，牧养，不宜栽种。

己巳：宜平治道涂，不宜出行。

庚午：宜上官，结婚姻，会亲友，出行，冠带，裁衣，竖柱，上梁，捕捉。

辛未：宜祭祀，结婚姻，进人口，修造动土，竖柱上梁，捕捉。

壬申：宜祭祀，疗病，破屋坏垣。

癸酉：宜祭祀，安床，沐浴，破土安葬。

甲戌：宜祭祀，结婚姻，会亲友，进人口，入学，裁衣，开市交易，疗病，安碓硙。

乙亥：宜剃头，捕捉。

丙子：宜祭祀，结婚姻嫁娶，出行，移徙，入学，纳财，沐浴，疗病，修造动土，开渠，穿井，安碓硙，置产室，栽种，牧养，启攒。

丁丑：宜祭祀，不宜出行，动土，移徙，针刺。

戊寅：不宜出行，动土。

己卯：宜祭祀，上官，嫁娶，立券交易，疗病，修造动土，扫舍宇，不宜移徙。

庚辰：宜会亲友，不宜栽种。

辛巳：宜平治道涂，不宜出行。

壬午：宜祭祀，上官，结婚姻，会亲友，出行，冠带，裁衣，修造，动土，竖柱，上梁，安碓硙，破土安葬。

癸未：宜结婚姻，会亲友，进人口，捕捉。

甲申：宜祭祀，疗病，破屋坏垣。

乙酉：宜祭祀，安床，沐浴，破土安葬。

丙戌：宜祭祀，结婚姻，会亲友，进人口，入学，修造动土，开市，疗病，交易，安碓硙，牧养。

丁亥：宜祭祀，栽种。

戊子：宜结婚姻，会亲友，出行，入学，沐浴疗病，修造动土，开渠穿井，置产室，安碓硙，栽种，牧养。

己丑：宜祭祀，不宜出行，动土移徙，针刺。

庚寅：不宜出行，动土。

辛卯：宜祭祀，上官，嫁娶，立券交易，疗病，修造动土，扫舍宇，破土启攒，不宜移徙。

壬辰：宜会亲友，进人口，裁衣，经络，牧养，不宜栽种。

癸巳：宜平治道涂，不宜出行。

甲午：宜祭祀，上官，结婚姻，会亲友，冠带，出行，纳财，修造动土，竖柱上梁，安碓硙，不宜出行。

乙未：宜祭祀，进人口，捕捉，不宜出行，动土。

丙申：宜祭祀，疗病，破屋坏垣。

丁酉：宜祭祀，出行，移徙，安床，沐浴，修造动土，栽种牧养，破土安葬。

戊戌：宜会亲友，开市，交易，疗病，不宜移徙，出行，栽种。

己亥：宜剃头，纳财，栽种，捕捉。

庚子：宜结婚姻，会亲友，嫁娶，出行，入学，沐浴，牧养，疗病。

辛丑：不宜出行。移徙，动土，针刺。

壬寅：不宜出行，动土。

癸卯：宜上官，疗病，修造动土，立券交易，破土启欑。

甲辰：宜会亲友，不宜栽种。

乙巳：宜祭祀，平治道涂，不宜出行。

丙午：宜祭祀，上官，结婚姻，会亲友，冠带，出行，移徙，纳财，修造动土，竖柱上梁，安碓硙，栽种牧养，破土安葬。

丁未：宜祭祀，出行，结婚姻，进人口，移徙，修造动土，竖柱上梁，栽种牧养捕捉。

戊申：宜祭祀，疗病，破屋坏垣。

己酉：宜祭祀，安床，沐浴，破土安葬。

庚戌：宜祭祀，结婚姻，会亲友，进人口，入学，开市，交易，疗病，安碓碚不宜出行，移徙。

辛亥：宜剃头，纳财，栽种，捕捉。

壬子：宜会亲友，出行，入学，沐浴，疗病，修造动土，安碓碚，栽种，牧养启欑，不宜移徙。

癸丑：不宜出行，移徙，动土，针刺。

甲寅：不宜出行，动土。

乙卯：宜祭祀，上官，交易，疗病，修造动土，扫舍字，破土启欑，不宜移徙。

丙辰：宜会亲友，进人口，移徙，裁衣，经络，牧养，不宜栽种。

丁巳：宜栽种，平治道涂，不宜出行。

戊午：宜祭祀，上官，结婚姻，会亲友，冠带，出行，修造动土，竖柱上梁安碓硙，不宜移徙。

己未：宜祭祀，结婚姻，进人口，修造动土，捕捉。

庚申：宜疗病，破屋坏垣。

辛酉：宜祭祀，安床，沐浴，破土安葬。

壬戌：宜上表章，结婚姻，会亲友，进人口，入学，开市交易，疗病，安碓硙。

癸亥：宜祭祀。

二月

甲子：宜祭祀，进人口，纳财，栽种，捕捉。

乙丑：宜祭祀，结婚姻，会亲友，嫁娶，出行，入学，疗病，修造动土，竖柱上梁，开渠穿井，安碓硙，牧养。

丙寅：宜立券交易，栽种，牧养，破土，启欑，不宜移徙，针刺。

丁卯：宜祭祀，出行，不宜动土。

戊辰：宜祭祀，会亲友，扫舍宇。

己巳：宜移徙，裁衣，经络，开市，不宜动土。

庚午：宜平治道涂，不宜出行。

辛未：宜祭祀，结婚姻，会亲友，进人口，冠带，裁衣，修造动土，竖柱上梁，安碓硙，不宜针刺。

壬申：宜祭祀，破土安葬，不宜移徙，出行。

癸酉：宜祭祀，疗病，坏垣破屋，不宜移徙，出行。

甲戌：宜祭祀，上官，结婚姻，进人口，安床，立券交易，纳财，修造动土。

乙亥：宜入学，裁衣，交易，沐浴，剃头，疗病，修造动土，竖柱上梁，安碓硙，牧养，不宜出行。

丙子：宜嫁娶，进人口，纳财，栽种，修造动土，捕捉，不宜出行。

丁丑：宜祭祀，上官，结婚姻，会亲友，嫁娶，出行，移徙，入学，疗病，修造动土，竖柱上梁，开渠穿井，安碓硙，牧养，不宜出行。

戊寅：宜立券交易，不宜出行，移徙，针刺。

己卯：宜祭祀，出行，不宜动土，移徙。

庚辰：宜祭祀，会亲友。

辛巳：宜会亲友，经络，不宜出行，动土。

壬午：宜祭祀，平治道涂，不宜出行，移徙。

癸未：宜结婚姻，会亲友，进人口，冠带裁衣，竖柱上梁，不宜针刺。

甲申：宜祭祀，上表，上官，出行，沐浴，修造动土，竖柱上梁，捕捉，破土安葬，不宜出行。

乙酉：宜祭祀，疗病，坏垣破屋，不宜出行，移徙。

丙戌：宜祭祀，结婚姻，进人口，出行，移徙，安床，交易，修造动土。

丁亥：宜祭祀，疗病。

戊子：宜进人口，纳财，栽种，捕捉。

己丑：宜祭祀，会亲友，疗病，不宜栽种。

庚寅：宜立券交易，破土安葬，不宜移徙，栽种。

辛卯：宜祭祀，出行，不宜移徙，动土。

壬辰宜扫舍宇。

癸巳：宜移徙，裁衣，经络，开市，不宜动土。

甲午：宜祭祀，平治道涂，不宜动土。

乙未：宜祭祀，结婚姻，会亲友，进人口，裁衣冠带，不宜动土，针刺。

丙申：宜祭祀，捕捉，破土安葬。

丁酉：宜祭祀，疗病，坏垣破屋，不宜出行，移徙。

戊戌：宜立券交易，不宜出行，移徙，栽种。

己亥：宜结婚姻，入学，交易，纳财，沐浴剃头，疗病，修造动土，竖柱上梁，开渠穿井，安碓硙，栽种，牧养。

庚子：宜嫁娶，进人口，纳财，栽种，捕捉，不宜出行。

辛丑：宜结婚姻，会亲友，出行，入学，疗病，修造动土，竖柱上梁，开渠穿井，安碓硙，牧养，不宜栽种。

壬寅：宜立券交易，破土安葬，不宜移徙，针刺。

癸卯：宜出行，不宜动土。

甲辰：宜会亲友。

乙巳：宜经络，开市，不宜出行，动土。

丙午：宜祭祀，栽种，平治道涂。

丁未：宜祭祀，结婚姻，会亲友，进人口，冠带，出行，移徙，裁衣，纳财，修造动土，竖柱上梁，安碓硙，栽种，牧养，不宜针刺。

戊申：宜祭祀，出行，上表章，沐浴，捕捉。

己酉：宜祭祀，疗病，坏垣破屋，不宜出行，移徙。

庚戌：宜祭祀，上表，结婚姻，进人口，安床，立券交易，修造动土。

辛亥：宜祭祀，结婚姻，会亲友，入学，交易纳财，沐浴剃头，裁衣，疗病，修造动土，竖柱上梁，安碓硙，栽种，牧养，不宜出行。

壬子：宜进人口，纳财，栽种，不宜出行，移徙。

癸丑：宜结婚姻，会亲友，出行，疗病，入学，牧养，不宜动土，栽种。

甲寅：宜立券交易，破土启攒，不宜移徙，针刺。

乙卯：宜祭祀，出行，不宜动土。

丙辰：宜祭祀，修造动土，扫舍宇。

丁巳：宜移徙，裁衣，经络，栽种，开市，牧养。

戊午：宜祭祀，平治道涂，不宜移徙。

己未：宜祭祀，结婚姻，会亲友，进人口，冠带，裁衣，修造动土，竖柱上梁，安碓硙，不宜针刺。

庚申：宜上表章，出行，沐浴，捕捉，破土安葬。

辛酉：宜祭祀，疗病，坏垣破屋，不宜出行，移徙。

壬戌：宜结婚姻，进人口，安床，立券交易，修造动土。

癸亥：宜祭祀，疗病，纳财，栽种。

三月

甲子：宜祭祀，上表章，会亲友，进人口，竖柱上梁，交易纳财，沐浴疗病，牧养，不宜出行，移徙。

乙丑：宜祭祀，纳财，捕捉。

丙寅：宜上官，上表章，结婚姻，会亲友，进人口，出行，移徙，开市，立券交易，牧养，启欑，修造动土，竖柱上梁，开渠穿井，安碓硙，栽种，不宜针刺。

丁卯：宜祭祀，立券交易，栽种，启欑，不宜针刺。

戊辰：宜祭祀，出行，不宜动土。

己巳：宜上官，会亲友，进人口，裁衣，开市，疗病，修造动土，扫舍宇，不宜出行。

庚午：宜会亲友，移徙，裁衣，开市，剃头，破土安葬。

辛未：宜祭祀，平治道涂。

壬申：宜祭祀，破土安葬，不宜出行，移徙。

癸酉：宜祭祀，上官，进人口，沐浴疗病，捕捉，安葬。

甲戌：宜祭祀，疗病，坏垣破屋。

乙亥：宜进人口，沐浴疗病，安床。

丙子：宜上表章，结婚姻，会亲友，进人口，交易纳财，沐浴疗病，竖柱上梁，开渠穿井，安碓硙，栽种，牧养，不宜针刺。

丁丑：宜祭祀，纳财，置产室，栽种，捕捉，不宜移徙，针刺。

戊寅：宜上官，结婚姻，会亲友，进人口，出行，移徙，开市立券交易，修造动土，竖柱上梁，开渠穿井，安碓硙，栽种，牧养，不宜针刺。

己卯：宜祭祀，立券交易，裁衣，不宜移徙，针刺。

庚辰：宜祭祀，不宜针刺。

辛巳：宜会亲友，疗病，开市，扫舍宇，不宜出行。

壬午：宜会亲友，裁衣，经络，开市，剃头，破土安葬，不宜移徙。

癸未：宜平治道涂。

甲申：宜祭祀，进人口，沐浴，裁衣，修造动土，竖柱上梁，安碓硙，破土安葬。

乙酉：宜祭祀，进人口，纳财，沐浴疗病，捕捉，安葬，不宜移徙，动土。

丙戌：宜祭祀，疗病，坏垣破屋。

丁亥：宜栽种，不宜出行。

戊子：宜上官，上表章，结婚姻，进人口，裁衣，交易纳财，沐浴疗病，修造动土，竖柱上梁，开渠穿井，安碓硙，栽种，牧养，不宜出行移徙。

己丑：宜祭祀，捕捉。

庚寅：宜上官，结婚姻，会亲友，进人口，出行，移徙，开市立券交易，纳财，疗病，沐浴，修造动土，开渠穿井，安碓硙，栽种，牧养，不宜针刺。

辛卯：宜祭祀，立券交易，启欑，不宜移徙，针刺。

壬辰：宜出行，不宜动土。

癸巳：宜上官，会亲友，进人口，裁衣经络，开市，疗病，修造动土。

甲午：宜会亲友，裁衣，经络，开市，剃头，启欑。

乙未：宜祭祀，平治道涂，不宜出行。

丙申：宜祭祀，安葬动土，不宜出行，移徙。

丁酉：宜祭祀，上官，进人口，出行，移徙，沐浴疗病，栽种，牧养，捕捉，安葬，不宜动土。

戊戌：宜疗病，坏垣破土，不宜出行。

己亥：宜结婚姻，进人口，沐浴，安床，修造动土，裁衣，不宜出行。

庚子：宜上官，上表章，结婚姻，进人口，交易纳财，沐浴疗病，修造动土，竖柱上梁，安碓硙，牧养，破土，启欑。

辛丑：宜纳财，置产室，捕捉，不宜出行。

壬寅：宜上官，结婚姻，会亲友，进人口，出行，移徙，开市立券交易，修造动土，竖柱上梁，安碓硙，栽种，牧养，不宜针刺。

癸卯：宜立券交易，启欑，不宜针刺。

甲辰：不宜动土。

乙巳：宜祭祀，会亲友，疗病，不宜出行。

丙午：宜会亲友，出行，移徙，裁衣，经络，开市，剃头，栽种，牧养，破土安葬。

丁未：宜祭祀，平治道涂。

戊申：宜祭祀，进人口，沐浴，裁衣，修造动土，不宜出行，移徙。

己酉：宜祭祀，上官，进人口，裁衣，沐浴疗病，捕捉，不宜出行，移徙，动土。

庚戌：宜祭祀，疗病，坏垣破屋，不宜出行。

辛亥：宜结婚姻，会亲友，沐浴，安床。

壬子：宜上表章，上官，会亲友，进人口，交易纳财，沐浴疗病，修造动土，竖柱上梁，安碓硙，牧养，破土启攒，不宜出行，移徙。

癸丑：宜纳财，捕捉，不宜出行。

甲寅：宜上官，结婚姻，会亲友，进人口，出行移徙，开市，立券交易，栽种，牧养，启攒，不宜针刺。

乙卯：宜祭祀，立券交易，破土启攒，不宜出行，移徙，针刺。

丙辰：宜祭祀，出行，交易，不宜栽种，针刺，动土。

丁巳：宜祭祀，会亲友，进人口，移徙，开市，疗病，修造动土，扫舍宇，栽种，牧养，启攒，不宜针刺。

戊午：宜会亲友，剃头，经络，开市，不宜移徙。

己未：宜祭祀，平治道涂。

庚申：宜进人口，沐浴，裁衣，安碓硙，破土安葬。

辛酉：宜祭祀，进人口，沐浴，捕捉，破土安葬，不宜移徙，动土。

壬戌：宜疗病，坏垣破土，不宜出行。

癸亥：不宜出行。

四月

甲子：宜祭祀，会亲友，嫁娶，出行，安床，沐浴。

乙丑：宜祭祀，结婚姻，会亲友，进人口，入学，交易纳财，立券，修造动土，疗病，安碓硙，牧养，不宜出行移徙。

丙寅：宜栽种，捕捉。

丁卯：宜祭祀，结婚姻，会亲友，进人口，出行，入学，立券交易，纳财，疗病，修造动土，竖柱上梁，安碓硙，栽种，牧养，启攒，移徙。

戊辰：宜祭祀，交易，不宜出行，栽种，针刺。

己巳：不宜出行，动土。

庚午：宜上官，上表章，扫舍宇，疗病，破土安葬。

辛未：宜进人口，裁衣，经络，置产室。

壬申：不宜出行，针刺。

癸酉：宜祭祀，冠带，裁衣，沐浴剃头，修造动土，安碓硙，破土安葬。

甲戌：宜祭祀，上表章，结婚姻，会亲友，嫁娶，进人口，修造动土，捕捉，不宜出行。

乙亥：宜坏垣破屋，不宜出行。

丙子：宜出行，裁衣，安床，纳财，沐浴。

丁丑：宜结婚姻，会亲友，进人口，入学，交易纳财，疗病，修造动土，竖柱上梁，安碓硙，栽种，牧养，不宜出行移徙。

戊寅：宜栽种，捕捉。

己卯：宜祭祀，会亲友，上官，结婚姻，出行，入学，立券交易纳财，疗病，栽种，牧养，不宜移徙。

庚辰：宜祭祀，交易，不宜栽种，针刺。

辛巳：不宜出行，动土。

壬午：宜祭祀，上表章，上官，疗病，扫舍宇。

癸未：宜会亲友，进人口，裁衣，经络，置产室。

甲申：宜嫁娶，平治道涂，不宜针刺。

乙酉：宜祭祀，冠带，裁衣，沐浴剃头，修造动土，安碓硙，破土安葬，不宜移徙。

丙戌：宜祭祀，上表章，结婚姻，会亲友，进人口，嫁娶，捕捉，不宜出行，动土。

丁亥：宜祭祀，坏垣破屋，不宜出行。

戊子：宜嫁娶，出行，安床，沐浴，修造，动土，栽种，牧养。

己丑：宜祭祀，会亲友，交易纳财，疗病，不宜移徙动土。

庚寅：宜捕捉，不宜动土。

辛卯：宜祭祀，结婚姻，会亲友，出行，入学，立券交易，修造动土，竖柱上梁，安碓硙，栽种，牧养，启攒。

壬辰：宜交易，不宜栽种，针刺。

癸巳：不宜出行动土。

甲午：宜祭祀，上表章，上官，疗病，破土启攒，不宜出行。

乙未：宜进人口，经络，不宜栽种。

丙申：不宜针刺。

丁酉：宜祭祀，冠带，裁衣，沐浴，修造动土，安碓硙，破土安葬。

戊戌：宜会亲友，不宜出行。

己亥：宜坏垣破屋，不宜出行。

庚子：宜会亲友，出行，安床，沐浴，破土，启攒。

辛丑：宜祭祀，结婚姻，会亲友，进人口，入学，交易纳财，疗病，修造动土，安碓硙，栽种，牧养，不宜移徙。

壬寅：宜捕捉，不宜动土。

癸卯：宜结婚姻，会亲友，出行，入学，进人口，立券交易，疗病，修造动土，竖柱上梁，安碓硙，栽种，牧养，不宜移徙。

甲辰：宜交易，不宜栽种，针刺。

乙巳：宜祭祀，不宜出行，动土。

丙午：宜祭祀，上表章，上官，疗病。

丁未：宜进人口，裁衣，经络，不宜栽种。

戊申：宜平治道涂，不宜针刺。

己酉：宜祭祀，冠带，出行，裁衣，纳财，沐浴剃头，修造动土，安碓硙，栽种，牧养，破土安葬，不宜移徙。

庚戌：宜祭祀，上表章，结婚姻，会亲友，进人口，修造动土，捕捉。

辛亥：宜坏垣破屋，不宜出行。

壬子：宜会亲友，出行，安床，沐浴。

癸丑：宜结婚姻，会亲友，进人口，交易纳财，疗病，修造动土，竖柱上梁，安碓硙，栽种，牧养。

甲寅：宜捕捉，栽种。

乙卯：宜祭祀，会亲友，出行，入学，交易立券，疗病，修造动土，竖柱上梁，安碓硙，牧养，启攒。

丙辰：宜祭祀，裁衣，交易。

丁巳：宜祭祀，不宜出行，动土。

戊午：宜祭祀，上表章，上官，出行，疗病，修造动土，扫舍宇，栽种，牧养，不宜移徙。

己未：宜进人口，裁衣，经络，置产室，牧养。

庚申：宜平治道涂，不宜针刺。

辛酉：宜祭祀，冠带，裁衣，沐浴剃头，修造动土，安碓硙，破土安葬，不宜移徙。

壬戌：宜上表章，结婚姻，会亲友，进人口，修造动土，捕捉。

癸亥：宜祭祀，不宜出行。

五月

甲子：宜祭祀，疗病，坏垣破屋，不宜出行。

乙丑：宜祭祀，上表章，安床，修造动土。

丙寅：宜上官，结婚姻，会亲友，出行，入学，立券交易，疗病，修造动土，安碓硙，栽种，牧养，破土，启攒。

丁卯：宜祭祀，进人口，捕捉，不宜栽种，针刺。

戊辰：宜祭祀，上官，结婚姻，会亲友，进人口，出行移徙，纳财，入学，疗病，牧养，不宜动土。

己巳：宜裁衣，栽种，牧养，不宜出行，针刺。

庚午：不宜出行移徙，动土。

辛未：宜祭祀，结婚姻，会亲友，立券交易，修造动土，扫舍宇，不宜出行。

壬申：宜经络，开市，纳财，破土安葬，不宜出行。

癸酉：宜祭祀，嫁娶，剃头，平治道涂，不宜出行。

甲戌：宜祭祀，结婚姻，会亲友，嫁娶，冠带，修造动土，竖柱上梁，安碓硙，牧养。

乙亥，宜沐浴，捕捉。

丙子：宜疗病，坏垣破屋。

丁丑：宜祭祀，上表章，裁衣，安床，修造动土。

戊寅：宜上官，结婚姻，会亲友，出行，入学，立券交易，疗病，修造动土，安碓硙，置产室，栽种，牧养。

己卯：宜祭祀，进人口，捕捉，不宜栽种，针刺。

庚辰：宜祭祀，会亲友，疗病，不宜出行。

辛巳：不宜出行，针刺。

壬午：宜祭祀，不宜出行移徙，动土。

癸未：宜结婚姻，会亲友，立券交易，扫舍宇，不宜出行。

甲申：宜嫁娶，出行移徙，裁衣，经络，开市纳财，沐浴，破土安葬。

乙酉：宜祭祀，嫁娶，剃头，平治道涂，不宜出行移徙。

丙戌：宜祭祀，上官，结婚姻，会亲友，嫁娶，冠带，纳财，牧养。

丁亥：宜祭祀。

戊子：宜疗病，坏垣破屋，不宜移徙。

己丑：宜祭祀，不宜栽种，出行。

庚寅：宜结婚姻，会亲友，出行，入学，立券交易，疗病，修造动土，置产室，安碓硙，栽种，牧养，安葬破土，不宜移徙。

辛卯：宜祭祀，进人口，捕捉，不宜出行移徙，栽种，针刺。

壬辰：宜上表章，结婚姻，会亲友，进人口，入学，出行，疗病，修造动土，竖柱上梁，安碓硙，栽种，牧养。

癸巳：宜栽种，不宜出行，针刺。

甲午：宜祭祀，不宜出行移徙，动土。

乙未：宜祭祀，结婚姻，会亲友，立券交易，不宜出行。

丙申：宜经络，开市，纳财，破土安葬。

丁酉：宜祭祀，平治道涂，不宜出行。

戊戌：宜会亲友，纳财，不宜出行。

己亥：宜出行移徙，沐浴，修造动土，竖柱上梁，栽种，牧养，捕捉。

庚子：宜疗病，破屋坏垣。

辛丑：宜上表章，安床，修造动土。

壬寅：宜上表章，结婚姻，会亲友，出行，入学，立券交易，疗病，修造动土，置产室，安碓硙，栽种，牧养，破土安葬，不宜移徙。

癸卯：宜进人口，捕捉，不宜栽种，针刺。

甲辰：宜会亲友，疗病，不宜出行。

乙巳：不宜出行，针刺。

丙午：宜祭祀，不宜出行移徙，动土。

丁未：宜祭祀，结婚姻，会亲友，裁衣，立券交易。

戊申：宜移徙，纳财，裁衣，经络，开市，沐浴，栽种，牧养。

己酉：宜祭祀，剃头，栽种，平治道涂，不宜出行，捕捉。

庚戌：宜祭祀，结婚姻，会亲友，冠带，纳财，修造动土，竖柱上梁，安碓硙，栽种，牧养，不宜出行。

辛亥：宜会亲友，沐浴，修造动土，捕捉。

壬子：宜疗病，破屋坏垣，不宜出行移徙。

癸丑：宜安床，修造动土。

甲寅：宜结婚姻，会亲友，出行，入学，立券交易，疗病，修造动土，安碓

硙，栽种，牧养，置产室，破土，启攒，不宜移徙。

乙卯：宜祭祀，进人口，捕捉，不宜栽种，针刺。

丙辰：宜祭祀，上官，结婚姻，会亲友，进人口，出行，入学，疗病，修造动土，竖柱上梁，开渠穿井，安碓硙，栽种，牧养，不宜出行。

丁巳：宜裁衣，不宜出行，针刺。

戊午：宜祭祀，不宜出行移徙，动土。

己未：宜祭祀，结婚姻，会亲友，出行移徙，立券交易，修造动土，扫舍宇，栽种，牧养。

庚申：宜出行移徙，裁衣，开市纳财，沐浴，破土安葬。

辛酉：宜祭祀，剃头，平治道涂，不宜出行移徙。

壬戌：宜结婚姻，会亲友，冠带，修造动土，竖柱上梁，交易纳财，安碓硙，牧养。

癸亥：宜祭祀。

六月

甲子：宜祭祀，上表章，上官，沐浴，修造动土，捕捉，不宜移徙。

乙丑：宜祭祀，疗病，破屋坏垣。

丙寅：宜结婚姻，会亲友，进人口，安床，开市，立券交易，修造动土，破土启攒。

丁卯：宜祭祀，结婚姻，会亲友，进人口，立券，交易，疗病，修造动土，安碓硙，启攒，破土。

戊辰：宜祭祀，纳财，捕捉，不宜动土。

己巳：宜上官，结婚姻，进人口，裁衣，疗病，修造动土，竖柱上梁，开渠穿井，安碓硙，牧养，不宜出行。

庚午：宜立券交易，破土安葬，不宜出行，针刺。

辛未：宜祭祀，出行，不宜动土。

壬申：宜祭祀，疗病，破土安葬。

癸酉：宜嫁娶，裁衣，经络，开市，沐浴，牧养，破土安葬，不宜针刺。

甲戌：宜嫁娶，不宜动土。

乙亥：宜结婚姻，会亲友，进人口，裁衣，沐浴，修造动土，竖柱上梁，安碓碹，牧养。

丙子：宜上表章，上官，沐浴，修造动土，竖柱上梁，捕捉，破土，启欑，不宜移徙。

丁丑：宜祭祀，疗病，破屋坏垣。

戊寅：宜祭祀，结婚姻，会亲友，进人口，移徙出行，裁衣，安床，开市立券交易，修造动土，栽种，牧养。

己卯：宜祭祀，结婚姻，会亲友，进人口，出行，裁衣，立券交易，疗病，修造动土，安碓硙，栽种，牧养。

庚辰：宜祭祀，不宜出行。

辛巳：宜会亲友，疗病，纳财，不宜出行移徙，栽种。

壬午：宜祭祀，立券交易，破土安葬，不宜出行移徙，针刺。

癸未：宜出行，嫁娶，不宜动土。

甲申：宜祭祀，上官，进人口，嫁娶，开市，沐浴疗病，修造动土，扫舍宇，破土安葬。

乙酉：宜嫁娶，沐浴，裁衣，经络，开市纳财，牧养，破土安葬，不宜移徙，针刺。

丙戌：宜祭祀。

丁亥：宜祭祀，会亲友。

戊子：宜上表章，上官，出行，裁衣，沐浴，修造动土，捕捉。

己丑：宜祭祀，疗病，破屋坏垣。

庚寅：宜上表章，结婚姻，会亲友，进人口，安床，开市交易立券，修造动土，安葬，不宜出行。

辛卯：宜祭祀，结婚姻，会亲友，进人口，立券交易，疗病，修造动土，安碓硙，破土，启欑，不宜移徙。

壬辰：宜纳财，捕捉。

癸巳：宜上官，结婚姻，会亲友，进人口，疗病，牧养，不宜动土。

甲午：宜祭祀，立券交易，破土，启欑，不宜出行，针刺。

乙未：宜祭祀，出行，嫁娶。

丙申：宜祭祀，疗病，破土安葬，不宜出行。

丁酉：宜沐浴，裁衣，经络，开市，牧养，破土，安葬，不宜针刺。

戊戌：不宜动土。

己亥：宜上官，结婚姻，会亲友，进人口，出行移徙，裁衣，沐浴，修造，动土，安碓硙，栽种，牧养。

庚子：宜上表章，上官，沐浴，修造动土，捕捉，启欑。

辛丑：宜疗病，破屋坏垣。

壬寅：宜结婚姻，会亲友，进人口，安床，开市立券交易，修造动土，破土安葬。

癸卯：宜结婚姻，会亲友，进人口，立券交易，修造动土，安碓硙，破土，启欑。

甲辰：宜纳财。

乙巳：宜祭祀，会亲友，疗病，不宜出行移徙。

丙午：宜祭祀，立券交易，破土安葬，不宜出行，针刺。

丁未：宜祭祀，出行，不宜动土。

戊申：宜祭祀，移徙，裁衣，开市，沐浴疗病，修造动土，栽种，牧养。

己酉：宜沐浴，裁衣，经络，开市纳财，栽种，牧养，不宜移徙，针刺。

庚戌：宜祭祀，不宜动土。

辛亥：宜上官，结婚姻，会亲友，进人口，移徙，裁衣，纳财，沐浴，修造动土，竖柱上梁，安碓硙，牧养。

壬子：宜上表章，上官，沐浴，破土，启欑，不宜出行移徙。

癸丑：宜疗病，破屋坏垣。

甲寅：宜上官，结婚姻，会亲友，进人口，安床，开市立券交易，启欑。

乙卯：宜祭祀，会亲友，进人口，修造动土，立券交易，疗病，安碓硙，破土，启欑，不宜移徙。

丙辰：宜祭祀，纳财，捕捉。

丁巳：宜祭祀，上官，结婚姻，会亲友，进人口，安床，疗病，修造动土，开渠穿井，安碓硙，牧养。

戊午：宜祭祀，裁衣，立券交易纳财，牧养，不宜出行移徙，针刺。

己未：宜祭祀，出行，不宜动土。

庚申：宜上官，上表章，会亲友，进人口，开市，疗病，修造动土，置产室，扫舍宇，破土安葬。

辛酉：宜沐浴，裁衣，经络，开市纳财，牧养，破土安葬，不宜移徙，针刺。

壬戌：宜嫁娶，不宜动土。

癸亥：宜祭祀，会亲友，不宜出行。

七月

甲子：宜祭祀，上官，结婚姻，会亲友，冠带，裁衣，沐浴，修造动土，竖柱上梁，安碓硙。

乙丑：宜祭祀，结婚姻，会亲友，进人口，修造动土，牧养，捕捉。

丙寅：宜疗病，破屋坏垣。

丁卯：宜祭祀，结婚姻，会亲友，安床，交易，启欑。

戊辰：宜祭祀，结婚姻，会亲友，进人口，交易，入学，修造动土，安碓硙，牧养，不宜针刺，出行移徙。

己巳：宜进人口，剃头，捕捉，不宜栽种，针刺。

庚午：宜结婚姻，会亲友，出行，入学，裁衣，疗病，修造动土，开渠穿井，安碓础，牧养，栽种。

辛未：宜祭祀，不宜出行，栽种，针刺。

壬申：宜祭祀，不宜动土。

癸酉：宜祭祀，移徙，沐浴，修造动土，扫舍宇，牧养，破土安葬，不宜

出行。

甲戌：宜进人口，经络，开市交易纳财，栽种，牧养。

乙亥：宜平治道涂。

丙子：宜上官，会亲友，结婚姻，冠带，裁衣，沐浴，修造动土，竖柱上梁，安碓磑，破土，启欑。

丁丑：宜结婚姻，会亲友，祭祀，进人口，栽种，牧养，捕捉。

戊寅：宜疗病，破屋坏垣，不宜出行。

己卯：宜祭祀，结婚姻，会亲友，安床，交易，牧养，不宜移徙动土。

庚辰：宜祭祀，会亲友，交易，疗病，不宜出行，栽种，移徙，针刺。

辛巳：不宜出行。

壬午：宜祭祀，结婚姻，会亲友，嫁娶，出行，入学，纳财，疗病，修造动土，安碓硙，栽种，牧养。

癸未：宜嫁娶，不宜出行，栽种，针刺。

甲申：宜祭祀，出行，嫁娶，不宜动土。

乙酉：宜祭祀，沐浴，扫舍宇，破土安葬，不宜出行，移徙。

丙戌：宜进人口，裁衣，经络，开市交易，栽种，牧养。

丁亥：宜平治道涂。

戊子：宜上官，结婚姻，会亲友，冠带，裁衣，沐浴，修造动土，竖柱上梁，安碓硙，不宜移徙。

己丑：宜祭祀，捕捉，不宜移徙。

庚寅：宜疗病，破屋坏垣。

辛卯：宜祭祀，结婚姻，会亲友，安床，立券交易，置产室，启欑，不宜出行。

壬辰：宜结婚姻，会亲友，进人口，入学，交易，修造动土，安碓硙，不宜针刺。

癸巳：宜嫁娶，进人口，纳财，剃头，栽种，捕捉。

甲午：宜祭祀，结婚姻，会亲友，嫁娶，出行，入学，疗病，修造动土，开渠穿井，安碓硙，栽种，牧养。

乙未：宜祭祀，嫁娶，不宜出行，栽种，针刺。

丙申：宜祭祀，不宜动土。

丁酉：宜祭祀，沐浴，修造动土，破土安葬，不宜出行。

戊戌：宜栽种。

己亥：宜平治道涂，不宜出行。

庚子：宜上官，会亲友，冠带，裁衣，沐浴，修造动土，竖柱上梁，安碓硙。

辛丑：宜结婚姻，进人口，牧养，捕捉，不宜移徙动土。

壬寅：宜疗病，破屋坏垣。

癸卯：宜结婚姻，会亲友，出行移徙，安床，立券交易，牧养，启攒。

甲辰：宜会亲友，交易，不宜出行移徙，栽种，针刺。

乙巳：宜祭祀，不宜出行。

丙午：宜祭祀，结婚姻，会亲友，出行，入学，疗病，修造，动土，开渠穿井，安碓硙，栽种，牧养。

丁未：宜祭祀，不宜出行，栽种，针刺。

戊申：宜祭祀，不宜动土。

己酉：宜祭祀，沐浴，破土安葬，不宜出行移徙。

庚戌：宜会亲友，进人口，开市交易，纳财，栽种，牧养。

辛亥：宜平治道涂。

壬子：宜上官，结婚姻，会亲友，冠带，出行，裁衣，纳财，沐浴，修造动土，竖柱上梁，安碓硙，栽种，牧养，破土，启攒。

癸丑：宜结婚姻，会亲友，进人口，修造动土，栽种，牧养，捕捉。

甲寅：宜疗病，破屋坏垣。

乙卯：宜祭祀，结婚姻，会亲友，安床，立券交易，启攒。

丙辰：宜祭祀，结婚姻，会亲友，进人口，入学，疗病，交易，修造动土，安碓硙，牧养，不宜出行移徙，栽种，针刺。

丁巳：宜祭祀，进人口，纳财，捕捉。

戊午：宜祭祀，会亲友，嫁娶，出行，入学，疗病，修造动土，开渠穿井，安碓硙，栽种，牧养，不宜移徙。

己未：宜祭祀，不宜出行，栽种，针刺。

庚申：宜出行，不宜动土。

辛酉：宜祭祀，扫舍宇，破土安葬，不宜出行移徙，针刺。

壬戌：宜会亲友，进人口，出行，移徙，裁衣，经络，开市，交易，纳财，栽种，牧养。

癸亥：宜平治道涂。

八月

甲子：宜祭祀，平治道涂，不宜出行。

乙丑：宜祭祀，结婚姻，会亲友，裁衣，修造动土，竖柱上梁，安碓硙，牧养。

丙寅：宜上表章，会亲友，修造动土，捕捉，破土，启攒，不宜移徙。

丁卯：宜祭祀，疗病，破屋坏垣。

戊辰：宜祭祀，结婚姻，安床，立券，交易，不宜栽种。

己巳：宜结婚姻，剃头，入学，交易，纳财，疗病，修造动土，竖柱上梁，安碓硙，不宜出行。

庚午：宜进人口，捕捉，不宜出行，栽种。

辛未：宜祭祀，结婚姻，会亲友，出行，入学，裁衣，纳财，栽种，牧养。

壬申：宜破土安葬，不宜针刺。

癸酉：宜祭祀，出行，不宜动土。

甲戌：宜祭祀，上表章，修造动土，扫舍宇，栽种，不宜针刺。

乙亥：宜出行移徙，裁衣经络，开市，沐浴。

丙子：宜平治道涂，不宜出行。

丁丑：宜祭祀，结婚姻，会亲友，裁衣，修造动土，竖柱上梁，安碓硙，牧养。

戊寅：宜上表章，会亲友，修造动土，捕捉，不宜移徙。

己卯：宜祭祀，疗病，破屋坏垣，不宜出行。

庚辰：宜祭祀，立券交易，不宜栽种。

辛巳：宜会亲友，疗病，交易，不宜出行。

壬午：宜嫁娶，进人口，捕捉，不宜栽种。

癸未：宜结婚姻，会亲友，进人口，移徙，入学，纳财，栽种，牧养，不宜动土。

甲申：宜出行，嫁娶，沐浴，破土安葬，不宜针刺。

乙酉：宜祭祀，出行，不宜动土移徙。

丙戌：宜祭祀，修造动土，栽种，不宜出行，针刺。

丁亥：宜开市。

戊子：宜平治道涂，不宜出行移徙。

己丑：宜祭祀，会亲友。

庚寅：宜上表章，上官，会亲友，捕捉，破土安葬，不宜移徙。

辛卯：宜祭祀，疗病，破屋坏垣，不宜出行移徙。

壬辰：宜结婚姻，出行移徙，安床，立券交易，修造动土，栽种。

癸巳：宜祭祀，结婚姻，移徙，入学，交易纳财，剃头，疗病，修造动土，竖柱上梁，安碓硙，栽种，牧养。

甲午：宜祭祀，嫁娶，进人口，捕捉，不宜栽种。

乙未：宜祭祀，结婚姻，会亲友，进人口，入学，纳财，牧养。

丙申：宜破土安葬，不宜针刺。

丁酉：宜祭祀，出行，不宜动土。

戊戌：宜栽种，不宜针刺。

己亥：宜出行移徙，裁衣经络，开市，沐浴。

庚子：宜平治道涂，不宜出行。

辛丑：宜结婚姻，会亲友，裁衣，牧养，不宜出行动土。

壬寅：宜上表章，会亲友，出行，修造动土，栽种，牧养，捕捉，破土安葬，

不宜移徙。

癸卯：宜疗病，破屋坏垣，不宜出行移徙。

甲辰：宜交易，不宜栽种。

乙巳：宜祭祀，交易纳财，疗病，不宜出行。

丙午：宜祭祀，进人口，捕捉，不宜栽种。

丁未：宜祭祀，结婚姻，会亲友，进人口，入学，牧养，不宜动土。

戊申：宜沐浴，不宜针刺。

己酉：宜祭祀，出行，不宜动土。

庚戌：宜祭祀，上官，会亲友，修造动土，扫舍宇，栽种，不宜针刺。

辛亥：宜会亲友，出行移徙，裁衣，经络，沐浴。

壬子：宜栽种，平治道涂，不宜出行移徙。

癸丑：宜上官，结婚姻，会亲友，入学，移徙，裁衣，纳财，修造动土，竖柱上梁，安碓硙，栽种，牧养，不宜出行。

甲寅：宜上表章，会亲友，捕捉，破土，启欑，不宜移徙。

乙卯：宜祭祀，疗病，破屋坏垣，不宜出行移徙。

丙辰：宜祭祀，结婚姻，安床，立券，交易，纳财，栽种。

丁巳：宜祭祀，结婚姻，入学，交易，纳财，疗病，竖柱上梁，不宜出行。

戊午：宜祭祀，嫁娶，进人口，捕捉，不宜出行移徙，栽种。

己未：宜祭祀，结婚姻，进人口，入学，纳财，牧养，不宜动土。

庚申：宜出行，沐浴，破土安葬，不宜针刺，动土。

辛酉：宜祭祀，出行，不宜移徙动土。

壬戌：宜出行移徙，修造动土，栽种，不宜针刺。

癸亥：不宜出行。

九月

甲子：宜会亲友，进人口，裁衣，经络，开市，沐浴，不宜移徙。

乙丑：宜祭祀，平治道涂。

丙寅：宜结婚姻，会亲友，进人口，修造动土，安碓硙，破土，启攒，不宜出行移徙。

丁卯：宜祭祀，上表章，结婚姻，上官，修造动土，捕捉，启攒，不宜出行。

戊辰：宜祭祀，不宜出行动土。

己巳：宜结婚姻，进人口，安床，不宜出行，针刺。

庚午：宜上官，结婚姻，嫁娶，移徙，交易纳财，剃头，疗病，竖柱上梁，修造动土，安碓硙，牧养，安葬。

辛未：宜祭祀，嫁娶，纳财，捕捉。

壬申：宜祭祀，疗病，不宜出行。

癸酉：宜祭祀，沐浴，栽种，破土安葬，不宜针刺。

甲戌：宜祭祀，出行，不宜动土。

乙亥：宜上官，进人口，开市，沐浴疗病，扫舍宇。

丙子：宜会亲友，进人口，开市，沐浴，破土，启攒，经络。

丁丑：宜祭祀，平治道涂，不宜出行。

戊寅：宜结婚姻，会亲友，进人口，不宜出行移徙，栽种。

己卯：宜祭祀，上表章，修造动土，捕捉，不宜移徙。

庚辰：宜祭祀，破屋坏垣，不宜出行。

辛巳：宜会亲友，不宜出行，针刺。

壬午：宜祭祀，上表章，结婚姻，嫁娶，出行，交易纳财，剃头，疗病，修造动土，竖柱上梁，安碓硙，栽种，牧养，破土安葬，不宜移徙。

癸未：宜嫁娶，纳财，栽种，捕捉，不宜出行。

甲申：宜祭祀，上官，出行，进人口，移徙，沐浴疗病，修造动土，竖柱上梁，开渠穿井，安碓硙，栽种，牧养。

乙酉：宜祭祀，沐浴，破土安葬，不宜出行移徙，针刺。

丙戌：宜祭祀，出行，不宜动土。

丁亥：宜祭祀，疗病，开市，不宜动土。

戊子：宜会亲友，进人口，裁衣，经络，开市，沐浴，不宜动土。

己丑：宜祭祀，平治道涂。

庚寅：宜结婚姻，会亲友，进人口，裁衣，安碓硙，破土安葬。

辛卯：宜祭祀，上表章，上官，纳财，修造动土，竖柱上梁，捕捉，破土，启欑，不宜移徙。

壬辰：宜破屋坏垣，不宜出行。

癸巳：宜结婚姻，嫁娶，进人口，移徙，安床，修造动土，栽种，牧养，不宜出行，针刺。

甲午：宜祭祀，结婚姻，交易纳财，剃头，疗病，修造动土，竖柱上梁，安碓硙，牧养，破土，启欑。

乙未：宜祭祀，纳财，捕捉。

丙申：宜祭祀，疗病。

丁酉：宜祭祀，沐浴，破土安葬，不宜针刺。

戊戌：不宜动土。

己亥：宜上官，进人口，裁衣，开市，沐浴疗病，不宜动土。

庚子：宣会亲友，进人口，裁衣，开市，沐浴，启欑，不宜移徙。

辛丑：宜平治道涂。

壬寅：宜结婚姻，会亲友，进人口，裁衣，修造动土，安碓硙，牧养，破土安葬，不宜出行移徙。

癸卯：宜上官，出行移徙，修造动土，栽种，牧养，捕捉，破土，启欑。

甲辰：宜破屋坏垣，不宜出行。

乙巳：宜祭祀，不宜出行，针刺。

丙午：宜祭祀，上官，结婚姻，会亲友，交易纳财，剃头，疗病，修造动土，竖柱上梁，安碓硙，牧养，破土安葬。

丁未：宜祭祀，纳财，捕捉，不宜出行。

戊申：宜祭祀，上官，出行移徙，沐浴疗病，修造动土，开渠穿井，安碓硙，栽种，牧养。

己酉：宜祭祀，沐浴，裁衣，不宜出行移徙，针刺。

庚戌：宜祭祀，出行。

辛亥：宜上官，会亲友，进人口，沐浴疗病，扫舍宇。

壬子：宜会亲友，进人口，裁衣，经络，开市，沐浴，栽种，牧养，启欑。

癸丑：宜平治道涂。

甲寅：宜会亲友，进人口，裁衣，安碓硙，破土，启欑，不宜出行移徙。

乙卯：宜祭祀，上表章，捕捉，破土，启欑，不宜移徙。

丙辰：宜祭祀，破屋坏垣，不宜出行移徙。

丁巳：宜结婚姻，进人口，安床，修造动土，不宜出行，针刺。

戊午：宜祭祀，嫁娶，裁衣，交易纳财，剃头疗病，修造动土，竖柱上梁，安碓硙，牧养，不宜移徙。

己未：宜祭祀，纳财，捕捉。

庚申：宜上官，进人口，出行移徙，沐浴疗病，修造动土，竖柱上梁，开渠穿井，安碓硙，栽种，牧养。

辛酉：宜祭祀，沐浴，破土安葬，不宜出行移徙，针刺。

壬戌：宜出行，不宜动土。

癸亥：宜祭祀，不宜出行动土。

十月

甲子：宜祭祀，上官，出行移徙，沐浴疗病，修造动土，扫舍宇，栽种，牧养。

乙丑：宜会亲友，进人口，裁衣经络，开市，牧养，不宜栽种。

丙寅：宜平治道涂。

丁卯：宜祭祀，结婚姻，会亲友，冠带，裁衣，修造动土，安碓硙，破土，启欑。

戊辰：宜祭祀，上表章，结婚姻，会亲友，进人口，纳财，捕捉，不宜动土。

己巳：宜疗病，破屋坏垣，不宜出行。

庚午：宜结婚姻，嫁娶，安床，伐木，畋猎，破土安葬。

辛未：宜祭祀，结婚姻，会亲友，进人口，入学，交易纳财，修造动土，竖柱上梁，开渠穿井，安碓硙，栽种，牧养。

壬申：宜祭祀。

癸酉：宜祭祀，出行，入学，沐浴疗病，修造动土，竖柱上梁，开渠穿井，安碓硙，栽种，牧养。

甲戌：宜祭祀，置产室，不宜针刺。

乙亥：宜出行，不宜动土，针刺。

丙子：宜上官，出行，沐浴疗病，扫舍宇。

丁丑：宜会亲友，进人口，裁衣，经络，开市，不宜出行移徙，栽种。

戊寅：宜平治道涂，不宜出行。

己卯：宜祭祀，冠带，结婚姻，会亲友，嫁娶，裁衣，剃头，修造动土，安碓硙，不宜移徙。

庚辰：宜祭祀，会亲友，不宜出行动土。

辛巳：宜疗病，破屋坏垣，不宜出行。

壬午：宜祭祀，会亲友，嫁娶，裁衣，安床，伐木。

癸未：宜结婚姻，会亲友，进人口，入学，交易纳财，修造动土，安碓硙，栽种，牧养。

甲申：宜祭祀，捕捉畋猎。

乙酉：宜祭祀，上表章，上官，出行，入学，纳财，沐浴疗病，修造动土，竖柱上梁，开渠穿井，安碓硙，牧养。

丙戌：宜祭祀，不宜栽种，针刺。

丁亥：宜祭祀，不宜动土，栽种，针刺。

戊子：宜上官，出行，沐浴疗病，扫舍宇，不宜移徙。

己丑：宜会亲友，经络，开市，不宜出行移徙，栽种。

庚寅：宜嫁娶，平治道涂，不宜出行移徙。

辛卯：宜祭祀，结婚姻，会亲友，嫁娶，冠带，裁衣，剃头，修造动土，安碓硙，破土，启欑，不宜出行移徙。

壬辰：宜上表章，结婚姻，嫁娶，进人口，裁衣，捕捉畋猎，不宜动土。

癸巳：宜疗病，破屋坏垣，不宜出行。

甲午：宜祭祀，出行移徙，安床，修造动土，栽种，牧养，伐木，畋猎，破土，启欑。

乙未：宜祭祀，结婚姻，会亲友，进人口，移徙，入学，交易纳财，修造动土，竖柱上梁，安碓硙，牧养。

丙申：宜祭祀，不宜出行。

丁酉：宜祭祀，上表章，出行，入学，沐浴疗病，修造动土，竖柱上梁，开渠穿井，安碓硙，栽种，牧养。

戊戌：不宜出行，栽种，针刺。

己亥：宜出行，不宜动土，针刺。

庚子：宜上表章，上官，出行，沐浴，疗病，启欑。

辛丑：宜会亲友，进人口，裁衣，经络，开市，不宜栽种。

壬寅：宜嫁娶，平治道涂。

癸卯：宜结婚姻，会亲友，嫁娶，冠带，裁衣，剃头，修造动土，安碓础，破土，启欑。

甲辰：宜会亲友，不宜出行，动土。

乙巳：宜祭祀，疗病，破屋坏垣，不宜出行。

丙午：宜祭祀，安床，伐木，畋猎。

丁未：宜祭祀，结婚姻，会亲友，进人口，入学，交易纳财，修造动土，竖柱上梁，安碓硙，栽种，牧养。

戊申：宜祭祀，捕捉畋猎。

己酉：宜祭祀，上表章，冠带，入学，沐浴疗病，修造动土，竖柱上梁，开渠穿井，安碓硙，栽种，牧养，不宜出行。

庚戌：宜祭祀，不宜出行，动土，针刺。

辛亥：宜出行，不宜动土，针刺。

壬子：宜上官，会亲友，出行，裁衣，沐浴疗病，扫舍宇，不宜移徙。

癸丑：宜会亲友，进人口，裁衣，经络，开市，不宜栽种。

甲寅：宜栽种，平治道涂。

乙卯：宜祭祀，结婚姻，会亲友，冠带，裁衣，出行，纳财，修造动土，安碓硙，栽种，牧养。

丙辰：宜祭祀，上表章，结婚姻，进人口，捕捉畋猎，不宜动土。

丁巳：宜祭祀，破屋坏垣，不宜出行。

戊午：宜祭祀，安床，伐木，畋猎，不宜出行。

己未：宜祭祀，结婚姻，会亲友，进人口，入学，交易，修造动土，安碓硙，栽种，牧养。

庚申：宜捕捉畋猎。

辛酉：宜祭祀，上表章，出行，入学，沐浴疗病，修造动土，竖柱上梁，开渠穿井，安碓硙，栽种，牧养。

壬戌：宜置产室，不宜出行，栽种，针刺。

癸亥：宜祭祀，不宜出行，动土，针刺。

十一月

甲子：宜祭祀，不宜出行移徙，动土。

乙丑：宜祭祀，结婚姻，会亲友，进人口，出行移徙，立券交易，疗病，修造动土，扫舍宇，牧养。

丙寅：宜会亲友，出行，经络，开市立券，交易纳财，破土，启攒，不宜移徙。

丁卯：宜祭祀，平治道涂，不宜出行。

戊辰：宜祭祀，结婚姻，会亲友，进人口，冠带，裁衣，纳财，修造动土，竖柱上梁，安碓硙，牧养。

己巳：宜修造动土，不宜出行。

庚午：宜疗病，破屋坏垣，不宜针刺。

辛未：宜祭祀，安床，伐木畋猎，不宜动土。

壬申：宜祭祀，疗病，破土安葬。

癸酉：宜祭祀，进人口，纳财，栽种，捕捉牧养。

甲戌：宜祭祀，结婚姻，会亲友，移徙，入学，纳财，修造动土，竖柱上梁，开渠穿井，安碓硙，牧养。

乙亥：宜沐浴，裁衣，牧养，不宜针刺。

丙子：不宜出行移徙，动土。

丁丑：宜祭祀，结婚姻，会亲友，进人口，立券交易，疗病，修造动土，扫舍宇。

戊寅：宜会亲友，出行，裁衣，修造动土，经络，开市交易，立券纳财，不宜移徙。

己卯：宜祭祀，剃头，平治道涂，不宜出行移徙。

庚辰：宜祭祀，会亲友，纳财。

辛巳：宜会亲友，不宜出行。

壬午：宜破屋坏垣，不宜移徙，针刺。

癸未：宜裁衣，安床，伐木，不宜栽种。

甲申：宜祭祀，上官，出行移徙，入学，沐浴疗病，牧养，伐木，破土安葬。

乙酉：宜祭祀，进人口，纳财，捕捉畋猎。

丙戌：宜祭祀，上表章，结婚姻，会亲友，入学，修造动土，开渠穿井，安碓硙，栽种，牧养。

丁亥：不宜针刺。

戊子：不宜出行移徙，动土。

己丑：宜祭祀，会亲友，立券交易，疗病。

庚寅：宜祭祀，会亲友，出行，裁衣，修造动土，开市立券，交易纳财，破土安葬。

辛卯：宜祭祀，剃头，平治道涂，不宜出行移徙。

壬辰：宜上官，结婚姻，会亲友，嫁娶，冠带，进人口，裁衣，纳财，牧养，不宜动土。

癸巳：宜裁衣，置产室，捕捉畋猎。

甲午：宜祭祀，疗病，破屋坏垣。

乙未：宜祭祀，出行，安床，修造动土，伐木畋猎。

丙申：宜祭祀，疗病，破土安葬。

丁酉：宜祭祀，进人口，纳财，捕捉畋猎，栽种。

戊戌：宜会亲友，不宜出行。

己亥：宜沐浴，裁衣，不宜出行，针刺。

庚子：不宜出行移徙，动土。

辛丑：宜结婚姻，会亲友，进人口，立券交易，疗病，修造动土。

壬寅：宜会亲友经络，开市，立券，交易，纳财，破土安葬，不宜移徙。

癸卯：不宜出行。

甲辰：宜会亲友，纳财。

乙巳：宜祭祀，不宜出行。

丙午：宜破屋坏垣，不宜针刺。

丁未：宜祭祀，安床，修造动土，伐木畋猎，不宜出行。

戊申：宜祭祀，沐浴疗病，入学牧养，伐木，不宜动土。

己酉：宜祭祀，进人口纳财，栽种，捕捉。

庚戌：宜祭祀，结婚姻，会亲友，入学，修造动土，开渠穿井，安碓硙，栽种，牧养，不宜出行。

辛亥：宜沐浴，裁衣，不宜针刺。

壬子：不宜出行，移徙，动土。

癸丑：宜结婚姻，会亲友，进人口，裁衣，立券交易，疗病，修造动土，扫舍宇。

甲寅：宜会亲友，出行经络，开市，立券交易纳财，栽种，牧养，破土，启攒。

乙卯：宜祭祀，剃头，平治道涂，不宜出行移徙。

丙辰：宜祭祀，结婚姻，会亲友，进人口，冠带，裁衣，纳财，修造动土，竖柱上梁安碓硙，牧养。

丁巳：宜祭祀，捕捉畋猎。

戊午：宜祭祀，疗病，破屋坏垣，不宜移徙。

己未：宜祭祀，安床，伐木畋猎，不宜栽种。

庚申：宜沐浴疗病，入学，牧养，伐木，破土安葬。

辛酉：宜祭祀，进人口，纳财，捕捉畋猎，不宜移徙动土。

壬戌：宜结婚姻，会亲友，入学，修造动土，安碓硙，栽种，牧养，不宜出行。

癸亥：不宜出行，针刺。

十二月

甲子：宜祭祀，立券交易，牧养，不宜移徙动土，针刺。

乙丑：宜祭祀，不宜出行，动土。

丙寅：宜上官，会亲友，嫁娶，进人口，立券交易，疗病，修造动土，扫舍宇，破土，启攒。

丁卯：宜会亲友，嫁娶，进人口，裁衣，经络，开市立券，交易纳财，牧养，破土，启攒。

戊辰：宜祭祀，不宜动土。

己巳：宜上官，结婚姻，会亲友，进人口，裁衣，修造动土，竖柱上梁，安碓硙，牧养。

庚午：宜上官，上表章，剃头，修造动土，伐木，捕捉畋猎，破土安葬。

辛未：宜祭祀，破屋坏垣。

壬申：宜开市，破土安葬。

癸酉：宜祭祀，沐浴疗病。

甲戌：宜祭祀，纳财，栽种，捕捉。

乙亥：宜上官，结婚姻，会亲友，进人口，沐浴疗病，修造动土，竖柱上梁，开渠穿井，安碓硙，牧养。

丙子：宜沐浴，立券交易，启欑，不宜移徙，针刺。

丁丑：宜祭祀，不宜出行。

戊寅：宜上官，会亲友，进人口，立券，疗病，扫舍宇，不宜出行。

己卯：宜会亲友，嫁娶，进人口，经络，开市立券，交易纳财，牧养。

庚辰：宜祭祀，平治道涂。

辛巳：宜会亲友，不宜出行，栽种。

壬午：宜祭祀，上表章，上官，剃头，修造动土，伐木，捕捉，破土安葬，不宜移徙。

癸未：宜破屋坏垣。

甲申：宜上表章，上官，冠带，进人口，出行移徙，开市，沐浴，修造动土，栽种，牧养，伐木，畋猎捕捉，破土安葬。

乙酉：宜祭祀，沐浴疗病，牧养，破土安葬，不宜出行移徙。

丙戌：宜祭祀，纳财，捕捉畋猎。

丁亥：宜祭祀，会亲友，疗病，不宜出行移徙，栽种。

戊子：宜沐浴，裁衣，立券交易，不宜出行移徙，动土，针刺。

己丑：宜祭祀，不宜出行。

庚寅：宜上官，会亲友，嫁娶，进人口，立券交易，疗病，修造动土，扫舍宇，破土安葬。

辛卯：宜会亲友，嫁娶，进人口，经络，开市立券，交易纳财，裁衣，牧养，破土，启欑。

壬辰：宜平治道涂。

癸巳：宜上官，会亲友，结婚姻，进人口，裁衣，修造动土，竖柱上梁，安碓硙，牧养，不宜出行。

甲午：宜祭祀，上表章，上官，出行移徙，剃头，修造动土，栽种，伐木，捕捉畋猎，破土，启欑。

乙未：宜祭祀，破屋坏垣。

丙申：宜开市。

丁酉：宜祭祀，沐浴疗病，破土安葬，不宜出行。

戊戌：宜纳财。

己亥：宜上官，结婚姻，会亲友，进人口，裁衣，沐浴疗病，牧养，不宜出行移徙。

庚子：宜沐浴，立券，启攒，不宜移徙动土，针刺。

辛丑：不宜出行。

壬寅：宜上官，会亲友，进人口，立券交易，疗病，破土安葬。

癸卯：宜会亲友，进人口，开市立券，交易纳财，裁衣，经络，牧养，破土，启攒，不宜出行。

甲辰：宜平治道涂。

乙巳：宜祭祀，会亲友，不宜出行，栽种。

丙午：宜祭祀，上表章，上官，剃头，伐木，捕捉畋猎，破土安葬，不宜出行。

丁未：宜祭祀，破屋坏垣，不宜出行。

戊申：宜进人口，裁衣，开市，修造动土，沐浴，伐木，畋猎。

己酉：宜祭祀，裁衣，沐浴疗病，安碓硙，不宜移徙。

庚戌：宜祭祀，纳财，捕捉，不宜出行。

辛亥：宜上官，结婚姻，会亲友，进人口，纳财，沐浴疗病，修造动土，竖柱上梁，开渠穿井，安碓硙，置产室，牧养。

壬子：宜沐浴，立券交易，启攒，不宜移徙，针刺。

癸丑：不宜出行动土。

甲寅：宜上表章，上官，会亲友，进人口，移徙，立券交易，疗病，修造动土，扫舍宇，栽种，牧养，破土，启攒，不宜出行。

乙卯：宜会亲友，进人口，出行移徙，立券，裁衣，经络，开市交易，纳财，牧养，破土，启攒。

丙辰：宜祭祀，嫁娶，平治道涂。

丁巳：宜祭祀，上官，结婚姻，会亲友，进人口，安碓硙，牧养，不宜出行，

栽种。

戊午：宜上章，上官，剃头，修造动土，伐木，捕捉畋猎，不宜移徙。

己未：宜祭祀，破屋坏垣。

庚申：宜上官，进人口，沐浴，开市，修造动土，伐木，畋猎捕捉，破土安葬，不宜移徙。

辛酉：宜祭祀，沐浴疗病，修造动土，安碓硙，破土安葬，不宜移徙。

壬戌：宜纳财，捕捉畋猎。

癸亥：宜祭祀，会亲友，疗病，不宜出行移徙。

第六章　选择总论与选择艺文

选择总论

王充《论衡》

辨祟篇

世俗信祸祟，以为人之疾病死亡，及更患被罪戮辱欢笑，皆有所犯。起功、移徙、祭祀、丧葬、行作、入官、嫁娶，不择吉日，不避岁月，触鬼逢神，忌时相害，故发病生祸，絓法入罪，至于死亡，殚家灭门，皆不重慎，犯触忌讳之所致也。如实论之，乃妄言也。

凡人在世，不能不作事，作事之后，不能不有吉凶。见吉则指以为前时择日之福，见凶则刺以为往者触忌之祸。多或择日而得祸，触忌而获福。工伎射事者，欲遂其术，见祸忌而不言，闻福匿而不达，积祸以惊不慎，列福以勉畏时。故世人无愚智、贤不肖、人君布衣，皆畏惧信向，不敢抵犯。归之久远，莫不分明，以为天地之书，贤圣之术也。人君惜其官，人民爱其身，相随信之，不复狐疑。故人君兴事，工伎满阁；人民有为，触伤问时。奸书伪文，由此滋生。巧慧生意，作知求利，惊惑愚暗，渔富偷贫，愈非古法度圣人之至意也。

圣人举事，先定于义，义已定立，决以卜筮，示不专己，明举鬼神，同意共指，欲令众下信用不疑。故《书》列七卜，《易》载八卦，从之未必有福，违之未必有祸。然而祸福之至，时也；死生之到，命也。人命悬于天，吉凶存于时。命穷

操行善，天不能续；命长操行恶，天不能夺。天，百神主也。道德仁义，天之道也；战栗恐惧，天之心也。废道灭德，贱天之道；嶮隘恣睢，悖天之意。世间不行道德，莫过桀、纣；妄行不轨，莫过幽、厉。桀、纣不早死，幽、厉不夭折。由此言之，逢福获喜，不在择日避时；涉患丽祸，不在触岁犯月，明矣。孔子曰："死生有命，富贵在天。"苟有时日，诚有祸祟，圣人何惜不言？何畏不说？按古图籍，仕者安危，千君万臣，其得失吉凶，官位高下，位禄降升，各有差品；家人治产，贫富息耗，寿命长短，各有远近。非高大尊贵举事以吉日，下小卑贱以凶时也。以此论之，则亦知祸福死生，不在遭逢吉祥、触犯凶忌也。然则人之生也，精气育也；人之死者，命穷绝也。人之生未必得吉逢喜，其死独何为谓之犯凶触忌？以孔子证之，以死生论之，则亦知夫百祸千凶，非动作之所致也。孔子圣人，知府也。死生，大事也。大事，道效也。孔子云："死生有命，富贵在天。"众文微言不能夺，俗人愚夫不能易，明矣。人之于世，祸福有命；人之操行，亦自致之。其居安无为，祸福自至，命也；其作事起功，吉凶至身，人也。人之疾病，希有不由风湿与饮食者，当风卧湿，握钱问祟，饱饭餍食，斋精解祸。而病不治，谓祟不得；命自绝，谓筮不审。俗人之知也。

夫倮虫三百六十，人为之长。人，物也，万物之中有智慧者也。其受命于天，禀气于元，与物无异。鸟有巢栖，兽有窟穴，虫鱼介鳞各有区处，犹人之有室宅楼台也。能行之物，死伤病困，小大相害，或人捕取以给口腹，非作窠穿穴有所触，东西行徙有所犯也。人有死生，物亦有终始；人有起居，物亦有动作。血脉首足，耳目鼻口，与人不别，惟好恶与人不同。故人不晓其音，不见其指耳。及其游于党类，接于同品，其知去就，与人无异。共天同地，并仰日月，而鬼神之祸，独加于人，不加于物，未晓其故也。天地之性，人为贵，岂天祸为贵者作，不为贱者设哉！何其性类同而祸患别也。

刑不上大夫，圣王于贵者阔也，圣王刑贱不罚贵，鬼神祸贵不殃贱，非《易》所谓大人与鬼神合其吉凶也。我有所犯，抵触县官，罗丽刑法，不曰过所致，而曰家有负；居处不慎，饮食过节，不曰失调和，而曰徒触时；死者累属，葬棺至十，不曰气相污，而曰葬日凶。有事归之有犯，无为归之所居。居衰宅耗，蜚凶流尸，集人室居，又祷先祖，寝祸遗殃。疾病不请医，更患不修行，动归于祸，名曰犯触，用知浅略，原事不实，俗人之材也。犹系罪司空作徒，未必到吏日恶，系役时凶也。使杀人者，求吉日出，诣吏剬罪，推善时入狱系，宁能令事解赦令至哉！人不触祸，不被罪，不入狱，一旦令至，解械径出，未必有解除其凶者也；天下千狱，狱中万囚，其举事未必触忌讳也；居位食禄，专城长邑，以千万数，其迁徙日未必逢吉时也；历阳之都，一夕沉而为湖，其民未必皆犯岁月也；高祖始起，丰沛俱复，其民未必皆慎时日也；项羽攻襄安，襄安无噍类未必不祷赛也；赵军为秦所坑于长平之下，四十万众同时俱死，其出家时未必不择时也；辰日不哭，哭有重丧。戊己死者，复尸有随。一家灭门，先死之日，未必辰与戊己也。血忌不杀牲，屠肆不多祸；上朔不会众，沽舍不触殃。涂上之暴尸，未必出以往亡；室中之殡棺，未必还以归忌。由此言之，诸占射祸祟者，皆不可信用。信用之者，皆不可是。

夫使食口十人，居一宅之中，不动鑁锤，不更居处，祠祀嫁娶，皆择吉日，从春至冬，不犯忌讳，则夫十人比至百年，能不死乎？占射事者必将复曰："宅有盛衰，若岁破直符，不知避也。"夫如是，令数问工伎之家，宅盛即留，衰则避之，及岁破直符，辄举家移，比至百年，能不死乎？占射事者必将复曰："移徒触时，往来不吉。"夫如是，复令辄问工伎之家，可徙则往，可还则来，比至百年，能不死乎？占射事者必将复曰："泊命寿极。"夫如是，人之死生，竟自有命，非触岁月之所致，无负凶忌之所为也。

选择艺文

折滞论

(唐) 卢藏用

藏用常以俗多拘忌，有乖至理，乃著《折滞论》，以畅其事。词曰：客曰：

"天道元微，鬼神幽化，圣人所以法象，众庶由其运行。是故太昊造甲子，容城著律历，黄公裁变，元女启谟，八门御时，六神直事。从之者，则家强国富；违之者，则辅弱朝危。有同影响，若合符契，先生亦尝闻之乎？"主人曰："何为其然也？子所谓曲学所习，儒儒所守，徒识偏方之小说，未究大道之通论。盖《易》曰'先天不违'，《传》称'人神之主'，范围不过，三才所以虚中；进退非邪，百王所以无外。故曰：'国之将兴听于人，将亡听于神。'又曰：'祸福无门，唯人所召。人无衅焉，妖不自作。'由是观之，得失兴亡，并关人事；吉凶悔吝，无涉天时。且皇天无亲，惟德是辅。为善者，天降之福；不善者，天降之殃。高宗修德，桑谷以变；宋君引过，法星退舍。此天道所以从人者也。古之为政者，刑狱不滥则人寿，赋敛蠲减则人富，法令有恒则国静，赏罚得中则兵强。所以礼者士之所归，赏者士之所死。礼赏不倦，则士争先赴。苟违此途，虽卜时行刑，择日出令，必无成功矣。自季代迂讹，俗多侥幸，竞称怪力，争胜诡言，屈政教而就孤虚，弃信实而从推步。附会前史，变易旧经。依托空文，以为征验。覆军败将者，则隐秘无闻；偶同幸中者，则共相崇饰。岂惟听之增惑，亦乃学人自是。呜呼！时俗讹谬，一至此焉。夫甲子兴师，非成功之日；往亡用事，异制胜之时。苟修其德，何往不济？夫环城自守，接阵重围，无关地形，不乖天道，若兵强将智，粟积城坚，虽复屡转魁罡，频移太岁，坐推白武，行计贪狼，自符鸡斗之祥，多贻蚁附之困。故曰：'任贤使能，则不时日而事利；法审令正，则不卜筮而事吉；养劳贵功，则不祷祀而得福。'此所谓天时不如地利，地利不如人和。故太公犯雨，逆天时也；韩信背水，乖地利也。并存人事，俱成大业。削树而斩庞涓，举火而屠张郃，未必暗同岁德，冥会日游，俱运三门，并占四杀。社邮齿剑，抑惟计沮；垓下悲歌，实阶刓印。若以并资厌胜，不事良图，则长平尽坑，固须恒济；襄城无噍，亦可常保。是知拘而多忌，终丧大功；百姓与能，必违小数。金鸡树上，方为楚国之殃；高毕枕中，适构淮南之祸。刻符止盗，反更亡身。被发邀神，翻招夷族。吁嗟！威斗厌兵，不禳赤伏之运；筑城断冈，何救素灵之哭？火灾不验，禅灶无力以窥天；超乘阶凶，王孙取监于观德。九征九变，是曰长途；人谋鬼谋，良归有道。此并经史陈迹，圣贤通规，人远乎哉！讵宜滞执？"客乃蹙然避席曰："鄙人困蒙，不阶至道，

请事斯语，归于正途。而今而后，方焚蓍龟，毁律历，废六合，斥五行，浩然清虑，则将奚若？”答曰：“此所谓过犹不及也。夫甲子所以纪日月，律历所以通岁时，金木所以备法象，龟蓍所以前人用。圣人以是神明德行，辅助谋猷。存之则叶赞成功，执之则凝滞于物。消息之理，其在兹乎？”客于是循墙匍匐，帖然无气，口暗心醉，不知所以答矣。

第七章　选择纪事与选择杂录

选择纪事

《吴越春秋》：吴王将伐齐，伍子胥闻之，谏曰："臣闻兴十万之众，奉师千里，百姓之费，国家之出，日数千金。不念士民之死，而争一日之胜，臣以为危国亡身之甚。且与贼居，不知其祸，外复求怨，侥幸他国，犹治救瘑疥而弃心腹之疾，发当死矣。瘑疥，皮肤，皮肤之疾不足患也。今齐陵迟千里之外，更历楚赵之界，齐为疾其疥耳，越之卒病乃心腹也。不发则伤，动则有死，愿大王定越而后图齐。臣之言决矣，敢不尽忠。臣今年老耳，目不聪，以狂惑之心，无能益国，窃观《金匮第八》，其可伤也。"吴王曰："何谓也？"子胥曰："今年七月辛亥，平旦，大王以首事辛岁位也，亥阴前之辰也，合壬子岁前合也，利以行武，武决胜矣。然德在合斗击丑。丑，辛之本也。大吉为白虎而临辛，功曹为太常所临亥，大吉得辛为九丑，又与白虎并重。有人若以此首事，前虽小胜，后必大败，天地行殃，祸不久矣。"吴王不听，遂九月使太宰嚭伐齐。

吴王登临高望，见越王及夫人、范蠡坐于马粪之旁，君臣之礼存，夫妇之仪具。王顾谓太宰嚭曰："彼越王者，一节之人，范蠡一介之士，虽在穷厄之地，不失君臣之礼，寡人伤之。"太宰嚭曰："愿大王以圣人之心哀穷孤之士。"吴王曰："为子久赦之。"后三月，乃择吉日而欲赦之，召太宰嚭谋曰："越之于吴同土连域，勾践愚黠，亲欲为贼，寡人承天之神灵，前王之遗德，诛讨越寇，囚之石室，寡人心不忍见而欲赦之，于子奈何？"太宰嚭曰："臣闻无德不复，大王垂仁恩加越，越岂敢不报哉！愿大王卒意。"越王闻之，召范蠡告之曰："孤闻于外，心独喜之，又恐其不卒也。”范蠡曰：“大王安心。事将有意，在玉门第一。今年十二月，戊寅之月，时加日出。戊，囚日也。寅，阴后之辰也。合庚辰岁后会也。夫以戊寅日闻喜，不以其罪罚日也。时加卯而贼戊，功曹为螣蛇而临戊，谋利事在青龙，青龙在胜光而临酉，死气也，而克寅。是时克其日，用又助之，所求之事，上下有忧。此其非天网四张，万物尽伤者乎。王何喜焉。”果子胥谏吴王曰：“昔桀囚汤而不诛，纣囚文王而不杀。天道还反，祸转成福。故夏为汤所诛，殷为周所灭。今大王既囚越君而不行诛，臣谓大王惑之深也，得无夏殷之患乎？”吴王遂召越王，久之不见。

吴王许勾践国，子胥入谏曰：“虎之卑势，将有以击也；狸之卑身，将求所取也。雉以眩移，拘于纲鱼，以有悦死于饵。且大王初临政，负玉门之第九，诫事之败，无咎矣。今年三月甲戌，时加鸡鸣。甲戌，岁位之会将也。青龙在酉，德在土，刑在金，是日贼其德也。知父将有不顺之子，君有逆节之臣，大王以越王归吴为义，以饮溲食恶为慈，以虚府库为仁，是故为无爱于人，其不可亲。面听貌观，以存其身。今越王入臣于吴，是其谋深也。虚其府库，不见恨色，是欺我王也。下饮王之溲者，是上食王之心也。下尝王之恶者，是上食王之肝也。大哉！越王之崇吴，吴将为所擒也。惟大王留意察之，臣不敢逃死，以负前王。一旦社稷丘墟，宗庙荆棘，其悔可追乎？”吴王曰：“相国置之，勿复言矣。寡人不忍复闻于是。”遂赦越王归国。

越王勾践臣吴至归越，勾践七年也，百姓拜之于道曰：“君王独无苦矣。今王受天之福，复于越国，霸王之迹，自斯而起。”王曰：“寡人不德，天教无德于民，今劳万姓拥于歧路，将何德化以报国人。”顾谓范蠡曰：“今十有二月己巳之日，时加禺中，孤欲以此到国，何如？”蠡曰：“大王且留以臣卜日。”于是范蠡进曰：“异哉！大王之择日也，王当疾趋，车驰人走。”越王策马飞舆，遂复宫阙。吴封地百里于越，东至炭渎，西止周宗，南造于山，北薄于海。

越王召相国范蠡、大夫种、大夫郢，问曰：“孤欲以今日上明堂，临国政，耑恩致令，以抚百姓，何日可矣？惟三圣纪纲维持。”范蠡曰：“今日丙午日。丙，阳将也，是日吉矣。又因良时，臣愚以为可。无始有终，得天下之中。”大夫种曰：

"前车已覆，后车必戒，愿王深察。"范蠡曰："夫子故不一二见也，吾王今以丙午复初临政，解救其本，是一宜。夫金制始而火救其终，是二宜。蓄金之忧转而及水，是三宜。君臣有差，不失其理，是四宜。王相俱起，天下立矣，是五宜。臣愿急升明堂临政。"

勾践已灭吴，范蠡以乘扁舟，出三江，入五湖，莫知其所适。范蠡既去，越王愀然变色，召大夫种曰："蠡可追乎?"种曰："不及也。"王曰："奈何?"种曰："蠡去时阴画六，阳画三，日前之神，莫能制者。元武天空威行，孰敢止者？度天关，涉天梁，后入天乙。前翳神光，言之者死，视之者狂。臣愿大王勿复追也，蠡终不还矣。"越王乃收其妻子，封百里之地，有敢侵之者，上天所殃。于是越王乃使良工铸金象范蠡之形，置之坐侧，朝夕论政。

《汉书·王莽传》：莽性好时日小数，及事急迫，亶为厌胜，遣使坏渭陵延陵园门罘罳，曰："毋使民复思也。"又以墨污色其周垣，号将军曰："岁宿"，申水为"助将军"，右庚"刻木校尉"，前丙"耀金都尉"。又曰："执大斧，伐枯木。流大水，灭发火"。如此属不可胜记。

《晋书·戴洋传》：元帝将登祚，使洋择日。洋以为宜用三月二十四日景午。太史令陈卓奏用二十二日，言昔越王用甲辰三月反国。范蠡称在阳之前，当主尽出，上下尽空，德将出游，刑入中宫，今与此同。洋曰：越王为吴所囚，虽当时逊媚，实怀怨愤，蠡故用甲辰乘德，而归留刑吴宫。今大王内无含咎，外无怨愤，当承天洪命，纳祚无穷，何为追越王"去国留殃"故事邪？乃从之。祖约表洋为下邑长，时梁国人反逐太守袁晏。梁城峻崄，约欲讨之而未决。洋曰：贼以八月辛酉日反，日辰俱王，率德在南方，酉受自刑，梁在谯北，乘德伐刑，贼必破亡。又甲子日东风而雷西行，谯在东南，雷在军前，为军驱除。昔吴伐关羽，天雷在前，周瑜拜贺，今与往同，故知必克。约从之，果平梁城。

《沮渠蒙逊载记》：太史令张衍言于蒙逊曰："今岁临泽城西，当有破兵。"蒙逊乃遣其世子政德，屯兵若厚坞。蒙逊西至白岸，谓张衍曰："吾今年当有所定，但太岁在申，月又建申，未可西行。且当南巡，要其归会，主而勿客，以顺天心。计在临机，慎勿露也。遂攻浩亹，而蛇盘于帐前。蒙逊笑曰：前一为螣蛇，今盘在吾帐，天意欲吾回师，先定酒泉。”烧攻具而还，次于川岩。闻李士业征兵，欲攻张掖。蒙逊曰：“入吾计矣。但恐闻吾回军，不敢前也。兵事尚权。”乃露布西境称，得浩亹，将进军黄谷。士业闻而大悦，进入都渎涧。蒙逊潜军逆之，败士业于坏城，遂进克酒泉。百姓安堵如故，军无私焉。以子茂虔为酒泉太守，士业旧臣皆随才擢叙。

《魏书太祖本纪》：皇始二年九月，贺驎出寇新市。甲子晦，帝进军讨之。太史令晁崇奏曰：“不吉。”帝曰：“其义云何？”对曰：“昔纣以甲子亡，兵家忌之。”帝曰：“纣以甲子亡，周武不以甲子胜乎？”崇无以对。冬十月丙寅，帝进军新市，贺驎退阻泒水，依渐洳泽以自固。甲戌，帝临其营，战于义台坞，大破之，斩首九千余级。贺驎单马走西山，遂奔邺，慕容德杀之。

《殷绍传》：绍以艺术为恭宗所知，太安四年上《四序堪舆表》曰：历观时俗，堪舆八会。经世已久，传写谬误。吉凶禁忌，不能备悉。或考良日，而值恶会。举吉用凶，多逢殃咎。臣前奉景穆诏，敕谨审先所见《四序》经文，抄撮要略。当世所须吉凶举动，集成一卷。上至天子，下及庶人，又贵贱阶级，尊卑差别，吉凶所用，罔不毕备。谨以上闻。事若可施，乞即班用。其《四序堪舆》，遂大行于世。

《隋书・庾季才传》：高祖为丞相，尝夜召季才而问曰：“吾以庸虚，受兹顾命。天时人事，卿以为何如？”季才曰：“天道精微，难可意察。切以人事卜之，符兆以定。季才纵言不可，公岂复得为箕、颍之事乎？”高祖默然久之，因举首曰：“吾今譬犹骑兽，诚不得下矣。”因赐杂彩五十匹，绢二百段，曰：“愧公此意，宜善为思之。”大定元年正月，季才言曰：“今月戊戌平旦，青气如楼阙，见于国城之上。俄而变紫，逆风西行。《气经》云：‘天不能无云而雨，皇王不能无气而立。’今王气已见，须即应之。二月日出卯入酉，居天之正位，谓之二八之门。日者，人君之象。人君正位，宜用二月。其月十三日甲子。甲为六甲之始，子为十二辰之初。甲数九，子数又九。九为天数，其日即是惊蛰，阳气壮发之时。昔周武王以二月甲子定天下，享年八百。汉高帝以二月甲午即帝位，享年四百。故知甲子甲午为得天数。今二月甲子，宜应天受命。”上从之。

《唐书・李泌传》：宣政廊坏。太卜言：“孟冬魁冈，不可营缮。”帝曰：“《春

秋》'启塞从时'，何魁冈为？”亟诏葺之。及桑道茂城，奉天事验，始尚时日拘忌。

《宋史·王旦传》：日者上书言宫禁事，坐诛，籍其家，得朝士所与往还占问吉凶之说。帝怒，欲付御史问状，旦曰：“此人之常情，且语不及朝廷，不足罪。”真宗怒不解。旦因自取常所占问之书，进曰：“臣少贱时，不免为此。必以为罪，愿并臣付狱。”真宗曰：“此事已发，何可免？”旦曰：“臣为宰相，执国法，岂可自为之？幸于不发而以罪人。”帝意解。旦至中书，悉焚所得书。既而复悔，驰取之，而已焚之矣。由是皆免。

《闻见前录》：康节先生出行，不择日。或告之以不利，则不行。盖曰：人未言则不知，既言则有知，而必行则鬼神敌也。

《续已篇》：诚意公尝过吴门，中夜闻撞木声，以问左右，曰：“某人上梁也。”又问其家之贫富及屋之丰俭，曰：“贫者数楹屋耳。”公叹曰：“择日人术精乃尔。”又曰：“惜哉，其不久也。”左右问故，公曰：“此日此时上梁最吉，家当大发，然必巨室乃可。若贫家骤富，则必更置此屋。旺气一去，其衰可待也。”后其家生计日裕，不数岁藏镪百万，果撤屋广之。未久，遂贫落如故。

《见闻录》：大兴刘公机，其父卒于任。公时为学官弟子，徒步往护丧归，遂卜葬。族人泥于阴阳家言，各以生年与葬期相值，久不克葬。陆礼部渊之来吊，问故，族人具道所以。公从屏后趋出泣拜曰：“愿以某生年所值月葬父。”乃克葬。后公官至南京大司马，赠宫保。则葬日吉凶，何必拘而多疑乎？

《岩栖幽事》：劚竹根以辰日，捕鱼虾以亥日，栽种忌焦枯日。

选择杂录

《史记·太史公自序·论六家之要指》曰：《易大传》：“天下一致而百虑，同归而殊涂。”夫阴阳、儒、墨、名、法、道德，此务为治者也，直所从言之异路，有省不省耳。尝窃观阴阳之术，大祥而众忌讳，使人拘而多所畏，然其序四时之大顺，不可失也。

《懒真子》："世言五角六张，此古语也。"尝记开元中，有人献俳文于明皇，其略云："说甚三皇五帝，不如来告三郎。既是千年一遇，且莫五角六张。"三郎谓明皇也。明皇兄弟六人，一人早亡，故明皇为太子时，号五王宅。宁王薛王，明皇兄也。甲王岐王，明皇弟也。故谓之三郎。五角六张谓五日遇角宿，六日遇张宿，此两日作事多不成，然一年之中不过三四日。绍兴癸丑岁只三日，四月五日角，七月二十六日张，十月二十五日角，多不过四日。他皆仿此。

《吹剑录》：避煞之说，不知出于何时。按：唐太常博士李才《百忌历》载"丧煞损害法"，如巳日死者雄煞，四十七日回煞，十三十四岁女雌煞，出南方第三家，煞白色。男子或姓郑潘孙陈，至二十日及二十九日两次回丧家。故俗世相承，至忌期必避之。然旅邸死者，即日出殡，煞回何处？京城乃倾家出避。东山曰："安有执亲之丧，欲全身远害，而扃灵柩于空屋之下？又岂有为人父而害其子者？"乃独卧苫块中，煞夕帖然无事。而俗师又以人死日推算，如子日死则损子午卯酉生人。犯之者，入殓时，虽孝子亦避甚。至妇女皆不敢向前，一切付之老妪家仆。非但枕籍礓极不仔细，而金银珠宝之类，皆为所窃。记曰：凡附于身者，必诚必信，勿之有悔焉耳。盖亡人所随身者，惟柩中物耳，可不身临之？此唯老成经历，平时以此戒其子弟，庶几临时不为俗师所惑。

《王氏谈录》：公云："阴阳忌讳，固不足泥，然亦有不可略者。"尝记丁顾言少卿云：昔游宦蜀中，至官有期。驻舟江浒，游憩山寺。遇老僧问丁公："何为而至？"丁具以之官告。又问："期在何时？"丁又以告。僧曰："是所谓兀日，不可视事。勿避之，君必以事去。"丁笑而不应。既至官月余，竟以事免归。丁深异之。于是复道故处，从僧谒其术。丁屡以语公，临治颇用之。

正、五、九，仕宦者不交印。俗忌牢不可破。初不知为藩镇开府犒劳将佐，宰杀物命设。恐伤物命固然，何独此三月？岂以浮屠氏谓此九十日为斋素月耶？即不经之甚，御笔除擢，无非日下供职，何尝问日辰利不利？或曰：历日上所书黄道，假也。君命到门，真黄道也。

《齐东野语》，俗以每月初五、十四、二十三日为月忌，凡事必避之。其说不

经。后见卫道夫云："闻前辈云，说此三日即河图数之中宫、五宫、五数耳。五为君象，故民庶不可用。"此说颇有理。

《容斋随笔》：建除十二辰，《史》《汉》历书皆不载。《日者·列传》但有"建除家以为不吉"一句。惟《淮南鸿烈解·天文训篇》云：寅为建，卯为除，辰为满，巳为平，主生；午为定，未为执，主陷；申为破，主衡；酉为危，主杓；戌为成，主少德；亥为收，主大德；子为开，主太岁；丑为闭，主太阴。今会元官历，每月遇建平破收，皆不用。以建月阳，破为月对，平收随阴阳月递，互为魁罡也。《酉阳杂俎·梦篇》云："《周礼》以日月星辰各占六梦，谓日有甲乙，月有建破。"今注无此语。《正义》曰："按《堪舆》，黄帝问天老事云'四月阳建于巳，破于亥；阴建于未，破于癸'，是为阳破阴，阴破阳。"今不知何书所载，但又以十干为破，未之前闻也。

《搜采异闻录》：《墨子书·贵义篇》云：子墨子北之齐，遇日者曰："帝以今日杀龙于北方，而先生之色黑，不可以北。"子墨子不听，遂北，至淄水不遂而反。日者曰："我谓先生不可以北。"子墨子曰："南之人不得北，北之人不得南。其色有黑者，有白者，何故皆不遂也？且帝以甲乙杀青龙于东方，以丙丁杀赤龙于南方，以庚辛杀白龙于西方，以壬癸杀黑龙于北方。若子之言，不可用也。"《史记》作《日者传》，盖本于此。徐广曰："古人占候卜筮，通谓之日者。如以五行所直之日，而杀其方龙，不知其旨安在，亦可谓怪矣。"

《蠡海集》：术家取天德之法，至子午卯酉月居于四卦之上，每卦有二支，人怀疑。大抵天德不加于戊己者，天气不亲于土。其子午卯酉之月，只用己亥寅申，不用四墓矣。

又一说：既不用四墓，则五行之中，土气遂绝。土其可绝乎？盖正用四墓尔。春二月木墓未，夏五月火墓戌，秋八月金墓丑，冬十一月水墓辰，乃四行休墓于四季，为德也。是以古今术家兼取用之。况亥月用乙，未月用申，则卯月必用未，不用申，无疑矣。盖生月用阴，墓月用阳，旺月用墓。余仿此。

《暖姝由笔》：大寒前后十日为阳宅乱岁，寒食前后十日为阴宅乱岁。今人不知，但知腊底二十四夜为乱岁。

《群碎录》：杜子美诗“空留玉帐术，愁杀锦城人。”盖玉帐乃兵家厌胜之方位，主将于其方置军帐，则坚不可犯。其法出黄帝。《遁甲》以月建前三位取之。如正月建寅，则巳为玉帐。

《野客丛谈随笔》云：《齐书》：高洋谋篡魏，其臣宋景业言，宜以仲夏受禅。或曰：“五月不可入官，犯之不终于其位。”景业曰：“王为天下，无复下期，岂得不终其位?”乃知此忌，相承已久。不晓其义。仆观前汉张敞为山阳太守，奏曰：“臣以地节三年五月视事。”其言如是。则知前汉之俗，未尝忌五月也。然张敞在山阳监护骄贺，其责甚难，卒以无事。其后征为胶东相，亦不闻有凶横之说。又观后汉《朔方太守碑》云：“延嘉四年，九月乙酉，诏书迁衙，令五月正月到官。”乃知拘忌之说，起于两汉之后。然又观《独孤及集》，有为《舒州到任表》曰：“九月到州讫。”乃知唐人亦有不忌九月者。因考诸州唐人题名，见不避正、五、九处亦多。

第八章　射覆纪事

《汉书·东方朔传》：朔待诏金马门，稍得亲近。上尝使诸数家射覆，置守宫盂下，射之皆不能中。朔自赞曰："臣尝受《易》，请射之。"乃别蓍布卦而对曰："臣以为龙又无角谓之为蛇，又有足，跂跂脉脉善缘壁，是非守宫即蜥蜴。"上曰："善。"赐帛十匹。复使射他物，连中辄赐帛。时幸倡郭舍人，滑稽不穷，常侍左右，曰："朔狂幸中耳，非至数也。臣愿令朔复射。朔中之，臣榜百。朔不能中，臣赐帛。"乃覆树上寄生，令朔射之。朔曰："是窭数也。"舍人曰："果知朔不能中也。"朔曰："生肉为脍，干肉为脯，树上为寄生，盆下为窭数。"上令倡监榜舍人。

《魏志·管辂传》：馆陶令诸葛原迁新兴太守，辂往祖饯，宾客并会。原自起取燕卵、蜂窠、蜘蛛著器中，使射覆。卦成，辂曰："第一物：含气须变，依乎宇堂，雄雌以形，翅翼舒张，此燕卵也。第二物：家室倒悬，门户众多，藏精育毒，得秋乃化，此蜂窠也。第三物：觳觫长足，吐丝成罗，寻网求食，利在昏夜，此蜘蛛也。"举坐惊喜。平原太守刘邠取印囊及山鸡毛著器中，使筮。辂曰："内外方员，五色成文，含宝守信，出则有章，此印囊也。高岳岩岩，有鸟朱身，羽翼元黄，鸣不失晨，此山鸡毛也。"

清河令徐季龙取十三种物著大箧中，使辂射，云："器中藉藉有十三种物。"先说鸡子，后道蚕蛹，遂一一名之，惟以梳为批耳。

《辂别传》曰：诸葛原字景春，亦学士，好卜筮数，与辂共射覆，不能穷之。景春与辂有荣辱之分，因辂饯之，景春言："今当远别，后会何期，且复共一射覆。"辂占既皆中，景春大笑："卿为我论此卦意，纾我心怀。"辂为开爻散理，分赋形象，言征辞合，妙不可述。景春及众客莫不言，听后论之美胜于射覆之乐。

故郡将刘邠，字令元，清和有思理，好《易》而不能精，与辂相见，意甚喜欢，欲从辂学射覆。

清河令徐季龙，字开明，有才机，与辂相见，留辂经数日。辂占猎既验，季龙曰："君虽神妙，但不多藏物耳。"于是取十三种物欲以穷之，辂射之皆中。季龙乃叹曰："作者之谓圣，述者之谓明，其此之谓乎！"

辂射覆名物，见术流速，东方朔不过也。往孟荆州为列人典农，常问亡兄，昔东方朔射覆得何卦，正知守宫、蜥蜴二物者。亡兄于此为安卦生象，辞喻交错，微义豪起，变化相推，会于辰巳，分别龙蛇，各使有理。言绝之后，孟荆州长叹息曰："吾闻君论，精神腾跃，殆欲飞散，何其汪汪乃至于斯耶！"

《吴志·赵达传》：达，河南人也。少从汉侍中单甫受学，用思精密，计飞蝗，射隐伏，无不中效。或难达曰："飞者固不可校，谁知其然，此殆妄耳。"达使其人取小豆数斗，播之席上，立处其数，验覆，果信。尝过知故，知故为之具食，食毕谓曰："仓卒乏酒，又无嘉肴，无以叙意，如何？"达因取盘中只箸再三，从横之，乃言："卿东壁下有美酒一斛，又有鹿肉三斤，何以辞无？"时坐有他宾，内得主人情。主人惭曰："以卿善射有无，欲相试耳，竟效如此！"遂出酒酣饮。

《海录碎事》：有以茱萸令郭璞射之者，璞曰："子如赤铃含元珠，按文言之是茱萸。"

梁元帝《洞林序》云："河东郭生，才能射覆。"按：郭生，郭璞也。

《湖广通志》：蔡铁善卜，为南郡王义宣府史。王镇盛昌，于斋内见一白鼠，缘屋梁上，命左右射得之，内函中，命铁卜之。铁曰："白色之鼠，背明而户。弯弧射之，绝其左股。腹孕五子，三雄二雌。若不见信，剖腹而知。"王命剖之，皆如铁言，赐钱万贯。

唐张说《梁四公记》：梁天监中有蜀闯、䕫杰、䅂䴇、仉胥四公谒武帝，帝见之甚悦，因命沈隐侯约作覆，将与百僚共射之。时太史适获一鼠，纳匣而缄之以献。帝筮之，遇蹇之噬嗑。帝占成，群臣受命，献卦者八人，有命待成俱出。帝占，寘诸青蒲，申命闯公揲蓍。对曰："圣人布卦，依象辨物，何取异之，请从帝命卦。"时八月庚子日巳时，闯公举帝卦撰占，置于青蒲而退。读帝占曰："先蹇后

噬嗑是其时，内艮外坎是其象。坎为盗，其鼠也。居蹇之时，动而见嗑，其拘系矣。噬嗑六爻，四‘无咎’，一‘利艰贞’，非盗之事。上九‘荷校灭耳，凶’，是因盗获戾，必死鼠也。”群臣蹈舞，呼万岁。帝自矜其中，颇有喜色。次读八臣占词，皆无中者。末启闯公占曰：“时日王相，必生鼠矣。且阴阳晦而入文明，从静止而之震动，失其性必就擒矣。金盛之月，制之必金。子为鼠，辰与艮合体。坎为盗，又为隐伏。隐伏为盗，是必生鼠也。金数于四，其鼠必四。离为文明，南方之卦。日中则昃，况阴类乎？晋之繇曰‘死如弃如’，实其事也。日敛必死。”既见生鼠，百僚失色而尤。闯公曰：“占辞有四，今者惟一，何也？”公曰：“请剖之。”帝性不好杀，自恨不中。至日昃，鼠且死矣。因令剖之，果妊三子。

江盈科《谈言》：北齐高祖尝燕近臣为乐。高祖曰：“我与汝等作谜，可共射之。”卒律葛答，诸人皆射不得。或云：“是髋子箭。”高祖曰：“非也，石。”动筩曰：“臣已射得。”高祖曰：“是何物？”动筩对曰：“是煎饼。”高祖笑。动筩曰：“射著是也。”高祖又曰：“汝等诸人为我作一谜，我为汝射之。”诸人未作，动筩为谜，复云“卒律葛答”。高祖射不得。问曰：“此是何物？”答曰：“是煎饼。”高祖曰：“我始作之，何用更作？”动筩曰：“承大家热铛子，更作一个。”高祖大笑。

《山堂肆考》：丁文杲覆射蜂曰：“花花者华，山中采花。虽无官职，一日两衙。”启之，果蜂也。

太宗取一物，令文果射。文杲云：“有头有足，不石即玉。欲要琐头，不能入腹。乃压书石龟也。”

《玉壶清话》：赵晋公在中书，闻丁文杲善射覆，召至，函一物令射之。文杲书四句云：“太岁当头坐，诸神列两旁。其中有一物，犹带洞庭香。”发函视之，乃用历日第一幅裹绿橘一枚也。

《唐书·袁天纲传》：天纲子客师，亦传其术，为廪牺令。高宗置一鼠于奁，令术家射，皆曰鼠。客师独曰：“虽实鼠，然入则一，出则四。”发之，鼠生三子。

《龙城录》：明皇识射覆之术，上皇始平祸乱，在宫所与道士冯存澄因射覆得卦，曰合因，又得卦曰斩关，又得卦曰铸印、乘轩，存澄起谢曰：“昔此卦三灵为最善，黄帝胜炎帝而筮得之谓合因、斩关、铸印、乘轩。始当果断，终得嗣天。”

上皇掩其口曰：“止矣，默识之矣。”后即位，应其术焉。

《杜阳杂编》：罗浮先生轩辕集善射覆，上遣嫔御取金盆覆白鹊以试之，集方休于所舍，忽起谓中贵人曰：“皇帝安能更令老夫射覆盆乎？”中贵人皆不喻其言，于是上召令速至，而集才及玉阶，谓上曰：“盆下白鹊，宜早放之。”上笑曰：“先生早已知矣。”

《唐书·李景让传》：景让，字后己，大中中进御史大夫蒋伸辅政，景让名素出伸右，而宣宗择宰相，尽书群臣当选者以名内器中，祷宪宗神御前射取之，而景让名不得。

《茅亭客话》崔尊师名无斁，王氏据蜀，由吴江而来，托以聋聩，诚有道之士也。每观人书字而知休咎，能察隐伏逃亡、山藏地秘、生期死限、千里之外、骨肉安否，未尝遗策。时朝贤士庶奉之如神明。龙兴观道士唐洞卿令童子以器盛萝卜送杜天师光庭，值崔在院门坐，遂乞射覆。崔令童子于地上划一个字，童子划一“此”字，崔曰：“萝卜尔。”童子送回，拾一片损梳置于器中。再乞射覆，崔曰：“划一字于地。”童子指前来“此”字，崔曰：“梳尔。”洞卿怪童子来迟，童子具以崔射覆为对。洞卿久知崔有道，令童子握空拳，再指“此”字，崔曰：“空拳尔。”洞卿亲诣崔曰：“一字而射覆者三，皆不同。非有道，讵能及此。”崔曰：“皆是童子先言，非老夫能知尔。‘此’字，象萝卜，亦象梳，亦象空拳，何有道邪？”崔相字托意指事，皆如此类。

《南唐近事》：钟傅镇江西日，客有以射覆之法求谒，傅以历日包一橘致袖中，使射之，客口占一歌以揭之云，“太岁当头立，诸神莫敢当。其中有一物，常带洞庭香。”

《闻奇录》：叶简，剡人，善卜筮。有将橘子合之，令占。曰：“圆似珠，色如丹。倘能劈破同分吃，争不惭愧洞庭山。”又将巾子射覆云：“近来好裹束，各自竞尖新。秤无三五两，因何号一斤？”又将鸡子二个占云：“此物不难知，一雄兼一雌。请将打破看，方明混沌时。”

《金史·麻九畴传》：九畴，字知几。初因经义学《易》，后喜邵尧夫《皇极书》，因学算数，又喜卜筮、射覆之术。

《元史·田忠良传》：忠良，字正卿，通儒家杂家言。世祖召至，指西序第二人，谓忠良曰："彼手中握何物？"对曰："鸡卵也。"果然，帝喜。又曰："朕有事萦心，汝试占之。"对曰："以臣术推之，当是一名僧病耳。"帝曰："然。国师也。"至元十一年，帝猎于柳林，御幄殿，侍臣甚众，顾忠良曰："今拜一大将取江南，朕心已定，果何人耶？"忠良环视左右，目一人对曰："是伟丈夫可属大事。"帝笑曰："此伯颜也，为西王旭烈兀使，朕以其才留用之，汝识朕心。"赐钞五百贯，衣一袭。八月，帝出猎驻辇，召忠良曰："朕有所遗，汝知何物，还可复得否？"对曰："其数珠乎，明日二十里外，人当有得而来献者。"已而果然，帝喜，赐以貂裘。

第九章　挂影纪事与挂影杂录

挂影纪事

《东坡志林》：至和二年，成都人有费孝先者，始来眉山，云：近游青城山，访老人村，坏其一竹床，孝先谢不敏，且欲偿其直。老人笑曰："子视其下字，云此床以某年月日造，至某年月日为费孝先所坏。成坏自有数，子何以偿为?"孝先知其异，乃留师事之，老人授以《易》轨革挂影之术，前此未知有此学者。后五六年，孝先以致富，今死矣。然四方治其学者，所在而有皆自托于孝先，真伪不可知也。聊复记之，使后人知挂影之所自也。

《东轩笔录》：唐垧知谏院，成都人费孝先为作挂影，画一人，衣金紫，持弓箭射落一鸡。垧语人曰："持弓者，我也。王丞相生于辛酉，即鸡也，必因我射而去位，则我亦从而贵矣。"翌日，抗疏以弹荆公，又乞留班，颇諠于殿陛。主上怒，降垧为太常寺大祝监广州军资库，以是年八月被责。垧叹曰："射落之鸡，乃我也。"

李璋尝令费孝先作挂影，画凤立于双剑上，又画一凤据厅所，又画一凤于城门，又画一凤立重屋上，其末画一人紫绶偃卧，四孝服卧于傍。及璋死，其事皆验。剑上双凤者，璋为凤宁军节度使也。厅所者，尝知凤翔府，末年谪官郢州。召还，卒于襄州凤台驿，襄州有凤林关也。两子侍行，璋既病久，复有二子解官省疾。至襄之次日，璋薨，四子衰服之应也。

自至和、嘉祐已来，费孝先以术名天下，士大夫无不作挂影，而应者甚多，独王平甫不喜之，尝语人曰："占卜本欲前知，而挂影验于事后，何足问耶?"

《墨客挥犀》：李璋太尉罢郢州，入朝，至襄阳疾病，止驿舍两月余。璋尝命蜀

人费孝先作挂影，先画一凤止于林下，有关焉。又画一凤立于台，又画衣紫而哭者五人。盖襄州南数里有凤林关，传舍名凤台驿。始璋止二子侍，三子守官于外，闻璋病甚，悉来奔视。至之翌日，璋乃卒，果临其丧者五人。

《渑水燕谈录》：术士李某，忘其姓名，亦传管辂轨革法，画挂影颇有验。今丞相顷尝问之挂影，画水边一月，中有口，未几除知湖州。又卢龙图秉使占挂影，亦同，乃除知渭州。字虽不同，而其影皆同。

《可谈》：余幼时随母氏在常州，时见钱秀才开图书，知人三世姓。男子知妇姓，女子知夫姓，无不验。吾家三姊，长适吴氏，次适沈氏。钱阅书皆言夫姓吴，时怪其差谬。后数年，沈姊离婚归宗，嫁吴宽夫。不知图书，何为而亿中乃尔？生齿浩繁，岂此数帙文字所能该括！

挂影杂录

《闻见后录》：今世俗谓挂影者，亦《易》之象学也。如"见豕负涂，载鬼一车"，非象而何？未易以义理训也。予见王庆曾言，蚤日，羁穷尝从一头陀占卦象，其词云："须逢庚午方亨快，半是春来半是秋。"头陀云："岂君运行庚午春秋之间少快邪？"久之无验。晚用秦相君荐至参知政事。相君庚午生，半春半秋，秦字也。其异如此。

《老学庵笔记》：蔡元长当国时，士大夫问轨革，往往画一人戴革而祭。辄指之曰："此蔡字也。必由其门而进。"及童贯用事，又有画地上奏乐者，曰："土上有音，童字也。"其言亦往往有验。及二人者废，则亦无复占得此卦。绍兴中，秦桧之专国柄，又多画三人，各持禾一束。则又指之曰："秦字也。"其言亦颇验及秦氏。既废，亦无复占得此卦矣。若以为妄，则绍兴中如黑象辈畜书数百册，对人检之，予亲见其有三人持禾者在其间，亦未易测也。

《拊掌录》：熙宁间。蜀中日者费孝先筮《易》，以丹青寓吉凶，谓之挂影。其后转相祖述，画人物不常，鸟或四足，兽或两翼，人或儒冠而僧衣，故为怪以见象。米芾好怪，常戴俗帽，衣深衣而摄朝靴，绀缘，朋从目为活挂影。

第十章　拆字汇考一

拆字数

序

夫先天者，已露之机；后天者，未成之兆也。先天则有事始占一事之吉凶，后天则有所未知而出仓卒之顷，而休咎验焉。故先天为易测，后天为难测也。先天则有执著而成卦，后天触物即有卦，此全在人心神之所用也。其能推测之精，所用之活，则无一事一物，莫逃之数矣。我居者为中，现于前者为离，现于后者为坎，出于左者为震，出于右者为兑，在我左角者为艮，在我右角者为乾，在乾左角者为坤，此八卦位。八方而定吉凶，立八卦而定克应，取时日而定吉凶，观变爻而定体用。故我坐则其祸福应于二卦成数之间，我立则其祸福应于中分二卦之间。大抵坐则静，行则动，立则半动半静。静则应迟，动则应速。凡有触于我而有意以为我之吉凶，则吉凶在我，应验在人意者，何如？盖八卦之画既定，六爻之断既明，仍参以生克之理，究以刑冲之蕴，万无一失矣。近取诸身，远取诸物，仍当以心求，不可以迹求，不可拘泥物员为天卦，物方为地卦。是为《序》。

指迷赋

尝闻相字乃前贤妙术，古今秘文，为后学之成规，辨吉凶之易见。相人不如相字，即相其人。变化如神，精微入圣。自古结绳为政，如今花押成数。言，心声也，字，心画也。心形如笔，笔画一成，分八卦之休囚，定五行之贵贱，决平生之

祸福，知目前之吉凶。富贵贫贱，荣枯得失，皆于笔画见之。或指吉为凶，或指凶为吉。先问人之五行，次看人之笔画。相生相旺则吉，相克相泄则凶。如此观之，万无一失。为官则笔满金鱼，致富则笔如宝库。一生孤独，见于字画之欹斜。半世贫穷，乃是笔端之愚浊，非夭即贱。三山削出，皆非显达之人。四大其亡，尽是寂寥之辈。父母俱庆，乾坤笔肥；母早亡兮，坤笔乃破；父先逝兮，乾笔乃亏。坎是田园并祖宅，稳重加官。艮为男女及兄弟，不宜损折。兑上主妻宫之巧拙，离宫主官禄之荣枯。震为长男，巽为驿马。乾离囚走，壬主竞争。震若勾尖，常招是非，妻定须离。若是员净，禄官亦要清明。离位昏蒙，乃是剥官之杀。兑宫破碎，宜婚硬命之妻。金命相逢火，笔克陷妻儿。木命亦怕逢金，破财常有。水命不宜土笔，不见男儿。火命若见水笔，定生口舌。土命若见木笔，祖产自消。相生相旺皆吉，相克相刑定凶。举一隅自反，凭五行而相之。略说根源，以示后学。

元黄克应歌

元者，天也。黄者，地也。应者，克应之期也。天地，造化克应之谓也。歌曰：

凡是挥毫落楮时，便将凶吉此中推。
忽听傍语如何说，便把斯言究隐微。
倘是欢言多吉庆，若闻愁语见伤悲。
听得鹊声云有喜，偶逢鸦叫祸无移。
带花带酒忧还退，遇醢逢醯事转迷。
更看来人何服色，五行深处说根基。
有人抱得婴儿至，好把阴阳两字推。
男人抱子占儿女，妇人抱子问熊罴。
一女一子成好事，群阴相挽是仍非。
若见女人携女子，阴私连累主官非。
忽然写字宽衣带，诸事从今可解围。
跛子瞽人持杖至，所谋蹇滞不能为。

竹杖麻鞋防孝服，权衡柄印主操持。
见果断之能结果，逢衣须说问良医。
若见丹青神鬼像，断他神鬼事相随。
若画翎毛花果类，必然妆点事须知。
有时击磬敲椎响，定有佳音早晚期。
寺观铃饶钟鼓类，要知仙佛与禳祈。
倘是携来鱼雁物，友朋音信写相思。
逢梅可说娣媒动，见李公私理不亏。
见肉定须忧骨肉，见梨怕主有分离。
仕宦官员俄顷至，贵人相遇不移时。
出笔拔毫通远信，笔头落地事皆迟。
墨断须防田土散，财空写砚忽干池。
犬吠如号忧哭泣，猫呼哀绝有人欺，
贼盗将临休见鼠，喜人摧动爱闻鸡，
马嘶必定行人至，鹊噪还应远客归。
字是朱书忧血疾，不然火厄有忧危。
楼上不宜书火字，木边书古有枯枝。
朱书更向炉边写，荧惑为灾信有之。
破器偶来添砚水，切忧财耗物空虚。
笔下忽然来蟢子，分明吉庆喜无疑，
若在右边须弄瓦，左边必定产男儿。
叶上写来多怨望，花间书字色情迷。
果树边傍能结果，竹间阻节事迟疑。
晴宜书日雨宜水，夏火秋金总是时。
更审事情分向背，元黄克应细详推。

元黄叙

龟图未判，此为太古之淳风。鸟迹既分，爰识当时之制字。虽具存于简牍，当深究其源流。成其始者，信不徒然。即其终之，岂无奥义？同田曰富，分贝为贫。两木相并以成林，每水归东是为海。虽纷纷而莫述，即一一而可知。不惟徒羡于简笺，亦可预占乎休咎。春蛇秋蚓，无非归笔下之功。白虎青龙，皆不离毫端之运。今生好癖，博学博文。少年与笔砚相亲，半世与诗书为侣。识鱼鲁之舛，穷亥豕之讹。别贤愚之字，昭然于毫端。察祸福之机，了然于心目。鲜而当理，敢学说字之荆公。挟以动人，未逊后来之谢石。得失何劳于龟卜，依违须决于狐疑。岂徒笔下以推尊，亦至梦中而讲究。刀悬梁上，后操刺史之权。松出腹间，果至三公之位。皆前人之已验，非后学之私言。洞察其阴阳，深明爻象，则吉凶之悔吝可知已矣。

元黄歌

大抵画乃由心出，以诚剖决要分明。
出笔发毫逢定位，笔头若出干无成。
墨断定知田土散，纸破须防不正人。
犬吠一声防哭泣，鼠来又忌贼来侵。
赤朱写字血光动，叶上书来有怨盟。
忽见鸡鸣知可喜，人惊梦觉事通灵。
马嘶必有行人至，猫过须防不正人。
船上不宜书火字，楼头亦忌有官刑。
有时戏在炉中写，遇火焚烧忽不宁。
破器莫教添砚水，定知财散更伶仃。
笔下偶然蝇蟢至，分明六甲动阴人。
在左定生男子兆，右至当为添女人。
曾见人家轻薄辈，口中含饭问灾迍。
直饶目下千般喜，也问刑徒法里寻。

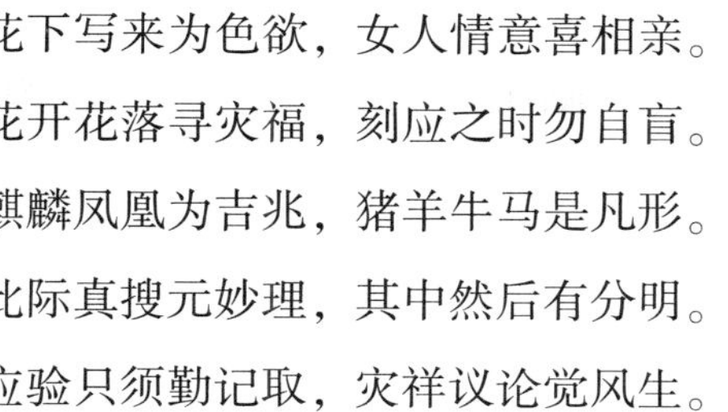
花下写来为色欲，女人情意喜相亲。
花开花落寻灾福，刻应之时勿自盲。
麒麟凤凰为吉兆，猪羊牛马是凡形。
此际真搜元妙理，其中然后有分明。
应验只须勤记取，灾祥议论觉风生。

花押赋

夫押字者，人之心印也。古人以结绳为证，今人以押字为名。大凡穷通之理，皆与阴阳相应。先观五行之衰旺，次察六神之强胜。五行者，立木、卧土、勾金、点火、曲水之象。六神者，青龙、朱雀、螣蛇、元武、勾陈、白虎之形。上大阔方，火乃发用。坚瘦有力，木乃生荣。金要方而水要圆，土要肥而木要正。故曰：炎炎火旺，玉堂拜相。洋洋水秀，金阙朝元。木盛兮仁全义广，金旺兮性急心刚。土薄而离巢破祖，土厚而福禄绵长。故曰：木少水多，根根折挫。金少火多，两窟三窝。金斜而定然子少，木曲而中不财丰。盖画长兮，象天居上。土卧厚兮，象地居下。内木停兮，象人在于中央。三才全兮，如身居其大厦。无天有地兮，父早刑。有天无地兮，母先化。有木孤兮，昆弟难倚。夫天失兮，故基已罢。内实外虚兮，虽才高而无成。外实内虚兮，终富厚而显赫。龙蟠古字，必有将相之权。不正偏斜，定是孤穷之客。螣蛇缠体，飘流万里。元武克身，妨妻害子。身之土透天，常违父母之言，而有失兄弟之礼。只将正印按五行，仔细推详。大小吉凶搜六神，而无不验矣。

探元赋

且夫天字者，乃乾健也，君子体之。地字者，乃坤顺也，庶人宜之。君子书天，得其理也。庶人书地，亦合宜也。夏木春花，此乃敷荣之日。冬梅秋菊，正是开发之时。一有背违，宁无困顿。日字要看停午，月来须问上弦。假如风雨，要逢长旺之时。若是雪霜，莫写炎蒸之候。牡丹芍药，只是虚花。野杏山桃，皆为结实。森森松柏，终为梁栋之材。郁郁蓬蒿，不过园篱之物。书来风竹，判以清虚。

写到桑蚕，归于饱暖。锣鸣炮响，可言声势之家。波滚船行，俱作飘流之士。鱼龙上达，犬豕下流。泉石烟霞，自是清贫之士。轩窗台榭，难言暗昧之徒。河海江山，所为广大。涧溪沼沚，作事卑微。灯烛书在夜间，自然耀彩月星。写于日午，定是埋光。椒桂芝兰，岂出常之人口？桑麻禾麦，决非上达之人。黄白绿青红，许以相逢艳冶。宫商角徵羽，言他会遇知音。剑戟戈予，终归武士。琴书笔砚，乃是文人。问贱与贫，因见自谦之德。书富乃贵，已萌妄想之心。金玉珠珍，不过守财之辈。荣华显达，欲寻及第之方。恩情欢爱，既出笔端；淫荡痴迷，常眠花下。酒浆脍炙，哺啜者不常书之。福寿康宁，老大者多应写此。且如龙蟠虎踞，宁无变化之时？凤翥鸾翔，终有飞腾之日。体如鹭立，孤贫之士无疑。势如鸦飞，饶舌之徒可测。惊蛇失道，只寻入穴之谋。舞鹤离巢，自有冲霄之志。急如鹊跳，是子轻浮。缓似鹅行，斯人稳重。如篁蓊郁，休言豁达心怀。似水飘流，未免萧条家道。或若炎炎之火，或如点点之云，一生喜怒无常，终身成败不保。风摇嫩竹，早年卓立难成。雨洗桃花，晚岁羁栖无倚。为人潇洒，乃如千树之江梅。赋性温柔，何异数株之岩柳，烟萝系树，卓立全倚于他人。霜叶辞柯，飘零不由于自己。画似棱棱之枯禾，孤苦伶仃。形如泛泛之浮萍，贫穷漂泊。无异巉岩之怪石，巇崄营生。有如耸拔之奇峰，孤高处世。金绳铁索，此非岩谷之幽人。玉树瑶琴，定是邦家之良佐。乱丝缠结，定知公事牵连。利刃交加，即是私家格角。撇如罗带，际遇阴人。捺似拖钩，刑伤及己。勾似锦靴，遭逢官贵。画成横枕，疾病临身。切忌横冲，半断不保。荣身仍嫌直落，中枯难言高寿。剔成新月，出门便见光辉。点作星飞，守旧宁无晦滞？至若挥毫带煞，秉生死之重权。落纸无成，作奔趋之贱役。起腾腾之秀气，主有文章。生凛凛之寒光，宁无声价？半浓半淡，作事多乖。倚东倚西，撑持不暇。字短则沉沦不显，字长则潦倒无成。拾后拈前，所为险阻。忘前顿后，举动趑趄。且如偃仰，遇庶人则成号泣，君子飞腾。若是拘挛，逢君子乃是刑囚，庶人必能勤苦。造其理也，即此推之。余向遇异人，曾授《元黄》诸篇。今遇异翁，授此赋毕，遂问曰："愿得公之姓名。"公不答而去。

齐景至理论

天下之妙，无过一理。理既能明，在乎明学。学者穷究，莫难乎性。性既明达，其理昭然。且苍颉始制之时，观迹成象，以之运用，应变随机。且释老梵经，王勃佛记，迨今飞轮宝藏之内，既深且密，非高士莫得而闻，何由睹之。其汉高有荥阳之围，以木生火，终不能灭。有人梦腹上生松丝悬山下，后为幽州刺史。十八为三公，不十为卒。《春秋》说，十四心为德。《国志》云，口在天上为吴。《晋书》，黄头小人为恭，以人负吉为造。八女之解安禄山，两角女子绿衣裳。端坐太行邀君王，一正之月能灭亡。正月也。郭璞云：永昌有昌之象，其后昌隆。罗，四维也，其偶如此。且人禀阴阳造化，凭五行妙思，一言一语一动一静，然后挥毫落楮。点画勾拔，岂不从于善恶？得之于心，悬之于手。心正则笔正，心乱则笔乱。笔正则万物咸安，笔乱则千灾竟起。由是考之，其来有自。达者以理晓，昧者以字拘。难莫难于立意，贵于言辞。立意须在一门，言词务在必中。余幼亲师友，温故知新，志在取进场屋，为祖宗之光。遂乃屈身假道，每以诗酒自娱。渡江乘兴，偶信宿于岩谷，观溪山之清流，闻禽鸟之好音，殆非人世。忽见一人，道貌古怪，披头跣足，踞坐磻石之上。余由是坐之于侧良久，交谈之际，询余曰：“子非齐景乎？”予惊讶豫知姓名，疑其必异人所授，答之曰：“然。”异人曰：“混沌判肇苍颉制字者，余也。自传书契天下，天下大定，后登天为东华帝。君今居于此，乃东华洞天。余曾有奇篇昔付谢石，今当付汝。今子之来，可熟记速去，不然，尘世更矣。”于是拜而受之，退而密观奥妙，乃元黄妙诀，神机解字之文。得其方妙，如谷之应声。善恶悉见，祸福显然。定生死于先知，决狐疑于豫见。后之学者，幸珍重之。

字画经验

敷字　昔在任宰，清拆之。云：此字十日内放笔。果以十日罢任。

家字　凡人书之，家宅不宁。空字头，豕应在亥月者也。

荆字　甘而刑，不利小人，大宜君子。

硯字　有一字夫，出之乱尔，见名之兆。

典字　曲折多，四十日内有兴进之兆，贵人必加官进禄，雅宜便。四十日内有进纳之喜。

果字　凡事善果披剥，盖口中无才。又云：进小口。

馬字　昔有马雅官，写马字无点，马无足不可动。

來字　来带两人之才，皆未见信。行人未应。三人同来，财午未年发。

葵字　逢春发生，又占名利，逢癸可发。占病不宜。二十日有惊恐之兆。

但字　如日初升，常人主孤。凡事未如意，十日身坦然。

謙字　故人嫌，盖无廉耻。目下有事，多是非。

亨字　高未高，了未了，须防小人不足，及外孝。不祥。

達字　二十日未达，即日并不顺，少喜多忧。

奇字　占婚奇偶未偕，应十一日。难为兄弟，字不全。

俊字　一住一利，交友难为。父兄反覆，文书干连。变易，凶。

常字　占病堂上人灾，有异姓异母。上有堂字头，下有哭字头。

每字　昔曹石遣人相此字：异日必为人母。后果然。

城字　逢丁戊日，六神动忌；丁戊日，田土不足，进力成功。

池字　凡事拖延有日，逢蛇必利。盖添虫为蛇。

春字　高宗写此，时秦检用事。石云：秦头太重，压日无光。桧闻名，召而遣之

一字　土字，一字王也。

益字　有吏人书益字，二十八日有血光之厄。至期果然。

田字　有人出此，相言：直看是王，横看是王，必主大贵。

字体诗诀

天字及二人，作事必有因。

一天能庇盖，初主好安身。

地字如多理，从此出他乡。

心如蛇口毒，去就尽无妨。

人字无凶祸，文书有人来。
主人自卓立，凡事保和谐。
金字得人力，屋下有多财。
小人多不足，凡事要安排。
木字人未到，初生六害临。
未年财禄好，切莫要休心。
水字可求望，中防有是非。
文书中有救，出入总相宜。
火字小人相，中人大发财。
灾忧须见过，日下有人来。
土字日下旺，田财尽见之。
穿心多不足，骨肉主分离。
柬字正好动，凡事早求人。
牵连须有事，财禄自交欣。
西字宜迁改，为事忌恶人。
心情虽洒落，百事懒栖身。
南字穿心重，还教骨肉轻。
凡事却有幸，田土不安宁。
北字本比和，不宜分彼此。
欲休尚未休，问病必见死。
身字主已事，侧伴更添弓。
常藉人举荐，仍欣财禄丰。
心字无非火，秋初阴小灾。
小人多不足，夏见必灾来。
頭来须鄙衰，发可却近贵。
要过丑丑前，凡事皆顺利。
病来如何疾，木命最非宜。

过了丙丁日，方知定不危。
言字如何拆，人来有信音。
平生多计较，喜吉事应临。
行字问出入，须知未可行。
不如姑少待，方免有灾惊。
到字若来推，出入尚颠倒。
虽然吉未成，却于财上好。
得来问日下，宁免带勾陈。
凡事未分付，行人信不真。
開字无分付，营谋尚未安。
欲开开不得，进退两皆难。
附字问行人，行人犹在路。
为事却无凶，更喜有分付。
事字事难了，更又带勾陈。
手脚仍多犯，月中方可人。
卜字求测事，停笔好消详。
上下俱不足，所为宜不祥。
望字逢寅日，所谋应可成。
主须不正当，却喜有功名。
福字来求测，须防不足来。
相连祸逼迫，一口又兴灾。
禄字无祖产，当知有五成。
小人生不足，小口有灾惊。
貴字多近贵，六六发田财。
出入须无阻，宜防失落灾。
用字主财用，有事必经州。
谁识阴人事，姓王并姓周。

康字未康泰，要防阴小灾。
所为多不逮，财禄亦难来。
寧字占家宅，家和人口增。
财于中主发，目下尚伶仃。
吉字来占问，反教吉又凶。
因缘犹未就，作事每无终。
宜字事且且，须知在目前。
官非便了当，家下亦安然。
似字众人事，所为应不成。
独嫌人力短，从众则堪行。
多字宜迁动，死中还得生。
事成人侈靡，两日过方明。
古字多还吉，难逃刑克灾。
虽然似喜吉，口舌却终来。
洪宜人共活，火命根基别。
事还牵制多，应是离祖业。
香字忌暗箭，木上是非来。
十八二十八，好看音信回。
清字贵人顺，财来蓄积盈。
阴人是非事，不净更多年。
虚惟头似虎，未免有虚惊。
凡事亦可虑，仍防家不宁。
遠字事多达，行人有信音。
为事既皆遂，喜吉又来临。
同字如难测，商量亦未然。
两旬事方足，尚恐不周员。
众字人共事，亦多生是非。

所为应不敛，小口有灾危。
飛字须可喜，反覆亦非多。
意有飞腾象，求名事即宜。
秀字多不实，无事亦孤刑。
五五加一岁，还生事不宁。
風字事无宁，逢秋愈不吉。
疾多风癣攻，更防辰戌日。
天字已成天，亦多吞噬心。
事皆蒙庇盖，行主二人临。
元字二十日，所为应有成。
平生刑克重，兀兀不安宁。
秋字秋方吉，小人多是非。
须知和气散，目下不为宜。
申字是非长，道理亦有破。
终然屈不伸，谋事难有祸。
甲字利姓黄，求名黄甲宜。
只愁田土上，还惹是和非。
川字如来问，当知有重灾。
仍防三十日，不足事还来。
墟字若问事，虎头蛇尾惊。
有人为遮盖，田土不安宁。
辰字如写成，主有变化象。
进退虽两难，功名却可望。
青字事未顺，须知不静多。
贵人仍不足，日久始安和。
三字多迁改，为事亦无主。
当知二生三，本由一生二。

八如来问测，分字亦安让。

凡事多费解，仍防公挠忧。

字须有学识，初主似空虚。

家下不了事，名因女子中。

士为大夫体，未免犯穿心。

拮据是非散，番多吉事临。

四季水笔

春水昏浊，夏水枯涸，秋水澄清，冬水凝结。

水为财，忌居乾、兑、坎。乛乙乛勹点不为杀，必为贵人。

画有阴阳

长中有短，为阳中阴。短中有长，为阴中阳。粗细轻重，以此为例。阳中有阴则佳，阴中有阳反凶。壬字头画，是阳中有阴。任字头，是阴中有阳。水笔不流，流则不佳。戴流珠，名暎星，小人囚系。取福下至上一三，取祸上至下一三。

八卦断

乾宫笔法如鸡脚，父母初年早见伤。

若不早年离侍下，也须抱疾及为凶。

坤宫属母看荣华，切忌勾陈杀带斜。

一点定分荣禄位，一生富贵最堪夸。

艮位排来兄弟宫，勾陈位笔性他凶。

纵然不克并州破，也主参商吴楚中。

巽宫带口子难逢，见子须知有克刑。

侥君五个与三个，未免难为一个成。

震位东方一位间，要他笔正莫凋残。

若逢枯断须沾疾，腰脚交他不得安。

离是南方火位居，看他一点定荣枯。
若还员净荣官禄，燥火炎炎定不愚。
坎为财帛定卦位，水星笔横占他方。
若见笔尖无大小，根基至老主荣昌。
兑位西方太白间，只宜正直莫凋残。
若然坑陷并尖缺，妻子骄奢保守难。

第十一章　拆字汇考二

《新订指明心法》上

相字心易

凡写两字，止看一字。盖字多必乱。若谋事之类，亦必移时，方可再看。

辨字式

富人字，多稳重无枯淡。贵人字，多清奇长画肥大。贫人字，多枯淡无精神。贱人字，多散乱带空亡。百工字多挑趯，商字多远迩。男子字多开阔，妇人字多逼侧。余皆以浓淡、肥瘦、斜正、分明之类断之。

笔法筌蹄

凡书字法，有浓淡、肥瘦、长短、阔狭、反覆、顺逆、曲直、高低、小大、软硬、开合、清浊、虚实、凹凸、平正、斜侧、圆满、直率、明白、轻快、稳重、挑趯、勾挽、破碎、枯槁、尖削、倒乱、鹘突、孤露、交加、肥满、尖瘦、刚健、精神、艳冶、气势、衰弱、小巧、软满、老硬、骨棱、草率、开阖之分，各有一体，难以尽述，学者变化知几其神。歌曰：

笔画稳重，衣食丰隆。

笔画平直，丰衣足食。

笔画端正，衣禄铁定。

笔画分明，决定前程。
笔画圆静，富贵无并。
笔画肥浓，富贵无穷。
笔画洁净，功名可决。
笔画轻快，诸事通泰。
笔画刚健，力量识见。
笔画精神，必有声名。
笔画光发，荣显通达。
笔画气势，慷慨意志。
笔画宽洪，逞英逞雄。
笔画尖小，其人必了。
笔画如线，有识有见。
笔画似绳，一世平宁。
笔画挑剔，奸巧衣食。
笔画乌梅，面相恢恢。
笔画懒淡，兄弟离散。
笔画分扫，破荡家早。
笔画弯曲，奸巧百出。
笔势迭荡，一生浮浪。
笔画枯槁，财物虚耗。
笔画糊涂，憨蠢无谋。
笔画粘带，是非招怪。
笔画大小，有歉有好。
笔画高低，说是说非。
笔画淡薄，疮痍克剥。
笔画反覆，心常不足。
笔画破碎，家事常退。

笔画攲斜，飘泊生涯。

笔画愚浊，无知无学。

笔画如蛇，常不在宅。

笔画偏侧，衣食断隔。

笔似鼓槌，至老寒微。

笔势如针，此人毒心。

笔画勾丫，官事交加。

笔画如钩，害人不休。

笔画散乱，财谷绝断。

笔格常奇，诀以别之。

奴婢

恰似霜天一叶飞，画如木担两头垂。画轻点重君须记，定是前趋后拥儿。

阴人

阴人下笔意何如，只为多羞胆气虚。起处恰如针鮆样，却来下笔定徐徐。

隔手

隔手书来仔细详，见他纸墨字光芒。更看体骨苏黄格，淡有精神是贵郎。

视势

每遇人写来，必别是何字。如天字，乃是夫字及失字基址。女人写妨夫，男子写有失。

象人

凡见必别是何人写，亦象人而言。如天字。秀才问科第，今年尚未，当勉力读

书，来年有名望及第。官员求官，亦未宜，勉力政事，主来年得人举荐受恩。若庶人占之，病未安，用巫方愈。讼者，未了，主费力，必被官劾断之。

"天"加直成"未"，再加点成"来"，"来""力"成其"剌"。

有所喜

如问财，见金宝偏傍及禾斗之类，决好。

有所忌

如问病见土木，及问讼见血井字，皆凶。

有所闻

如问病，忌闻哭泣声。占财，不宜破碎声。

有所见

如立字，见雨下或水声则成泣字。又如言字，见犬成狱字。问病、讼皆忌之。

以时而言

如草木字，春夏则生旺有财，秋冬则衰替多灾。风云气候之类，亦然。

以卦而断

如震字，春则得时，冬则无气。皆以其卦言之。

以禽善而断

如牛字则劳苦，为人春夏劳苦，秋冬安逸。

取类而言

如樓字，笔画多不可分解。以楼取义，乃重屋也。重屋拆开，乃千里尸至。问字人必有人死在外，尸至。

以次而言

如字先写笔画，喜则言吉，次则言凶，又次则言半凶半吉，以此加减，亦察人之气也。

当添亦添

且如官员写“尹”字，乃君字首，断其人必在上位，定不禄而还，以君无口故也，如书“君”字，乃是郡旁，其人当得郡。

当减亦减

如樹字中有吉字，写得好者则减去两边，只是言吉。

笔画长短

如吉字上作士字，终作士人。如作土字，乃口在下，问病必死。若身命属木，自身无妨，屋下木土生，不过十日必亡。

如“常”字，上作小字，只是主家内小口灾略，不为大害。若上草作“小”，如此写，乃是灾字头，中是“门”字，下是“吊”字，主其人大灾患临头，吊客人门，大凶。然亦须仔细，仍观人之气色。象人而言，如土人气色黑恶，其人必退。若土命者，必死。俱不过十日。

偏旁侵客

如“宀”字，乃家头。如“宀”写，乃是破家宅，无其家，必退。如此“山”，写必兴门户。乃是山字形。如山有缺笔，乃是悬针之山，必大凶也。

字画指迷

如人字，正人作贵相，睡人作病疾，立人傍托人，双人傍作动人，其人逆多顺

少。从作两人相从，眾作群党生事。坐人作阻隔，更作闲作人。如申字作破田煞，常人不辨破田之说，用事重成之义也。

如田字，藏器待时，头足有所争，争而有所私忌，田产不宁。如彐字，作横山，取之衣禄渐明矣。又作日间防破。如黄字，作廿一后方得萌芽，又作廿一用可喜也。又云：上有一堆草，中有一条梁，撑杀由八郎。如言字，有谋有信，取之如草之作木，取之心不定也。如心字，三点连珠，一钩新月，皆清奇之象。或竖心性情，作小人之状。近身作十字，作穿心六害，取凡百孤独。如寸字，亦心也。一寸乃十分，为人有十分之望，谋望有分付也。又作一十取之。如辛字，乃六七日内见，立用干求。远作六十一日。或云有宰相成也。

问婚姻

凡事写得相粘者，可成。又字画直落成双者，可成。字中间阔而不粘，及直横成双者，偏旁长短者，不成。

凡写字得脚匀齐者，皆就。字四齐者，尤吉。字上短下长者，日久方成。字乾上有破，父不从。坤宫破，母不从。左边长者，男家顺，女家不肯。右边长者，女家顺，男家未然。

官事

或见文字，或字脚一丿一㇏破碎，断有杖责。或见牛字，有牢狱之忧，主人大失。或木笔开口者，亦有杖责。字画散乱者易了，或有丿㇏长者耸者，亦有杖刑。或见杖竹之类，亦有打兆。

火命人写木字来问，必有官灾。或字有草头者说草头姓，得力之类。

疾病

金笔多心肺痰脏腑疾，西方金神为祸。

木笔多心气疾手足灾，木神林坛为祟。

水笔多泻痢吐呕之证，水鬼为凶。

火笔多潮热伤寒，时行火鬼为怪。又云：四肢疼时气病疾，火笔多者病不死。

土笔多脾胃兼疮疾，客亡伏尸作祟鬼，疼痛之疾。土笔多者病死。凡有丧字虎字头或两口字者，皆难救。

六甲

字凡有喜字、吉字体者，皆吉。字凡带白虎笔，难产，子必死。写得粘者，易产。字画纤断者，主有惊险。字有螣蛇笔者，主虚惊。字画直落成双者，阴喜。成单者，男喜。

求谋

凡字写得中间阔者，所谋无成。谋字写得相粘者，二十四五前成。盖有隔字体故也。求字来问者，木命人吉，土火不利。

行人远信

如行字写得脚短一般齐者，人便至。字脚或不齐，行人皆不至。字画直落点多者，其人必陷身。字画少者，人便至。乃详字体格范。

官贵

凡字有二数，一点当先者，无阻，事济。所写之字相粘，伶俐者贵人，顺。点多者，事不成。

失物

凡字有"失"字体及字中，皆难觅。朱雀动，有口舌，日久难寻。金笔多艮，上有破五金之物，宜速寻。土笔多坎，上有破碎，其物在北，上古井或窑边，及坑坎之所，瓦器覆藏，五日败。坤上有一钩者，乃奴婢偷去，不可取得。兑上不足，乃妻妾为脚，带金人将去。离上一画不完者，乃南方火命人将去见官方，失物

仍在。

问寿

字画写得长而瘦者，寿耐久；如肥壮者，耐老；若短促者，无寿。

功名

字要贵人头者，有功名；字金笔多端正，及木笔轻而长者，皆贵。

行人

人字潦倒，未动。写得人字起者，已动。人以來字问者，未至。行字问者，且待。凡字中有言字者，有信至，人未至也。

反体

喜字来问者，未可言喜，有舌字脚。有以慶字来问者，未可言慶，有憂字脚。星字来问者，日在上，星辰不见，问病必凶。

大凡文人不可写武字，武人不可写文字，阴人不可写阳字，阳人不可写阴字，皆反常故也。

六神笔法

㇈，青龙木。乂，朱雀火。勹，勾陈土。ʟ，螣蛇无正位。几，白虎金。厶，元武水。

蚕头燕额是青龙，两笔交加朱雀凶。
元武怕他枯笔断，勾陈回笔怕乾宫。
螣蛇草笔重重带，白虎原来坤位逢。
此是六神真数诀，前将断语未流通。

六神主事

青龙主喜事，白虎主丧灾。朱雀主官司，勾陈主留连。螣蛇主妖怪，元武主盗贼。

六神都静，万事咸安。若交一动之时，家长须忧不测。若非人亡财散，必主刑囚狱讼。

青龙形式

乁丿　青龙要停匀，百事皆吉。

青龙笔动喜还生，谋用营求事事通。
人口增添财禄厚，主人目下尽亨通。

朱雀形式

乂　朱雀临身文书动，主失财，有口舌，生横事。忌惹人，有忧惊之事。

朱雀交加口舌多，令人家内不安和。若逢水命方无怪，他命逢时有怨疴。

勾陈形式

勹　勾陈主惊忧之事，迟滞忌土田，是非未决，并惹闲非。

勾陈逢者事交加，谋事中间件件差。田宅官司多挠括，是非门内有喧哗。

螣蛇形式

⺄　蛇主忧虑，梦不祥，作事多阻，有喧争。惹旧愁，宜守静。

螣蛇遇者主虚惊，家宅逢之尽不宁。出入官谋宜慎取，免教仆马有灾形。

白虎形式

凡白虎主有不祥之招，产病、有孝服及官鬼。惹口舌，在囚狱。

白虎逢之灾孝来，出门凡事不和谐。更防失脱家财损，足疾忧人百事乖。

元武形式

厶　元武贵人华盖，主盗财，亦难寻。

元武动时主失脱，家宅流离慎方活。更防阴小有灾危，又主小人生恬括。

笔画犯煞

卌风鳞，丅断伏，口活法，㺬用煞，丑连，曰隔伏，厂倚伏，𠃌冲伏，㇆悬针，◎冲伏，㇆流金，㇂活金，乙曲伏，㇈曲伏，口死金，㇆活火，𠄌死火，㔾螣蛇，一死土，⊕活土，☐隔伏。

元黄笔法歌

厂反　反旁无一好，十个十重灾。傍里推详看，临机数上排。

廴走　走绕字如何，须防失脱多。若还来问病，死兆不安和。

孑糸　糸绞同丝绊，干事主留连。却喜财公问，傍看日数言。

阝卩　附邑傍边事，当从在右推。兑宫知事定，震位事重为。

灬二　四点皆为火，逢寅过午通。若还书一画，百事尽成空。

亻彳　卓立人傍字，谋为倚傍成。若还来问病，死去又逢生。

之辶　之绕身必动，看其内必凶。问病也须忌，其余却少通。

弓弓　弓伴休乾用，反处口难凭。先自无弦了，如何得箭行。

山宀　宀下灾祸字，占家更问官。更推从来用，凶吉就中看。

冫氵　两点傍边字，还知凝滞攒。要问端的处，傍取吉凶看。

吕叩　双口相排立，因知恸哭声。各逢于戈日，亦主泪如倾。

户尸　户下尸不动，休来占病看。其余皆是吉，即断作平安。

阝阜　阜邑傍边字，当为仔细推。兑宫知事息，震位又重为。

衣礼　礼字傍边拆，必定见生财。疋字如逢见，须从人正来。

月骨　骨傍人有祸，囚狱一重来。门内生荆棘，施设不和谐。

身自　自家身傍限，分明身不全。有谋难得遂，即日是多煎。

反定　定绕自来看，身必有所动。吉凶意如何，相里临时用。

山山　山下灾祥字，占家宜用官。更推从西用，凶吉数中安。

人欠　欠字从西体，须知望用难。吹嘘无首尾，不用滞眉看。

禾禾　禾边刀则利，春季则为殃。夏日宜更改，人中好举扬。

耳耳　耳畔虽有纪，轻则是虚声。旺事宜重用，取谋合有成。

五行体格式

水笔式　○水图多性巧，口浊者定昏迷，◎水泛为不定，乁水走必东西。

火笔式　)火重性不常，厶火燥见灾殃，彡火多攻心腹，ㄣ火轻足衣粮。

土笔式　一土重根基好，一土轻离祖居，冖土滞破田宅，乁土定无虚图。

金笔式　口金方利身主，亻金重性多刚，ㄱ金走为神动，已慷慨及门墙。

木笔式　丨木长性聪明，|木短定功名，川木多才学敏，彡木斜废支撑。

时辰断

看字先须看时辰，时辰克应不相亲。时辰若遇生其用，作事何忧不称心。

此字中第一要紧用也。

起六神卦诀

甲乙起青龙，丙丁起朱雀。戊日起勾陈，巳日起螣蛇。庚辛起白虎，壬癸起元武。

附例

	六爻	五爻	四爻	三爻	二爻	初爻
甲乙日例	元武	白虎	螣蛇	勾陈	朱雀	青龙
丙丁日例	青龙	元武	白虎	螣蛇	勾陈	朱雀

辨别五行歌

横画连勾作土称，一挑一捺俱为金。撇长撇短皆为火，横直交加土最深。有直不斜方是木，学者先明正五行。

一点悬空土迸尘，三直相连化水名。孤直无依为冷水，腹中横短作囊金。点边得撇为炎火，五行变化在其中。

三横二短若无钩，乃为湿木水中流。两点如挑金在水，八字相须火可求。空云独作寒金断，好把心钩比木舟。

无勾之画土稍寒，直非端正木休参。围中横满无源水，口小金方英错谈。四匡无风全五事，用心辨别莫疑难。

穿心撇捺火陶金，走之平稳水溶溶。直中一捺金伤木，踢起无尖不是金。数点笔连休作火，奇奇偶偶水源清。

无直无钩独有横，水因土化复何云。点挑撇捺同相聚，共总将来化土音。四点不连真化火，孤行一笔五行同。

辨别六神歌

蚕头燕额是青龙，尖短交加朱雀神。弯弓斜月勾陈象，螣蛇长曲势如行。尾尖口阔为白虎，体态方尖元武行。此即六神真妙诀，断事详占要认真。

五形歌并式

木瘦金方水主肥，土形敦厚背如龟。上尖下阔名为火，字像人形一样推。

木式

有直不斜方是木，即此是也。凡字有木，不偏不倚始为木。若无倚靠上下左右者，此系冷木。故云：直无依为冷木，另作别看。

三　此乃湿木也。歌曰：三横两短右无钩，乃为湿木水中流。此土化水也。如

聿字下三横，春字上三横，皆为湿木。凡有钩之横，及三横不分短长者，皆非木也。

乙　此舟船木也，象如勾陈属土。邵子云：好把心钩比木舟。故借作舟船木用。如占在水面上行等事，即作舟船木用；如占别用，论勾陈仍作土看。在占者临时变化，切不可执一而论也。

乂　此木被金伤也，一样属金。故云，直中一捺金伤木。凡占得此木为用伤者，皆主不得其力也。

干支辨

直长为甲亦为寅，细短均为乙卯身。孤直心钩兼湿木，干支无位不须论。

車　假如车字中央一直彻上彻下，强健无损，则属阳，所以为甲木、寅木。余皆仿此。

幸　如幸字上一直下一直，皆短弱，属阴，所以作乙木、卯木论也。凡一直细弱不健，即长如车之直，亦作乙卯木看，其心钩舟船木，并三横两短木，一概不在干支论，因其不正故也。

火式

丿　撇长撇短皆为火，此式是也。

丷　点边得撇为炎火，此即是也。要一点紧紧相连始合式，如不联属，点仍属水火，非炎火看也。

八　八字相须火，可求此余火也。如八字捺长，则一撇为火，一捺另作金看。

灬　四点不连真化火，此真火也。如四点笔法牵连不断，则属水，非火论也。

干支辨

撇长丙巳短为丁，午火同居短撇中。八字螣蛇兼四点，天干不合地支冲。

庐　假如庐字撇长，则取为丙火、巳火用。丙巳属阳，故用撇长者当之。余仿此。

從　如从字撇多皆短，则取为丁火、午火用。丁午属阴，故用短弱者当之。邵子之作，皆有深理存焉。余仿此。如八字四点之类，皆火之余，俱不入干支论。

土式

一　此横画连勾，作土称是也。如用画无勾，直无撇捺相辅，此为寒土化水用，故“无直无勾独有横，土寒化水复何云”也。如二字、旦字、竺字之类也。如血字、土字与直相连，仍作土看。

十　歌云：横直交加土最深。即此是也。凡横画有一直在内为木，非深厚之土不能培木，所以云土最深也。余仿此。

丶　歌云：一点悬空土迸尘。此乃沙尘土也。凡求字、戈字末后一点皆是。如文字、章字当头一点属水，不在此论。凉字、臧字起头一点亦属水，不在此论。

一　此无勾之画，为寒土。解见前。

丷　此点挑撇捺同相聚，共总将来化土音。作土看。

干支辨

横中有直戊居中，画短横轻作己身。未点勾陈皆丑未，长而粗者戊辰同。

聿　假如聿字之类，第二画长，末后一画长，余画皆短，即长者为阳土用，短者为阴土用，必取横中有直者为准。如无直者及无依辅者，另看轻细，虽长亦作阴土。

求　假如求点可作己土丑未用，其挑撇点捺，同相聚无名之土，不入于干支之论也。

金式

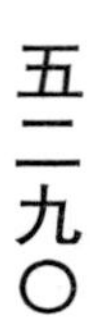

㇀　歌云：一挑一捺俱为金。即此是也。挑起定要有锋尖，始为金。如踢起无尖，又非金看也。

㇏　捺要下垂始为金。如走之平平，又变水看矣。学者辨之要明。

口　口小金方，即此是也，如因字、国字、匡字，四匡大者皆非。

目　歌曰：腹中横短是囊金。假如目字中两横短，而作囊内之金看，如两横长满者，乃围中横满无源水，又不作金用也。如目中用两点非横者，亦是水，非金也。余仿此。

氵　此两点加挑，“金在水云金”，乃水中之金也。

几　此“空云独作寒金断”，乃寒金也。

乂　“穿心撇捺火陶金”，此金在火中也。

干支辨

口字为庚亦作申，挑从酉用捺从辛。空头顽钝囊金妙，不在干支数内寻。

喜　假如喜字上下两口皆属阳，取其方正故也。俱为庚金申令用。

扒　假如扒字挑才，一挑取为酉用，八字一捺取为辛用，因其偏隘，故作阴金用。余仿此。

水式

丶　此一点当头作水称，乃雨露水也。歌出邵子旧本。又云，有点笔清皆作水。云有点属水也。又一点悬空土，迸尘点在末，后一点化水，解见前；四点相连，又化作火，亦见于前解也。

川　此三直相连化水，名川字之义也。

日　此字中央一满画，乃无源之水也。如画短不满者，不是水，另作别看。

辶　此走之平稳，水溶溶捺不下垂，故作水看也。

灬　此数点相连，野水也；即四点笔迹不断，亦作水看。

一　此土寒化水也，凡有依附者即非，仍作土看也。

干支辨

点在当头作癸称，腹中为子要分明。点足为人腰在亥，余皆野水不同群。

文　假如文字一点，即为癸水，癸水乃雨露之源，因其在上故也。余仿此。

月　假如月字腹中之点，即为子水，因其在内故也。凡勺字、自字等字皆

同用。

景　如景字中央一点乃亥水，下二点为壬水，故点足为壬腰作亥，取江河在下义也。余仿此。

五行全备

一点一画五行全，试看首尾秘为占。点画若无疵笔露，功名发达享高年。

丶　如一点端正，无破绽、鸦嘴等形，则是五行全；如不合式，仍属水。

一　亦五行全，此象乃庖羲氏画卦之初，而混元一气之数也。

○　此太极未分时，亦五行全天之象也。

□　歌云：四匡无风全五行。是亦五行全也，如国字、园字之类，四匡紧紧不透风，乃是。如笔稀者，不是。口小者属金，亦不是此地之象也。

六神形式

青龙　丿　乀

蚕头燕额是青龙。凡撇捺长而有头角之样，即作青龙。如撇短则不足。如成青龙之式，不拘撇捺皆化木。如无须角，虽长亦非青龙。

朱雀　乂　丿

尖短交加朱雀神。撇短而有尖嘴之形，则为朱雀，主文书事，原属火，无化。

螣蛇　乙　乞　[illegible]　叉

螣蛇长曲势如行。其样如蛇，皆化火看。亦主文书，及惊怪等。

勾陈　勹　乚　乀

湾弓斜月勾陈象。凡带长者是也。属土，无化。主羁滞。

白虎　兄　几　[illegible]

尾尖口阔方为虎。口不开者，非虎也。化作金用。主疾病。凶之兆也。

元武　厶　么　幺　云

体态方尖元武形。化水。主盗贼事。又主波浪险阻等事。

八卦辨

口形为兑捺为乾，三画无伤乾亦然，
三点同来方是坎，撇如双见作离占，
土山居上名为艮，居下为坤不必言，
蛇形孤撇皆从巽，云首龙头震占先，
详明八卦知凶事，学者参求理自全。

贵神：

中　上　贝　日　月　大　人

喜神：

士　口　言　鳥

福星：

不　田

文星：

二　乂　曰　子

印星：

巨　卩　口　子

马星：

丁　灬　辶　走

禄神：

甲禄在寅，乙禄在卯，丙戊禄在巳，丁己禄在午，庚禄在申，辛禄在酉，壬禄在亥，癸禄在子。

俱以占者年庚本命干求之笔画为准，如甲命人即以字中长直为禄。余仿此。

会神：

田　日　云　禺

生神：

一　元　甲　子　初

盖一者，数之始；元者，洪濛之初；甲子者，乃干支之首，故皆为生神之用也。

亡神：

十　千　百　万　貞　亥　癸

十、千、百、万皆数之终，贞乃元之尽，亥、癸是干支之末，故为亡神。

家神：

宀壬火、土、堂、水。

官符：

宀　付　目

文书：

二　乂　丿　乙　朱雀、螣蛇皆是。

灾煞：

巛　宀　火　广　丙　矢

字中见旧太岁，亦为病符星。

天狗煞：

字中见太岁，前年干支是也。如子年见戌，甲年见壬皆是。

科名星：

禾　斗　以本人年甲所属是科名，如甲乙以一直，丙壬以一撇，皆科名也。余仿此。

丧门：

白　𠓜　𠔿　兄

空亡：

即六甲空亡，“甲子旬中空戌亥”之类是也。假如甲子旬中占，即以腰间一点为亥空，以长画为戌空。余皆仿此。

宜神：

子为财之宜神，鬼为父之宜神，兄为子之宜神，财为鬼之宜神，父为兄之宜神是也。

忌神：

子为鬼之忌神，鬼为兄之忌神，兄为财之忌神，财为父之忌神，父为子之忌神是也。

主神：

眼前小事日干寻，代友占亲看纳音。疾病官非详本命，字中末笔主终身。

假如占眼前出行、求财等事，俱以日干生克字中笔画为主。如替人问事，以本日纳音为主。如疾病、官非，又以本人年干为主。如占自己终身，俱以末后一笔为主。看生克衰旺而详占之。

用神

官鬼父母才兄子，据事参详要仔细。认定一笔作用神，此为相字真消息。

假如占功名，用官鬼。占生意，用财爻。据事而取用神，只以一笔为主，详其旺相休囚，以定吉凶。

七言作用歌：

用神加值五行真，
谋望营为百事成。
疾病官非兼口舌，
总逢凶处不成凶。

凡金、木、水、火、土，真字皆宜用，乃五行真也，诸事皆利。

午干所属是科名，
未斗皆为首占星。
有此求名方遂意，
如无考试定成空。

凡占功名，必要科名，入数再兼官鬼文书，动而旺相功名可成，如无科名莫许。

求名之数禄神临，
始断今科考事兴。

若遭科名同在数，
自然高荐遂生平。

禄神，即甲禄在寅是也。

有田有日会神兴，
见客逢人不必寻。
马星原是弯弓脚，
四点原来用亦同。

凡谒贵寻人，俱要会神行人，俱要马星妙。

士头口体喜神俱，
嫁娶婚姻百事宜。
只怕重重见火土，
许多克伐反非奇。

士属土怕木，口属金怕火，所以见木土反，非奇也。

笔清墨秀琢磨深，
方正无偏必缙绅。
疾走龙蛇心志远，
行藏慷慨位三公。

又：

字兼骨格有精神，
窗下工夫用得深。
笔踪丰肥金见火，
诗书队里久陶熔。

又：

金木重重见贵神，
笔挥清楚主聪明。
耸直一行冲宝盖，
富贵荣华日日新。

又：

方圆端正笔无尘，
年少登科入翰林。
只恐弱木逢金克，
缠身疾病不明萌。

又：

木形之字有精神，
可云发达耀门庭。
火多年少心多燥，
水盛为人智必清。

又：

一直居中勇更明，
少年黾勉得功名。
末笔再逢金土厚，
为官享禄更廉明。

又：

笔端势小事无成，
粗俗须知业不精。
起头落尾如莺嘴，
心里奸谋刻薄人。

又：

土形之字活而圆，
用神清楚是英贤。
笔底到头无间断，
一家荣耀有余钱。

又：

字贬无神笔更联，

公门吏卒度余年。
勉强操觚无实学，
欺人长者被人嫌。

又：

战兢惕厉若临渊，
静里修持反有年。
写毕果然无俗气，
终须榜上有名填。

又：

日月当头笔迹强，
精神骨格字无伤。
国家梁柱何消息，
更有奇衷佐圣疆。

又：

衣食身傍黑带浓，
最嫌软弱与无神。
字中人口如枯暗，
莫待长年主恶终。

又：

下笔头高志必雄，
落头不是正经人。
尖头秃尾人无智，
老死冲门不得名。

又：

一字忙忙写未全，
有头无尾不须言。
作事率然多失错，

琢磨早失在当年。

又：

字无骨格少精神，
一生多耗病沉沉。
问名带草索连就，
满腹文章亦落空。

又：

草写香花定主贫，
弱软干枯受苦辛。
于中若是为官客，
几日新鲜一旦倾。

比例歌

斗日来占事不差，
无心书鬼状元家。
功名第二推为政，
死字登科作探花。

二

辰时执笔若书才，
大振声名事必来。
正午书言真是许，
水傍写半见黉开。

三

逢三书八士能成，
照例推之理便通。
申卓不乱推联捷，
数逢三一始为真。

四

二人同到独书余，
一定其间事必徐。
问失执金知是铁，
始为一举反三隅。

此例之类不过详其理也，暂录四首为后学之门，余仿此。

西江月

要见卦爻衰旺，端详其内章图。
欲知事物识天机，细把元黄篇记。
临占观形察物，叶音即义断之。
若逢王者世为奇，君免猜疑直示。

易理元微

昔李淳风见赤黑二马入河，人问二马何先起，有人演得离卦云：离为火，火赤色，赤马先起。李曰：火未然，烟先发，黑马先起。果然。

断扇占

昔有一妇，其夫久客不归，因诣李淳风先生处求断易数。适值他出。问其子，其子见妇手中携一扇，其扇面忽然落地，因断曰：骨肉分离，不得相见矣。妇泣而回，恰路遇李淳风先生，妇诉其故。李断曰：穿衣见父，脱衣见夫。不妨，尔夫今日必到。将晚，果然至家。可见各解不同，其断精微若此。

买香占

酉年八月二十五日午时，有杨客卖香。康节曰："此香非沉。"客曰："此香真不可及。"康节曰："火中有水，水泽之木，非沉香也。恐是久阴之木，用汤药煮之。”客怒而去。半月后，有宾朋至，云：“是清尾人家做道场，沉香伪而不香。”康节曰：“香是何人带来？但问其故，我已先知之矣。”伯温令人去问，果是杨客。康节曰：“前日到门首，因观之。未问之前，先失手，其香坠地。故取年月日时占之，得睽之噬嗑。睽下卦属兑，兑为泽。噬嗑下卦属震，震为木。乃西泽之木，即非沉香。睽卦上互得坎，坎为水。下互得离，离为火。上有水即汤。噬嗑卦上互见坎，坎为水。下互见艮，艮为山。中有水，亦泽之象。此乃西泽久损污湿之木，以汤煮之。”此理可晓，从此大小事，不可不校其时也。

《新订指明心法》下

断富贵贫贱要诀

凡字写得健壮，其人必发大财，有田土好产。二画一点者，多贵为官食禄，不然亦近贵人。字中或多了一画，亦主横发财禄，多遇异贵，得成名利；或少了一画，其人破荡弃祖，自立成败。

如名目字写得如法正当，无一缺折者，其人有名分。

笔多清贵虚名。

土笔多富而贵。

字中有画当短而长，其人慷慨，会使钱，近贵。

字画直长而短，其人鄙吝，一钱不使。

字有悬针或直落尖，皆刑六亲，伤害妻子。

横画两头尖者，伤妻。

直落两头尖者，伤子。

字掠画少者，孤掠。画不沾者，亦孤为僧或九流。

如见十字两头尖者，穿心六害，刑妻子兄弟，骨肉皆空。

字中点多者，主人淫滥漂荡，贪花好色，居止不定。

十字下面脚不失者，晚得子力。

如见上一画重者，平头杀，亦难为六亲。轻者，初年不足，中末如意。或点重者，为商旅发财，离乡失井，出外卓立。

若水命金命，见点画轻者，或早年有水灾，捩者无安身之地。作事成败，主恶死，不善终。

直落多者，聪明机巧，为手艺之人白手求趁。

画多者，必有心胁脾胃之疾，木多有心气之疾，晚年见之。

写口字或四围有口开者，有口舌，旬日见之，或破财不足。

發字头见者，未主发财。

一字分作三截，上中下三主断之。

士头文脚，主有文学。

金笔灵或见千干戈字脚者，必是用武之士。

凡妇人写来写画不正者，必是偏室；或带三点，必有动意，如三之类。

凡写字之人，偶然出了笔头，此事破而无成；或近火边写字，必心下不宁。

或写字用破器添砚水，家破人亡。

或写字时，犬来左右吠，不吉。

或取纸来写，破碎者，主有口舌。

或写字时猫叫，此人有添丁之喜。

或在楼上写来问，者有主重叠之事。

或在船上写来，主有虚惊。

或扇上写来，问夏吉冬不吉。

如本命属金，金笔多者贵，土笔多者富，五行生克亦然。皆仿此。

五行四季旺相休囚例

	春	夏	秋	冬	四季之月
旺	木	火	金	水	土
相	火	土	水	木	金
休	水	木	土	金	火

囚　土　金　木　火　　　水

五行相生地支

木生在亥，火生于寅，金生在巳，水土长生居申。

天干地支所属五行

甲乙寅卯属木，丙丁巳午属火，戊己辰戌丑未属土，庚申辛酉属金，壬癸亥子属水。

论八卦性情

乾健也，坤顺也，
震起也，艮止也，
坎陷也，离丽也，
兑说也，巽入也。

八卦取象

乾为天，坤为地，
震为雷，巽为风，
坎为水，离为火，
艮为山，兑为泽。

六十甲子歌

甲子乙丑海中金，
丙寅丁卯炉中火。
戊辰己巳大林木，
庚午辛未路傍土。

壬申癸酉剑锋金，
甲戌乙亥山头火。
丙子丁丑涧下水，
戊寅己卯城头土。
庚辰辛巳白腊金，
壬午癸未杨柳木。
甲申乙酉井泉水，
丙戌丁亥屋上土。
戊子己丑霹雳火，
庚寅辛卯松柏木。
壬辰癸巳长流水，
甲午乙未沙中金。
丙申丁酉山下火，
戊戌己亥平地木。
庚子辛丑壁上土，
壬寅癸卯金簿金。
甲辰乙巳覆灯火，
丙午丁未天河水。
戊申己酉大驿土，
庚戌辛亥钗钏金。
壬子癸丑桑柘木，
甲寅乙卯大溪水。
丙辰丁巳沙中土，
戊午己未天上火。
庚申辛酉石榴木，
壬戌癸亥大海水。

六十四卦次第歌

乾坤屯蒙需讼师，
比小畜兮履泰否。
同人大有谦豫随，
蛊临观兮噬嗑贲。
剥复无妄大畜颐，
大过坎离三十备。
咸恒遁兮及大壮，
晋与明夷家人睽。
蹇解损益夬姤萃，
升困井革鼎震继。
艮渐归妹丰旅巽，
兑涣节兮中孚至。
小过既济兼未济，
是为下经三十四。

系辞八卦类象歌

乾为君兮首与马，
卦属老阳体至刚。
坎虽为耳又为豕，
艮为手狗男之详。
震卦但为龙与足，
三卦皆名曰少阳。
阳刚终极资阴济，
造化因知不易量。
坤为臣兮腹与牛，

卦属老阴体至柔。
离虽为目又为雉，
兑为口羊女之流。
巽卦但为鸡与股，
少阴三卦皆相侔。
阴柔终极资阳济，
万象搜罗靡不周。

浑天甲子定局

乾　壬戌土，壬申金，壬午火。上卦
　　甲辰土，甲寅木，甲子水。下卦
坎　戊子水，戊戌土，戊申金。上卦
　　戊午火，戊辰土，戊寅木。下卦
艮　丙寅木，丙子水，丙戌土。上卦
　　丙申金，丙午火，丙辰土。下卦
震　庚戌土，庚申金，庚午火。上卦
　　庚辰土，庚寅木，庚子水。下卦
　　以上四宫属阳，皆从顺数。
巽　辛卯木，辛巳火，辛未土。上卦
　　辛酉金，辛亥水，辛丑土。下卦
离　己巳火，己未土，己酉金。上卦
　　己亥水，己丑土，己卯木。下卦
坤　癸酉金，癸亥水，癸丑土。上卦
　　乙卯木，乙巳火，乙未土。下卦
兑　丁未土，丁酉金，丁亥水。上卦
　　丁丑土，丁卯木，丁巳火。下卦
　　以上四宫属阴，皆从逆数。

右诀从下念上，一如点画卦爻法。学者皆宜熟读。

后天时方

子日子罡起，灭迹四位中。五败七破位，十祸日习同。

	甲子	乙丑	丙寅	丁卯	戊辰	己巳
子	罡	吉	孤苦	灭	灭	吉
丑	墓	罡	吉	孤	孤	吉
寅	吉	败	罡	祸	祸	凶
卯	灭	吉	败凶亡	罡	罡	孤
辰	败	祸	祸	凶	凶	罡
巳	吉	败	灭	吉	吉	罡
午	破	吉	破败	祸	祸	吉
未	绝	破碎	吉	败	败	凶
申	吉	凶败	破	凶	凶	灭
酉	祸	吉	败祸	破	破	败
戌	孤苦	灭	灭空	空	空	凶
亥	空亡	空	空孤	吉	吉	吉破

庚午 子破丑吉寅吉卯吉辰灭巳吉午罡未吉申凶酉吉戌空亥败

辛未 子凶丑破寅吉卯吉辰祸巳凶午吉未罡申吉酉吉戌灭亥空

壬申 子吉丑墓寅破卯凶辰吉巳祸午吉未罡申吉酉吉戌灭亥空

癸酉 子祸丑墓寅吉卯破辰吉巳吉午灭未孤申吉酉孤戌空亥

甲戌 子败丑灭寅败卯害辰破巳吉午凶未害申空酉空戌罡亥

乙亥 子吉丑凶寅祸卯破辰孤巳破午吉未败申害酉戌孤亥罡

丙子 子凶丑吉寅败卯祸辰害巳破午凶未吉申空酉破戌孤亥凶

丁丑	子孤丑罡寅吉卯害辰害巳败午凶未破申	空酉杀戌灭亥孤
戊寅	子孤丑破寅罡卯吉辰凶巳灭午败未凶申	破酉空戌凶亥
己卯	子灭丑孤寅吉卯罡辰吉巳凶午祸未败申	杀酉破戌害亥凶
庚辰	子丑祸寅孤卯凶辰罡巳凶午吉未灭申	败酉凶戌破亥凶
辛巳	子凶丑墓寅灭卯孤辰吉巳罡午凶未凶申	害酉败戌吉亥破
壬午	子破丑孤寅吉卯害辰凶巳吉午罡未凶申	空酉灭戌散亥散
癸未	子吉丑破寅吉卯吉辰祸巳孤午吉未罡申	空酉吉戌灭亥散

日	子	丑	寅	卯	辰	巳	午	未	申	酉	戌	亥
甲申	败	吉	败	吉	吉	祸	孤	空	罡	败	吉	灭
乙酉	祸	散	吉	破	凶	吉	灭	空	吉	罡	凶	吉
丙戌	吉	灭	败	吉	破	吉	空	祸	孤	吉	罡	吉
丁亥	败	吉	祸	败	吉	破	空	散	灭	孤	吉	罡
戊子	罡		吉	灭	败	吉	破	空	吉	害	孤	吉
己丑	吉	罡	吉	凶	孤	败	空	败	吉	凶	灭	孤
庚寅	吉	凶	罡	吉	祸	灭	罡	空	破	害	灾	孤

	子	丑	寅	卯	辰	巳	午	未	申	酉	戌	亥
辛卯	祸	败	孤	罡	吉	孤凶	灭	败	害	败	凶	吉
壬辰	凶	害	孤	害	罡	吉	空	灭	破	凶	破	吉
癸巳	吉		灭	孤	破	罡	亡	散	害	空	害	破
甲午	破	凶	吉	祸	孤	空	罡	吉	害	灭	败	吉
乙未	吉	破	凶	吉	灭	孤	吉	罡	败	吉	害	败
丙申	败	吉	破	凶	空	祸	孤	吉	罡	败	孤	灭
丁酉		败		破	罡	祸	孤	吉	罡	罡	凶	吉

戊戌	子凶丑败寅散卯吉辰伐巳空午凶未败申	孤酉吉戌罡亥祸
己亥	子吉丑凶寅祸卯败辰空巳破午吉未凶申	酉害戌孤亥罡
庚子	子罡丑吉寅吉卯灭辰败巳罡午破未吉申	吉酉祸戌孤亥吉
辛丑	子吉丑罡寅吉卯吉辰败巳败午吉未破申	吉酉吉戌灭亥孤
壬寅	子孤丑凶寅罡卯凶辰凶巳灭午败未吉申	破酉凶戌吉亥凶
癸卯	子灭丑孤寅卯罡辰空巳败午伐未败申	吉酉败戌吉亥吉
甲辰	子凶丑祸寅孤卯祸辰罡巳吉午未灭申	败酉散戌破亥吉

干支	正列	旁列
乙巳	子 吉 丑 凶 寅 灭 卯 刑 辰 凶 巳 空 午 吉 未 散 申	害 酉 败 戌 凶 亥 破
丙午	子 破 丑 吉 寅 亡 卯 害 辰 孤 巳 凶 午 罡 未 吉 申	凶 酉 灭 戌 败 亥 凶
丁未	子 炁死 丑 破 寅 空 卯 散 辰 灭 巳 孤 午 祸 未 罡 申	吉 酉 凶 戌 害 亥 败
戊申	子 败 丑 凶 寅 破 卯 吉 辰 祸 巳 福 午 孤 未 凶 申	罡 酉 吉 戌 墓 亥 灭
己酉	子 祸 丑 败 寅 空 卯 败 辰 墓 巳 凶 午 灭 未 孤 申	吉 酉 罡 戌 凶 亥 凶
庚戌	子 吉 丑 灭 寅 败 卯 空 辰 破 巳 凶 午 吉 未 祸 申	孤 酉 凶 戌 凶 亥 散

辛亥 子福 丑墓 寅空 卯灭 辰败 巳凶 午凶 未墓 申祸 酉孤 戌吉 亥罡

壬子 子罡 丑墓 寅空 卯灭 辰败 巳凶 午破 未 申吉 酉祸 戌 亥散

癸丑 子吉 丑罡 寅空 卯散 辰灭 巳败 午吉 未破 申凶 酉凶 戌害 亥孤

甲寅 子孤 丑空 寅罡 卯吉 辰墓 巳破 午败 未吉 申破 酉墓 戌吉 亥祸

乙卯 子凶 丑空 寅吉 卯罡 辰墓 巳吉 午败 未灭 申吉 酉破 戌灭 亥吉

丙辰 子空 丑祸 寅孤 卯吉 辰罡 巳吉 午吉 未灭 申败 酉吉 戌破 亥吉

丁巳 子空 丑散 寅灭 卯孤 辰吉 巳罡 午凶 未吉 申祸 酉败 戌吉 亥破

戊午	子 败 丑 空 寅 吉 卯 祸 辰 孤 巳 吉 午 罡 未 吉 申	吉 酉 灭 戌 败 亥 吉
己未	子 空 丑 空 寅 破 卯 祸 辰 灭 巳 孤 午 吉 未 罡 申	吉 酉 凶 戌 祸 亥 败
庚申	子 败 丑 空 寅 破 卯 吉 辰 凶 巳 祸 午 孤 未 凶 申	罡 酉 吉 戌 凶 亥 灭
辛酉	子 害 丑 吉 寅 凶 卯 败 辰 吉 巳 凶 午 灭 未 孤 申	罡 酉 凶 戌 吉 亥 凶
壬戌	子 空 丑 凶 寅 散 卯 凶 辰 破 巳 吉 午 凶 未 凶 申	孤 酉 凶 戌 罡 亥 吉
癸亥	子 空 丑 夫 寅 害 卯 败 辰 死 巳 破 午 吉 未 凶 申	灭 酉 孤 戌 墓 亥 吉

八反格

问喜何曾喜，问忧未必忧。问乐何曾乐，问愁何曾愁。问死何曾死，问生不曾生。问官官不谐，见财财不成。

四言独步

看字之法，毫不可差。
下笔是我，其余是他。
子孙父母，官鬼要财。
兄弟之类，次序安排。
详占一事，先看用神。
或强或弱，详断吉凶。
用神健旺，事所必宜。
用神衰弱，必失其机。
字无用神，始推末笔。
末笔参差，诸事不立。
上头中贝，日月大人。
字中有像，便是贵人。
贵人在爻，祸事必消。
逢险可救，财利必招。
左右有人，功名可许。
笔法轩昂，上人荐举。
求财取债，金忌火多。
再逢夏月，本利消磨。
五行俱全，人事宜然。
用神清楚，妙不可言。
相争词讼，字详结尾。
两笔分明，胜负立剖。
字可平分，讼不成凶。
人居圈内，缧绁之中。

青龙在数，求谋不误。

若无水来，反为无助。

元武自来，水上生财。

白虎同至，惹祸招灾。

朱雀临头，文书已动。

事在公门，不与人共。

朱勾叠叠，口舌重重。

若无救助，毕竟成凶。

水冷金寒，亲戚无缘。

求谋未遂，作事迁延。

五行正旺，财利可求。

吉神相助，万事无忧，

土内埋金，功名未遂。

或者水多，前行可贵。

人病在床，木被金伤。

六神不动，毕竟无妨。

字不出头，蹭蹬乖蹇。

五行有救，渐渐可展。

字无勾踢，人必平安。

凶神乱动，好处成难。

末后一笔，一身之原。

如无破绽，福寿绵绵。

一字联络，骨肉同门。

孤悬一点，游子飘蓬。

金得炉锤，方成器皿。

木无金制，可曰愚农。

木从土出，要人培植。

水中浮木，波浪成风。

落笔小心，作事斟酌。

小心太过，为人刻薄。

写来粗草，放荡之人。

笔端熟溜，书记佣工。

字法龙蛇，仕途已往。

秀而不俗，文章自广。

风流笔法，好逞聪明。

写来透古，腹内不空。

墨迹滞涩，学问难夸。

一笔无停，定是大家。

灯前窗下，岁月蹉跎。

禾麻菽麦，俱已发科。

字无倚靠，不利六亲。

字无筋节，事可让人。

直伸两足，奔波劳碌。

摆尾摇头，心满意足。

字问日期，切勿妄许。

有丁有日，类可说与。

山曰草木，咸不宜冬。

星辰日月，乃怕朦胧。

真正五行，不怕相克。

如直用神，求谋易得。

笔法未全，作事多难。

行人不至，音信杳然。

水火多源，木枯无枝。

子孙宗派，于此可思。

终身事业，我即用神。

生我者吉，克我者凶。

字只两笔，寿年不一。

有撇七三，无撇六一。

字如三笔，亦各有数。

常为十六，变为念五。

无勾为变，有勾为常。

依斯立法，仔细推详。

字不出头，寿增五岁。

当头一点，须减三年。

字若无钩，添九可求。

字如无直，寿当增十。

笔画过半，须知减点。

一点三年，岁数可免。

耳畔成三，口头除四。

明彻斯传，始精相字，

妙诀无多，功非一日。

仔细详占，万无一失。

五言作用歌

断事不可泥，变通方是道。

细细察根源，始识先贤奥。

十人写一字，笔法各不同。

一字占十事，情理自然别。

六神无变乱，五行有假真。

草木看时节，日月察晦明。

字中有子孙，子孙必不少。

详其盛与衰，便知贤不肖。
我克不宜多，多必妻重娶。
克我一般多，谐老又可许。
青龙值用神，万事皆无阻。
若是无水泽，犹为受用苦。
白虎值用神，吉事反成凶。
官事必受害，疾病重沉沉。
用神见朱雀，利于公门中。
君子功名吉，小人口舌凶。
用神见螣蛇，俱是文书动。
功名眼下宜，富贵如春梦。
末笔是青龙，万事不成凶。
名利皆如意，行人在路中。
末笔是朱雀，公事有着落。
只恐闺门中，有病无良药。
末笔是勾陈，淹留费苦心。
行人音信杳，官讼混如尘。
末笔是螣蛇，远客即来家。
忧疑终不免，官讼苦嗟呀。
末笔是白虎，疾病须忧苦。
狱讼必牵缠，出往多拦阻。
末笔是元武，盗贼须提防。
水土行人利，家中六畜康。
末笔明五行，所用看六神。
先定吉凶主，然后字中寻。

别理论

字义浑论，辨别之篇须下学。理研变化，至诚之道可前知。字同事不同，不宜此而宜彼。事同字亦同，倏变吉而变凶。设若“中”也者，天下之大本。问终身与昆仲，无缘信乎哉！人间之最要，欲要之于朋友。更切再如地天为泰，不遇阳间犹是否。雷火为丰，如逢阴极可云临。既虚矣，复反而为盈。既危矣，复还而为安。时盛必衰，天地不逾其数。治极而乱，圣人能预其防。先则看其笔端，然后察其字义。须知字来古怪，学问不深。笔走龙蛇，峥嵘已过。“龙”身草草，非正途显达之官。“豹”字昂昂，是执殳荷戈之职。“志”无心，定是飘蓬下士。“斌”不乱，始称文武全才。“贝”边“月”下定归期，“足”畔“口”头人必促。团团宝盖，多生富贵之家。济济冠裳，定是风云之客。无事生非因“北”字，有钱不享是“亨”来。“合”则婚事难成，“力”乃功名未妥。以他人问子，男女皆空。书“本姓”求官，声名远播。书“先”觅物终须失，写“望”追人定是亡。“马”字偏斜，惟恐落人之局。“口”头阔大，定招闲事之非。“青”字有人求作主，事可全于月抄。“妙”字一女欲于归，少亦可出闺门。“天”字相联，一对良缘先注定。“好”字相属，百年美眷预生成。“丁”“寸”等字，皆才不足之形。“占”“吉”之类，乃告不成之象。“香”开晨昏扬誉远，“花”占百事一番新。“小”为本分之人，“大”是虚名之士。赤子依亲，是每一例可推。大人盖小，因“余”仿斯可断。“贝”左一生多享福，“空”头半世受孤寒。东西南北，欲就其方。左右中前，乃择其地。一“人”傍立，求名是佐贰之官。一“直”居中，占身乃正途之士。草木逢春旺，鱼龙得水舒。“远”字走长人未到，“动”傍撇短去犹迟。赤子儿曹之类，必利见大人。公祖父师之称，则相逢贵客。“干”则立身无寸地，“永”如立志有衣冠。“操”为一品之才，“饫”定大人之食。“之”非出往必求财，“者”不呼卢定六畜。“奇”欲立而不可，“用”非走而不通。“口”居中，俨然一颗方印。“元”落后，前程可定魁名。体用昂昂，功名之客。性情亟亟，荼苦之儒。朔邦还未入朝廊，田里多应在乡党。活泼泼鸢鱼是飞腾之象，乐滔滔凫雁为流荡之徒。川上皆圣贤游乐之余，周行是仕宦经由之道。崔巍远人犹在望，平安近事不能成。“日”小见天长，“心”粗知胆大。归则归兮归则止，笑如笑兮笑成悲。“国”字谓何？一口操戈在内。“尔”来何故？五人合伙同居。“火”字乃人在水中，一遇羊头为尽美。“天”字是人居土内，出头一日始逢春。以“余”字问必曰有，以“有”字问反无。龙虽在天在田，看笔迹如何布摆。师既容民畜众，察精神始识兴衰。盖载有人，终享皇家福。伞带全备，定是极品官。有撇断为兄弟，无点莫问儿孙。“工”欲善其事而成艺，“何”不见其人而亦可？“女”“子”并肩生意好，“色”“系”同处病将亡。字犯岁君之名，灾殃不小。书童问卜之日，财利可兴。理中变化深长，此乃规矩方圆之至。字理机关悠远，须认精粗为造化之原。

六言剖断歌

事从天地之义，字乃圣贤之心。
静里工夫细阅，其中奥理无穷。
圆融莫测其变，来去无阻其通。
笔法先详衰旺，得意始定吉凶。
干枯软小为衰，清秀坚昂为旺。
详其用神何如，吉凶自然的当。
寿夭定于笔画，取其多寡为占。
字如十年以上，一笔管之六年。
字如十笔以下，一笔定其九岁。
若在五笔之间，一笔管十六年。
笔画过之十五，两笔折作一笔。
带草一笔相联，问寿只在目前。
笔迹清而拘束，必然游庠在学。
笔端浊而放荡，功名必无著落。
写来笔法圆活，为人处世谦和。
笔底停而又写，为人性慢心多。
举笔茫无所措，胸中学问不大。

若无写罢复描，行事可为斟酌。
富贵出于精神，英雄定于骨格。
末后一笔丰隆，到老人称有德。
占妻先看其妻，占子先看其子。
妻子察其旺衰，据理定其生死。
父兄官灾狱讼，父兄要值空亡。
如若父兄在数，父兄反见灾殃。
一切谋望营求，字要察其虚实。
有声无物为虚，有物可见是实。
书出眼前之物，察其司重司轻。
司重断为有用，司轻大事无成。
纳采于归等事，更要加意推详。
笔画计其单双，字义察其阴阳。
假如子字求子，须防日建逢女。
子日如书女字，婚姻百事皆许。
一字笔画未全，万事不必开言。
字中若有余笔，必须用意详占。
先用五行工夫，后穷增减字理。
影响毫发无差，谬则难寻千里。
学者变化细推，断事无不灵应。

格物章

物格而后知致，本末须详。事来必先见诚，始终可断。细而长者，以一尺为百年，计寸分而知寿算。方而圆者，以千金比一两，度轻重以定荣枯。落手银圈，放荡一生终不改。出囊珠石，峥嵘半世尚丰盈。石上不逢时，谓之无用。木金全失气，枉自徒劳。执墨问功名，研求之苦，日见不足。端鼎比身命，近贵之体，一世非轻。腰下佩觿，所求皆遂。道傍弃核，百事无成。取草问营谋，逢春须茂盛。将

银问财帛，有本恐消磨。素纨无诗，当推结识疏。牙签托人，毕竟不顾我。数珠团圆到底，夫妻儿女皆宜。木鱼振作不常，父母兄弟难合。刀下行人来得快，笔占远处有施为。求子息，圆者不宜空。占买卖，长者终须折。衣衫则包藏骨肉，葬祭之事宜然。绦带必系执扇躯，牵缠之事未免。舟车骡马，用之则行。婢仆鸡鹅，呼之便至。金扇之类，收有复展之期。烹调之物，死无再生之理。瓜果问事，破不重圆。棋子求占，散而又聚。荡尘理乱，无逾金篦牙签。释罪沈冤，俱是何章刀笔。壶是主人之礼，觞则空而满，满而复空。销为君子之防，匙则去而来，来而复去。文章书籍，非小人用之宜。筐筥犁钯，岂君子用之惯？执鞭所忻慕焉，富而必可求也。弹琴复长啸尔，乐亦在其中乎。误指悬匏，功名少待。折来垂柳，意兴多狂。竹杖龙头，节义一生无愧怍。木锥莺嘴，钻谋万物有刚强。手不释正业经书，自知道德修诸已。问不离九流艺术，意在干戈省厥躬。指庭前向日之花，倏忽坐间移影。点槛外敲风之竹，晨昏静里闻音。君子执笙簧，陶陶其乐，舌鼓终须不免。女人拈针线，刺刺不休，心牵毕竟难触。出匣图书行欲方，眼下可分玉石。执来宝剑心从利，手中立剖疑难。羽扇纶巾，须知人自山中去。奇珍异宝，可断人从海上来。百草俱可活人，不识者不可妄用。六经皆能裨世，未精者焉敢施为？指盂中之水，久不耗而则倾。顾冶内之金，须知积而复用。事非容易，一首词两下奇逢。学识渊源，几句话三生有幸。执金学道，借服为聚物之囊。割爱延师，重身如无价之宝。明心受业，既行束上之修。寄柬传言，莫废师尊之礼。斯其人也，斯其义也，可以为之。非其重焉，非其道焉，孰轻与尔！

物理论

三才始判，八卦攸分。万物不离于五行，群生皆囿于二气。羲皇为文字之祖，苍颉肇书篆之端。鸟迹成章，不过象形会意。云龙结篆，传来竹简漆书。秦汉而返，篆隶迭易。锺王既出，楷草出名。其文则见于今，其义犹法于古人。备万物之一数，物物相通。字泄诸人之寸灵，人人各异。欲穷吉凶之朕兆，先格物以致知。且云天为极大，能望而不能亲，毕竟虚空为体。海是最深，可观而不可测，由来消长有时。移山拔树莫如风，片纸遮窗可避变。谷迁陵惟是水，尺筒无底难充。小弹大盘，日之远近。不辩白衣苍狗，云之变化非常。雨本滋长禾苗，不及时，民皆额蹙。雪能冻压草木，如适中，人喜丰年。月行急疾映千江，莫向水中捞捉。星布循环周八极，谁从天上推移。露可比恩，压浥行人多畏。霞虽似锦，膏肓隐士方宜。皓皓秋阳，炎火再逢为亢害。涓涓冬月，寒冰重见愈凄凉。顽金不惧洪炉，潦水须当堤岸。雾气空濛推障碍，电光倏忽喻浮生。月下美人来，只恐到头成梦。雪中寻客去，犹防中道而归。白露可以寄思，迅雷闻而必变。履霜为忧虞之渐，当慎始焉。临渊有战惕之心，保厥终矣。蝃蝀莫指，闺间之事不宜。霖雨既零，稼穑之家有望。阳春白雪，只属孤音。流水高山，难逢知己。至于岩岩山石，生民具瞻。滚滚源泉，圣贤所乐。瀑布奔冲难收拾，溪流湍激不平宁。风水可以行舟，水涌风狂舟必破。雨露虽能长物，雨霪露结物遭伤。社稷自有人求，关津诚为客阻。烟雾迷林终有见，江河出峡去无回。桃夭取妇之宜，未利于买僮置畜。杨柳送行可折，尤喜于赴试求名。松柏堪问寿年，拟声名则飘香挺秀。丝罗可结姻好，比人品则倚势扳援。荷方出水，渐见舒张。梅可调羹，未免酸涩。李有道傍之苦，揽余齿末之甘。笔墨驱使，时日不长。盆盂装载，团圆难久。绠短汲深求未得，戈长力弱荷难成。屠刀割肉利为官，若问六亲多刑损。利刃剖瓜休作事，如占六甲即生男。无人棺椁必添丁，有印书函终见拆。匣戥则骨贮匣中，纵有出时还须入。算盘则子盈目下，任凭拨乱却成行。瓦只虑其难全，杯亦防其有缺。席可卷舒，终归人下。伞能开合，定出人头。钓乃小去大来，樵则任重道远。素珠团聚，可串而成。蜡烛风流，不能久固。针线若还缝即合，锹锄如用必然翻。凿则损而为材，亦当有斗。锯乃断而成器，岂谓无长。又若飞走之声沈，亦关人事之休咎。猢狲被系还家，终是无期。鹦鹉在囚受用，只因长舌。鸽乃随人资饮啄，纵之仍入樊笼。马虽无胆可驱驰，用之不离缰锁。鲤失江湖准变化，燕来堂屋转疑难。诉理伸冤，逢鸦不白。占身问寿，遇鹤修龄。万物纷纭，理则难尽。诸人愿欲，志各不同。若执一端以断人。是犹胶柱鼓瑟。能反三隅而悟理，方称活法圆机。心同金鉴之悬空，妍媸自别。智若玉川之入海，活泼自如。鬼谷子曰：人动我静，人言我听。旨哉斯语！胡可忽诸？

五行六神辨别篇

先以五行为主，次向字中详祸福；继将六神作用，方观笔迹察原因。生克不容情，漫将凶字言凶，须详凶处有元神。假如青龙与白虎同行，求功名大得其宜。如庶人得之，反不免相争之咎。父母与妻子聚面，问赴选难从其志。若游子占之，又可触思远之忧。勾陈最忌小金连，惟恐事无间断。朱雀若逢傍水克，须防祸有牵缠。水在木中流，替人濯垢。木从水中出，脱体犹难。五行全不犯凶神，问自身德建名立。六神动再加吉将，若求官体贵身荣。旧事重新，朱螣双发动。倾家复创，金土两重临。微火熔金，难成器皿。弱金克木，反自损伤。求济于人，要看水火会合。干谋于众，还祈土木齐登。金多子多，非土不得。土厚财厚，无火不生。水冷木孤，弟兄难靠。金寒土薄，祖业漂零。元武形青龙得水，连登两榜。白虎尾朱雀衔金，位列三公。元武临渊，时中之雨化。青龙捧日，阙下之云腾。水非白而无源，金不秋而失气。有勾陈难结案头文，见朱雀忖量堂上语。田下土深，思还故里。月边水盛，意在归湖。元武居中，出外不宜行陆路。勾陈定位，居官虽在受皇恩。白虎重重，不敢保今年无事。青龙两两，定不是此日燕居。字中见母母无忧，笔下从兄兄定在。水土形青龙翘首，何忧不得功名？木相金白虎当头，毕竟难逃灾害。重重金火，不逢时百事徒劳。叠叠青黄，非见日几番隆替。贵头招土木，万福皆隆。方体隐龙蛇，千祥并集。朱勾相合，主唇口干戈之事。龙虎同行，风云际会之荣。元武不遇火，阴中不美。螣蛇无水渡，郊外生悲。纯士自能生官，福从天至。寒金不但无禄，灾自幽来。天贵专权，问功名必登黄甲。文书不动，赴场闱定值空亡。问子须求子在爻，占妻定要妻入数。笔迹孤寒金带水，六亲一个难招。字形丰满土生金，百岁百年易盛。看五行之旺弱，切记卜词讼以官鬼为先。察六将之机微，须知占家宅以本命为主。五行俱有，凡谋皆遂。六神不动，万事咸宁。细玩辞占，影响无差毫发。密搜奥义，规绳不爽纤微。

金声章

混沌未开，一元含于太极。无形之始，乾坤既判，万物成于文章著见之中。故未有其事而先有象，可预得其体而兆其来。所以苍颉制字，按云霞蝌蚪之文。至圣著书，采随宜义理而用。一字之善，千古流传。半点之疵，万年不泯。君子哉，非挥毫而莫辨。小人焉，一执笔而即知。是以消长盛衰，因极而知变。吉凶祸福，与诚而见神。写来江汉秋阳，皓皓乎不可尚已。意在螽斯诜羽，绳绳兮与其宜焉。惟存好利喜哀则，落然终须各别心。欲脱尘离俗，而开手自是不同。若夫烟雾云霞，则聚散去来神变化。风雷日月，其盈虚消息妙裁成。鹦鹉等禽，人皆云其舌巧。虎豹之类，孰不惧其张威。生息蕃盛者，乃稼穑禾苗。与物浮沉者，是江河湖海。渊中鱼跃，水向东流何日止。天上鸢飞，日从西没四时同。群兽俱胎脾之生，独报麟祥之喜。诸禽皆飞腾之物，只言风德之衰。禽之鸣也噪也，有形小体大之分。兽之利也钝也，有轻清重浊之辨。香花灯烛，偏宜于朔望之时。铃铎鼓钟，独可于晨昏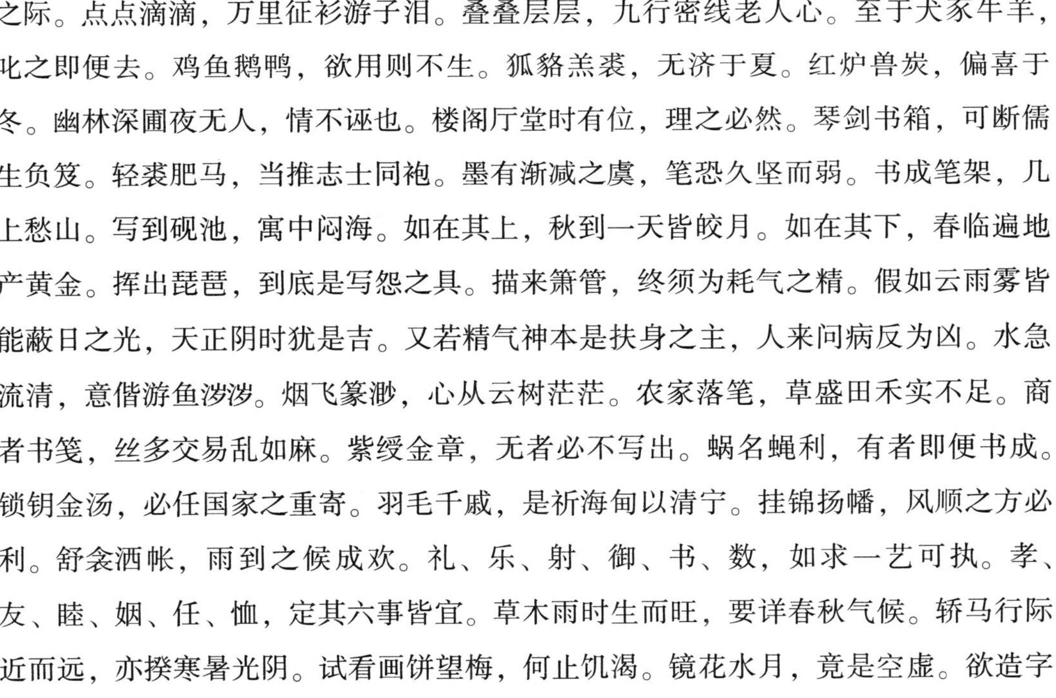之际。点点滴滴，万里征衫游子泪。叠叠层层，九行密线老人心。至于犬豕牛羊，叱之即便去。鸡鱼鹅鸭，欲用则不生。狐貉羔裘，无济于夏。红炉兽炭，偏喜于冬。幽林深圃夜无人，情不诬也。楼阁厅堂时有位，理之必然。琴剑书箱，可断儒生负笈。轻裘肥马，当推志士同袍。墨有渐减之虞，笔恐久坚而弱。书成笔架，几上愁山。写到砚池，寓中闷海。如在其上，秋到一天皆皎月。如在其下，春临遍地产黄金。挥出琵琶，到底是写怨之具。描来箫管，终须为耗气之精。假如云雨雾皆能蔽日之光，天正阴时犹是吉。又若精气神本是扶身之主，人来问病反为凶。水急流清，意偕游鱼涉涉。烟飞篆渺，心从云树茫茫。农家落笔，草盛田禾实不足。商者书笺，丝多交易乱如麻。紫绶金章，无者必不写出。蜗名蝇利，有者即便书成。锁钥金汤，必任国家之重寄。羽毛干戚，是祈海甸以清宁。挂锦扬幡，风顺之方必利。舒衾洒帐，雨到之候成欢。礼、乐、射、御、书、数，如求一艺可执。孝、友、睦、姻、任、恤，定其六事皆宜。草木雨时生而旺，要详春秋气候。轿马行际近而远，亦揆寒暑光阴。试看画饼望梅，何止饥渴。镜花水月，竟是空虚。欲造字相之微，请明章中之理。

第十二章　拆字纪事

《新订指明心法》：裴晋公征吴，元济掘地得一石，有字，云：“鸡未肥，酒未熟。”相字者解曰：“鸡未肥，无肉也，为己；酒未熟，无水也，酒去水为酉。破贼在己酉乎？”果然。

唐僖宗改为广明元年，相字者曰：“昔有一人，自崖下出来，姓黄氏，左足踏日，右足踏月，自此天下被扰也。”是年，黄巢在长安乱天下。

《北梦琐言》：王蜀先主时，有道士李暠，亦唐之宗室，生于徐州而游于三蜀。词辩敏捷，初有文章。因栖阳平，化，为妖人扶持。上有紫气，乃聚众，将举而败，妖辈星散，而暠罹其祸焉。先是，暠有书召玉局化杨德辉赴斋，有老道士崔无斁自言患聋，有道而托算术，往往预知吉凶。德辉问曰：“将欲北行，何如？”崔令画地作字，弘农乃书“北千”两字，崔公以“千”插“北”成“乖”字，去即乖耳。杨生不果去，而李暠斋日就擒。道士多罹其祸。杨之幸免，由崔之力也。

《新订指明心法》：宋太宗改元太平兴国，相字者曰：“太平二字，乃一人六十，寿止此矣。”太宗果享年六十。而周尚幹年终将换桃符，制十数联皆不惬意。周梅坡扶箕，降紫姑仙，得两句，云：“门无公事往来少，家有阴功子孙多。”甚喜，大书于门。相字者曰：“每句用上三字，其兆不祥。”上句云“门无公”，是年尚幹卒于官。乃父致政，亦卒。乃兄卒。俱无子。“门无公”“家有阴”，兆于先矣。

《挥麈余话》：蔡元长，元符末闲居钱塘无憀，中春时往霅州游郊外慈感寺。寺僧新建一堂，颇伟胜。元长即拈笔题云：“超覽堂。”适有一客在坐，自云能相字，起贺云：“以字占之，走召入见，而臣字旁观，如月四字居中，当在初夏。”已而果然。

《蓼花洲闲录》：谢石润夫，成都人，宣和间至京师，以相字言人祸福。求相者但随意书一字，即就其字离拆而言，无不奇中者，名闻九重。上皇因书一“朝”字，令中贵人持往试之。石见字，即端视中贵人曰：“此非观察所书也。然谢石贱术，据字而言，今日遭遇即因此字，黥配远行亦此字也。但未敢遽言之耳。”中贵人愕然，且谓之曰：“但有所据，尽言无惧也。”石以手加额曰：“朝字离之为十月十日字，非此月此日所生之天人，当谁书也。”一座尽惊，中贵驰奏。翌日，召至后苑，令左右及宫嫔书字示之，皆据字论说祸福，俱有精理，锡赉甚厚，并与补承信郎。缘此，四方求相者，其门如市。有朝士，其室怀妊过月，手书一“也”字，令其夫持问石。是日座客甚众，石详视字，谓朝士曰：“此阃中所书否？”曰：“何以言之？”石曰：“谓语助者，焉、哉、乎、也，固知是公内助所书，尊阃盛年三十一否？”曰：“是也。”“以也字上为三十，下为一字也。然吾官寄此，当力谋迁动而不可得否？”曰：“正以此为挠耳。”“盖也字著水则为池，有马则为驰。今池运则无水，陆驰则无马，是安可动也。又尊阃父母、兄弟、近身亲人，当皆无一存者，以也字著人则是他字，今独见也字而不见人故也。又尊阃其家物产亦当荡尽否？以也字著土则为地字，今又不见土也。二者俱足否？”曰：“诚如所言也。”朝士即谓之曰：“此皆非所问者。但贱室以怀妊过月，方窃忧之，所以问耳。”石曰：“是必十三个月也。以也字中有十字，并两旁二竖下一画为十三也。”石熟视朝士曰：“有一事似涉奇怪，固欲不言，则吾官所问正决此事，可尽言否？”朝士因请其说。石曰：“也字著虫为虵字。今尊阃所妊，殆蛇妖也。然不见虫蛊，则不能为害。谢石亦有薄术，可为吾官以药下验之，无苦也。”朝士大异其说，因请至家，以药投之，果百数小蛇而体平。都人益共神之，而不知其竟挟何术也。

《浙江通志》：谢石，蜀人，绍兴八年来临安，占验奇异。有樊将仕书“失”字，卜妻所亡珠冠安在。石曰：“从朱求，可得也。”曰：“此吾内兄，安有此？”曰：“在占宜然。”归，询诸家，朱尝假帽，不用而返。启视之，冠果在帽下。又一选人病，书“申”字以问，而下有燥笔，石曰：“丹田既燥，必死矣。期当在明日

申时。”果然。石初入京师，徽宗书“問”字，命一隶持往，石缄封之，戒其到家方发。隶归奏，上启，读乃曰：“左为君，右为君，圣人万岁。”遂补承信郎。有道士亦以“問”字占，石曰：“门虽大，只有一口。盖所住无他，黄冠也。”犹复以“器”字占，曰：“人口空多，皆在户外。”始大服。

《权子》：宋季有谢石者，善测字，高宗微行遇之，书一“問”字，令测。石思曰：“左看似君，右看似君，殆非凡人耶。”疑信间，请再书一字。高宗以杖即地画一字，石曰：“土上加一，王也，是吾君王乎？”遂拜伏。高宗既归，招而官之。后秦桧当国时，高宗书一“春”字，命测之。其上半体墨重。石奏曰：“秦头太重，压日无光。”检闻而衔之，中以危法，编管远州。道遇一老人于山下，亦善测字，石就之书一“謝”字求测，老人曰：“子于寸言中立身，术士也。”举掌令更书以卜所终，石书一“石”字，老人曰：“凶哉！石遇皮必破，遇卒必碎矣。”时押石之卒在傍，而书字在掌中，故云。石大款服，请老人作字，测为何人。老人曰：“即以我为字可也。”石曰：“夫人而立山傍，子殆仙哉。”乃下拜，愿执弟子礼。请益曰：“吾术似无减先生，乃先生居然仙矣，而吾兹不免尘网，何也？”老人曰：“子以字为字，吾以身为字也。”

《瑞桂堂暇录》：绍兴中，张九万以拆字说吉凶。秦桧一日独坐书阁，召九万至，以扇柄就地画一字，问曰：“如何？”九万贺曰：“相公当加官爵。”桧曰：“我位为丞相，爵为国公，复何所加？”九万曰：“土上一画，非王而何？当享真王之贵。”其后竟封郡王，又封申王。

《浙江通志》：元张德元，不知何许人。至正间，尝为诸暨州吏目，避乱居山阴，善相字。一子名槐，忽谓友人：“是儿必死。槐字木傍鬼，非死兆耶？”儿果卒。其友病，以“豐”字示之，德元曰：“死矣。”明日讣至。或问其故，德元曰：“丰字，山墓所也，两丰封树也。豆，祭器也，墓既成矣，尚欲生乎。”或以“命”字揖德元，使占人病。德元曰：“已死，君持命字以揖，垂命之兆也。”已而果然。徐总制書字问德元，德元曰：“据字今夕君当纳宠。”徐归，其夫人呼一妇人出拜，乃乳媪也。尝饮刘彦昭家，曰：“今夕复有客。”已而客至。问之，德元曰：“吾闻

涤器声故耳。”

《霏雪录》：近世拆字言吉凶者，无如张乘槎。按字画成卦，即云不为钩距。余一日坐槎肆中，有二僮持一字来，乘槎曰：“是为吏缘同曹讼之，当送刑部笞四十即回。”二僮相视默默，既而曰：“皆如先生言，余欲诉通政司求免，可乎？”槎曰：“此行不可，逾旦矧欲已耶？余谓笞四十未可知。”僮曰：“准律当然耳。”槎又曰：“今夕非附军器，船即官艖船也。”僮曰：“果官艖船也。”

洪武初，参知政事刘公某、王公某莅浙江日，改拱北楼为“來遠”。榜揭，槎往视之，曰：“三日内主哀丧之事。”如期，王公母夫人病卒，刘公以历日纸边坐法。王公延槎问故，槎曰：“來者丧字形，速者哀字形也，旁之二点相续者，泪点也。”公命槎易之，乃名为镇海云。

《新订指明心法》：张乘槎善相字，参知政事刘公某尝心有所欲占，延槎而不言其事，但令射之，以验其术，槎曰：“书一字方可占。”适有小学生在傍习字，正写千字文至“德建名立”一句，刘就指“德”字令占之，槎曰：“子欲占行人耳。”刘曰：“然，何时当至？”槎曰：“自今十四日必来。”刘曰：“恐事不了，不肯来。”槎曰：“一心要行，悉如所占。”刘问故，槎曰：“德字双立人，乃行人也，故知占行人。傍有十四字头，故云十四日。其下又有一心字形，所以云一心要来。”

《太平府志》：何中立，采石镇人，善占卜，知休祥。明祖初度江，遇诸涂，问曰：“天下纷纷，究将谁属？”中立曰：“愿书字占之。”帝掣刀画“一”字于地。中立俯伏拜曰：“土上一画，非王而何？”亦如谢石答宋高宗意，后定鼎金陵，诏同刘基定皇城址向，授五官保章。

《杭州府志》：何有，一名复有，见康节《梅花数》，悦之，玩月余，忽觉有悟。四明桂茂之，馆于周美家督学，使者业行檄试宁波矣。桂书“去”字，令有占之，曰：“字虽云去，而画直下笔俱有钩搭，勿去也。”桂不之信，又书“壬”字，曰：“督学去任矣，三日即有徵，必丁艰也。”至三日，果然。叩其故，曰：“壬上一撇，是撇却士子去也。士字三画，故三日督学任。甫一年，不可升政，声甚美未可罢，故知丁艰。”此断以理也。邵继稷之姻弟某者，以录考，指柱间三字占之。

有曰："幸甚一等二名。首名故旧廪也，即受饩矣。"已而果然。问之，曰："三字上画浓而正，下二画淡而轻，是一之二也。首画方严，故知上一名旧知名士也。"陆文宰应试请卜，书"當"字，曰："高等首食廪矣。"当字上绝为"赏"头，下为"田"字，诸生以廪为田也。诸决事率皆类此。